KB063716

한국고대의 지방사회

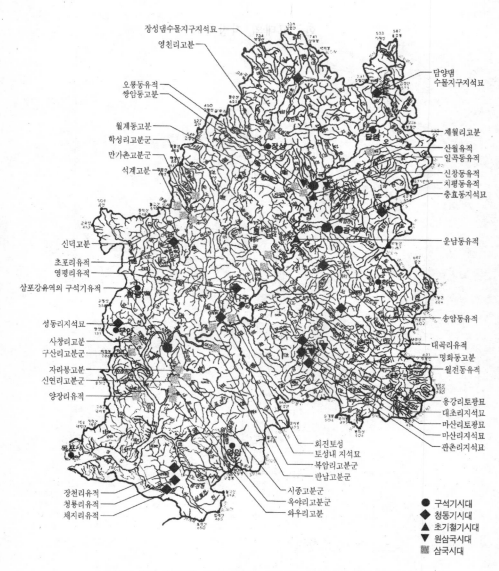

장성댐수몰지구지석묘

영천리고분

오룡동유적
쌍암동고분

월계동고분
학성리고분군
만가촌고분군
석계고분

신덕고분

초포리유적
영평리유적

삼포강유역의 구석기유적

성동리지석묘

사창리고분
구산리고분군
자라봉고분
신연리고분군
양장리유적

장천리유적
청룡리유적
채지리유적

담양댐
수몰지구지석묘

제월리고분

산월유적
일곡동유적

신창동유적
치평동유적

충효동지석묘

운남동유적

송암동유적

대곡리유적
명화동고분
월전동유적

용강리토광묘
대초리지석묘
마산리토광묘
마산리지석묘
판촌리지석묘

회진토성
토성내 지석묘
복암리고분군
반남고분군

시종고분군
옥야리고분군
와우리고분

●	구석기시대
◆	청동기시대
▲	초기철기시대
▼	원삼국시대
▦	삼국시대

영산강 유역 주요유적 위치도(김경수 『영산강 삼백오십리』에서 발췌)

한국고대의 지방사회

영산강유역의 역사와 문화를 중심으로

문안식 · 이대석 공저

혜안

정직한 땅과 더불어 평생을 사시면서 자식들 성장의 밑거름이
되어주신 존경하는 아버지 문제윤(文濟允) 님의 영전에
삼가 이 책을 바칩니다.

책머리에 |

    본서는 고대 전남지역 토착사회의 역사와 문화를 영산강유역을 중심으로 하여 서술하였다. 전남지역의 고대사회는 중앙의 입장에서 보면 변방사 또는 지방사의 범주에 속한다. 그러나 전남지역은 독자적인 세력기반과 문화전통을 바탕으로 토착사회가 발전하였다.

    본서는 전남지역 중에서 주로 영산강유역을 공간적 범위로 하였다. 왜냐하면 전남지역의 고대사회는 영산강유역이 중심무대가 되었기 때문이다. 고대사회의 영산강유역은 내륙 깊숙이 들어온 內海가 南海灣을 형성하여 오늘날의 지형과는 매우 달랐다. 오늘날의 지형 조건으로 영산강유역의 고대사회를 고찰하면 적지 않은 문제점이 초래될 수 있다. 따라서 본서는 고대의 지형과 생활환경을 염두에 두면서 전남지역의 고대사회를 검토하였다.

    전남지역의 해상세력은 서남해 연안과 그 부속도서를 중심으로 하여 활발한 대외교섭과 무역 등의 해상활동을 전개하였다. 이들은 중앙정부와 다양한 관계를 맺으면서 자신들의 토착적인 전통문화를 유지하였으며, 열린 바닷길을 이용하여 동아시아 국제무대에 능동적으로 참여하였다. 해상세력은 중앙의 지배를 받아 자율성이 침해된 경우도 많았지만, 익숙한 海路를 이용한 대외교류를 통하여 자신들의 독자적인 정치적 위상을 확보하였다. 따라서 고대사회를 통괄하여 볼 때 중앙권력과 전남의 해상세력은 중앙의 간섭과 토착세력의 자율성을 사이에 두고 대립하였다.

그러나 전남의 내륙세력은 중앙정부와 친밀한 관계를 맺고 자신들의 재지기반과 기득권을 확보하려는 측면이 강하였다. 해상세력과 내륙세력은 전남지역 토착사회의 패권을 놓고 오랫동안 대립하면서 갈등관계가 유지되었다. 전남지역의 고대사회는 그 중심지가 바닷가에 위치한 해남의 신미국에서 영암과 나주의 시종·반남을 거쳐 내륙의 장성과 광주로 옮겨지는 동안 해상세력과 내륙세력의 대립관계가 복잡한 양상을 띠면서 전개되었다.

한편 백제나 신라 등의 중앙권력은 내륙세력과 해상세력의 대립관계를 적절히 이용하면서 전남지역을 통치하였다. 이들의 대립관계는 백제와 신라의 전남지역 지배양상에 반영되었고, 청해진의 흥망에 영향을 미치면서 후삼국시대까지 지속되었다. 이 때문에 본서는 독자적인 대외교섭을 통하여 끊임없이 자활을 추구한 해상세력과 중앙정부에 밀착하려는 속성을 지닌 내륙세력 사이의 갈등과 대립을 전남지역 고대사회 연구의 중심 테마로 삼았다.

그러나 본서는 해당 사료와 관계 자료가 부족하기 때문에 일부분에 대해서는 중앙과의 관계를 중심으로 검토한 한계를 내포하고 있다. 이 문제는 향후 연구 성과가 축적되면 점차 극복이 가능할 것이다. 다만 전남지역의 고대사회를 현지에서 살았던 토착세력의 관점에서 고찰한 것을 작은 위안으로 삼고자 한다.

본서는 문안식이 전체의 원고를 집필하였고, 이대석이 각종 향토자료와 현장 답사를 통하여 세세한 분야를 정리하고 보완하였다. 본서의 출간은 지면에 일일이 거론할 수 없을 만큼 많은 분들의 도움을 받았다. 그 중에서도 동국대학교의 이기동·김상현 교수님을 비롯한 여러 선생님, 조선대학교의 반윤홍·전지용·김봉두 교수님의 가르침은 본고를 작성하는 데 밑거름이 되었다. 또한 공부할 수 있는 여러 가지 여건을 마련해 주신 이종범 교수님의 學恩도 잊을 수 없다.

또한 우리 두 사람은 여러 분야의 신진 학자들의 모임인 '아우르기' 성원들과 함께 오랫동안 전남지역을 답사하면서 격의 없는 토론을 하였다. 따라서 본서는 '아우르기' 성원들의 격려와 성원의 결과물이다. 그리고 임호경 화순군수님과 구복규 문화관광과장님의 배려도 잊을 수가 없다. 본서의 교정과 현장 답사, 사진 촬영 등을 도와준 정병래 군과 그 밖에 많은 도움을 주신 화순군청 나형숙·서은주 두 분의 노고에 대해서도 지면을 통하여 감사의 말씀을 드린다.

끝으로 상업성이 없는 본서의 간행을 맡아 주신 혜안출판사 오일주 사장님과 편집부 여러분께 감사의 말씀을 드린다. 필자들의 15년 우정의 산물인 본서를 세상에 내놓게 되어 부끄럼이 앞을 가린다. 선학·동학 여러분의 많은 격려와 준엄한 가르침을 기대한다.

2004년 2월
문안식·이대석

목 차 |

제 6 장 결 론 · 391

제1장 철기문화의 수용과 마한사회의 발전

철기문화의 수용과 전남지역 토착사회의 발전

1. 머리말

전남지역에서 최초의 국가형태인 성읍국가가 태동한 것은 철기문화를 기반으로 하여 마한시대가 전개되면서 비롯되었다. 성읍국가는 청동기시대에 출현하였지만, 북부지방에서 여러 통로를 거쳐 전달된 철기문화가 확산되면서 본격적으로 성장하였다.

따라서 성읍국가의 출현은 북부지역과 남부지역 사이에 상당한 시간적 격차가 있었다. 남부지역의 토착세력은 중부지방을 거쳐서 전파되었거나, 다른 지역에서 해로를 통하여 전파된 선진적인 철기문화를 받아들이면서 성장하였다.

본고는 철기문화 수용에 따른 전남지역 토착사회의 발전을 알아보기 위하여 성읍국가의 출현과 성장과정을 고찰할 것이다. 이를 통하여 전남지역 고대사회의 원류와 문화전통의 형성과정을 검토하려고 한다.

2. 성읍국가의 출현과 사회·문화적 배경

원시공동체 사회가 붕괴되고 최초로 출현한 국가의 형태를 성읍국가(城邑國家)라고 한다. 성읍국가는 초기에는 여러 집단이 각기 다른 지역에 나뉘어 존재하다가, 그 중에서 우세한 지역이 소국가의 중심지를 이루고 둘레에 성곽을 쌓은 뒤 왕궁·감옥 등의 공공시설을 설치하여 하나의 도시국가를 형성하였다.

성읍국가는 고대사회의 발전을 도시를 중심으로 설명한 막스 베버의 국가발전론을 바탕으로 고대 서양의 도시국가와 중국의 읍제국가(邑制國家) 개념을 한국사에 적용한 것이다. 다만 도시국가라는 용어 대신에 한국 역사서에 자주 등장하는 성읍이라는 개념을 빌려 성읍국가라고 부른다.1)

전남지역은 『삼국지(三國志)』 위지(魏志) 동이전(東夷傳)을 보면 다수의 성읍국가가 존재하였다. 신채호는 동이전에 기록된 마한제국(馬韓諸國)의 위치를 비정하기 위하여 여러 계통의 문헌을 분석하여 주목할 만한 견해를 제기하였다.2) 천관우도 마한제국에 대한 구체적인 위치시론을 발표하였는데,3) 전남지역의 경우 신채호의 견해를 따르고 있다.

이에 의하면 영산강유역은 고랍국(古臘國 : 장성), 임소반국·신운신국(臨素半國·臣雲新國 : 광산·나주 방면), 여래비리국(如來卑離國 : 화순군 능주면), 일리국(一離國 : 영암)이 있었다. 그리고 서해안지역은 막로국(莫盧國 : 영광), 초산도비리국(楚山塗卑離國 : 진도), 구해국(狗奚國 : 해남군 마산면)이 있었다. 남해안지역은 불사분야국(不斯濆邪國 : 순천시 낙안면), 원지국(爰池國 : 여수), 건마국(乾馬國 : 장흥), 초리국(楚離國 : 고흥군 남양면)이 있었고, 보성강유역에는 불운국(不雲國 : 보성군 복내면)이 위치하였다.

이러한 연구 성과는 유적·유물에 대한 고고학적 검토에 의해서도 그 타당성이 입증되었다. 전남지역에 위치한 마한의 소국으로 비정된 지역 중에서 고랍국과 불사분야국을 제외하고는 모두 청동기시대의 대표적인 무덤인 지석묘가 밀집된 지역과 일치하고 있다. 다만 광산과 나주 방면으로 추정되는 임소반국·신운신국은 문헌연구에서 정확한 장소를 비정하지 않고 있기 때문에 검토 대상에서 제외되었다.4)

이와 같이 전남지역은 고인돌이 축조된 청동기시대에 영산강유역

과 보성강유역 및 남해안·서해안지역을 중심으로 상당수의 성읍국
가들이 위치하였다. 전남지역에서 우월한 세력이 주변의 미약한 집단
을 통제하여 성읍국가로 발전하는 모습은 고인돌의 분포 상태를 통
해서 확인된다. 고인돌은 소규모의 산간 분지마다 분포되어 있는데,
소규모 고인돌군의 중심에는 대규모 군락이 자리 잡았다.5) 이는 중
심부에 위치한 대규모의 군락을 지배하던 집단이 주변의 약한 세력
을 통제하면서 성읍국가로 발전하였음을 입증한다.

그러나 성읍국가의 정치 형태나 문화의 양상 등을 알려주는 문헌
자료가 없기 때문에 정확한 실상을 파악하는 것은 쉽지 않다. 따라서
고고학이나 인류학 등 주변 학문의 성과를 통해 살펴볼 수밖에 없다.

한국 청동기문화의 특징은 무문토기의 사용, 마제석기의 발달, 청
동기의 사용 및 지석묘와 석관묘의 출현 등이다. 청동기시대에는 지
석묘와 석곽묘가 공존하였는데 전반기에는 지석묘가, 후반기에는 석

영암 장천리 선사주거지 복원 모습

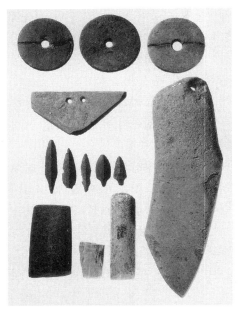
장천리 출토 석기일괄

곽묘의 사용이 우세하였다. 또한 영암 장천리 지석묘에서 세형동검이 출토된 예에서 보듯이 지석묘의 잔재가 후반까지 남아 있었다.

이 유적은 서호면 면소재지에서 동남쪽으로 약 500m 떨어진 장천리 괴음마을 앞에 위치한다. 이곳은 고대에는 영암만에 인접하여 유적 부근까지 바닷물이 들어왔다고 한다. 지석묘군은 괴음마을 전방 300m 지점에 11기가 타원형으로 군집되어 있다. 이곳에서 출토된 유물은 1호 지석묘에서 숫돌·검파두식(劍把頭飾)·세형동검편(細形銅劍片) 등이 나왔으며, 3호에서는 유구석부(有溝石斧)가 출토되었다.

특히 세형동검과 검파두식은 청동기 후기의 표지유물이어서 유적의 연대는 B.C. 300~200년 경으로 추정된다.

장천리 주거지의 형태는 원형 내지 타원형이고, 중앙에 얕은 구덩이가 있으며, 양단에 기둥구멍이 있고 벽선을 따라 작은 구멍이 발견된다. 또한 화덕이나 출입시설이 없는 것이 특색이다. 출토 유물로는 무문토기편, 석촉(石鏃), 반월형석도(半月形石刀), 타제석부(打製石斧), 석봉(石棒), 지석(砥石) 등이 있다. 이와 같은 성격의 주거지는 충청남도 해미읍 휴암리, 부여군 송국리, 광주시 송암동, 거창 대야리

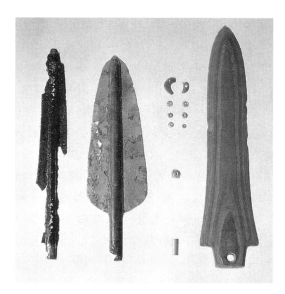
순천 우산리 출토 비파형동검 구슬 간돌검

등 한반도 서남부지역에 나타나는 문화적인 특징으로 보이며, 타 지역과는 다른 소위 송국리형문화권(松菊里型文化圈)의 설정을 가능하게 해준다.6)

한편 본격적인 세형동검은 이를 향유하는 석곽묘계에 의해 유입되었고, 영산강유역에서 주로 발견되고 있다. 충청지방은 전남지역보다 시기적으로 앞선 청동기유적이 집중되어 있기 때문에 요녕지방의 청동기요소를 받아 동검문화를 처음 이룩하였던 것으로 보고 있다.7) 그 반면 비파형동검이 출토된 유구는 대부분 무덤인데 황해도 신평의 선암리와 배천의 대아리, 충남 부여의 송국리, 경남 창원의 진동리 유적은 석관묘(石棺墓)이고, 전남지역은 지석묘로 알려져 있다.

황해도지역은 일찍부터 지역성이 강한 각형토기(角形土器)가 대동강과 재령강을 중심으로 분포되어 있다. 그리고 부여 송국리 일대도 청동기시대 초기부터 송국리형토기와 함께 원형주거지로 대표되는 송국리문화를 이룩한 지역이다. 각형토기문화는 한강 하류지역까지 그 영향권 안에 두었으며, 송국리문화는 서남해안 지역으로 퍼져나가 충청도와 전라도에 걸쳐 강한 지역문화를 형성하였다.[8]

따라서 전남지역에는 충청지방에서 형성된 송국리형 청동기문화가 파급되었다. 전남지역은 비파형동검이 지석묘에서 출토되기 때문에 석관묘에서 주로 나오는 다른 지역과는 구분된다. 이 시기에 이르러 지석묘를 축조하였던 집단이 지배세력에서 밀려나고 새로 등장하는 석곽묘가 상부계층의 묘제로 자리 잡았다. 그러나 지석묘도 계속적으로 축조되었으며, 석곽묘는 발견되는 수가 적기 때문에 널리 사용된 묘제라기보다는 일부 계층에 한정된 묘제로 생각된다.[9]

그런데 전남지방은 청동기문화의 말기적인 양상을 찾아볼 수 없다. 즉, 낙동강유역에서 나타나는 것과 같이 세형동검과 함께 중국 한대 (漢代) 혹은 위만조선계의 차마구(車馬具)와 철기문화가 유입된 사례가 발견되고 있지 않다. 세형동검은 북부지역에서는 대체로 철기와 공반되고 있으나, 중부와 남부지방에서는 그러한 사례가 발견되지 않았다. 다만 부여 합송리, 당진 소소리, 장수 남양리에서 철기를 공반한 청동기시대 유적이 발견되었지만, 전남지역에서는 전혀 나타나고 있지 않다. 이는 전남지역의 경우 세형동검문화를 소유한 집단이 안정된 세력을 형성하고 있었기 때문이다.[10]

전남지역은 세형동검이 출토되는 유적에서 철기가 반출되는 사례가 없기 때문에 청동기문화가 융성한 시기에 철기가 유행하지 못했음을 알 수 있다. 청동기문화는 마한 이전의 진국(辰國 : 衆國)과 연결되고, 마한은 철기문화를 바탕으로 형성되었다.[11] 그러나 마한지역은 청동기단계의 진국에서 철기문화에 기반을 둔 한족세력(韓族勢力)의 대두라는 변화에도 불구하고 역사 주체에는 근본적인 교체가 이루어지지 않았다.

마한의 50여 성읍국가 중에서 상당수는 청동기문화를 배경으로 하

였던 구래의 선진적인 정치집단이 모체가 되어 성장하였다. 다만『삼
국지』에 기록된 마한은『사기(史記)』의 진국과는 달리 새로운 금속문
화의 유입과 이주민의 정착 등으로 정치집단의 수적인 증가가 이루
어졌다. 또한 마한은 소국의 점진적 확대, 소국연맹체의 대두, 정치권
력의 성장과 같은 발전적인 측면을 가지고 있다.12)

　따라서 지석묘의 출현을 갖고 곧바로 성읍국가의 태동으로 간주하
는 데는 문제가 없지 않다.13) 마한의 성립과 각 지역 성읍국가의 출
현은 B.C. 2세기 무렵에 이루어진 철기문화의 수용과 더불어 진전되
었다. 그러나 철기문화가 기존의 세형동검문화 속에서 크게 확산되지
못한 것은 그 세력의 한계를 말해 준다.14)

3. 철기문화의 확산과 토착사회의 성장

　남부지역의 철기문화는 B.C. 2세기 무렵에 시작되었다. 한반도 남
부지방은 철기문화가 확산되면서 토착사회의 면모가 일신되고 발전
이 가속화되었다. 철기문화의 유입은 위만조선 계통의 주민 이동과
관련이 있다.15) 준왕은 위만의 공격을 받아

　A. 조선후(朝鮮侯) 준(準)이 참람되이 왕이라 일컫다가 연나라에서
　　 망명한 위만의 공격을 받아 나라를 빼앗겼다. 준왕은 그의 근신과
　　 궁인을 거느리고 도망하여 바다를 경유하여 한(韓)의 지역에 거주
　　 하면서 스스로 한왕(韓王)이라 칭하였다. 그 뒤 준의 후손은 절멸
　　 되었으나, 지금 한인 중에는 아직 그의 제사를 받드는 사람이 있다.
　　 한나라 때에는 낙랑군(樂浪郡)에 속하여 네 계절마다 조알(朝謁)
　　 하였다.16)

라고 하였듯이, 왕위를 빼앗기고 바다를 경유하여 마한 땅으로 이주

하였다. 또한 고조선의 유력자였던 역계경(歷谿卿)이 우거왕(右渠王)
과 대립하여

> B. 위략(魏略)에 가로되 일찍이 우거가 격파되기 전에, 조선상(朝鮮
> 相) 역계경이 우거에게 간하였으나 받아들여지지 않자, 동쪽의 진
> 국으로 갔다. 그 때 백성으로서 그를 따라가 그곳에 산 사람이 2천
> 여 호나 되었는데, 그들도 역시 조선에 조공하는 번국(藩國)과는
> 서로 왕래하지 않았다.[17]

라고 하였듯이, 그 지배하에 있던 2,000여 호의 주민을 거느리고 남하
하기도 하였다. 이를 근거로 한반도 중부와 남부지방의 철기문화 수
용을 내재적 발전보다는 선진적인 주민의 이주에 의하여 이루어진
것으로 보고 있다. 또한 한강 이남의 진국사회는 군현이 설치된 후
그들과 접촉을 가지면서 철기문화의 혜택을 받기도 하였다. 이에 따
라 사회변화가 급속히 진전되어 삼한이 대두하게 되었다.[18]
　한편 고고학적인 연구 결과를 토대로 북부지역에서 철기문화가 등
장한 시기를 북한학자들은 B.C. 7세기 무렵으로 보고 있다. 이들은
세형동검과 철기가 공반되며, 심지어는 비파형동검 단계부터 철기가
반출되는 것으로 주장하면서 철기가 유입된 연대를 올려 보고 있
다.[19] 그러나 북한지역에서 철기문화의 시작은 세형동검이나 토광묘
의 유입과 관련이 깊다. 따라서 세형동검이 만들어진 이후 토광묘가
유입되면서 철기가 등장하였으며, 그 연대는 B.C. 4세기 무렵으로 보
는 것이 무난하다.[20]
　반면 남한지역의 경우는 최근 들어 당진 소소리·부여 합송리·장
수 남양리 등에서 일괄 수습된 유물들이 북부지역의 세죽리(평북 영
변군)－연화보(蓮花堡 : 遼寧 撫順市) 유형과 연결되고 있어 중부지
방의 철기시대 개시 연대를 B.C. 2세기 중엽으로 본다.[21] 부여 합송
리 석곽묘(石槨墓)유적에서는 모두 10종 20점이 출토되었는데, 세형

동검(細形銅劍)·동과(銅戈)·원개형동기(圓蓋形銅器)·이형동기(異形銅器)·동탁(銅鐸)·다뉴세문경(多紐細文鏡) 등과 주조철부(鑄造鐵斧)·철착(鐵鑿)·관옥(管玉)·흑색토기(黑色土器) 등이 포함되었다.[22] 당진 소소리에서는 세형동검 1점·동제검파두식(銅製劍把頭飾) 1점·철부 1점·철착 2점·관옥 2점·숫돌 1점·흑색토기 1점 등이 출토되었다. 이 유적의 연대는 B.C. 2세기 전반으로 보고 있다.[23]

그리고 장수 남양리 유적에서는 세형동검 및 검파두식 각 1점·동모 1점·세문경 1점 등 청동기와 철부 1점·철착 1점·돌칼 1점·돌화살촉 2점 및 무문토기편 등이 출토되었다.[24] 이들 유물 중에서 철부나 철착 등의 출토품은 철기가 남한지역으로 유입되는 과정과 전파되는 경로를 알려주는 중요한 유물이며, B.C. 2세기 전반에 초기철기시대가 시작되었음을 보여준다.

한편 고고학계는 남한지역 철기문화의 유입을 역사학계가 위만조선계 주민의 남하 이동에서 그 기원을 찾고 있는 것과는 달리 낙랑군의 설치와 관련된 것으로 이해한다. 이남규는 철기의 금속학적 분석을 통해 남한지역의 제철기술은 낙랑과의 접촉을 통하여 도입된 것으로 파악하였다.[25] 전영래는 남한지역은 한사군의 설치 이후 한식경(漢式鏡) 등이 유입되면서 철기와 청동기의 혼용이 이루어진 것으로 이해하였다.[26] 그리고 이청규는 B.C. 2세기 초~2세기 말 사이에 북부지역에 일부 초기 현상이 보이고, B.C. 2세기 말~1세기 전반에 접어들면서 남부지역에 처음으로 철기가 함께 반출된 것으로 보았다.[27]

그러나 한사군 설치 이전에 중국문화가 한반도 남부지역까지 파급되었다는 견해도 있다. 최병현은 철기문화의 시작과 관련이 깊은 타날문토기(打捺文土器)가 등요(登窯)와 함께 위만조선의 건국을 전후하여 한반도로 유입되었고, 그 여파가 남부지역까지 파급된 것으로 파악하였다.[28]

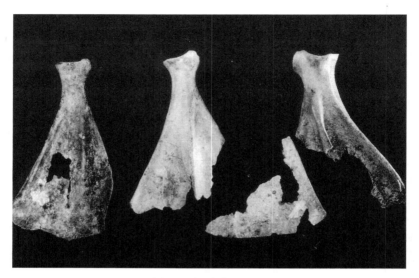

해남 군곡리에서 출토된 복골

또한 남해안지역의 패총[29]유적에서 복골(卜骨), 화천(貨泉), 철부, 철도자(鐵刀子), 철제낚시 등이 출토되었는데, 이들은 군현이 설치된 서북한지역과 직접적으로 관련성이 없다고 한다. 특히 고성 동외동패총에서 발견된 인문도편(印文陶片)이 중국 화남지방과 관련이 있고, 유리의 전파도 중국과는 다른 루트를 통해서 유입되었을 가능성이 있다.[30] 이 외에도 한국의 철기문화가 중국계통과는 다른 북방의 오르도스철기문화와 관련된 것으로 보는 견해도 있다.[31]

따라서 남부지역의 철기문화 수용을 군현의 설치와 그 여파로 단정지어서 생각할 필요는 없다. 또한 전남지역의 철기문화는 외부에서 유입된 문화만으로 이루어진 것은 아니며, 청동기 단계에서 변화된 토착적인 문화 요소도 상당수 남아 있다.

전남지역의 철기문화도 처음에는 중국에서 유입되었으나, 무경식 철족(無莖式 鐵鏃)·단경식 철검(短莖式 鐵劍)·철과·철모(鐵鉾)

등은 외부의 제작기술을 받아
들여 자체적으로 생산하였다.
따라서 전남지역의 철기문화
는 토착적인 청동기문화를 바
탕으로 하여 새로운 문화를 수
용하면서 형성된 것이다.[32] 전
남지역의 대표적인 철기시대
유적은 광주 신창동유적, 해남
군곡리패총, 벌교 금평리패총
등이 있다.

화순군 대곡리에서 발견된 다뉴정문경

금평유적은 벌교만에서 2㎞
정도 떨어진 구릉사면의 해발 15~20m에 형성되었다. 이 유적에서는
3기의 주거지와 2기의 수혈유구(竪穴遺構), 3기의 구상유구(溝狀遺
構)가 조사되었다. 출토된 유물은 경질무문토기가 압도적으로 많으
며, 타날문토기·소형토기·토제(土製)국자·토제곡옥·토제옥주형,
새나 돼지와 같은 동물형 토제품, 철촉·철부·철제 낚시바늘·골각
족·도자병(刀子柄)·복골·골침·상어등뼈 가공품 등도 나왔다. 또
한 패류(貝類)·동물뼈 등의 자연유물도 수습되었는데, 멧돼지의 송
곳니에 사냥하는 그림이 새겨진 것도 있다. 또한 금평유적 Ⅶ층에서
는 경질의 흑청색 대옹 2점이 출토되었다. 이것은 해남 군곡리패총의
늦은 시기인 Ⅴ기층과 연결되기 때문에 그 중심연대를 3세기 중·후
반대로 보고 있다. 출토된 유물로 볼 때 남해안에 위치한 금평유적은
군곡리패총뿐만 아니라 내륙지역과도 상호 밀접한 연관성을 보인
다.[33]

전남지역의 철기문화는 토착적인 청동기문화와 새로이 유입된 철
기제작 기술이 결합되면서 형성되었다. 이 과정에서 외부에서 유입되
는 문화요소들이 많이 나타난다. 그러나 전남지역의 토착문화 전통이

광주 신창동유적에서 발견된 파문원형칠기

사라진 것은 아니고, 새로운 문화 요소들을 받아들이면서 변화되어 갔다.

우리나라의 철기문화는 중국 전국시대 철기의 영향을 받아 성립되었으며, 초기에는 주조철부를 위시하여 농공구류가 우세하였다. 이 단계에는 지역에 따라 철기 사용의 내용이 조금씩 다르고 시간적인 차이도 있다. 청천강 이북지역에서만 철제무기를 사용하였고, 나머지 지역은 여전히 동검·동모·동과가 무기의 주종을 이루며 정문경(精文鏡)이나 청동의기(靑銅儀器)가 제작되었다. 또한 농기류와 공구류도 기능적인 면에서 다양화된 연나라의 것이 모두 수용되지 않고 3~4종류만이 제작되었다.[34]

철기의 자체적인 생산은 B.C. 2세기 경에 이루어졌으며, 단조철기도 제작되기 시작하였다. 철기의 사용은 생활의 양상을 여러 형태로 변화시켰고, 무엇보다도 농업이 크게 발달하게 되었다. 이는 경주 구정동에서 출토된 철로 만든 괭이, 보습, 낫 등의 발달된 농구로 충분히 짐작된다. 당시 재배한 농작물은 보리·밀·수수·조·기장 등 오곡과 도작이었다. 밭농사는 주로 화전법으로 개간한 지역에서 경작되었고, 벼농사는 관개가 가능한 지역에 한하여 행해졌다. 농경의 발전에 따라 입지조건이 좋은 곳에서는 수확량이 많아 식량 사정이 안정되어 인구의 급격한 증가를 가져왔다.[35]

그리고 농작물 이외에도 배와 복숭아 등의 과수가 재배되었으며, 소나 돼지 등의 목축도 행해지게 되었다. 해변가에서는 소금이 생산되어 내륙지방으로 공급되었다. 이로 말미암아 사회적인 부는 전대(前代)에 비하여 더욱 증가되었고, 각 계층간 빈부의 차이가 발생하면서 지배와 피지배 관계가 확고해졌다. 또한 철기 생산이 현지에서 본격화되고 제작기술이 발전하면서 다른 부분까지 영향을 미치고 생산력이 증대되어 토착세력의 성장을 촉진하였다.

이 무렵의 생활경제는 농경이 가능하였고 수렵과 어로활동도 공존하였다. 광주 신창동유적의 저습지에서 출토된 다량의 목기, 토기, 칠기 등은 당시의 농경생활을 짐작케 한다. 또한 해남 군곡리유적에서 출토된 다양한 토제품을 비롯하여 골각기, 철기, 석기, 복골 등은 전단계에 비해 좀더 복잡한 사회가 되었음을 보여준다. 장신구는 구슬이나 유리제품이 많이 사용되었고, 성곽이 존재하는 등 당시의 기록에 부합되는 문화적인 요소를 고고 자료에서 찾아 볼 수 있다.36)

이 시기의 사람들은 움집에 살면서 남부지역에 넓게 분포되어 있는 옹관묘를 주된 묘제로 사용하였다. 최근에는 광주 오룡동・일곡동・쌍촌동・운남동, 순천 연향동, 장흥 지천리, 함평 용산리 유적 등지에서 이 무렵의 주거지가 집단적으로 확인되어서 당시의 주거생활을 짐작하게 한다.

일곡동유적은 삼한시대와 백제시대의 유적으로 발굴조사 결과, 주거지는 구릉의 사면이나 정상부에서 모두 4기가 조사되었다. 평면 구조는 긴 사다리꼴 형태의 말각방형이며, 구릉의 경사면을 이용해 'ㄴ'자형으로 파고 설치하였다. 주거지 바닥 시설은 모두 2~5cm 정도 진흙 다짐을 하였으며, 소토부는 북쪽에 치우쳐 장타원형의 불탄 흔적만 남아 있다. 다른 시설이나 구조가 없기 때문에 노지로 생각되며, 벽면을 따라 도랑이 확인되었다.37)

순천 낙수리유적은 보성강변의 구릉지역에 자리잡고 있고, 대곡리 도롱과 한실유적은 보성강유역의 충적지에 위치한다. 이 중에서 대곡리유적은 청동기시대부터 오랫동안 이용되어 왔으며, 보성 죽산리유적 역시 보성강변의 충적지에 위치한다. 해남 군곡리패총과 벌교 금평패총은 지금은 농경지로 개간되어 있지만, 당시에는 바닷물이 유적 주변까지 들어와서 농경지는 거의 찾아보기 어려운 상황이었다.

그리고 주거 환경은 내륙 하천을 끼고 있는 충적대지와 해안의 구릉지대로 구분된다. 내륙 하천유적은 청동기시대의 입지와 동일하지만, 해안의 입지는 크게 다르며 오히려 신석기시대의 경우와 유사하다. 또한 전남지역에서는 아직 조사된 사례가 없지만 다른 지역의 경우로 볼 때 내륙 깊숙한 산간지역으로 진출하기 시작하였다. 산간지역으로의 진출은 철기가 사용되면서 철광석의 확보와 제철을 위한 것으로 이해되고 있다. 그러나 농경지가 거의 없는 해안의 구릉지역으로의 진출은 청동기시대 후기의 자연환경 변화로 인한 식량부족이 중요한 이유였다.[38]

취락생활 역시 상당히 발전되고 복잡한 양상을 보이게 되었다. 단위 집터를 보면 더욱 복잡해진 공간 구조와 함께 주민들의 활동 역시 다양하고 복잡해졌다. 이와 함께 취락 자체도 대단히 조직적으로 구성되었고, 주민들의 유기적인 상호 연관관계는 청동기시대와는 비교가 되지 않을 정도로 높아졌다. 또한 복잡해진 사회를 효율적으로 운용하기 위해서 사슴의 어깨뼈를 이용하여 점을 치는 행사와 같은 정신적인 통치기반이 마련되었다.[39] 그리고 대외적인 교류활동도 활발하게 전개되어 중국에서 전파된 선진문화를 다시 일본지역으로 전해 주었다.[40]

4. 맺음말

전남지역은 청동기시대에 서남해지역과 내륙의 강변을 중심으로 성읍국가가 성장하기 시작하였다. 전남지역은 충청지방에서 형성된 청동기문화가 파급되었지만, 그 말기적인 양상을 찾아볼 수 없다. 즉, 세형동검이 출토되는 유적에서 철기가 반출되는 사례가 없기 때문에 청동기가 활발하게 사용된 시기에 철기문화가 유행하지 못하였다.

전남지역의 철기문화는 토착적인 청동기문화를 바탕으로 외부로부터 들어온 새로운 문화를 수용하면서 형성되었다. 그러나 철기를 공반한 이 문화가 기존의 세형동검문화 단계 속에서 크게 확산되지 못한 것은 그 세력의 한계를 말해 준다. 전남지역에서 철기의 자체적인 생산이 이루어지고 널리 사용되면서 사회적 부는 전대에 비하여 증가되었고, 빈부의 차이가 발생하여 계층분화가 심화되었다. 또한 철기 생산이 현지에서 본격화되고 제작기술이 발전하여 다른 분야까지 영향을 미치면서 생산력이 증대되어 토착세력의 성장을 촉진하였다. 이는 곧 영산강유역을 위시한 전남지역에 거주한 마한세력의 역동적 활동을 보여준다고 하겠다.

청동기문화는 마한 이전의 진국(辰國 : 衆國)과 연결되고, 마한은 철기문화를 바탕으로 형성되었다. 그러나 마한지역에서는 진국 단계로부터 한(韓)의 대두라는 사서 기록상의 변화에도 불구하고 역사 주체에는 근본적인 교체가 없었다. 전남지역의 철기문화는 외부에서 유입된 문화만으로 이루어진 것은 아니며, 청동기단계에서 변화된 토착적인 문화 요소도 상당수 남아 있었다.

전남지역에서 마한의 성립은 B.C. 2세기 무렵에 철기문화의 수용과 더불어 이루어졌으며, 토착사회의 모습이 크게 변하고 발전이 가속화되었다. 또한 전남지역의 철기문화는 위만조선 계통의 주민 이동과 관련이 있다. 이들이 남하하면서 사회적 변화가 급속히 진전되었고, 그 결과 마한·진한·변한의 삼한이 성립하게 되었다.

토착사회의 성장과 연맹체 형성

1. 머리말

근래 들어 영산강유역41)의 고대사회에 대하여 연구성과가 축적되면서 그 실상이 조금씩 밝혀지고 있다. 그러나 이 분야의 연구는 문헌사료보다는 고고 자료를 통한 검토가 주류를 이루고 있다. 왜냐하면 중국 정사에 전하는 마한 관련 사료와 『삼국사기』 및 『일본서기』 등에 보이는 매우 소략한 기록만이 남아 있기 때문이다.

이와 같은 한계 때문에 문헌을 통한 영산강유역의 고대사회에 대한 연구는 주로 마한 소국의 위치 비정, 근초고왕의 마한 경략의 문제, 백제의 전남지역 통치와 그 지배양식 등을 중심으로 시론적 접근만이 이루어졌다.

이 글에서는 영산강유역의 토착세력이 중국군현이나 다른 지역의 한족세력(韓族勢力)과 접촉하면서 성장을 거듭한 결과 3세기 후반에 이르러 신미국을 중심으로 연맹체를 형성한 과정과 그 추이에 대하여 검토하려고 한다. 다만 문헌사료가 부족하기 때문에 토착세력의 대(對)군현관계 변화양상을 통하여 연맹체의 형성 과정을 살펴보려고 한다. 그 동안 축적된 고고 자료와 다른 지역과의 비교 연구는 부족한 사료를 보완하는 데 적지 않은 도움이 될 것이다.

2. 토착세력의 성장과 대외관계의 변화

1) 목지국의 쇠퇴와 한족사회의 변화

삼한사회는 B.C. 2세기 말부터 기원 전후까지 철기문화가 급격히 확산되는 변화가 있었으나, 기본적으로 세형동검문화 단계의 주민과 문화를 계승하였다. 마한지역은 B.C. 2세기 말엽부터 B.C. 1세기에 이르러 본격적인 철기문화의 단계에 도달하였고, 점차 지역별로 정치적 구심체가 등장하면서 소국간의 연맹체를 형성하기 시작하였다.[42]

이 과정에서 한족세력의 수장으로 대두한 인물이 목지국(目支國)의 진왕(辰王)이었다. 목지국의 실체에 대해서는 잘 알 수 없지만, 여러 소국과 종주·부용(宗主·附庸) 관계를 토대로 군현과의 대외교섭에 있어서 주도적인 역할을 한 것으로 보고 있다.[43] 진왕이 삼한사회를 대표하여

> A. 진왕은 목지국을 통치한다. 신지(臣智)에게는 간혹 우대하는 호칭인 신운견지보안야축지 분신리아불례 구야진지렴(臣雲遣支報安邪踧支 濆臣離兒不例 拘邪秦支廉)의 칭호를 더하기도 한다. 그들의 관직에는 위솔선(魏率善)·읍군(邑君)·귀의후(歸義侯)·중랑장(中郎將)·도위(都尉)·백장(伯長)이 있다.[44]

라고 하였듯이, 신지 혹은 마한신운신국(馬韓臣雲新國)·변진안야국(弁辰安邪國)·마한분신리아국(馬韓濆臣離兒國)·변진구야국(弁辰拘邪國) 등 몇몇 나라의 군호(君號)를 겸하고 있는 것은 이러한 사실을 암시한다.[45]

진왕은 자체의 권력 기반과 통치조직을 통하여 한족사회를 지배한 것이 아니라 대외교섭을 주도하면서 군현과 부침을 같이 하였다. 진왕은 후한(後漢) 이후 혹은 3세기초 대방군 설치와 더불어 군현의 한족대책에 대응하여 토착세력 사이의 이해를 조정하면서 대외교섭권을 장악한 재지 기관의 수장이었던 것으로 보고 있다.[46]

그러나 목지국 진왕의 영향력은 군현이 약화되면서 마한 중심의 교역권이 붕괴되고, 철기 보급을 통하여 각 지역별로 새로운 교역의 대상과 중심지가 대두되면서 점차 위축되었다.47) 따라서 한반도 남부지방의 토착세력에 대한 진왕의 영향력이 발휘된 것은 2세기 중반까지였으며, 그 이후에는 상징성 정도만 유지되었다.48)

2세기 중엽에 이르러 중국 내부의 혼란으로 초래된 후한의 쇠퇴와 함께 낙랑군의 토착세력에 대한 영향력은 크게 약화되었다. 이때를 전후하여 백제를 비롯한 한족세력은 군현의 간섭에서 벗어나게 되었다. 토착세력에 대한 낙랑군의 영향력이 약화되고 그 주민마저 한족의 땅으로 흘러들어 가자, 백제를 비롯한 한족세력은 군현의 압박에서 벗어나 성장에 더욱 박차를 가하였다.

2세기 중엽부터 가속화된 낙랑군의 약화는 진왕의 권위 상실로 이어졌고, 삼한 각지의 토착세력들은 진왕의 영향력에서 벗어나 독자적인 발전을 꾀하였다. 진왕의 권위 약화와 더불어 백제와 신라가 유력한 세력으로 등장한 것도 바로 이 무렵이었다. 삼한사회에 대하여 일정한 영향력을 발휘하던 진왕의 영향력은 군현의 약화와 더불어 소멸되었다. 이를 대신하여 백제와 신라 및 가야가 두각을 나타내고, 그 수장이 진왕의 역할을 대신하기 시작하였다.

백제는 진왕의 영향력에서 벗어나 연맹왕국 단계로 성장하는 과정에서 진통을 겪게 되었다. 백제가 인근의 성읍국가를 복속하여 연맹왕국을 형성한 것은 군현의 영향력 상실과 목지국이 약화되면서 가능하였다.49) 한족사회는 3세기로 접어들어 공손씨(公孫氏)가 대방군을 설치하면서 새로운 국면으로 접어들었다. 공손씨는 대방군을 설치하여 약화된 후한을 대신하여 한족세력과 관계를 맺게 되었다. 공손씨가 대방군을 설치한 목적은 약화된 낙랑군을 보완하여 한족사회에 대한 영향력을 강화하기 위한 것으로 보고 있다.50)

그런데 대방군을 설치한 공손씨 정권은 강력한 중앙집권력과 주변의 이민족을 압도할 수 있는 현실적인 제반 역량을 바탕으로 하여 적극적인 대외정책을 추구하는 중앙정부가 아니라는 점에서 재고의 여지가 있다. 또한 군현은 후한말에 이르러 고구려의 강성으로 말미암아 그 세력이 크게 약화되었다. 공손씨는 대방군을 설치하여 한족사회에 대한 영향력을 행사하려고 하였으나, 중간에 고구려가 가로막고 있었기 때문에 그 한계가 처음부터 노정되었다.

2세기 중반 이래 가속화된 군현의 약화와 동예(東濊)를 고구려가 지배하게 된 상태에서 낙랑군은

> B. 단단대산령(單單大山嶺)의 서쪽은 낙랑에 소속되었으며, 령의 동쪽 일곱 현은 도위(都尉)가 통치하는데 그 백성은 모두 예인(濊人)이다. 그 뒤 도위를 폐지하고 그들의 우두머리를 봉하여 후(侯)로 삼으니, 오늘날의 불내후(不耐侯)는 모두 그 후예이다. 한말(漢末)에는 다시 고구려에 복속되었다.[51]

라고 하였듯이, 그 기능을 거의 수행하지 못하였다. 따라서 중국 본국을 대신하여 요동에 근거지를 둔 공손씨가 대방군을 설치한 의도는 한족사회의 동향뿐만 아니라 고구려의 영향력 증대와도 무관하지 않았다. 고구려가 남하하면서 대동강유역을 주된 세력 근거지로 하고 있던 낙랑군은 거의 회복이 불가능한 상태에 직면하였다.

공손씨는 평양지역을 근거로 하던 낙랑군의 세력이 크게 약화되고, 고구려의 영향력이 확대되고 있던 상황에서 자비령을 경계로 하여 그 이남지역에 대방군을 설치하였다. 공손씨는 한4군이 설치된 이래 토착세력을 통제하던 전진기지 역할을 하던 낙랑군이 약화되자 대방군을 신설하여 그 기능을 이관하였다. 따라서 공손씨의 토착사회에 대한 통제는 낙랑군을 대신하여 대방군에서 실질적으로 관할하게 되었다.[52] 공손씨가 대방군을 설치한 것은 남방 한족세력을 위압하여 중국적 세계질서의 실현을 도모하거나 중개무역의 이득을 취하려는

데 그 목적이 있었던 것은 아니었다.

따라서 대방군의 설치에도 불구하고 남방의 한족사회에 대한 통제력은 강화되지 않았다. 대방군의 한족세력에 대한 교섭범위는 한정된 지역에 국한되었고, 그 영향력도 일시적인 것에 불과하였다. 대방군이 설치되면서 한(韓)과 왜(倭)에 대한 조공관계는 낙랑군을 대신하여 대방군에서 관장하게 되었다. 공손씨는 고구려의 남하에 대한 견제는 낙랑군, 한족세력에 대한 관계는 대방군에서 전담하는 분담형태를 취하였다. 그러나 대방군의 설치는 무엇보다도 고구려와의 대결에서 필요한 후방의 견제, 남방세력과의 우호적인 관계 유지와 교섭창구 확보에 있었다.53)

이처럼 공손씨가 대방군을 설치한 목적은 자신들이 변방의 호족이라는 점과 군현의 약세를 감안하여, 남방세력과의 우호관계 유지를 통한 고구려의 후방 견제에 있었다. 따라서 한족사회는 대방군의 설치에도 불구하고 토착사회의 성장에 필요한 대외적인 여건이 형성되었다. 한족세력의 발전은 2세기 말에 후한이 고구려와 부여의 수장을 각각 왕으로 책봉한 것과 비교해 보면 늦은 감이 없지 않다. 그러나 한반도 중부이남 지역에서는 공손씨시대를 거치면서 백제와 신라, 가야가 성장하였다.

2) 군현의 재편과 토착세력의 추이

군현의 약화와 그에 따른 목지국의 토착세력에 대한 영향력 상실은 삼국의 발전으로 이어졌다. 백제와 가야 및 신라의 발전이 가속화되었고, 다른 지역도 유력한 세력을 중심으로 지역연맹체를 형성하였다. 그러나 전남지역 토착세력의 경우는 아직 뚜렷한 연맹체 형성의 징표가 보이지 않는다. 이러한 지역적 차이가 발생하게 된 까닭은 철기문화가 유입된 시기가 각각 달랐기 때문이었다.

남부지역의 철기문화는 토착적인 청동기문화를 바탕으로 외부로부터 들어온 새로운 문화를 수용하면서 형성되었다.[54] 한반도 남부지역에는 다양한 세력, 즉 옹관묘·토광묘 및 석곽묘를 묘제로 하는 집단이 공존하는 시기가 계속되었다. 그런데 이들 세력은 처음에는 공존하다가 차츰 지역별로 다르게 그 세력을 확대해 나가게 된다. 낙동강유역은 토광묘를 중심으로, 전남지역에서는 옹관묘를 중심으로 독자적인 지배층을 형성하였다.[55]

전남지역의 경우 지석묘와 석관묘 대신에 옹관묘, 토광묘로 변화된 것은 외부적인 영향력이 매우 컸기 때문이다. 그리고 토기의 변천이 점진적으로 이루어졌고, 주거지의 형태에서도 볼 수 있듯이 청동기시대의 문화적인 잔존 요소가 발견되고 있다. 이것은 토착민들이 철기문화를 주체적으로 사용하였을 가능성을 보여준다.[56]

그러나 영산강유역의 토착사회는 국가 형성의 전체적인 면에서 볼 때 다른 지역의 발전상황에 비하여 상당히 낙후되었다. 타 지역의 한족사회가 상당한 수준으로 발전하였지만, 전남지역의 토착사회는 상대적인 정체 상태에 머물렀다. 영산강유역 고대문화의 지표가 되는 고고학적 자료는 옹관고분이다.[57] 옹관고분은 타 지역에서는 유례를 찾아볼 수 없는 영산강유역 특유의 묘제이다. 옹관고분은 초대형의 전용 옹관을 사용하고 대규모의 분구를 조성한 점에서 일상용 소형 항아리를 사용하고 분구의 흔적이 거의 없는 옹관묘와는 질적으로 다르다.

또한 삼국 및 가야지역의 왕릉급 고분과 분구의 규모는 비견되지만 양식 면에서는 완전히 다른 면모를 보여준다. 그리고 옹관고분의 분포 범위는 영산강유역의 중심지인 나주와 영암을 위시하여 그 유역권인 함평·무안·담양·화순·광주 지역과 해남·강진·영광 지역까지 걸쳐 있다. 특히 화순[58]과 함평[59]에서는 B.C. 2세기경 마한 초기단계의 대표적인 청동유물이 일괄적으로 출토되어 일찍부터 몇

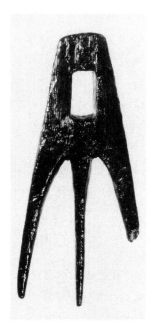

목제괭이 | 광주시 신창동 출토

개의 세력이 영산강유역에 자리 잡았음을 알 수 있다.

영산강유역 토착세력 사이의 분립성은 특정세력이 확고한 지배력을 행사하여 연맹체의 수장으로 성장하지 못하였고, 그 밖의 주변세력 역시 나름의 발전을 이루면서 독자적인 자율성을 확보하였기 때문에 나타난 현상이었다. 이러한 모습은 다른 지역의 고분이 점차 대형화되면서 다량의 철제무기와 마구가 출토되는 것과 비교하여 큰 차이가 있다.[60] 또한 영산강유역의 거대한 옹관고분의 매장형태도 가족묘나 공동묘의 형태를 유지하였기 때문에 권력의 집중과 성장을 반영하는 것으로 볼 수 없다. 이는 전남지역의 경우 농경을 기반으로 한 공동체의식이 다른 지역보다 발달하였기 때문이었다.

전남지방은 일부 지역에서 토광묘가 발견되었으나 초기 형태의 것은 발견되지 않고 있다. 이러한 양상은 초기 형태의 토광묘인 토광목관묘와 좀더 발달된 토광목곽묘 등이 대규모로 발견된 낙동강유역과 큰 차이를 보인다. 이것은 단순히 유적의 미발견 때문이라고 볼 수 없으며, 전남지방에는 토광묘를 사용한 집단의 유입이 늦었거나 그 세력이 극히 약하였던 것으로 해석된다.[61] 철기의 종류에서도 영산강유역은 일상적인 철도자, 철부, 철괭이 등 농공구 등이 주류를 이루는 데 비해 낙동강유역에서는 일찍부터 무기류가 나타난다.[62]

반면에 전남 동부지역은 소백산맥의 영향이 미치는 산악지대로 섬진강유역권에 속하는 곳이며, 서부지역인 영산강유역과는 자연 지형에 의해 구분되고 단절되어 있다. 자연히 전남지역 고대사회는 동부와 서부의 교류가 활발하지 못했으며, 그 문화도 각기 다른 색깔을 보인다.

3세기 중엽에 이르러 공손씨를 대신하여 위(魏)가 군현을 관할하게 되면서 남부지역의 한족세력은 일대 시련을 겪게 되었다. 위는 공손씨와는 달리 한족세력의 성장을 방해하고 분할지배를 구사하는 적극적인 대외정책을 추진하였다.[63] 또한 위는 철저한 군현지배를 시행하는 강경책으로 선회하였다. 위는 황제가 임명한 태수를 정식으로 낙랑군과 대방군에 파견하였고, 한족세력과도 그 동안 단절되어 있던 조공관계와 책봉체제를 회복하였다. 위는 중앙정부의 권위와 정통성을 바탕으로

> C. 경초(景初) 연간에 명제(明帝)가 몰래 대방태수 유흔(劉昕)과 낙랑태수 선우사(鮮于嗣)를 파견하여 바다를 건너가서 2군을 평정하였다. 그리고 여러 한국의 신지에게는 읍군의 인수(印綬)를 더해주고, 그 다음 사람에게는 읍장(邑長)을 주었다. 풍속은 의책(衣幘) 입기를 좋아하여, 하호(下戶)들도 군에 가서 조알할 적에는 모두 의책을 빌려 입으며, 자신의 인수를 차고 의책을 착용하는 사람이 천여 명이나 된다.[64]

라고 하였듯이, 토착세력의 수장층을 그 세력의 정도에 따라 책봉하면서 군현체제의 정상적인 기능을 회복하였다. 위는 토착세력의 수장들에게 의책과 '읍군', '읍장' 등의 인수를 지급하여 조공관계를 맺고 분열을 획책하였다. 그 결과 낙랑군과 조공관계를 맺고 군현을 방문하는 자가 1천여 명에 이를 정도의 큰 성과를 올렸다.

그러나 위대에 군현의 권위나 통제력이 상대적으로 강화되었지만 2군의 평정이 고구려의 견제를 피하면서 해로(海路)를 이용하여 몰래 이루어진 수준이었다. 군현은 약화된 자체 역량으로 토착세력을

완전히 제압할 정도는 못되었다. 고구려가 옥저와 동예를 복속하면서 강력하게 남하하고 있었기 때문에, 군현이 남방에 대한 영향력을 회복하는 것에 큰 제약이 되었다.

이 때문에 위가 2군을 평정할 무렵 군현의 한족정책은 책봉관계를 맺고 인수를 더해 주는 등의 회유책을 펴면서 토착세력의 상대적인 자율성을 보장하는 것이었다. 위의 군현지배는 조공관계의 회복을 통한 이전의 중국적인 세계질서를 회복하는 수준에 머물렀다. 군현의 영향력이 회복되어 그 세력의 재편이 이루어졌지만, 한족세력에 대한 강력한 영향력을 발휘할 수 없는 상황에서 필연적인 결과이었다.[65]

그러나 위나라가 244년에 고구려를 포함하여 한족사회에 대한 침입작전을 개시하면서 상황은 급변하게 되었다. 이에 앞서 위가 양국의 완충지대였던 요동지역을 점거하면서 고구려와의 충돌은 불가피하게 되었다. 고구려의 동천왕이 서안평을 습격하는 등 요동 진출을 위한 적극적인 공세를 취하자, 위는 고구려의 서진(西進)에 대처하고 대오항쟁(對吳抗爭)의 배후 위협을 제거할 목적으로 동방침입을 추진하였다.

이 작전은 고구려와 그 지배를 받던 옥저, 동예뿐만 아니라 남방의 한족까지 염두에 두고 전개되었다. 위는 고구려와 옥저에 대해서는 유주자사(幽州刺史) 휘하의 주력군과 그 주변의 이민족, 요동군과 현도군의 군사를 동원하여 초토화 작전을 수행하였다. 반면 동예나 남방세력에 대해서는 그 영향력을 제고하여 후한말 이후 초래된 통제 불능 상태를 본격적으로 개선하려고 하였다.[66]

삼한에 대한 군현의 영향력은 후한 광무제(光武帝)의 군현 재편, 공손씨의 대방군 설치, 위의 2군 장악 등과 같은 재편기에는 일시적으로 크게 강화된다. 그러나 그 영향력은 점차 약화되어 후한 말의 환·영제(桓·靈帝)시대와 같이 거의 상실되는 것이 일반적인 추세였다. 위의 군현지배는 고구려가 중국 본국과 군현의 연결을 차단하고 있었기 때문에 바닷길을 이용할 수밖에 없었다. 그리고 위군의 고구려 원정은 무엇보다도 배후에 있는 오(吳)의 위협을 제거하는 것에 주된 목적이 있었다. 또한 위가 고구려에 철저한 타격을 주기 위해서는 그 속국이었던 옥저나 동예에 대한 제압이 필요하였다.

반면에 남방의 한족세력에 대한 위의 주된 관심은 구래의 중국적인 세계질서 회복에 있었고, 군현의 세력만회를 위하여 예성강 이남과 한강 이북지역 사이에 있는 진한 8국의 회복과 유민의 추쇄가 주된 고려 사항이었다. 그러나 군현은 백제의 고이왕이 지휘한 한인동맹군의 공격을 받고

> D. 위나라의 유주자사 관구검과 낙랑태수 유무 및 삭방태수 왕준이 고구려를 정벌하였다. 왕은 그 틈을 타서 좌장 진충을 보내 낙랑의 변방 주민들을 습격하여 탈취하였다. 유무가 이를 듣고 노하자 왕은 침공을 받을까 염려하여 그 사람들을 돌려주었다.[67]

라고 하였듯이, 그 계획이 좌절되고 말았다. 군현은 북방의 고구려와 남방의 한족세력에 의한 양방면의 적대진영에 포위될 위험에 직면하였다. 위의 한족정책은 토착세력의 강한 반발을 야기하였고, 백제의 고이왕이 주도한 한인동맹군이 대방군을 공격하면서 한·위 간의 전쟁으로 비화되었다. 이 전쟁이 일어나게 된 직접적인 원인은 군현과 가까운 지역에 위치한 '진한 8국'에 대한 위의 영유권 주장과 이에 대한 한족세력의 반발이었다.

군현은 한인(韓人)들로부터 예측치 못한 일격을 당하자 군사를 동원하여 접전을 벌였으나, 열세를 극복하지 못하고 대방태수가 전사하는 등 자체의 무력을 통하여 한족세력을 진압하는 데에는 큰 어려움을 겪었다. 위는 진한 8국의 영유권 확보를 통한 군현의 물적·인적기반을 강화하려 하였던 계획을 포기하게 되었다. 위는 선진문물의 제공과 대외교섭의 조정을 통하여 한족사회에 대한 영향력을 유지하

는 것에 만족할 수밖에 없게 되었다.[68]

이와 같이 위와 백제가 주도하는 한인동맹군과의 전투는 주로 한 강유역과 임진강유역을 무대로 하는 영토분쟁이었다. 따라서 이 분쟁 은 전남지역의 토착세력과는 무관하게 전개되었다. 전남지역은 3세 기 이후 공손씨와 위가 관할하던 군현의 직접적인 영향력을 받지 않 았다. 전남지역의 토착사회는 군현정책의 변화에 따른 직접적인 영향 력이 미치지 않았지만, 그 여파에 따른 파동에서 벗어나 있지는 않았 다.

3. 신미국의 대두와 연맹체 형성

1) 신미국의 성장과 그 배경

백제는 3세기 중반 이후 고이왕의 치적을 바탕으로 영역확장을 도 모하였지만 아직 마한지역을 잠식하지 못하였다. 백제는 군현과 말갈 세력의 압력을 극복하지 못한 상황에서, 마한에 대해서는 상호간의 국력에 관계없이 부용관계를 유지하였다. 백제는 마한의 동북지역에 서 건국하여 군현을 축출하고 말갈을 제압하는 시기까지 마한과 복 속관계를 맺고 형식적이나마 신속(臣屬)하였던 것이다.

백제가 마한방면으로 진출한 것은 군현이 축출되고 그 부용집단인 말갈을 제압한 4세기 이후부터였다. 백제가 마한의 영역으로 진출한 것은 군현의 축출 이후에 가능하였기 때문에 빨라도 4세기 초반 이후 의 사실로 볼 수 있다. 백제는 313년 군현이 축출된 후 건국이래 숙적 이었던 영서(嶺西)의 말갈세력[69]을 복속하였다.

백제는 말갈세력을 제압한 후 마한과 경계가 되었던 안성천을 넘 어 목지국을 장악하였고, 차령산맥과 금강유역을 거쳐 호남평야 일대 까지 석권하였다.[70] 백제가 천안 일대의 목지국과 익산지역의 건마국 등 마한의 중심 세력을 복속한 시기는 거의 차이가 없었다. 이는 백제가 전북 김제지역에 진출하여 벽골제를 320~350년경에 축조한 것에서도 입증된다.[71] 따라서 전남지역의 토착세력은 아무리 빨라도 4세기 중반까지는 백제와 무관하게 독자적인 발전을 지속하였다.

백제가 조세와 행정·군사권을 통제하고, 주변세력의 대외교섭 등을 조정·통괄할 수 있는 연맹왕국을 형성한 것은 3세기 후반 무렵이었다.[72] 이때를 전후로 하여 영산강유역에서도 옹관묘가 대형화되는 고총고분(高塚古墳) 단계로 발전하기 시작하였는데, 그 시기에 대해서는 3세기 후반[73] 또는 4세기 전후[74]로 보는 것이 일반적이다.

그러나 한강유역의 백제와는 달리 영산강유역에서는 성읍국가 단계에서 벗어나 연맹왕국을 형성한 뚜렷한 징표는 찾을 수 없다. 다만 『진서(晉書)』 장화전(張華傳)에 의하면 영산강유역에 산재한 소국들이 신미국(新彌國)을 맹주로 하여 晉과 접촉한 사실이 기록되어 있다.[75] 이 사료는 진조(晉朝)의 통일과 유주자사로 임명된 장화의 적극적인 대외정책의 결과 그 동안 접촉이 단절되어 있던 신미국 등이 다시 조공관계를 맺게 된 사실을 전한다.[76]

영산강유역의 20여 성읍국가들은 신미국을 중심으로 연맹체를 형성하였다. 신미국은 지역연맹체의 수장국으로서 대외교섭권을 장악하고 있었지만, 각 소국들을 복속하여 연맹왕국 단계에 이른 것은 아니었다. 신미국의 위치에 대해서는 영산강유역 고대사회의 중심지인 영암군 시종면 일대로 보기도 하지만,[77] 이는 대세론적인 판단에 근거하였을 뿐이지 뚜렷한 근거가 있는 것은 아니다.

최근에는 신미국의 위치를 해남군 현산면 일대로 비정하는 견해가 제시되었다. 이 견해가 제시하는 근거는 다음과 같다. 첫째, 현산면의 백포만 일대는 주위에 있는 군곡리패총을 통해서 알 수 있듯이, 3세기 이전에 동아시아 연근해 항로의 요충지였다는 점이다. 둘째, 『일본서기』에는 369년에 백제가 가야를 공격하고 바닷가를 따라 서진하여 고해진(古奚津)을 거쳐 최종적으로 침미다례(忱彌多禮)를 점령했다는 기사가 보인다. 이 중에서 고해진은 오늘의 강진지역에, 침미다례는 해남지역에 비정하면서, 침미다례＝신미국으로 보고 있다. 셋째, 해남의 옛 지명인 침명현(浸溟縣)이 침미다례나 신미국과 음이 비슷하고, 침명현의 중심지는 해남읍이 아니라 현산면 일대였다는 점을 들고 있다.[78]

또한 신미국으로 추정되는 현산면 일대의 세력집단은 3세기 이전부터 해상교류의 파트너로서 중국사회에 알려져 있었기 때문에 영산강유역 연맹체의 외항적 기능을 충실히 수행하였다.[79] 따라서 신미국은 해남 현산면 백포만 일대와 인접한 고현리에 위치하였던 것으로 추정된다. 이곳은 현재는 방조제가 조성되어 넓은 농경지로 변모되었지만, 그 이전에는 고현리와 월송리 조산 부근까지 바닷물이 들어와 작은 내해(內海)를 이루었다.

신미국이 문헌에 최초로 등장한 것은『삼국지』동이전 한조(韓條)의 신운신국(新雲新國)이다. 신미국과 신운신국의 관계에 대해서는 정확한 계승관계를 알 수 없지만, 목지국의 진왕을 우대하는 호칭인 "신운견지보(臣雲遣支報) 안야축지(安邪踧支) 분신리아불례(濆臣離兒不例) 구야진지렴(拘邪秦支廉)"에 보이는 신운견지보와 관련된 것으로 추정된다. 이를 구체적으로 살펴보면 신운신국의 견지(＝험측), 변진안야국의 축지(＝신지), 신분활국의 불례(＝번예), 변진구야국의 진지(＝신지)로 이해된다.[80]

신운신국은 영산강 하류의 나주 부근으로 추정하기도 하지만,[81] 후대에 보이는 신미국과 관련하여 해남 백포만 일대가 아닌가 한다. 또한 안야국과 구야국은 각기 낙동강 하류의 함안과 김해로 추정되며, 이들을 신지로 칭한 것은 신운신국의 견지＝험측보다 세력이 컸음을 의미한다.

위나라는 3세기 중엽에 공손씨를 대신하여 대방군을 관할한 후 한족사회의 수장층에게 인수와 의책 등을 제공하면서 서열화 하였다. 위는 오·촉과 대치한 상황에서 필요한 남방물자를 구입하기 위하여 한·예·왜와의 교섭을 강화하였다. 이 과정에서 위는 후한이나 공손 씨의 소극적인 동방정책에서 벗어나 남방세력과의 교섭에 적극성을 보였다. 그리고 위는 삼한세력 가운데 유력한 집단을 교섭의 대표자로 선택하였다.

위는 세력이 큰 사람에게는 신지라 하고, 그 다음은 순서대로 견지·읍차·부례라고 하였다. 위나라 때 해남반도에 위치한 신운신국의 수장을 견지=험측으로 칭한 것으로 볼 때, 그 세력이 한강유역의 백제국이나 낙동강유역 김해지방의 금관가야에 미치지 못했음을 알 수 있다.

영산강유역 토착사회의 모습은 신운신국에 비록 주수(主帥)가 있었을지라도 읍락에 뒤섞여 살았기 때문에 제대로 다스리지 못하는 상황이었다. 당시의 중국인들은 한족의 토착사회를

E. 거처는 초가에 토실을 만들어 사는데, 그 모양은 마치 무덤과 같았으며, 그 문은 윗부분에 있다. 온 집안 식구가 그 속에 함께 살며, 장유와 남여의 구별이 없다.……그 나라 북방의 (중국)군에 가까운 제국은 그런대로 약간의 예속이 있지만, 멀리 떨어져 있는 지역은 흡사 죄수와 노비가 모여 사는 곳과 같다.

라고 표현하였다. 위 사료와 같이 군현에서 멀리 떨어진 영산강유역은 한강유역의 백제보다는 성장이 뒤쳐졌다. 영산강유역 토착사회는 신운신국의 수장인 견지=험측의 통제를 받으면서도 소국들은 읍락 내부의 자치권은 유지되었다.

영산강유역의 토착사회는 3세기 후반에 이르러 상당한 변화를 겪게 되었다. 위를 대신하여 서진이 낙랑군과 대방군을 관리하면서 한족사회는 대외교섭에 있어서 큰 전환기를 맞이하게 되었다. 위가

촉·오와 대치한 상황에서 남방물자에 큰 관심을 가졌던 반면에, 서진은 280년 대륙을 통일하면서 중국 자체 내에서 물자를 거의 자급할 수 있게 되어 대외교섭의 필요성이 감소되었다.[82] 중국 군현에서 공급되는 교역품의 감소와 삼한 토착사회의 외래 교역품에 대한 수요 증대로 토착세력의 대외교섭은 한반도를 벗어나 진(晉)에 사신을 파견하는 원거리 국제교역으로 발전하였다.[83] 사료에 나타난 한족세력과 진의 교섭관계를 정리하면 다음의 도표와 같다.

표 1. 삼한과 서진의 교섭관계

年　　代	武　帝　紀	馬　韓　條
咸寧 2년 2월(276)	東夷八國歸化	
咸寧 2년 7월(276)	東夷十七國內附	
咸寧 3년(277)	東夷三國……各帥種人部落內附	復來
咸寧 4년 3월(278)	東夷六國來獻	又請內附
咸寧 4년(278)	東夷九國內附	
太康 원년 6월(280)	東夷十國歸化	其主遣使入貢方物
太康 원년 7월(280)	東夷二十國朝獻	
太康 2년 3월(281)	東夷五國朝獻	其主遣使入貢方物
太康 2년 6월(281)	東夷五國內附	
太康 3년 9월(282)	東夷二十九國歸化	
太康 7년 8월(286)	東夷十一國內附	又頻至
太康 7년(286)	馬韓等十一國遣使來獻	
太康 8년 8월(287)	東夷二國內附	又頻至
太康 9년 9월(288)	東夷七國詣校尉內附	
太康 10년 5월(289)	東夷十一國內附	又頻至
太熙 원년 2월(290)	東夷七國朝貢	詣東夷校尉何龕上獻
永平 원년(291)	東夷十七國……詣校尉內附	

　　삼한의 각 소국은 276년에 마한이 진에 사절을 보낸 것을 시작으로 290년까지 여러 차례에 걸쳐 조공을 하였다. 삼한의 소국들이 사절을 파견한 곳은 진의 수도가 아니라, 요서(遼西)에 있던 동이교위부(東夷校尉府)였다. 이것은 한족사회가 낙랑, 대방군을 통한 교역에

만족하지 않고 진 본국까지 왕래함으로써 본격적인 원거리 국제교역에 참여하였음을 뜻한다.[84]

마한의 경우 <표 1>과 같이 총 17회에 걸쳐 동이교위부에 조공하였으며, 조공국의 숫자 또한 연도에 따라 상당한 차이를 보이고 있다. 이는 마한의 중심 세력이었던 목지국이나 신흥 백제 등 특정 국가의 조공관계 만을 기록한 것이 아니라, 다른 국가의 사례도 함께 병기하였기 때문에 야기되었다.

한편『진서』마한조에 보이는 마한왕의 실체를 목지국의 마한왕[85]과 백제왕[86] 중에서 어느 쪽으로 볼 것인가에 따라 한족세력의 대외관계는 큰 차이가 있다. 그러나 태강(太康) 연간(280~289)에 이루어진 대외교섭 중에서 277~281년까지는 백제국 중심의 마한, 282년부터는 신미국 등 영산강유역 토착세력으로 볼 수 있다.[87] 이처럼 서진에 사절을 보낸 마한세력은 한강 하류지역의 백제를 비롯하여 각 지역의 소국들이 포함되었다.

신미국이 교섭에 적극적으로 나선 것은 외래 교역품에 대한 수요 증가를 원거리교역을 통하여 해결하려고 했기 때문이다. 신미국이 동이교위부로 사절을 보낼 수 있었던 것은 토착사회의 성장이 이루어졌기 때문에 가능하였다. 그러나 장화(張華)가 282년에 유주를 담당하는 책임자로 임명되어 동방지역에 대한 적극적인 무납정책(撫納政策)을 추진한 것도 원인이 되었다. 장화의 적극적인 대외정책 추진으로 주변의 이민족들이 동이교위부에 조공하였는데, 이때 영산강유역의 신미국도 사절을 보냈다.[88]

신미국은 서남해의 바닷길을 통제할 수 있는 해남 백포만에 위치한 지정학적 조건을 이용하여 주변 소국들의 대외교섭을 주선·통제하면서 성장하였다.[89] 백포만의 신미국은 중국의 화천(貨泉)을 포함하여 다량의 유물이 발견된 군곡리세력과 밀접한 관계를 맺고 대외무역과 중간기항지 역할 등의 해상활동을 통하여 발전하였다.

수군곡리 패총 전경(위)과 패총에서 바라본 평야지대(아래) | 이 일제시대에 바닷물의 유입을 차단한 방조제가 축조된 후 해안지대는 광활한 평야로 변모하였다. 그러나 당시에는 군곡리패총유적 바로 앞 부근까지 해수가 유입되었다.

2) 신미국의 연맹체 형성과 그 한계

한반도의 서남해안은 조류의 흐름이 매우 **빠르고** 방향의 편차가 심하여, 물길에 익숙한 개별적 해상집단이 각 지역의 해상권을 장악하였다.[90] 이 시기에는 중국으로부터 일본에 이르는 연안항로가 발달되었는데, 해남 군곡리패총과 같은 당시의 유적에서 화천, 복골 등 중국계 유물이 다수 발견되는 것은 이 때문이다.

중국의 화폐였던 화천(貨泉)이 출토된 지역과 패총이 발견된 지역을 연결하면 군현에서 한반도 남부의 해안을 거쳐 일본까지 연결된 고대의 무역로를 파악할 수 있다.[91] 한반도와 중국을 잇는 고대 항로는 전북 완주 상림리에서 발견된 도씨검(桃氏劍)을 통해 볼 때에 늦어도 B.C. 4~3세기경부터 열려 있었다.[92]

이 바닷길의 중간 지점에 위치한 해남반도는 문화의 이동 통로였고,[93] 그 중심 세력이었던 신미국은 중개무역과 대외교섭을 주도하면서 성장하였다. 해남반도 일대는 동지나에서 북상하는 계절풍과 쿠로시오 해류가 교차하며, 중국-한반도-왜를 연결하는 길목에 해당된다.

한편 신미국의 성장을 중부지역에 자리 잡았던 마한세력이 전남지방으로 이동함으로써 생겨난 현상으로 보는 견해도 있다. 마한은 백제의 성장과 팽창에 따라 중심지를 이동하였는데, 그 방향은 북에서 남으로 즉, 직산 → 익산 → 영산강유역 순으로 이루어졌다.[94]

그러나 마한의 중심지 이동은 영도세력이 남하한 것이 아니라, 마한의 약화라는 시대적인 추세 속에서 백제와의 접경지대에서 보다 멀리 떨어진 특정세력이 새로운 주도집단으로 부각된 것으로 이해하는 것이 타당하다. 신미국은 철기문화의 확산과 더불어 군현세력의 재편, 백제의 성장과 같은 외적조건의 변화에 적응하면서 영산강유역 토착사회의 연맹체 형성을 주도하였다.

영산강유역 고대사회의 발전을 가져온 또 하나의 배경으로 대외교

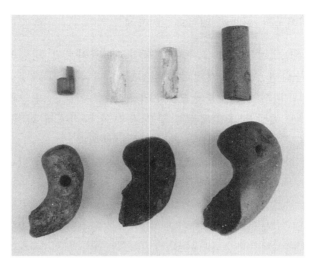

장신구 | 해남 군곡리 패총 출토

류의 활성화라는 요소를 들 수 있다. 해남의 백포만에 인접한 군곡리 일대는 영산강유역에서 가장 큰 규모의 패총군이 위치한다. 군곡리 패총에서는 대략 B.C. 3세기부터 A.D. 3세기까지의 토기와 철기, 토제품, 골각기, 장신구, 화천 등이 출토되어 활발한 대외교류를 입증한다.[95] 이곳에서 발견된 중국화폐 화천·오수전(五銖錢) 등은 해상을 통한 교역활동에서 유입된 것으로,[96] 백포만 일대가 무역시장이 개설된 국제적인 교류의 무대였음을 반영한다.

　신미국은 3세기 후반에 이르러 토착세력의 국읍으로 발전하였고, 그 수장은 대외교섭을 관장하면서 '신미제국(新彌諸國)' 연맹체사회를 대표하는 위상을 갖게 되었다. 또한 신미국은 『삼국지』 왜인전의 '國國有市 交易有無'라는 기록과 같이, 영산강유역 토착사회의 읍락 상호간의 물자교역이 이루어지는 교역의 중심무대가 되었다.

　이와 같이 영산강유역의 토착사회를 대표하여 신미국은 진(晉)과의 원거리 대외교섭을 주도하였다. 진은 만리장성 외곽에 있는 동북의 변방지역에 유주를 설치하였다. 한반도에 위치한 낙랑과 대방도 유주의 관할하에 있었다. 진은 274년에 요서, 요동, 한반도에 이르는 지역을 분할하여 평주(平州)를 설치하였다. 그리고 평주를 관할하는 평주자사와는 별도로 동이교위(東夷校尉)를 두어 주변에 있던 이민족과의 교섭을 전담하게 하였다.

원래 중국의 왕조는 삼한의 토착세력보다는 낙랑군의 호족세력을 교섭의 대상으로 삼았고, 군현의 호족 중에서 상인 출신을 매개로 하여 한족세력과 거래하였다. 그런데 서진이 약화되어 군현과의 관계가 느슨해지면서 낙랑과 대방의 호족들은 중개무역을 통하여 축적하던 경제적인 재부가 점차 줄어들게 되었다.

이로 말미암아 한족세력들은 군현 내의 호족세력과의 교섭에 만족할 수 없게 되었고, 직접 동이교위부와 접촉에 나서게 되었다. 이는 한족세력의 성장이 그만큼 이루어졌기 때문에 가능하였고, 이때에 신미국도 영산강유역 토착세력을 대표하여 원거리 대외교섭에 참여하였다. 위대(魏代)의 군현과 한족세력의 교섭은 군현에 거주하던 호족들이 중심이 되어 전개되었다. 물론 위대에 한족세력들도

> F. 경초 연간에 명제가 몰래 대방태수 유흔과 낙랑태수 선우사를 보내서 바다를 건너 2군을 평정하였다. 그리고 여러 한국의 신지에게는 읍군의 인수를 더해 주고, 그 다음 사람에게는 읍장을 주었다. 그들의 풍속은 의책(옷과 두건)을 좋아하여, 하호들도 군에 가서 조알할 적에는 의책을 빌려 입으며, (대방군에서 준) 자신의 인수를 차고 의책을 착용한 사람이 천여 명이나 된다.[97]

라고 하였듯이, 군현을 직접 방문한 경우도 없지 않았다. 그러나 의책(衣幘)을 차려 입고 군현을 방문한 사람들은 그들 스스로 직접 항해하여 대방까지 간 것은 아니었다. 이들은 정치적 목적을 띠고 온 군현의 관리나 장삿길에 나선 상인들이 돌아갈 때 그들의 뱃편을 이용

하여 대방군으로 갔다. 군현은 큰 선박을 이용하여 진한지역을 왕래
하였으며

> G. 왕망의 지황 연간에, 염사치가 진한의 우거수(右渠帥)가 되어 낙
> 랑의 토지가 비옥하여 사람들의 생활이 풍요하고 안락하다는 소식
> 을 듣고, 도망가서 항복하기로 작정하였다. 살던 부락을 나오다가
> 밭 가운데서 참새를 쫓는 남자 한 사람을 만났는데, 그 사람의 말
> 은 한인(韓人)의 말이 아니었다. 그 까닭을 묻자 그 남자가 말하기
> 를, "우리들은 한(漢)나라 사람으로 내 이름은 호래(戶來)이다. 우
> 리들 1,500명이 나무를 벌채하다가 한(韓)의 습격을 받아 포로가
> 되어 모두 머리를 깍이고 노예가 된 지 삼년이 되었다"고 하였다.
> 염사치가, "나는 한나라의 낙랑에 항복하러 가는 길인데 그대들도
> 같이 가겠는가?" 하니, 호래는 "좋다" 하였다.
> 　그리하여 염사치는 호래를 데리고 출발하여 함자현으로 갔다. 함
> 자현에서 낙랑군에 연락을 하자, 낙랑군은 염사치를 통역으로 삼아
> 금중(今中)에서 큰 배를 타고 진한으로 들어가서 호래 등을 맞이하
> 여 데려갔다. 함께 항복한 무리 천여 명을 얻었는데 다른 오백 명
> 은 벌써 죽은 뒤였다. 염사치가 이때 진한에 따지기를, "너희는 오
> 백 명을 돌려보내라. 만약 그렇지 않는다면 낙랑이 만 명의 군사를
> 파견하여 배를 타고 와서 너희를 공격할 것이다"라고 하니, 진한은
> "오백 명은 이미 죽었으니, 우리가 마땅히 그에 대한 보상을 치르
> 겠습니다."하고는, 진한 사람 만 오천 명과 변한에서 나는 포목 일
> 만 오천 필을 내어놓았다. 염사치는 그것을 거두어 가지고 곧바로
> 돌아갔다.[98]

라고 하였듯이, 1만 명에 이르는 대군을 선편을 이용하여 파견하겠다
고 공언할 만큼 대규모 선단을 보유하고 있었다. 다만 사료 G의 신빙
성에 대한 여러 가지 문제가 없지 않겠지만, 군현이 큰 배를 이용하
여 토착세력과 교섭한 것은 믿을 수 있을 것 같다.[99]

따라서 한족세력들은 주로 중국의 선편을 이용하여 군현을 방문했던 것으로 볼 수 있다. 그러나 군현을 방문한 사람은 극소수에 불과하였고, 대부분의 한족세력은 그들의 지역을 방문한 상인들과 접촉하였다. 다만 바닷가에 위치하여 항해에 익숙한 사람들은 스스로 군현을 직접 방문했을 가능성도 없지 않다.

한편 대방군은 군현을 방문할 수 없는 소규모 세력의 수장층을 통제하기 위하여 인수(印綬)와 위신재를 사여하였다. 사료 F와 같이 대방군에서 준 인수를 차고 의책을 착용한 사람이 천여 명이나 된 것은 이를 반증한다. 이처럼 군현은 위신재 사여와 조공무역을 통하여 토착세력을 분리 통제하면서 대세력의 출현을 억제하였다.

그런데 토착세력을 분할 통제하던 위나라를 대신하여 서진이 건국된 후 상황이 반전되었다. 위대에는 대방군에서 준 인수를 차고 의책을 착용한 사람이 천여 명에 이를 정도였다. 이것은 일시적이지만 위의 분리 조종책이 극심하였음을 보여준다.[100] 그러나 서진과 한족세력의 교섭은 전대에 비하여 다른 양상을 보이게 되었다. 서진은 건국후 얼마 안 되어 팔왕(八王)의 난을 계기로 국력이 약화되어 대외관계에 큰 관심을 기울일 수 없게 되었다.

서진이 약화되면서 동시에 군현의 토착사회에 대한 통제력도 급속히 쇠퇴하였다. 그와 반비례하여 한족사회 수장층의 권한은 여러 방면에 걸쳐 신장되었기 때문에 집단적인 조공이 이루어지게 되었다. 이는 앞의 도표와 같이 『진서』 마한 조에 보이는 조공 기사를 통하여 입증된다. 특히 태강 원년조의 "그들의 임금이 사신을 파견하여 토산물을 조공하였다(其主遣使入貢方物)"[101]라는 사료와 같이, 한족사회는 국왕이 주도한 조공 사절의 파견이 이루어기 시작하였다. 마한지역에서 국왕의 조공 사절 파견은 백제나 목지국 등에 국한되었고, 신미국은 아직 그 단계에 이르지는 못하였다.

신미국은 군현의 중개기능 약화와 토착세력의 욕구증대로 인하여

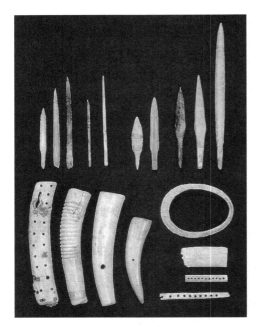

해남 군곡리 출토 골각기

동위교부와의 직접적인 대외교섭에 나서게 되었다. 또한 원거리 국제교역은 다량의 물품을 수집하고 관리할 수 있는 내부조직의 발달과 원거리 항해에 필요한 교통수단과 기술축적이 필요하였다.

신미국은 동이교위부와 조직적인 무역관계를 가질 정도의 확대된 정치체를 운영하면서 영산강유역 토착사회의 맹주 역할을 하였다. 또한 대외교역 활동은 대내교역 조직과 밀접하게 연결되어 있었기 때문에,102) 신미국은 대외교역을 주도하면서 주변의 토착세력을 통제하였다. 영산강유역의 토착사회는 다른 지역과 마찬가지로 조위(曹魏) 때에는 군현에서 의책과 인수를 지급한 대상이 "천유여인(千有餘人)"이 상징하듯이 상당할 만한 숫자가 독자적으로 군현과 교섭관계를 맺고 있었다.

그러나 이때에 이르러서는 신미국이 서진과의 교섭에서 영산강유역 20여 소국을 대표할 만큼 권력집중이 이루어졌다. 다만 신미국은 그 수장이 군사권과 행정권을 장악하고, 대외교섭 창구의 일원화를 동반한 연맹왕국 단계에 이른 것은 아니었다. 다만 신미국은 동이교위부와 원활한 원거리 국제교역을 위한 조직화된 교역체계를 형성한 수준이었다. 신미국은 토착세력들의 조공품을 수집하여 서진에 전달

하고, 그에 대한 하사품을 분배하는 역할을 하면서 영산강유역 토착
세력의 대외교섭을 장악하였다. 신미국은 원거리 교역을 위한 조직과
기술을 갖추면서 정치권력의 집중화를 이루어 나갔다.

동이교위부까지는 교역 거리가 멀기 때문에 그만큼 위험부담도 컸
고, 교역활동의 조직화가 요구되었다. 신미국이 상당한 위험이 수반
되는 장거리를 토산물을 가지고 조공한 것은 상응하는 대가가 있었
기 때문이다. 그것은 중국정부만이 취급하는 일정한 물품을 획득하는
데 목적이 있었고, 조공(朝貢)과 하사(下賜)라는 형식을 통한 물자교
역으로 경제적 이익이 보장되었기 때문이다.103) 특히 서진은 군현이
아닌 동이교위부와 같은 지절영호관부(持節領護官府)를 통하여 교섭
하는 경우 이민족에게 더 많은 상사(賞賜)를 제공하였다.104)

신미국은 철, 포, 해산물 등과 같은 원자재에 해당하는 물건을 가
지고 가서 조공하였다. 동이교위부는 관직을 제수하는 동시에 인수,
의책, 철제무기와 농기구, 청동거울 등의 중국제 물품을 제공하였다.
이러한 물품들은 토착세력 수장층의 정치적인 권위를 높여주는 위신
재였다. 동이교위부와 신미국의 교섭은 중국 측에서 보면 조공관계일

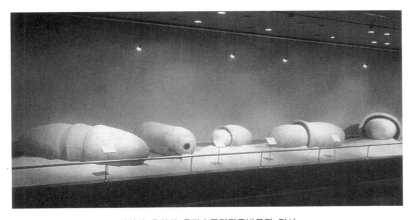

영산강 유역의 옹관 | 국립광주박물관 전시

수 있지만, 한족세력은 원거리 교역이 주된 목적이었다.105)

신미국은 교역에 필요한 물자조달과 조직의 확보를 통하여 영산강유역 연맹체사회를 주도하였다. 영산강유역은 3세기 중반까지 옹관묘와 토광묘(목관묘)가 공존하다가 3세기 후반에 이르러 옹관묘가 대형화되기에 이르렀다. 대형의 옹관묘가 출현한 것은 여러 읍락 중에서 국읍(國邑)이나 별읍(別邑)이 출현하고, 그 내부에서 지배적인 친족집단이 분화되어 위계화가 성립되었음을 반영한다.

그런데 신미국이 위치한 백포만 부근에서는 대형의 옹관고분이 발견되지 않고 있다. 그 대신에 백포만 일대를 포함한 해변지역은 영산강유역에서 최대 규모의 패총군 밀집지대로 알려져 있다. 예컨대 신석기시대 이래의 생활유적인 백포리의 두모패총과 송지면의 군곡리패총, 화산면의 안호리패총, 평호리의 대인동패총 등을 들 수 있다.106)

이 중에서 비중이 큰 유적은 초기 철기시대의 유물이 다량으로 출토된 군곡리패총이다. 군곡리패총 부근에서는 주거지와 야철지 및 토기요지가 조사되었고, 남동쪽으로 500m 떨어진 군안골에서도 옹관묘가 발견되었다. 이곳에서는 전용옹관의 특징을 보이는 합구식(合口式) 대형옹관이 발견되었고, 그 남쪽 고개 너머에 있는 미야리에서도 옹관묘군이 조사되었다.107) 그러나 이 유적은 영산강유역 연맹체사회의 영도세력이었던 신미국의 수장층의 분묘로 보기에는 미흡한 면이 없지 않다.108)

한편 신미국의 수장은 연맹왕국의 통치자로 『진서』 등에 주(主), 왕(王)으로 지칭된 백제의 국왕과는 권력의 성장도에서 큰 차이를 보인다.109) 이는 영산강유역이나 그 외곽의 토착세력들이 신미국을 중심으로 대외교섭을 위한 연맹체의 형성단계에 머물고, 국가발전 단계에서 상당히 뒤쳐졌음을 반영한다.

만가촌고분군 발굴현장 전경 | 『전남지역 고분측량 보고서』, 전라남도, 2000

　신미국의 수장은 연맹체 내부의 소국 지배층을 압도하지 못하였고, 소국들도 각각의 국명을 갖는 등 독자성을 유지하였다. 신미국이 주도한 연맹체사회는 맹주국과 소국이 지배－피지배의 수직관계를 이루지 못하였고, 비록 힘의 우열은 있지만 수평관계를 이루었다. 다만 신미국은 영산강유역의 토착사회 소국들의 대외교섭과 무역활동 등을 통제하면서 맹주국의 역할을 하였다.

4. 맺음말

　삼한 각지의 토착세력은 2세기 중엽 이후 군현이 약화되고 목지국 진왕의 영향력이 축소되면서 독자적인 발전이 가능하게 되었다. 진한 연맹체가 해체되고 그 틈바구니 속에서 백제와 신라 등이 성장한 것도 이 무렵이었다. 그러나 영산강유역의 토착세력은 대외적인 조건의 호전에도 불구하고 뚜렷할 만한 성장을 이루지 못하였다. 영산강유역의 토착사회가 국제무대에 알려질 정도로 성장한 것은 3세기 후반에 이르러 신미국이 주도하여 연맹체를 형성한 이후였다.

이때 영산강유역은 다른 지역에서 찾아볼 수 없는 대형 옹관묘가 조성되는 등 상당한 권력을 소유한 집단이 출현하였다. 영산강유역 일대에 산재한 20여 성읍국가의 연맹체 형성을 주도한 집단은 해남 백포만에 위치한 신미국이었다. 한반도의 서남해안은 조류의 흐름이 매우 빠르고 방향의 편차가 심하여, 물길에 익숙한 개별적 해상집단이 각 지역마다 해상권을 장악하였다. 이 바닷길의 중간지점에 위치한 해남반도는 문화이동의 통로였고, 그 중심 세력이었던 신미국은 지정학적 이점을 이용하여 성장하였다.

신미국은 철기문화의 확산과 더불어 군현의 재편, 백제의 성장과 같은 외적인 조건의 변화에 적응하면서 영산강유역 토착사회의 연맹체 형성을 주도하였다. 신미국은 만리장성 외곽 변방지역에 설치된 동이교위부까지 가서 소국들을 대표하여 대외교섭을 하였다. 신미국은 원거리 국제교역을 위한 조직화된 전문적인 교역체계가 운용되었다.

신미국이 교통수단이 발달하지 못한 때에 장거리 여행의 위험을 무릅쓰고 토산물을 가지고 간 이유는 조공과 하사라는 형식을 통해 막대한 경제적 이익이 보장되었기 때문이다. 신미국은 동이교위부(東夷校尉府)와 조직적인 무역관계를 가질 정도의 확대된 정치체를 운영하면서 영산강유역 토착사회의 맹주역할을 하였다. 대외교역은 대내교역 조직과 밀접하게 연결되었기 때문에, 신미국은 대외교역을 주도하면서 주변의 토착세력을 통제하였다. 그러나 신미국은 영산강유역 토착사회의 대외교섭을 위한 연맹체 형성단계에 머물고 연맹왕국을 향한 더 이상의 진전은 없었다.

군현의 축출과 토착사회의 변화

1. 머리말

3세기 말에 이르러 서남해 해로의 중요한 길목인 해남의 백포만 인근에 위치한 신미국은 중간 기항지의 역할과 함께 국제적인 교류의 무대로 번영을 구가하였다. 신미국은 20여 국을 상회하는 서남해지역 성읍국가의 맹주국으로서 대외교섭을 주도하였다. 그러나 신미국은 4세기 초반에 군현이 축출되면서 서남해를 무대로 전개된 대외무역이 쇠퇴하자 몰락하고 말았다.

군현의 축출과 신미국의 몰락 이후 전남지역 토착사회는 크게 변화되었다. 먼저 해남의 북일지역 해상세력이 부각되어 서남해지역의 중심집단으로 성장하였다. 그리고 영산강유역에서는 영암 시종세력이 두각을 나타내어, 인근의 반남집단에게 주도권을 넘겨주기 전까지 번영을 구가하였다.

본고에서는 군현이 축출된 후부터 근초고왕이 전남지역을 공략하기 이전까지 독자적인 세력을 유지하면서 발전하였던 전남 서부지역 토착세력의 존재양태를 살펴볼 것이다. 이를 통하여 백제나 가야, 왜 등과 여러 분야에서 다양한 교류관계를 맺었던 토착세력의 성장과 그 한계를 고찰하고자 한다.

2. 군현의 축출과 신미국의 약화

3세기 후반에 이르러 서남해지역 토착세력의 국읍으로 발전한 신미국은 지역연맹체의 대외교섭을 장악하였다. 신미국은 대외교역과 읍락 상호간의 물자교역을 주도하면서 번영을 구가하였다. 한강 이남에 거주하던 한족(韓族)의 토착세력은 토산물을 수집하여 군현에 제공하고 그 대가를 제공받는 형태로 전개된 조공무역에서 많은 이익을 얻었다. 또한 군현은 토착세력의 규모에 따라 차등 있게

　　A. 경초(景初) 연간에 명제(明帝)가 몰래 대방태수 유흔(劉昕)과 낙랑태수 선우사(鮮于嗣)를 파견하여 바다를 건너가서 2군을 평정하였다. 그리고 여러 한국의 신지에게는 읍군의 인수를 더해 주고, 그 다음 사람에게는 읍장(邑長)을 주었다. 풍속은 의책(衣幘) 입기를 좋아하여, 하호들도 군에 가서 조알할 적에는 모두 의책을 빌려 입으며, 자신의 인수(印綬)를 차고 의책을 착용하는 사람이 천여 명이나 된다.110)

라고 하였듯이, 인수와 의책 등의 위신재를 주었다. 원래 변방지역 군현의 상계리(上計吏 : 郡의 丞)는 속리(屬吏)를 거느리고 3년간의 계부(計簿)와 공물을 수도로 보내는 임무를 맡았고, 이때 각종 하사품을 받은 외에 사사로이 상업활동을 통해 수익을 올릴 수 있었다.111) 한대(漢代)에는 매년 가을과 겨울에 군국(郡國)이 속현의 호구, 간전(墾田), 전곡의 입출을 장부에 기록하여 중앙에 보고 하도록 하였다. 당시 장부를 계(計)라 하고, 중앙에 계를 올리는 것을 상계라 하였다.
　　변군(邊郡)의 관리들은 상계 때 본국에 보내는 공물을 확보하고 다량의 하사품을 받기 위해 군내외 토착민과의 교섭, 조공의 주선, 관리 등에 적극 참여하였다.112) 군현은 그 관할지역 내에 호시(互市)를 개설하여 토착세력과의 무역관계를 통하여 필요한 물자를 조달하기도 하였다.113)
　　신미국은 서남해지역 토착사회의 대외교섭과 무역활동을 장악하였

다. 위(魏)가 군현을 관할하던 시기에 한족세력의 대중교섭(對中交涉)은 한반도의 범주에서 벗어나지 못하였다.[114] 한족세력의 중국과의 관계는 군현을 대상으로 하여 전개되는 것이 일반적이었다.

한족세력의 조공은 낙랑 등의 군현을 예방하는 것으로 시작되었고, 군현은 이들을 맞이하여 그 업무를 주관하였다. 군현은 토착세력의 국왕이라든가 정사(正使) 또는 차사(次使)가 격식을 갖추고 조공 사절을 이끌고 온 경우를 제외하고는 황제의 대리자 위치에서 자체적으로 업무를 처리하였다.[115]

그러나 한족세력은 위를 계승한 진(晉)의 시대가 되면서 한반도를 벗어나 만리장성 외곽에 위치한 유주(幽州)까지 가서 조공을 하게 되었다. 한반도에 위치한 낙랑과 대방도 유주의 관할하에 놓이게 되었다. 진은 274년에 요서, 요동, 한반도에 이르는 지역을 분할하여 평주(平州)를 설치하였다. 그리고 평주를 관할하는 평주자사(平州刺史)와는 별도로 동이교위를 두어 주변에 있던 이민족과의 교섭을 전담토록 하였다.

해남반도의 신미국에서 출발하여 요서의 동이교위부에 이르는 노정은 멀고도 험한 길이었다. 요서에 위치한 서진의 동이교위부까지는 교역 거리가 멀기 때문에 그 만큼 위험 부담도 컸고, 교역활동의 조직화가 요구되었다. 원거리 국제교역은 다량의 물품을 모아들이고 관리할 수 있는 내부 조직의 발달과 원거리 항해에 필요한 교통수단과 기술의 축적이 필요하였다. 신미국은 원거리 교역을 위한 조직과 기술을 갖추면서 정치권력의 집중화를 이루어 나갔다.

신미국이 진 본국과 직접적인 조공무역에 나선 것은 토착사회의 내적 성장이 이루어졌기 때문에 가능하였다. 신미국은 3세기 후반에 이르러 백제국(伯濟國)이나 사로국(斯盧國)과 마찬가지로 원거리 국제교역을 위한 조직화된 전문적인 교역체계가 운용되었다. 신미국은 동이교위부와 조직적인 무역관계를 가질 정도의 확대된 정치체를 운영하면서 영산강유역 토착사회의 맹주 역할을 하였다.

　신미국이 상당한 위험이 수반되는 장거리 여행의 위험을 무릅쓰고 토산물을 가지고 조공한 것은 중국정부만이 취급하는 물품을 획득하는 데 목적이 있었다. 조공과 하사라는 형식을 통한 물자교역은 막대한 경제적 이익이 보장되었다.116) 신미국은 대외교역에 필요한 물자 조달과 조직확보를 통하여 정치·경제적 성장을 꾀하면서 영산강유역 연맹체사회를 주도하였다.

　그러나 290년에 '팔왕의 난'이라 불리는 진 왕실의 내분이 일어나면서 동아시아의 대외관계는 근본적인 변화가 일어나게 되었다. 진은 혜제대(惠帝代 : 290~306)에 이르러 '팔왕의 난'이 일어나 왕실 사이의 피비린내 나는 골육상잔이 전개되고, 그 여파 속에서 혜제가 죽고 회제(懷帝)가 즉위하였다. 진이 이 사건을 계기로 하여 변방을 통치할 수 있는 국력을 상실하자, 각지에서 이민족의 봉기가 잇따랐다. 이때 요동지역도 선비족(鮮卑族)과 고구려가 세력을 확장하였다.117)

　이와 같은 정세변화는 한반도에 위치한 낙랑과 대방군에도 당연히 영향을 미쳤다. 3세기 초에 설치된 이후 한과 왜에 대한 조공 등을 관장하던 대방군은 세력이 약화되고 말았다.118) 한족세력은 진이 남천(南遷)한 직후 동이교위부마저 그 역할을 못하게 되면서 대외교섭이 불가능하게 되었다.

　낙랑군과 대방군은 토착세력에 대한 분할정책을 구사하거나 조공관계 등을 통괄하던 역할이 상실되고, 중국계 주민의 반독립적인 거주지역으로 변모되어 갔다.119) 또한 서남해를 통하여 빈번하게 이루어지던 마한 소국들의 독자적인 대외교섭과 문화의 이동도 일시적인 정체상태에 접어들었다.120)

　신미국은 군현이 축출되면서 해로를 통한 대외무역 등의 교류관계가 단절되자 점차 몰락하기 시작하였다. 군현에서 한반도 남부의 해안을 거쳐 일본까지 연결된 해로의 중간 지점에 위치하여 중개무역

안악 3호분의 주인 | 안악 3
호분은 황해도 안악군 용순
면 유순리에 위치한 고구려
시대의 벽화고분이다. 1949
년에 처음으로 발견된 이
무덤은 현무암과 석회암의
큰 판석으로 짜여진 돌방무
덤으로, 남쪽인 앞으로부터
널길·연실·앞방·뒷방으로
형성되며, 앞방은 좌우에
조그만 옆방이 하나씩 달려
있다.

과 대외교섭을 주도하면서 성장하였던 신미국도 국제정세의 변모에
따라 그 운명을 같이 할 수밖에 없었다.

백제가 영산강유역을 차지한 것은 4세기 후반 근초고왕의 경략을
통해서 이루어졌다. 따라서 영산강유역의 토착세력은 그 이전까지 백
제를 통하여 선진적인 문화를 수입할 수 없었으며, 국가 사이의 공식
적인 외교무대에서도 배제되었다. 다만 영산강유역 토착세력은 중국
-가야-왜로 이어지는 해로를 통하여 사적인 교역관계를 지속하였
다. 백제 역시 송(宋)과의 공식적인 국교교섭 이전에는 군현지역에
잔존한 호족들을 통하여 중국과 접촉을 유지하였다.[121]

군현이 한반도에서 축출되면서 그 땅은 고구려가 차지하였지만, 상
당수의 중국계 호족들은 반독립적인 상태의 주거집단을 유지하면서
왕성한 상업활동을 하였다. 이들은 해로를 통하여 중국과 교류관계를
유지하면서 백제, 서남해지역의 토착세력, 왜 등과의 중개무역을 하

였다. 이 교역체계는 군현의 축출과 백제의 성장에 따라 다소 약화되었지만, 죽막동 제사유적에서 출토된 유물로 볼 때 6세기 초까지 유지되었다.[122]

3. 토착사회의 성장과 그 한계

1) 서남해지역 토착세력의 추이

서남해지역의 토착사회는 3세기 후반에 이르러 계층분화가 가속화되고 지역별로 권력 집중이 진척되었다. 영산강유역 토착사회의 대외교섭을 통제하게 된 신미국이 지역연맹체의 맹주국이 되었지만 연맹왕국으로 발전한 것은 아니었다.

신미국은 전남 서남부지역 토착세력들을 대표하여 동이교위부와 대외교섭을 주도하면서 연맹체 수장의 역할을 하였다. 군현은 한족사회를 포함한 동이제족(東夷諸族)을 분할·분산시켜 통합세력의 출현을 억제하여 통합된 고대국가의 출현을 방해하려고 하였다. 이를 위하여 군현은 한족사회 토착세력의 수장층의 지배규모에 따라 적절한 인수와 의책을 주어 분할지배를 시도하였다.

그리고 한족사회에 대한 통제는 주로 대방군에 거주한 호족세력들을 통하여 추진되었다. 중국 본국에서 파견된 대방군의 태수와 그를 보좌하는 고위관리들은 정책을 입안하고 군현을 통치하는 업무를 주관하였다. 군현의 행정실무와 한족세력과의 교섭이나 무역업무를 실질적으로 담당한 사람은 군현 내의 호족세력들이었다. 이들은 일찍이 중국에서 건너와 낙랑군에 정착하여 호족으로 성장한 사람들의 후예였다. 또한 이들 중에는 위만조선의 건국을 전후하여 요동지방에 유입된 사람들의 후손도 포함되었다.

이들은 토착민과의 교섭과 조공의 주선·관리에 적극적으로 참여하는 등 대외교섭을 주도하였다. 이들은 대외교섭을 주도하면서 군현의 통치기구에 참여하여 정치·경제적으로 성장하였다.[123] 중국 왕조의 입장에서 보았을 때 당시의 조공과 그에 따른 교역활동은 기미지의(羈縻之義)에 의한 이민족지배의 이념을 충족시키는 정치적 행위였다.[124]

그러나 한족세력은 군현과의 접촉이 선진문물을 흡수하는 통로 역할을 하였으며, 군현에서 보내 준 인수나 의책 등의 위신재는 내부세력을 통제하는 데 사용되었다. 또한 군현과의 조공무역은 막대한 이익을 가져다주는 경제적인 상거래의 일종이었다. 따라서 신미국은 군현 당국이나 그들의 입장을 대변하는 호족세력에 대하여 거부감이나 저항감이 상대적으로 적었다. 군현의 호족세력과 신미국의 수장은 조공무역과 대외교섭 활동을 통한 상호 공존이라는 측면에서 공동운명체 의식을 느꼈을 것으로 추정된다.

군현의 호족들이 묻힌 전축분에서 출토된 복륜금구(覆輪金具)·칠기(漆器)·옥기(玉器)·포백(布帛) 등은 그들의 생활이 얼마나 화려했는가를 보여준다. 이러한 유물 중에는 군치(郡治)에서 만들어진 것도 있으나, 대부분은 중국에서 가져온 수입품들이었다. 군현의 호족들은 계부(計簿)와 공물을 수도로 보내는 임무를 맡은 상계리(上計吏 : 郡의 丞)의 속리(屬吏)가 되어 수도로 갔을 때, 이들 물품을 하사받았거나 사들였을 것으로 보인다.

이들은 중국의 선진문물을 수입하기 위하여 그 지불수단으로 한족세력의 토산물 확보에 큰 관심을 기울였다. 이들은 관할지역 내에 호시(互市)를 개설하여 군현에서 필요한 물자를 조달하기도 하였다.[125] 따라서 군현의 호족세력과 한족세력의 수장층은 순망치한의 관계에 있었고, 상호간을 배타적으로 인식하지 않았다.

물론 3세기 중엽에 이르러 백제는 연맹왕국을 형성하는 데 큰 걸림돌이 된 군현과 치열하게 대립하였다. 백제는 군현의 압박에 밀려

하남위례성으로 천도하였고,[126] 책계왕과 분서왕은 군현에 맞서 싸우다가 죽음을 당하였다. 그러나 서남해지역 토착사회는 군현과 지리적으로 인접하지 않았으며, 그들의 직접지배를 받지 않았기 때문에 군현에 대한 인식이 백제와 매우 달랐다. 오늘날의 아산시에 위치했던 염사국(廉斯國) 출신의 염사치는 군현을

> A. 왕망의 지황 연간에, 염사치가 진한의 우거수가 되어 낙랑의 토지
> 가 비옥하여 사람들의 생활이 풍요하고 안락하다는 소식을 듣고,
> 도망가서 항복하기로 작정하였다.[127]

라고 하였듯이, 토지가 비옥하고 사람들의 생활이 풍족하여 살기에 좋은 일종의 유토피아 같은 곳으로 인식하였다. 염사치의 인식이 한족사회 모든 사람들의 생각으로 볼 수는 없지만, 당시 사람들이 군현을 자신들의 성장을 방해하고 억압하기 때문에 그 지배를 분쇄해야하는 대상으로 생각하지 않았던 것 같다. 군현과 원거리에 위치한 영산강유역의 토착사회는 군현과 대립하면서 성장한 백제나 고구려의 상황과는 매우 달랐다.

이 때문에 313년에 이르러 고구려에 의하여 낙랑과 대방이 축출되고, 곧이어 316년에 서진이 멸망하면서 교역관계가 단절되자 영산강유역 토착사회는 충격과 소용돌이에 휩싸이게 되었다.[128] 특히 동이교위부와의 대외교섭과 무역활동이 성장의 기반이 되었던 신미국은 그 기반 자체가 무너지는 결과가 초래되었다.

이와 같이 군현의 축출을 전후로 하여 신미국은 약화되기 시작하였고, 서남해지역 토착세력의 주도권은 다른 집단에게 넘어가게 되었다. 백포만과 인접한 곳에 위치한 군곡리패총의 하한은 4세기 전반으로 추정되는데, 이는 4세기 전반 군곡리지역이 가졌던 무역 중개지역할과 그 기능이 감소하면서 쇠퇴한 것을 반영한다.[129]

해남 북일 방산리 장고분 전경

군현의 축출을 전후로 하여 해남 서북권역에 해당하는 백포만 일대의 신미국이 쇠퇴하였고, 옹관묘·즙석봉토분·석실분 등이 다양하게 조성되어 있는 동부권역의 북일지역으로 중심 거점이 옮겨가게 되었다. 북일지역의 옹관고분은 규모면에서 시종과 반남에 필적할 만한 점에서 상당한 권력을 가진 집단이 존재하였음을 보여준다.

이러한 점에 착안하여 백포만의 신미국이 약화되면서 제주와 통하는 탐진에 인접한 해남 북일면 신월리토성에 거주하던 집단이 대두하여 교섭의 주체로서 성장하였다고 보기도 한다.[130] 신월리는 현재는 매립되어 바다에서 멀리 떨어져 육지화 되었지만 1918년 일본참모본부에서 간행한 지도에는 바다와 연접되어 있다.[131]

이곳에 위치한 신월리토성은 해발 42.3m에 자리잡고 있으며, 그 둘레가 약 400m를 상회한다. 신월리토성은 강진만의 해로를 통해 접근하는 적의 동태를 감시할 수 있고, 이 일대의 해안선을 한 눈에 조망할 수 있다. 또한 협소한 내륙이지만 신월리·방산리·용일리·내동리로의 육로를 통한 이동상황도 확인할 수 있는 목부분에 입지하며,

이웃한 성마산성과는 서로 보완적 관계를 상정해 볼 수 있다.[132]

성마산성은 신월리토성에서 서남쪽으로 950m 정도 떨어진 해발 84m의 성마산의 정상을 둘러싸고 있는 테뫼식으로 둘레가 약 300m 정도이다. 산성의 정상에서는 남해 바다가 한 눈에 조망되어 완도와 고금도 등 연안을 항해하는 선박들을 관찰할 수 있는 좋은 입지를 갖추고 있다. 성마산성은 신월리 성수동 입구까지 이어지는 만(灣)을 따라 형성된 해로를 통한 내륙으로의 접근을 감시할 수 있으며, 인근의 신월리토성·좌곡산봉수지 등과도 연락을 취할 수 있는 중간 지점에 위치한다.[133]

좌곡산봉수대는 내동리와 방산리의 경계지점인 해발 101.7m의 봉대산(烽臺山)에 위치하여, 북일지역과 강진으로 출입할 수 있는 도암만(道岩灣) 일대의 내륙과 고금도 등 연안지역을 항해하는 선박이 한 눈에 보인다. 이곳에서는 4세기를 전후한 시기의 출토유물은 없지만, 방어에 유리한 입지적인 조건 때문에 망루 등의 역할로 활용되었을 가능성이 농후하다.

또한 신월리 주변에는 많은 고분군이 밀집 조성되어 있다. 그 대표적인 것으로 신월리 방형즙석분, 방산리 신방석실분, 방산리장고분, 용일리 용운고분군, 독수리봉고분군, 내동리 외도고분군 등이 있다. 이들 고분군과 주변의 산성은 유기적인 관계를 맺고 있다. 이들 유적은 북일지역이 서남해지역의 중심 세력으로 부상하면서 점차 그 형태를 갖추기 시작했을 것으로 추정된다.

신월리토성의 주변에 대한 지표조사에서 수습된 유물은 적갈색연질, 회청색경질 등 다량의 토기편이 채집되었다. 신월리토성과 4세기를 전후로 활약한 이 지역 토착세력과의 관계는 체계적인 발굴조사가 이루어져야 정확한 내용을 알 수 있을 것이다. 다만 군현의 축출과 더불어 신미국이 약화되면서 신월리의 토착세력이 유리한 지정학적 조건을 적극적으로 활용하여 두각을 보이기 시작한 것으로 추정된다.

신미국은 군현과 가야·왜를 잇는 서남해 해로의 요충지에 위치하여 대외교섭을 통하여 번영을 구가하였다. 반면에 신월리세력은 강진의 도암만을 중심으로 완도·제주·해남·강진지역을 연결하는 남해안지역의 해상 활동을 통하여 성장하였다.

다만 당시의 지형은 대규모의 간척사업이 이루어진 오늘날과는 매우 달랐으며, 해수면의 변동도 염두에 둘 필요가 있다. 북일지역의 신월리토성·성마산성·거칠마토성과 대형 고분들은 두륜산맥의 지봉(支峰)인 주작산에서 흘러내린 구릉 위에 모두 축조되어 있다. 현재는 신월방조제 등의 간척사업이 이루어져 구릉 주위에 넓은 농토가 형성되었다. 그러나 당시에는 주작산과 구릉이 연결되는 세장(細長)한 통로를 제외하고는 사면이 모두 해변이었을 것으로 추정된다. 따라서 북일의 토성과 산성 및 고분들은 주작산에서 뻗어 온 지맥을 제외하면 대부분의 지역이 바다로 둘러싸인 구릉 위에 위치한 낮은 야산과 그 주변지역에 축조되었다.

그리고 육지쪽에서 고분군과 토성이 축조된 지역으로 통하는 구릉선상의 출입구 부분을 차단한 것이 신월리토성과 성마산성이었고, 거칠마토성은 해상에서 침입하는 적을 방어하였고, 가장 높은 좌곡산 봉수대 부근에는 망루가 설치되었다. 이처럼 북일지역은 해상과 육상에서 침입하는 적을 방어할 수 있는 토성과 산성이 축조되었고, 육지와 연결되는 기다란 통로를 제외하면 사면이 바다로 둘러싸인 채로 양항(良港)을 갖춘 천험의 요충지였다. 북일의 토착세력은 구릉선상의 평지에 위치한 신월리토성에 거주하면서 인근의 해역뿐만 아니라 서남해를 잇는 해상활동을 통하여 번영을 구가하였다.

신월리세력은 백제의 남하에 밀려 전북 일원의 마한세력이 정복되면서 역사의 전면에 부상하였다. 백제가 영산강유역을 확보한 것은 369년에 이르러 근초고왕의 경략을 통해서였다.[134] 따라서 근초고왕

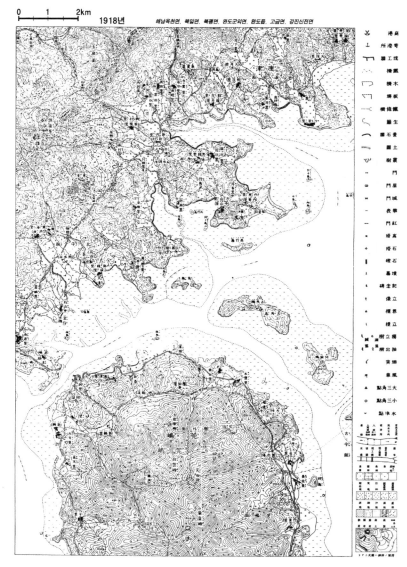

1918년에 간행된 옛지도를 통해본 북일지역

72

의 경략이 추진되기 이전 전남지역은 백제와 무관하게 독자적인 발전을 하였다.

　근초고왕은 전대에 차지한 지역에 대한 정비가 일단락되자 마한의 잔여 세력에 대한 공략을 본격적으로 추진하였다. 이를 직접적으로 전하는 해당 사료가 없어서 정확한 사정은 잘 알 수 없지만,『일본서기』에 전하는 사료를 통해서 추정해 볼 수 있다. 「신공기(神功紀)」 49년 조에 보이는 왜의 삼한정벌 기사를 살펴보면 백제는 마한의 중심지역과 그 변방에 해당되는 영산강유역을 구분하여 인식하였다.

> B. 군대를 옮겨 서쪽으로 돌아 고해진(古奚津)에 이르러 남만(南蠻) 침미다례(忱彌多禮)를 무찔러 백제에게 주었다. 이때 왕 초고(肖古)와 왕자 귀수(貴須)가 역시 군사를 이끌고 나아가 맞으니 비리(比利)·벽중(辟中)·포미(布彌)·지반(支半)·고사(古四)의 읍이 스스로 항복하여 왔다.135)

두륜산 줄기에서 바라본 북일지역 전경

백제는 사료 B와 같이 영산강유역의 마한 잔여세력을 남만으로 인식하였다. 그러나 마한의 잔여세력인 영산강유역만 남만으로 인식하였고, 이에 앞서 백제에 복속된 전북지역과 충남지역은 백제의 영역으로 편입되었기 때문에 만이(蠻夷)의 범주에서 제외되었다.

근초고왕이 주된 경략의 대상으로 삼았던 침미다례에 대해서는 연구자들에 따라 다소의 견해 차이가 있다. 먼저 침미다례를 하나의 정치체로 볼 것인가, 아니면 침미와 다례라는 두 개의 정치체로 파악할 것인가에 대한 차이가 있다. 침미다례를 침미와 다례로 나누어 전자를 강진, 후자를 보성으로 구분하는 견해도 있다.136) 그러나『일본서기』「신공기」49년조의 침미다례와 응신(應神) 8년조에 인용된『백제기』에도 모두 침미다례로 표기되었기 때문에 침미다례를 단수로 이해하고 있다. 그 위치에 대해서는 제주도로 보는 견해137)도 있지만, 강진138)이나 해남139) 등의 서남해지역으로 보는 것이 일반적이다.

사료 B에 보이는 근초고왕의 경략지역에 대해서도 견해 차이가 적지 않다. 이병도는 고해진은 강진, 침미다례는 해남, 나머지는 전남 일원의 비리·벽중·포미지·반고의 4읍으로 파악하여 노령산맥 이남지역을 대상으로 경략이 전개된 것으로 보았다.140) 이는 노령산맥을 기준으로 한 오늘날의 전남과 전북의 경계선을 통하여 근초고왕의 남정 범위를 설정한 것이다.

그러나 1896년에 시행된 13도제에서 구례는 전북에 속한 군이었고, 무장·흥덕·고창은 전남에 각각 편제되었다. 또한『삼국사기』지리지에 의하면 백제의 무진주 소관으로 오늘날의 전남 영광에 위치한 무시이군(武尸伊郡)의 속현에는 상노현(上老縣), 모량부리현(毛良夫里縣), 송미지현(松彌知縣)이 속하였다.141) 상노현, 모량부리현, 송미지현은 전북 고창의 고창읍과 의장면 등으로 비정되며, 이러한 지역적 편제는 청동기시대 이래 영광과 고창이 동일한 생활 문화권을 이루어왔기 때문에 가능하였다. 또한 고창지역의 송룡리·예지리 및 신

덕리와 부안의 당하리에서는 대형의 전용 옹관이 발견되어 영산강유
역과의 밀접한 관계를 보여준다.

따라서 사료 B에 기록된 남만의 범위를 전남지역으로 국한하여 볼
필요는 없다. 근초고왕의 마한 경략은 가야의 7국을 평정하고 고해진
을 돌아 침미다례를 도륙하자 전북 서남부지역의 부안·김제로 추정
되는 비리(比利)·벽중(辟中) 등의 소국들이 항복하면서 끝나게 되었
다. 따라서 침미다례가 무너지자 스스로 항복한 소국들을 전북 서남
부지역으로 비정한 견해가 설득력이 있는 것으로 생각된다.[142]

한편 침미다례가 무너진 후 백제에 항복한 소국들에 대하여 비
리·벽중·포미지·반고 4읍으로 보는 견해도 있지만, 이와는 달리
비리·벽중·포미·지반·고사 5읍으로 이해하는 경우도 있다. 이에
대해서는 다음의 도표와 같다.

표 2. 지명 비정 1

이 름 \ 읍 명	比 利	辟 中	布 彌 支	半 古
鮎貝房之進	전주		공주	나주
末松保和	전주(혹은나주)	김제	공주	나주
李丙燾	전남	보성	나주	전남
李基東		보성	나주	나주
盧重國	전남 일원			

표 3. 지명 비정 2

이 름 \ 읍 명	比 利	辟 中	布 彌	支 半	古 四
千寬宇	예산	김제	부안-태인	부안-태인	고부
全榮來	보성	보성	나주	부안	고부
金泰植	군산				
李道學	부안	김제	정읍	부안	고부
金英心	군산	김제			고부

한편 근초고왕이 침미다례를 철저하게 도륙(屠戮)한 것은 저항이 만만치 않기 때문이다. 또한 백제가 침미다례가 장악하고 있던 대외교섭권을 박탈하고, 그 영향력하에 있던 집단들을 위압하려고 했던 측면도 간과할 수 없다. 백제는 북일에 위치한 침미다례가 중국−가야−왜를 잇는 대외교섭을 주도하면서 전남과 전북의 서남해지역에 영향력을 미쳤기 때문에 철저히 응징하였다.

침미다례의 영향력은 신미국의 범위를 전북 서남부지역까지 확대되었다. 비리와 벽중 등의 전북 서남부지역 토착세력들은 부안−고창−함평−해남−강진143) 등의 해안을 따라 침미다례와 연결되었다.

김제는 남과 북으로 각각 동진강과 만경강이 흐르고 앞은 바다였다.144) 현재는 지형이 많이 변했지만 금강 하구의 군산, 김제의 서쪽 육지, 변산반도의 북쪽은 바다로 되어 있다. 김제 부근은 거대한 만이 형성되었고, 김제는 만 내부의 돌기처럼 솟은 반도였다. 또한 그 양쪽으로 수로가 형성되어 일종의 외항도시(外港都市)가 형성되었다.145) 일제가 1911년에 만든 앞의 지도를 보아도 금강 하구는 만경강과 동진강 등이 모여 커다란 만을 이루고 있다.

김제 부근은 영산강 하구에 못지않은 커다란 만을 이루었기 때문에 큰 해상세력들이 존재하였을 가능성이 있다. 전북 해안지역은 항로상의 중계 역할 외에도 수로를 통해서 내륙으로 연결되는 요충지였다. 바닷길을 항해한 다음 동진강을 통해서 정읍·김제·고창 등 내륙 평야지역으로 쉽게 연결되었다.146)

이와 같이 영산강유역과 전북 서남부지역의 해상세력은 각각 육지 깊숙이 들어온 만과 내해를 중심으로 독자적인 세력권을 형성하였다. 양 세력은 바닷길을 통하여 상호 밀접한 관계를 맺고 있었으며, 이를 주도한 것은 북일의 신월리에 위치한 침미다례였다.

근초고왕의 경략에서 '남만(南蠻)'으로 지칭된 지역은 북일에서 김제까지를 범위로 하는 서남해지역으로 생각된다. 백제가 다른 지역과

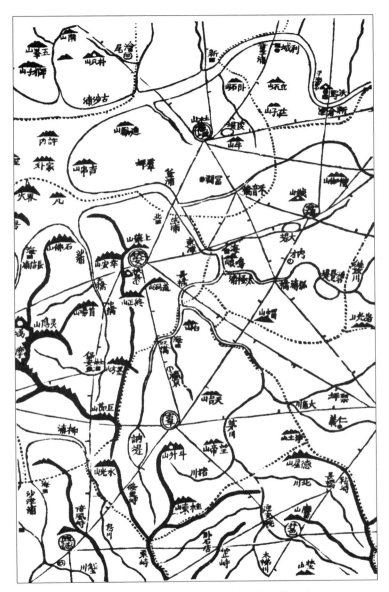

대동여지도를 통해 본 전북 서남해지역의 지형과 수로

제1장 철기문화의 수용과 마한사회의 발전 77

는 달리 북일의 침미다례를 도륙한 것은 침미다례가 서남해지역 토착사회의 중심 세력이었음을 반증한다. 이들은 해상 활동을 통하여 상당한 세력을 형성하였기 때문에 근초고왕의 강력한 군사정벌을 당한 것이다. 백제가 침미다례를 정벌하자 주변의 해상세력이 별다른 저항 없이 항복한 것은 구심체가 무너졌기 때문이다.

2) 영산강유역 토착세력의 추이

신미국이 몰락한 후 바닷물이 내륙 깊숙이 들어온 고대의 영암만 주변지역에서는 영암의 시종세력과 나주 반남세력이 발전하기 시작하였다. 이들은 영암만을 이용한 해상 활동과 영산강의 수로를 장악하여 토착세력 사이의 물자교류를 주도하면서 성장하였다.

또한 영산강유역에 펼쳐진 평야지역의 농경 활동도 토착세력의 성장에 적지 않은 도움이 되었을 것이다. 그러나 당시에는 영산강유역에 소택지가 넓게 형성되어 있었고, 바닷물이 유입되었기 때문에 강물을 농업용수로 활용하기도 어려웠다. 따라서 사람들은 구릉 위에 거주지를 마련하고, 저습지(低濕地)나 곡간평지(谷間平地)에서 농경을 하였다.

시종세력의 성장과정에 대해서는 관련 사료가 없기 때문에, 주변에 분포되어 있는 고분의 상태나 규모, 출토 유물 등을 통하여 추정하고 있다. 영암 시종면과 나주 반남면은 비록 현재는 두 지역이 시군을 달리하고 있지만 삼포강의 남안을 따라 상류에서 하류에 걸쳐 서로 연접해 있어, 고대에는 하나의 생활문화권을 이루었을 가능성이 높다.147) 또한 대형 옹관묘가 주로 이 지역에 가장 집중되어 있기 때문에 영산강유역 토착세력의 중심지였을 것으로 보는 데에는 이견이 없다.

시종 일대의 옹관묘에는 옹관과 목관 또는 목곽이 한 분구(墳丘)

중에 들어 있었으나 점차 옹관 위주로 바뀌었고, 반남으로 옮겨가면서 옹관 일색으로 변하였다.[148] 그리고 시종지역의 고분은 3~4세기, 반남지역의 고분은 5~6세기에 주로 축조되었기 때문에 그 중심 세력의 이동 가능성도 상정된다.[149]

영암군은 북서부로 영산강이 서남해로 흘러 내려가며, 깊숙하게 들어온 바닷물이 군서면과 시종면 일대에 넓은 내해를 형성하였다. 또한 영암은 저평하게 발달한 구릉 사이를 해수가 밀고 올라와 곳곳에 작은 반도와 만이 발달하였는데, 이들 구릉에서 바다가 보이는 지점의 곳곳에 고분들이 조영되어 있다. 지금은 영산강하구언 공사로 넓은 농경지가 형성되면서 지형조건이 크게 변하고 말았다.

시종지역의 고분군은 현재는 바닷가에서 상당히 떨어져 있는 경우도 있지만, 간척사업이 이루어지기 전에는 가까운 곳까지 바닷물이 들어왔다.[150] 시종지역은 8곳에 걸쳐 50기 이상 고분군이 분포되어 있다.[151] 이를 구체적으로 살펴보면 금지리 본촌 3기, 신연리 뒷모실 14기 이상, 옥야리 597-1번지 일대 28기, 옥야리 장동 3기, 만수리 산 120번지 4기, 내동리 산 6-3번지 2기, 내동리 쌍무덤고분군 4기, 태간리 입석 737번지 1기가 현재까지 확인되었다.

이들 중에서 옥야리고분군은 2기가 발굴되었는데, 광구호(廣口壺)·철도자(鐵刀子)·옥류(玉類) 등 3세기 후반 경에 사용된 유물이 출토되었다. 그리고 6호분 1호 및 2호 옹관은 조금 늦은 4세기 전반에 축조되었으며, 4호 옹관은 이보다도 더 늦은 4세기 후반경에 축조된 것으로 추정된다.[152]

또한 시종면 내동리 원내동에 위치한 성틀봉토성은 산의 정상부에 평탄면을 만들어 성내와 성외를 구분하는 토벽을 쌓고, 산 경사면 반대편에는 4~5단으로 이루어진 돌담을 낮게 축조하였다. 정상의 유적은 거의 다 파괴되었으나 도랑과 토성의 흔적은 남아 있다. 성틀봉토성은 가까운 곳에 위치한 내동리고분, 옥야리고분군, 신연리고분군을

영암 내동리 쌍무덤 고분

삼포강변에서 바라본 남해신당

축조한 토착세력의 근거지 또는 피난처로 이용되었다.

이와 같이 고대의 영암만에 인접한 시종지역은 인근의 고분군에서 출토된 유물로 볼 때 3세기 후반에 이르면 상당한 권력을 가진 수장이 출현하였다. 그러나 시종세력이 전남지역에서 두각을 나타내게 된 것은 신미국이 몰락한 4세기 초반 이후로 추정된다. 신미국이 약화된 이후 서남해지역은 해남의 북일세력, 영산강유역은 시종세력이 역사의 전면으로 부상하게 된다.[153]

시종세력은 내륙 깊숙이 들어온 내해를 이용한 해상활동과 영산강유역 토착세력 사이의 교역을 주도하면서 번성하였다. 시종세력은 이웃한 반남세력에게 주도권을 넘겨준 4세기 중후반까지 번성하였다. 그러나 시종세력이 주도하고 있던 영산강유역의 토착사회는 국가발전의 전체적인 측면에서 볼 때 다른 지역에 비하여 상당히 뒤떨어졌다.

신연리 뒷모실 고분군

영암 옥야리 고분군 전경

　영산강유역의 토착사회는 지리적인 단절 때문에 상대적인 정체 상태에 머물렀다. 영산강유역의 토착사회는 3세기 후반의 고총고분 단계로 진입하면서 계층분화가 가속화되고 지역별로 권력 집중이 일정 정도 진척되었다.[154] 그러나 이 지역 전체를 망라하는 영역국가와 그 수장층이 출현할 만큼 발전된 정도는 아니었다.

　한편 영산강유역 토착사회의 중심 세력으로 부상한 시종집단의 외곽에 위치한 토착사회도 상당할 정도의 독자적인 세력을 유지하였다. 해남·함평·영광·강진·화순 등 각지에는 옹관고총 다장묘(多葬墓)를 축조한 다수의 집단이 병렬적으로 존재하였다. 특히 화순[155]과 함평[156]에서는 B.C. 2세기경 마한 초기단계의 대표적인 청동유물이 일괄적으로 출토되었다. 이들 유물은 영산강유역에 일찍부터 몇 개의 유력한 집단들이 자리 잡은 사실을 보여준다.

　그 밖에 해남에서 가야계통의 철정(鐵鋌)[157]과 철모(鐵鉾)가 확인된 화산면의 부길리유적,[158] 옹관고분이 집중적으로 분포되어 있고

만수리 4호분 출토유물

구산리 옹관고분의 출토상태

제1장 철기문화의 수용과 마한사회의 발전 83

여러 갈래의 유물이 출토된 삼산면 원진리유적[159]을 주목할 필요가 있다. 또한 함평지역도 해상활동에 유리한 지형적 조건을 갖춘 함평만의 장년리를 중심으로 한 협소한 지역내에 하느리·석성리·진양리 등의 옹관고분이 밀집 분포한 것으로 볼 때 상당한 세력이 존재하였다.[160]

이와 같이 군현의 축출을 계기로 하여 영산강유역에서는 시종세력이 대두하였고, 서남해지역에서는 해남의 북일세력이 해상권을 장악하면서 성장하였다. 그리고 그 외곽의 토착집단들도 중심 세력에 필적하지는 못하지만 나름대로 주목할 만한 성장을 하였다. 영산강유역 토착사회의 분립성은 시종세력이 확고한 지배력을 행사하는 연맹왕국 수장으로 성장하지 못한 점과 그 밖의 주변 세력 역시 독자적인 발전을 이루었기 때문에 초래되었다.

또한 옹관고분에서 마구나 철제 무기 등이 거의 출토되지 않는 것도 강력한 군사력을 바탕으로 공권력을 행사하고 집행할 수 있는 국가권력의 형성이 미약했음을 반영한다. 이러한 모습은 다른 지역의 고분이 점차 대형화되면서 다량의 철제무기와 마구가 출토되는 것과 비교하여 큰 차이가 있다. 또한 영산강유역의 거대한 옹관고분의 매장 형태도 가족묘나 공동묘의 형태를 유지하고 있기 때문에 권력의 집중과 성장을 반영하는 것으로 볼 수 없다. 이러한 상태에 있던 영산강유역의 토착세력은 근초고왕의 경략을 당하면서 급격하게 변모하게 되었다.

4. 맺음말

신미국은 서남해지역 해상세력의 영도집단으로 연맹체 내부의 대외교섭을 주도하였고, 해로의 길목에 위치한 지리적 이점을 이용하여 중간기항지 역할을 하면서 번영을 구가하였다. 그러나 신미국은 진이 약화된 데 이어 군현이 축출되면서 토착세력의 대외교섭과 조공무역 등이 쇠퇴하자 몰락하고 말았다.

신미국이 약화된 후 서남해지역의 주도권을 장악한 집단은 해남 북일의 신월리 해상세력이었다. 이들은 강진과 해남, 완도 등의 서남 해안 일대를 항해하는 선박들을 관찰하기에 좋은 신월리토성과 성마 산성을 중심으로 활동하였다.

신미국이 군현과 가야·왜를 잇는 대외교섭을 주도하면서 성장하 였다면, 신월리세력은 서남해 연안지역과 탐라를 잇는 해상활동을 통 하여 번성하였다. 이들은 백제가 4세기 전반에 전북지역까지 석권하 여 마한세력이 약화되자, 강진－해남－함평－영광－부안－김제를 잇 는 해상교역 활동을 주도하면서 서남해지역의 해상권을 장악하였다.

신미국이 약화된 후 서남해지역에서 북일세력이 부상함과 동시에 영산강유역의 주도권을 장악한 집단은 영암의 시종세력이었다. 시종 세력은 영산강유역 깊숙이 들어온 내해를 이용한 해상활동과 토착세 력 사이의 역내교역을 주도하면서 번영을 구가하였다. 시종세력이 남 긴 대표적인 유적으로는 성틀봉토성과 그 인근의 내동리고분군과 옥 야리고분군·신연리고분군 등을 들 수 있다.

그러나 시종세력은 영산강유역 토착사회를 망라하는 영역국가로 발전하지는 못하였다. 시종집단의 외곽에 위치한 주변의 토착사회도 상당할 정도의 독자적인 세력을 유지하였다. 이러한 상태에 있던 영 산강유역 토착사회는 근초고왕의 경략을 당하면서 변모하게 되었다.

주 |

1) 종래에는 국가발전 과정을 '부족국가 → 부족연맹체국가 → 고대국가' 순서로 진행되었다는 부족국가론이 주류를 이루었다. 그러나 부족국가론은 개념의 모호성과 이론적 한계 때문에 그 대안으로 '성읍국가 → 연맹왕국 → 중앙집 권적 귀족국가'로 발전하였다는 성읍국가론이 제기되었다. 성읍국가는 여러

집단 가운데 우월한 집단을 중심으로 둘레에 성곽을 쌓고 각종 공공시설을 설치하여 하나의 독립된 국가를 이루었고, 地緣을 중심으로 성립된 성읍국가가 외형적으로 확대되면서 연맹왕국 혹은 영역국가를 형성하였다. 이 같은 성읍국가들이 몇 개 연합해서 성립된 것이 연맹왕국이며, 성읍국가는 여전히 독립적으로 존재하고 중대한 사안이 있을 경우에만 연맹을 통해 문제를 해결하였던 것으로 보고 있다. 국가의 대내외적 성장에 따라 순차적으로 발전한 성읍국가, 연맹왕국, 중앙집권적 귀족국가에 대해서는 다음의 글을 참조하기 바란다. 李基白,『韓國史新論(개정판)』, 일조각, 1976, 25~26쪽 ; 千寬宇,「三韓의 國家形成(上)」,『韓國學報』2, 1976, 6~18쪽 ; 李基白・李基東 共著,『한국사강좌』-고대편, 일조각, 1982, 38~41쪽 ; 李基白,「고구려의 國家 形成問題」,『韓國古代의 國家와 社會』, 역사학회 편, 1985, 86~90쪽 ; 李基東, 「百濟國의 成長과 馬韓倂合」,『百濟論叢』2, 1990, 50~51쪽.

2) 申采浩,「前後三韓考」,『朝鮮史研究草』, 1925.

3) 千寬宇,『古朝鮮史・三韓史研究』, 일조각, 1989, 423쪽.

4) 李榮文,「全南地方 支石墓社會의 研究」, 한국교원대학교 박사학위논문, 1993, 256~260쪽.

5) 李榮文,「전남지방 지석묘사회의 구조와 영역권문제」,『한국 선사고고학의 제문제』, 한국고대학회 제4회 학술발표요지, 1993, 25쪽.

6) 崔盛洛,「靈巖 靑龍里・長川里支石墓群」, 木浦大 博物館, 1984.

7) 李健茂・徐聲勳,『함평 초포리유적』, 국립광주박물관, 1988, 34쪽.

8) 林永珍,「馬韓의 形成과 變遷에 대한 考古學的 考察」,『三韓의 社會와 文化』, 신서원, 1995, 96쪽.

9) 崔盛洛,『한국 원삼국문화의 연구-전남지방을 중심으로』, 학연문화사, 1993, 92쪽.

10) 李淸圭,「영산강 유역의 청동기」,『전남문화재』3, 전라남도, 1990, 15~19쪽.

11) 崔盛洛, 앞의 책, 1993, 342쪽.

12) 李賢惠,「馬韓地域 諸小國의 形成」,『삼한의 역사와 문화』, 자유지성사, 1997, 69쪽.

13) 李基東,「馬韓史의 上限과 下限」,『馬韓・百濟文化와 彌勒思想』, 원광대출판부, 1994.

14) 林永珍,「馬韓의 形成과 變遷에 대한 考古學的 考察」,『三韓의 社會와 文化』, 신서원, 1995, 117쪽.

15) 李賢惠,『三韓社會形成過程研究』, 일조각, 1984, 48~70쪽.

16)『三國志』권30, 魏書30, 烏丸鮮卑東夷列傳30, 韓條.

17) 『三國志』 권30, 魏書30, 烏丸鮮卑東夷傳30, 韓條.

18) 李基白·李基東, 앞의 책, 1982, 91쪽.

19) 황기덕, 「두만강유역 철기시대의 개시에 대하여」, 『고고민속』 63-4, 1963, 8~9쪽.

20) 崔盛洛, 앞의 책, 1993, 274~275쪽.

21) 崔夢龍, 「철기시대」, 『한국사-청동기문화와 철기문화』 3, 국사편찬위원회, 1997, 329쪽.

22) 李健茂, 「부여 합송리유적 출토 일괄유물」, 『考古學誌』 2, 한국고고미술연구소, 1990.

23) 李健茂, 「당진 소소리유적 출토 일괄유물」, 『考古學誌』 3, 한국고고미술연구소, 1991.

24) 池健吉, 「장수 남양리 출토 청동기·철기 일괄유물」, 『考古學誌』 2, 한국고고미술연구소, 1990.

25) 李南圭, 「남한 초기철기문화의 일고찰」, 『한국고고학보』 13, 1992, 28~58쪽.

26) 전영래, 「한국 청동기문화의 계보와 편년」, 『전북유적조사보고』 7, 1977.

27) 李淸圭, 「세형동검의 형식분류 및 그 변천과정에 대하여」, 『한국고고학보』 13, 1982, 1~26쪽.

28) 崔秉鉉, 「신라고분의 연구」, 숭전대 박사학위논문, 1990, 543~548쪽.

29) 패총이란 선사시대 이래로 인류가 식료로 바다나 강에서 조개를 채집하여 먹고 버린 것이 쌓여서 형성된 유적을 말한다. 패총에는 패각류 이외에도 동물이나 물고기의 뼈, 곡물 등 자연유물과 함께 당시의 도구, 즉 토기·석기·골각기·철기 등이 풍부하게 발견되고 있어 당시 문화를 연구하는 데 중요한 자료를 제공한다.

30) 崔盛洛, 앞의 책, 1993, 334쪽.

31) 李鐘宣, 「후기 오르도스문화와 한국청동기문화」, 『한국상고사학보』 2, 1989, 15~60쪽.

32) 崔盛洛, 앞의 책, 1993, 335쪽.

33) 林永珍·趙鎭先·徐賢珠, 「寶城 金坪 遺蹟」, 全南大學校博物館·寶城郡, 1998.

34) 崔夢龍, 앞의 글, 1997, 456쪽.

35) 李基白·李基東, 앞의 책, 1982, 54쪽.

36) 崔盛洛, 앞의 책, 1993, 346쪽.

37) 李榮文·曺根佑·鄭基鎭, 「光州 日谷洞 遺蹟」, 木浦大學校 博物館·光州市立民俗博物館, 1996.

38) 林永珍, 「원삼국시대의 주거생활」, 『全羅南道誌』 2, 1993, 260쪽.

39) 林永珍, 앞의 글, 1993, 271쪽.

40) 崔盛洛, 앞의 책, 1993, 345쪽.

41) 영산강유역은 행정구역상으로 장성(황룡강)·담양(본류)·화순(지석강)을 상류로 보고, 광주·나주·함평을 중류, 무안·영암·목포를 하류로 본다. 물줄기의 방향은 본류를 중심으로 북쪽에서 합류하는 풍영정천, 황룡강, 평림천, 장성천, 문평천, 고막원천, 함평천 등은 북동~남서 방향이나 북~남 방향의 흐름을 보인다. 남쪽에서 합하는 오례천, 증암천, 광주천, 지석강, 영산천, 봉황천, 만봉천, 삼포천, 영암천은 남동~북서 방향 또는 동~서 방향으로 흐른다(김경수, 『영산강 삼백오십리』, 향지사, 1995, 186쪽).

42) 李賢惠, 「삼한의 정치와 사회」, 『한국사』 4, 국사편찬위원회, 1997, 264쪽.

43) 李丙燾, 「'蓋國'과 '辰國'問題」, 『韓國古代史硏究』, 박영사, 1976, 240~241쪽.

44) 『三國志』 권30, 魏書30, 烏丸鮮卑東夷傳, 韓條.

45) 李基白·李基東, 앞의 책, 1982, 94쪽.

46) 武田幸男, 「魏志東夷傳における馬韓」, 『文山金三龍博士古稀紀念論叢』, 1994, 355쪽.

47) 李賢惠, 『삼한사회 형성과정 연구』, 일조각, 1984, 171쪽.

48) 文安植, 『백제의 영역확장과 지방통치』, 신서원, 2002, 38쪽.

49) 文安植, 앞의 책, 2002, 40쪽.

50) 池內宏, 「公孫氏の帶方郡設置と曹魏の樂浪·帶方2郡」, 『滿鮮史硏究』 上世第一篇, 1951, 239쪽; 李基白, 앞의 책, 1976, 31쪽.

51) 『三國志』 권30, 魏書30, 烏丸鮮卑東夷傳 30, 濊條.

52) 文安植, 앞의 책, 2002, 46쪽.

53) 文安植, 「百濟 聯盟王國 形成期의 對中國郡縣關係 硏究」, 동국대학교 석사학위논문, 1995, 20쪽.

54) 崔盛洛, 앞의 책, 1993, 335쪽.

55) 崔盛洛, 앞의 책, 1993, 252쪽.

56) 崔盛洛, 앞의 책, 1993, 248쪽.

57) 옹관묘는 흙으로 빚어 구운 용기를 가지고 주검을 묻은 것으로 세계 각지에서 발견되며 시기와 지역에 따라 다양한 모습을 띤다. 용기가 대부분 항아리 모양의 토기이므로 옹관묘 또는 독무덤이라 하며 기와를 쓴 것을 와관묘, 상자모양을 도관, 화장용기를 골호 또는 뼈단지라 하여 구별하기도 한다. 일반적으로 옹관묘는 죽은 유아나 어린이용 또는 딸린 무덤으로 사용되었다. 그런데 영산강유역에서는 성인용으로 크게 유행하면서 매장전용의 독을 만들어 썼고 대형의 봉토 속에 묻힌 점에서 특별하다. 즉 대형의 봉토를 가진 소

위 고총고분이 축조되던 시기에 영산강유역에서는 매장주체 시설이 전용 독
널로 된 옹관고분이 축조되었다.

58) 趙由典, 「전남 화순 靑銅遺物一括出土遺蹟」, 『尹武炳博士華甲紀念論叢』,
    1984.

59) 李健茂·徐聲勳, 『함평 초포리유적』, 국립광주박물관, 1988.

60) 현재까지 옹관고분의 조사에서 馬具는 전혀 보이고 있지 않다. 이러한 양상
    은 옹관고분에 이어서 축조되는 백제계 석실분에서 馬具가 빈번하게 출토되
    고 있는 것과는 큰 차이를 보인다(成洛俊, 「원삼국시대」, 『전라남도지』 2,
    1993, 294쪽).

61) 崔盛洛, 앞의 책, 1993, 136쪽.

62) 崔盛洛, 앞의 책, 1993, 247쪽.

63) 文安植, 앞의 글, 1997, 174～181쪽.

64) 『三國志』 권30, 魏書30, 烏丸鮮卑東夷傳 30, 韓條.

65) 文安植, 앞의 책, 2002, 58쪽.

66) 文安植, 앞의 책, 2002, 59쪽.

67) 『三國史記』 권24, 百濟本紀2, 古尒王 13年.

68) 文安植, 앞의 책, 2002, 281쪽.

69) 본고에서 말하는 말갈이란 『三國史記』 百濟本紀에 보이는 말갈세력을 의미
    한다. 이들은 영서지역에 거주하던 토착집단이었다. 영서 말갈의 공간적 범
    위는 남·북한강유역과 태백고원 지대라 할 수 있는데, 이 지역은 고구려 계
    통의 무기단식 적석총의 조영지와 대략 일치한다. 그러나 백제의 영향력 확
    대로 영서지역에 적석총이 축조된 것은 아니었고, 말갈인들 역시 백제의 건
    국 주체와 동일한 고구려계 유이민 집단이었다(文安植, 「百濟의 領域擴張과
    邊方勢力의 推移」, 동국대학교 박사학위논문, 2000, 103～104쪽).

70) 文安植, 앞의 책, 2002, 230쪽.

71) 尹武炳, 「김제벽골제 발굴보고」, 『백제고고학연구』, 학연문화사, 1992, 362쪽.

72) 李基白·李基東, 앞의 책, 1982, 137쪽.

73) 安承周, 「백제 옹관묘에 관한 연구」, 『百濟文化』 15, 1983, 32쪽.

74) 成洛俊, 앞의 글, 1983, 80쪽.

75) 盧重國, 『백제정치사연구』, 일조각, 1988, 119～120쪽.

76) 『晉書』 권30, 列傳6, 張華條.

77) 한국향토사연구전국협의회, 「고대·고려시대의 영산강」, 『영산강유역사연구』,
    1997, 123쪽.

78) 李道學, 『백제 고대국가 연구』, 一志社, 1995, 350쪽.

79) 姜鳳龍,「3~5세기 영산강유역 '甕棺古墳社會'와 그 성격」,『歷史敎育』69, 1999.

80) 李丙燾,『韓國史(古代篇)』, 진단학회, 1959, 300쪽.

81) 李丙燾, 위의 책, 1959, 300쪽.

82) 宣石悅,『新羅國家成立過程研究』, 혜안, 2001, 104쪽.

83) 李賢惠,『한국고대의 생산과 교역』, 일조각, 1998, 290쪽.

84) 李賢惠, 위의 책, 1998, 290쪽.

85) 兪元載,「晉書의 馬韓과 百濟」,『한국상고사학보』17, 1994.

86) 千寬宇, 앞의 글, 1976, 28~34쪽 ; 李基東,「마한영역에서의 백제의 성장」,『마한·백제문화』10, 1987, 62쪽.

87) 盧重國,「목지국에 대한 일고찰」,『백제논총』2, 1990, 88쪽.

88) 『晉書』권36, 列傳6, 張華條, "東夷馬韓新彌諸國 依山大海 去州四千餘里 歷世未附者二十餘國 竝遣使朝獻".

89) 李道學, 앞의 책, 1995, 349~352쪽.

90) 尹明喆,「서해안일대의 환경에 대한 검토」,『부안 죽막동 제사유적 연구』, 국립전주박물관, 1998, 111쪽.

91) 池健吉,「南海岸地方 漢代貨幣」,『창산김정기박사화갑기념논총』, 1990, 534쪽.

92) 全榮來,「완주 상림리 출토 中國式銅劍」,『전북유적조사보고』5, 1976, 11쪽.

93) 崔盛洛·李海濬,「해남지방의 문화적 배경」,『해남군의 문화유적』, 1986, 14쪽.

94) 盧重國,「마한의 성립과 변천」,『마한·백제문화』10, 1988, 35~38쪽 ; 崔盛洛, 앞의 책, 1993, 247쪽.

95) 崔盛洛,『해남군곡리패총』III, 목포대학교 박물관, 1989.

96) 崔盛洛, 앞의 책, 1993, 225쪽.

97) 『三國志』권30, 魏書30, 烏丸鮮卑東夷列傳30, 韓條.

98) 『三國志』권30, 魏書30, 烏丸鮮卑東夷列傳30, 韓條.

99) 염사치 설화를 통해 본 군현과 한족세력의 교섭에 대해서는 다음의 글을 참조하기 바란다. 李富五,「1세기초 廉斯國의 대외교섭」,『한국고대사연구』22, 2001.

100) 尹龍九,「삼한과 낙랑의 교섭」,『한국고대사연구』32, 2003.

101) 『晉書』권97, 列傳67, 四夷東夷, 馬韓.

102) 李賢惠, 앞의 책, 1998, 287쪽.

103) 李賢惠, 앞의 책, 1998, 266쪽.

104) 尹龍九, 앞의 글, 2003.

105) 李鍾旭,『고조선사연구』, 일조각, 1993, 277쪽.

106) 崔盛洛,「해남지방의 선사유적-고분」,『해남군의 문화유적』, 1986, 108쪽.

107) 목포대학교박물관,『해남 군곡리패총』Ⅲ, 1989, 11쪽.

108) 이 때문에 백포만과 군곡리 일대를 대신하여 高塚古墳이 밀집된 해남 북일지
역을 신미국의 근거지로 보기도 한다(李道學, 앞의 책, 1995, 351쪽). 또한 함
평 예덕리 만가촌 일대의 저평한 구릉상에 위치한 9기의 고분군을 신미국과
연관시켜 생각하기도 한다. 이곳에서는 외형상으로 관찰된 9기의 고분 외에
3기 이상의 분구가 추가로 확인되었다. 특히 7호분의 주구 퇴적토에서 조사
된 대형 합구식 옹관은 外反長頸甕을 이용한 것으로 영산강유역의 옹관묘 중
에서 비교적 빠른 유형에 속한다. 이로 보아 7호분이 축조된 연대는 2세기대
까지 상정할 수 있으며, 그 나머지도 3세기를 벗어나지 않기 때문에 영산강
유역에서 가장 빠른 단계의 대형고분이라고 한다(林永珍,「咸平 禮德里 萬家
村古墳과 榮山江流域 古墳의 周溝」第39回 全國歷史學大會 發表要旨, 1996).

109)『晉書』에 보이는 3세기 후반 마한의 朝貢 史料에 대해서는 그 표현과 관계
없이 백제의 활동을 기록한 것으로 보는 것이 일반적이다(李基東,「마한영역
에서의 백제의 성장」,『마한·백제문화』10, 1987, 62쪽). 그러나 그 기록을
백제가 아닌 마한에 관한 것으로 파악하기도 한다(兪元載,「晉書의 馬韓과
百濟」,『한국상고사학보』17, 1994).

110)『三國志』권30, 魏書30, 烏丸鮮卑東夷傳 30, 韓條,"景初中 明帝密遺帶方太守
劉昕樂浪太守鮮于嗣 越海定二郡 諸韓國臣智加賜邑君印綬 其次與邑長 其俗好
衣幘 下戶詣郡朝謁 皆假衣幘 自服印綬衣幘 千有餘人".

111) 鎌田重雄,「郡國의 上計」,『秦漢政治制度의 研究』, 1962, 369~412쪽.

112) 尹龍九,「樂浪前期 郡縣支配勢力의 種族系統과 性格」,『歷史學報』126, 1990,
126쪽.

113) 權五重,『樂浪郡研究』, 일조각, 1992, 83쪽.

114) 그러나 한족세력이 261년에 "樂浪夷韓濊貊이 각각 그들의 種屬들을 거느리고
와서 조공하였다"(『三國志』魏書, 三小帝紀4, 陳留王 景元 2年)라고 하였듯이,
군현을 통한 간접적인 교역에 만족하지 않고 魏 본국까지 왕래하는 원거리
교섭에 참여한 것으로 보기도 한다(金壽泰,「3세기 중·후반 백제의 발전과
馬韓」,『마한사연구』(백제연구논총 6), 충남대 백제연구소, 1998, 196쪽).

115) 權五重, 앞의 책, 1992, 162~163쪽.

116) 李賢惠, 앞의 책, 1998, 266쪽.

117) 孔錫龜,『高句麗 領域擴張史 研究』, 서경문화사, 1998, 21쪽.

118) 3세기 초반에 대방군이 설치되면서 고구려의 남하에 대한 견제는 낙랑군, 한

족세력에 대한 관계는 대방군에서 전담하는 분담형태를 취하였다. 그러나 대방군의 설치는 고구려의 후방의 견제, 남방 한족세력과의 교섭창구 확보에 있었다. 따라서 한족 토착세력의 對郡縣關係는 대방군에서 전담하였다(文安植,『백제의 영역확장과 지방통치』, 신서원, 2002, 40쪽).

119) 낙랑과 대방군의 멸망 이후 兩郡地域에 대한 고구려의 지배형태는 고고 자료를 통해서도 알 수 있다. 즉, 357년에 축조된 안악 3호분과 408년에 축조된 덕흥리 고분의 주인공의 정치적인 위상을 통해서 이해할 수 있다. 안악 3호분의 주인공이 반독립적인 상태였다면, 덕흥리 고분의 주인공은 고구려의 통제를 받았다(孔錫龜,『백제연구』21, 충남대 백제연구소, 1990).

120) 이는 마한지역에서 출토된 중국제 청자 등의 고고 자료를 통해서도 증명된다. 3세기 후반의 것으로 알려진 몽촌토성 출토 錢文陶器, 홍성 신금성 출토 錢文陶器, 익산 태봉사지 출토 西晉鏡 등의 중국제 威信財는 마한의 소국들이 독자적인 교역이나 조공 등을 통해서 구입한 것이다. 그러나 4세기 이후의 東晉製 물품은 몽촌토성・풍납동토성・석촌동 고분군에서 출토되었으며, 원주 법천리・천안 화성리 등지에서도 발견되었다. 이들은 백제 중앙에 의해 수입된 후 지방의 토착세력에게 분배된 것이다(權五榮, 앞의 글, 1988).

121) 小田富士雄,「百濟古墳の系譜」,『文山金三龍博士古稀紀念 馬韓百濟文化와 彌勒思想』, 원광대출판부, 1994, 397쪽.

122) 韓永熙 外,「부안 죽막동 제사유적 발굴조사 진전보고」,『고고학지』4, 1992, 157쪽.

123) 尹龍九,「낙랑전기 군현지배세력의 종족계통과 성격」,『역사학보』126, 1990, 39쪽.

124) 尹龍九, 앞의 글, 2003.

125) 權五重,『樂浪郡硏究』, 일조각, 1992, 83쪽.

126)『三國史記』권23, 百濟本紀1, 溫祚王 13年.

127)『三國志』권30, 魏書30, 烏丸鮮卑東夷列傳30, 韓條.

128) 4세기에 들어 중국 북방에서는 북방 이민족과 西晉 사이에 대립이 치열하게 전개된 결과 316년에 晉이 멸망하고, 남쪽으로 내려간 왕족들이 다음 해에 東晉을 세웠다. 이러한 혼란을 틈타 고구려 미천왕은 313년에 낙랑을 멸망시켰고, 314년에는 대방군까지 멸하여 마침내 중국군현을 이 땅에서 축출하는 데 성공하였다. 그러나 기존의 낙랑을 중개기지로 한 한반도 남부의 선진문물 교역체계는 붕괴되었다(김태식,「가야와 낙랑」,『한국고대사연구』32, 2003).

129) 崔盛洛,『해남군곡리패총』III, 목포대학교 박물관, 1989, 80쪽.

130) 宋泰甲,「해남반도의 고대사회와 대외관계」, 목포대학교 석사학위논문, 1999, 12쪽.

131) 이중환의 『擇里志』(팔도총론, 전라도 편)를 보면, 해남·강진은 탐라에서 바닷길로 나오는 목이 되어서, 말·소·피혁·말총 등을 판매하는 이익이 있다고 하였다. 조선시대의 경우 제주에서 말을 싣고 온 배가 해남 利津에 정박하여 말을 내리게 하였다.

132) 국립광주박물관,『해남 방산리 장고봉고분 시굴조사보고서』, 2001, 88쪽.

133) 국립광주박물관, 위의 책, 2001, 88쪽.

134) 李丙燾,『한국고대사연구』, 박영사, 1976, 512~515쪽.

135) 『日本書紀』권9, 神功紀 49年, "仍移兵 西廻至古奚津 屠南蠻忱彌多禮 以賜百濟".

136) 全榮來,「백제 남방경역의 변천」,『천관우선생 환력기념한국사학논총』, 1985.

137) 三品彰英,『日本書紀朝鮮關係記事考證』上, 吉川弘文館, 1962, 154~155쪽.

138) 李丙燾,「近肖古王拓境考」,『韓國古代史研究』, 박영사, 1976, 512쪽.

139) 盧重國, 앞의 책, 1988, 118쪽.

140) 李丙燾, 앞의 책, 1976, 512쪽.

141) 『三國史記』권37, 雜志6, 地理4, 百濟條.

142) 千寬宇,「마한제국의 위치시론」,『동양학』9, 단국대학교, 1979, 216쪽.

143) 고해진이 위치한 곳으로 알려진 강진도 영산강유역 특유의 옹관고분의 축조 사례가 알려진 지역이다. 옹관고분의 입지조건은 대부분 배가 드나들 수 있는 곳에 위치하고 있다. 강이나 바다에서 쉽게 눈에 띠는 곳에 고분을 축조한 것은 그 집단의 활동이 물과 깊게 관련된 것에서 비롯되었을 가능성이 있다. 강진군에서 옹관고분이 축조된 지역은 강진만과 접하고 있는 군동면 호계리, 나천리, 풍동리, 금산리 일대에 70여 기가 분포되어 있다(崔盛洛,「선사유적·고분」,『강진군의 문화유적』, 목포대학교 박물관, 1989). 따라서 내륙 깊이 들어 온 강진만과 탐진강이 경계를 이룬 군동면 일원에 고해진이 위치하였을 가능성이 높다.

144) 김제문화원,『벽골의 문화유산』, 2000.

145) 尹明哲,「후백제의 해양활동과 대외교류」,『후백제 견훤정권과 전주』, 주류성, 2001, 303~304쪽.

146) 尹明哲, 앞의 글, 2001, 302쪽.

147) 시종면은 1914년 군과 면을 통폐합 할 때 나주군 종남면·반남면 일부와 명산면 일부, 북이종면의 일부를 합하여 시종면이라 하였다. 구릉지가 대부분이며 하천은 단류하고 평야는 북쪽 삼포강유역과 소하천유역에 산재하고 있다. 그러나 영산강하구언이 완성됨에 따라 남해안 일대에 간척지 평야가 넓

게 펼쳐졌다. 시종면 사람들은 면에 장이 없었을 때는 10리를 걸어서 나주 반남장을 이용할 만큼 반남과 생활권을 같이 하였다. 간척지가 만들어지기 전에는 도포면 해창까지 배가 드나들었다(고석규, 「영산강유역의 장시와 교역」, 『영산강유역사연구』, 한국향토사연구전국의회, 1997, 667쪽).

148) 成洛俊, 「백제의 지방통치와 전남지방 고분의 상관성」, 『백제의 중앙과 지방』, 충남대학교 백제문화연구소, 1997, 239쪽.

149) 徐聲勳·成洛俊, 『나주반남고분군』, 광주박물관, 1988.

150) 서해의 조수는 영암 시종을 지나 나주지역까지 미쳤다. 『新增東國輿地勝覽』 나주목조에 의하면 "仰巖은 錦江의 남안에 있는데, 노자암으로 불리기도 하였다. 그 밑에는 물이 깊어 헤아릴 수 없는데 속설에 용이 있다고 한다. 바위 밑에 구멍이 있는데 조수가 밀려갔을 때는 보인다.······ 錦江津은 목포 혹은 남포라고 한다. 곧 광탄의 하류인데 州의 남쪽 11리에 있다.······ 금강은 나주 동남쪽을 경유하여 회진현 남쪽을 지나 서쪽으로 바다에 들어간다"라고 하여, 나주지역까지 만조시에 바닷물이 유입되었음을 알 수 있다.

151) 林永珍·趙鎭先, 『전남지역 고분 측량보고서』, 전라남도, 2000, 142~185쪽.

152) 목포대박물관, 『영암옥야리고분』, 1991, 60쪽.

153) 文安植, 「낙랑·대방의 축출과 전남지역 고대사회의 추이」, 『東國史學』 38, 2002, 20쪽.

154) 고분은 넓은 의미에서는 오래된 옛 무덤을 포괄하는 용어이다. 그러나 좁은 의미에서는 철기의 수용 이후 사회가 급속히 발전하면서 사회의 규모가 커지고 계층 분화가 심화됨에 따라 태동하는 고대국가와 직·간접적으로 관련된 무덤을 가리킨다. 고분문화는 바로 그와 같은 시기에 있어 고분 자체 및 그 조영과 관련된 모든 자료와, 그 이면에 숨어있는 정치, 경제, 사회, 기술, 종교 등 당시의 사회상을 복합적으로 칭하는 용어이다. 특히 문헌자료가 충분하지 못한 고대국가 형성과정이나 고대국가 초기 단계에는 새로 형성되는 최고지배세력을 중심으로 거대한 고분을 조영하고, 당시의 다양한 사회상을 반영하는 물품들을 부장하는 전통이 지역별, 계층별로 뚜렷이 구분되면서 무덤의 구조나 부장품에 각 지역간의 교류관계를 반영하는 자료들이 섞여 있기 때문에 당시의 제반 사회상을 파악하는 데 있어 고분은 매우 중요한 자료가 되고 있다(林永珍, 「전남 고대묘제의 변천」, 『전남의 고대묘제』, 전라남도·목포대학교 박물관, 1996).

155) 趙由典, 「전남 화순 靑銅遺物—括出土遺蹟」, 『尹武炳博士華甲紀念論叢』, 1984.

156) 李健茂·徐聲勳, 『함평 초포리유적』, 국립광주박물관, 1988.

157) 鐵鋌은 對內外 교역에 사용된 철소재이며, 고분에서는 板狀鐵斧의 형태로 출

토된다. 판상철부는 10매 단위로 부장된 점에서 미루어 볼 때 화폐 대신의 거래수단으로 사용된 것이라고 한다(송계현, 「낙동강하류역의 고대 철생산」, 『가야제국의 철』, 인제대학교, 1995).

158) 成洛俊, 「해남 부길리 甕棺遺構」, 『호남고고학보』 1, 1993.

159) 成洛俊・申相孝, 「해남 원진리 옹관묘」, 『영암 와우리 옹관묘』, 국립광주박물관, 1989.

160) 崔盛洛・李正鎬, 「함평군의 선사유적・고분」, 『함평군의 문화유적』, 1993.

제2장 백제의 남진과 영산강유역 고대사회의 변화

백제의 영산강유역 진출과 토착세력의 추이

1. 머리말

백제가 마한을 병합한 시기에 대하여 『삼국사기』 백제본기에는 서기 8년(온조왕 26)에 이루어진 것으로 기록되어 있다.[1] 그러나 이 연대를 그대로 취하여 온조왕 당대에 백제가 마한의 전 영역을 복속한 것으로 이해하는 경우는 소수 의견[2]에 불과하다. 그 대신 대다수의 논자들은 백제의 마한 병합은 3세기 중엽에 있었던 중국 군현과의 충돌이 계기가 된 것으로 이해한다. 또한 백제의 마한 병합을 목지국(目支國) 등의 중심 세력과 영산강유역의 변방지역으로 구분하여 그 시기와 지배방법이 일정 기간 동안 달랐다고 보기도 한다.[3]

백제가 영산강유역에 진출한 시기나 과정에 대하여 『삼국사기』 백제본기에는 구체적인 기록이 전혀 보이지 않는다. 이 때문에 일찍이 이병도는 『일본서기』 「신공기」에 보이는 사료를 재해석하면서 그 주체를 백제로 바꾸고, 시기를 120년 끌어내려 서기 369년(근초고왕 24)에 이루어진 것으로 파악하였다.[4] 이에 대하여 천관우,[5] 전영래,[6] 권오영,[7] 박찬규,[8] 유원재,[9] 이도학,[10] 이기동,[11] 김주성,[12] 김영심[13] 등은 다소간의 차이는 있으나, 백제가 근초고왕 때에 이르러 영산강유역을 복속한 것으로 보는 이병도의 주장을 따르고 있다. 그러나 「신공기」의 기사를 5세기 때 발생한 것으로 해석하여, 백제의 영산강유역 공략이 이때 추진된 것으로 보는 견해도 있다.[14] 또한 동성왕(東城王) 때 추진된 무진주(武珍州) 친정에 관한 사료를 토대로 '옹관고분사회'를 이루고 있던 영산강유역의 토착집단이 6세기를 전후하

여 백제의 지배에 들어갔다고 보기도 한다.[15]

한편 고고학계에서는 영산강유역에 존재하는 대형옹관고분이 5세기 중엽 내지는 6세기 중엽까지 지속되고 있는 점을 들어 역사학계와 입장을 달리한다.[16] 또한 5세기 후반 무렵에 축조된 것으로 추정되는 장고분(長鼓墳)이 백제계통과는 형식적으로 확연히 구분되고,[17] 왜계통의 유물이 다량 매납(埋納)되어 그 성격과 관련하여 백제 지배력의 한계나 왜의 영향력 정도에 관한 여러 가지 의견이 제시되었다.[18]

따라서 6세기 전후까지 영산강유역 토착세력이 백제의 상당한 영향력을 받았을지라도 일정 정도의 독자성을 유지한 사실은 부인할 수 없을 것 같다. 그러므로 백제의 영산강유역에 대한 지배정책과 변방세력의 추이는 백제 지배력의 한계와 시기별 지방정책의 변화양상을 고려하고 토착세력의 상대적 자율성을 인정하는 차원에서 살펴볼 필요가 있다.

이 글에서는 사료 부족이라는 근본적인 한계를 감안하여 그동안 축적된 고고학적 성과를 접목하면서 백제의 영산강유역에 대한 영역 확장과 지방정책을 시기별로 구분하여 고찰하고자 한다. 이는 백제의 지배에도 불구하고 오랫동안 독자적인 문화와 재지질서(在地秩序)를 유지할 수 있었던 지방세력의 생존방식과 그 배경을 이해할 수 있는 하나의 실마리가 되지 않을까 한다.

2. 근초고왕의 영산강유역 경략과 지방통치

백제는 군현의 축출을 전후로 하여 비옥하고 드넓은 마한지역으로 본격적인 진출을 꾀하였다. 그러나 백제는 적대세력인 말갈을 배후에 두고 마한과 격전을 치를 수 없었다. 이 때문에 백제는 군현이 축출된 호조건 속에서 말갈과의 대립에 최우선적인 정책순위를 설정하였

고, 말갈을 제압하고 나서야 비로소 마한 방면 진출에 박차를 가할
수 있었다.

　마한은 상하가 반목하고 있던 상태에서 백제의 기습 공격을 받고
중심 세력이 붕괴되어 멸망당하고 말았다.[19] 백제의 마한 병합은 말
갈의 제압 이후에 가능했다는 점을 고려하면 책계왕과 분서왕이 군
현과 연대한 말갈과의 대립 끝에 각각 297년(책계왕 13), 303년(분서
왕 7)에 사망[20]한 것으로 볼 때 4세기 초반 이후에 이루어졌음을 알
수 있다.

　이로서 백제는 건국이래 숙적이었던 말갈을 복속하고 상당한 기간
동안 마한과 경계를 이루던 웅천(雄川), 즉 안성천을 넘어 목지국을
제압하고 차령산맥과 금강유역을 거쳐 호남평야 일대까지 석권할 수
있었다. 백제는 천안 일대에 위치한 목지국과 익산지역의 건마국 등
마한의 중심 세력을 큰 시간적 차이 없이 제압하면서 그 영역을 점차
남으로 확대하였다. 이는 백제가 전북 김제지역에 진출하여 벽골제를
320~350년경에 축조한 것에서도 입증된다.[21]

　또한 근초고왕이 추진한 가야와 마한 잔여세력의 경략에 목지국
출신 목씨(木氏)나 사비지역의 사씨(沙氏)가 주도적으로 참여하였다.
이는 근초고왕의 공략에 앞서 백제가 마한의 주요 지역을 장악하였
음을 의미한다. 이러한 백제의 영역확장은 그동안 발전의 장애가 되
고 있던 군현의 축출이라는 외적인 조건이 크게 작용하였다. 백제는
군현이 축출되자 그 부용집단이었던 말갈을 제압하였고, 다시 응집된
힘을 남으로 돌려 단기간에 마한지역을 장악할 수 있었다. 이러한 일
련의 발전 과정은 비류왕 때의 사실로 추정되며,[22] 백제의 비약적인
발전을 정복집단의 도래로 보기도 한다.[23]

　백제의 마한 공략에는 기마전에 익숙한 영서의 말갈 병력이 동원
되었을 가능성이 없지 않다. 말갈은 일찍부터 백제 공격에 마병(馬
兵)을 동원하는 등 기병전에 익숙한 집단이었다.[24] 따라서 말갈이 백

제에 복속된 이후 추진된 마한 정복전쟁에는 적지 않은 말갈의 기병이 동원되었을 것으로 추정된다. 백제 역시 4세기 후반이 되면 경장기병을 중심으로 한 기마병을 상당수 보유하였다. 백제는 무기체계에 있어서도 격렬한 기마전에 유리한 세경화된 도(刀)와 실용적인 목병도(木柄刀)를 널리 보급하여 효율적인 군사작전을 수행하였다.[25]

백제의 남진은 한동안 노령산맥을 넘지 못하고 호남평야 일대를 석권하는 선에서 그쳤다. 따라서 마한의 주요세력이 4세기초에 백제에 복속된 것과는 달리 영산강유역은 상당한 기간 동안 자립성을 유지하였다. 근초고왕은 중앙집권적 귀족국가를 형성하면서 국내 각지에 지방관을 파견하고, 토착세력의 독자적인 대외교섭권을 박탈하였다. 이를 위하여 근초고왕은 이때까지 확보한 영역을 확고히 장악하면서 지방제도를 353년(근초고왕 8) 무렵에 정비하였다.[26] 그러나 이때 지방제도를 정비한 범위는 전대의 비류왕이 확보한 호남평야까지를 대상으로 하였고, 아직 전남지역까지 미치지 못하였다. 따라서 근초고왕은 기존에 확보한 지역에 대한 정비가 일단락 되자 마한의 잔여세력에 대한 공략을 추진하였다. 근초고왕의 마한 경략은

A. 춘삼월에 아라다와게(荒田別)와 가가와게(鹿我別)를 장군으로 삼았다. 구데이(久氐) 등과 함께 병사를 갖추어 건너가, 탁순국(卓淳國)에 이르러 신라를 공격하고자 하였다. 이때 누군가 "군사의 수가 적어서 신라를 물리칠 수 없다"고 하였다. 다시 사백개로(沙白蓋盧)로 하여금 군사를 늘려 줄 것을 청하였다. 곧 목라근자(木羅斤資)와 사사노궤(沙沙奴跪 : 이 두 사람은 그 姓을 알지 못한다. 다만 목라근자는 백제의 장군이다)에게 명하여 정병(精兵)을 이끌고 사백개로와 함께 가게 하였다. 함께 탁순(卓淳)에 모여서 신라를 공격하여 물리치고자 하였다. 그래서 비자발(比自㶱)·남가라(南加羅)·탁국(喙國)·안라(安羅)·다라(多羅)·탁순(卓淳)·가라(加羅)의 7국을 평정하였다. 이에 병사를 서쪽으로 이동시켜 고

해진(古奚津)에 이르러 남만 침미다례를 도륙하여 백제에게 주었다. 이때 왕 초고와 왕자 귀수가 역시 군사를 이끌고 나아가 맞으니 비리(比利)·벽중(辟中)·포미(布彌)·지반(支半)·고사(古四)의 읍이 스스로 항복하여 왔다.[27]

라고 하였듯이, 가야의 7국을 평정하고 고해진을 돌아 침미다례를 도륙하자 비리·벽중 등의 소국들이 항복하면서 끝나게 되었다. 근초고왕이 주된 경략의 대상으로 삼았던 침미다례를 중심으로 한 남만의 위치에 대해서는 전남 일원으로 보는 것이 일반적이다.[28]

한편 영산강유역 토착세력은 중국, 가야, 왜로 이어지는 재래의 항로를 통하여 상당 기간 동안 교역관계를 지속하였다. 군현이 한반도에서 축출되면서 그 옛 땅은 고구려의 직접적인 지배영역에 편입되기보다는 반(半)독립적인 상태로 주거집단을 유지하였고, 중국계 호족들은 본국과 왕성한 상업활동을 하였다. 백제는 372년(근초고왕 27)에 있었던 송(宋)과의 공식적인 국교수교 이전에 옛 군현지역의 호족들을 통하여 사적인 접촉을 유지하였다.[29] 중국계 호족의 교역활동은 비단 백제와의 관계에만 국한되지 않고, 전 시대를 계승하면서 서남해 연안의 한족세력과도 지속적으로 전개되었다.

이 교역체계는 4세기에 이르러 군현의 축출과 백제의 성장에 따라 다소 약화되었지만, 부안군 변산면 격포리 죽막동 제사유적에서 출토된 유물의 성격으로 볼 때 6세기초까지 그 관계가 유지되었다.[30] 죽막동 출토 유물들은 영산강유역 일대의 옹관고분 조영집단을 중심으로 하는 재지인이 왜, 가야의 다양한 세력과 접촉한 상황을 보여준다.[31] 죽막동유적의 복합적인 문화양상은 백제의 남하에 밀려 천안이나 익산 등의 마한 중심 세력이 무너지고 영산강유역의 수장층이 마한 잔존세력의 구심체 역할을 하게 된 사정과 관련이 있는 것으로 추정된다.

마한의 중심 세력이었던 천안의 목지국이나 익산의 건마국과는 달리 전북의 서남부지역 토착세력은 영산강유역과 밀접한 관계를 맺고 있었다. 이 때문에 노령산맥의 북쪽에 위치한 전북 고창에서는 영산강유역의 특징적인 문화 양상인 대형의 전용 옹관이 발견되었다. 이것은 영산강유역과 전북 서남부지역의 토착세력 사이에 다양한 교섭이 이루어 졌음을 의미한다. 또한 죽막동에서 출토된 유물은 전북 서남해 연안과 영산강유역의 토착세력이 해로를 통해 활발한 교류관계를 맺었음을 알려준다.

근초고왕이 침미다례를 철저하게 도륙한 것은 그 저항이 심하였기 때문에 보복 차원에서 이루어졌을 가능성이 있다. 그러나 이는 토착세력의 대외교섭권을 박탈하고 침미다례의 영향력하에 있는 집단들을 위압하려는 측면도 간과할 수 없다. 백제는 침미다례가 중국-가야-왜를 잇는 대외교섭을 주도하면서 전남과 전북의 서남해지역 일부를 그 영향력하에 두고 있었기 때문에 철저하게 응징할 필요가 있었다.32)

이 때문에 백제는 사료상에서 '도(屠)'로 표현될 만큼 침미다례를 철저하게 파괴하였다. 백제의 공격으로 침미다례가 무너지자 밀접한 관계를 맺고 있던 서남해안의 여러 소국들은 중심 세력을 잃고 항복할 수밖에 없었다. 이렇게 본다면 침미다례가 무너지자 스스로 항복한 세력을 비리·벽중·포미·지반·고사 5읍으로 파악하여 전북 서남부지역인 부안(보안)·김제·정읍·부안·정읍(고부)으로 각각 비정한 견해가 설득력이 있는 것으로 생각된다.33)

백제에 밀리고 있던 비리·벽중 등의 전북 서남부지역 토착세력들은 침미다례와 밀접한 관계를 맺으면서 부안-고창-함평-해남-강진 등을 거점으로 하여 해안선을 따라 교역관계를 형성하였다. 고고자료를 통해서도 전북 서남부의 정읍·부안과 전남의 영산강유역은 거대한 분구 상부에 옹관과 석실을 쓰는 독자적인 세력이 자리잡고

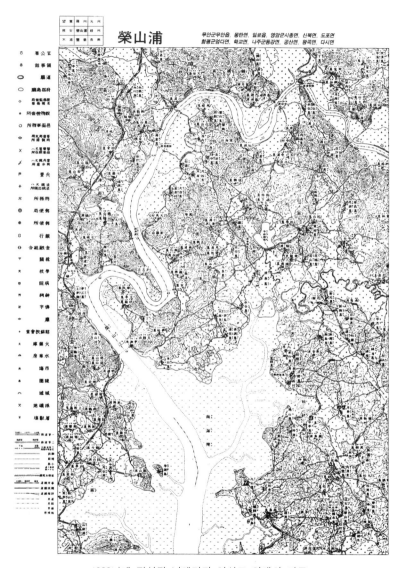

1922년에 작성된 남해만과 영산포 일대의 지도

제2장 백제의 남진과 영산강유역 고대사회의 변화 105

있었음이 입증된다.[34] 그리고 근초고왕이 마한 잔여지역을 대상으로 추진한 공략에서 '남만'으로 지칭된 범위는 이 세력권과 무관하지 않은 것으로 생각된다.

또한 백제가 침미다례를 점령한 것은 강진·해남지역을 장악하여 경남 남부지역으로 이어지는 대왜(對倭)교역로를 개설하기 위한 거점으로 활용하려는 목적 때문이었다.[35] 백제는 침미다례를 제압하여 해상세력의 재기와 준동을 방지하고 그 주변지역에 대한 영향력을 확대하여 나갔다. 따라서 근초고왕이 추진한 영산강유역의 마한 잔여세력 경략은 그 지배력의 정도와 방법에 상관없이 소기의 목적을 달성하였다.

백제는 이에 앞서 낙동강 유역에 진출하여 종래 본가야(本加耶)가 장악하고 있던 교역 중개지의 위치를 차지함으로써, 중국·가야·왜로 이어지는 교역 루트를 확보하였다. 백제는 침미다례가 장악하고 있던 교역체계를 해체하여 가야의 대외교섭 창구에 부속시켰고, 탐라와의 교섭이나 가야를 잇는 부차적인 위상을 갖도록 재편하였다. 백제는 마한의 잔여세력이 유지하고 있던 중국·가야·왜와의 교역루트를 차단할 목적으로 대외교섭 창구를 직접 장악하였다.

근초고왕의 경략을 당하여 서남해지역의 해상권을 장악하고 있던 침미다례는 큰 타격을 받아 몰락하고 말았다. 근초고왕의 마한 공략은 주로 중국-가야-왜를 잇는 중간 기항지의 이점을 이용하여 독자적인 교섭능력을 갖고 있던 서남해지역의 해상세력을 주된 대상으로 하였다.[36]

백제는 해상세력의 거점을 장악하여 독자적인 대외교섭권을 박탈하고 이를 대신할 만한 교두보를 확보하는 것에 만족하였고, 그 예봉은 신흥세력으로 떠오르고 있던 영암 시종과 반남 등의 평야지대로 향하지 않았던 것으로 보기도 한다.[37] 그러나 시종세력은 내륙 깊숙이 들어온 영암만을 이용한 해상 활동이 성장의 기반이 되었던 사실

반남고분군 일대의 옛 모습

을 고려할 필요가 있다. 오늘날의 지형으로 볼 때 시종은 내륙지역이지만 당시에는 해상과 인접하였다. 따라서 시종세력을 평야지대에 위치한 내륙세력으로 보는 것은 당시의 지형을 고려하지 않고 있다.

근초고왕은 전남지역을 경략하면서 북일의 침미다례를 강력하게 정벌하여 그 기반을 해체하였듯이, 시종세력에 대해서도 일정한 제재를 하였을 것으로 추정된다.[38] 근초고왕의 경략은 가야를 거쳐 남해안을 따라 전남지방으로 향하면서 주로 해상세력을 제압하는 것에 목적을 두고, 독자적인 교섭권을 박탈하여 대외교역 등을 중앙에서 독점하려고 하였다.

이 과정에서 근초고왕은 침미다례의 해상활동 기반을 해체시킨 데 이어 시종세력에 대해서도 유사한 제재를 하였던 것으로 추정된다. 다만 근초고왕은 서남해지역의 해상권을 장악하고 있던 침미다례에 대해서는 강공책을 구사하였지만, 시종세력은 무력적인 제재를 가하지 않았던 것으로 보인다. 그 대신에 근초고왕은 시종세력을 약화시키고 반남세력을 후원하여 영산강유역 토착사회에 대한 영향력을 유지하려고 하였다.

금동관과 환두대도 등이 출토된 반남 신촌리 9호분 발굴 당시

백제는 반남의 수장층과 공납관계를 맺어 공물을 징수하고, 해안의 교섭거점은 직접지배하거나 친백제세력에게 위탁 관리하도록 하였다. 영산강유역의 여러 지역에 축조된 옹관묘는 이러한 관계를 반영하고 있다. 규모가 매우 큰 옹관묘의 경우 분구(墳丘)의 크기로 미루어 볼 때 주인공의 권력 집중도가 상대적으로 높은 상태였음에도 불구하고, 부장품이 빈약한 것은 잉여산물의 상당한 분량이 공물 등의 형태로 빠져나갔음을 시사한다.[39]

반남의 수장층은 백제의 관등이나 위신재를 사여받고 재지의 지배자로 군림할 수 있었다. 반남세력이 영산강유역의 맹주로 부상한 것은 독자적인 성장보다는 백제의 정치적 후원에 의한 것으로 생각된다. 백제가 수도에서 원거리에 위치한 영산강유역의 토착사회를 직접지배하는 것은 매우 어려운 문제였다. 백제는 반남세력을 영산강유역 토착세력에 대한 지배의 전면에 내세워 공납관계를 맺고 간접통치하였다.

이로써 영산강유역 토착사회의 주도권은 시종을 거쳐 좀더 넓은 평야가 존재하고, 주변세력의 동향을 감시할 수 있는 자미산성에 가

까운 반남지역으로 옮겨가게 되었다. 자미산성의 주변에는 대안리 12기, 신촌리 9기, 덕산리 15기의 고분이 군집상태로 분포되어 있다. 자미산성은 정상부를 중심으로 그 주위를 수직으로 깎아 내려 계단을 이루게 한 전형적인 테뫼식 토성이다.

자미산성은 영산강의 큰 지류인 삼포강이 에워싸고 완만한 구릉성 평지가 펼쳐져 있는 평야지대의 한 가운데에 위치한다. 자미산은 반남면의 중심부에 위치하여 홍덕리, 대안리, 신촌리 3개 마을에 걸쳐 있는 고도 94.5m의 비교적 낮은 산이지만, 주변지대가 해발 10m 이내의 낮은 구릉지대이므로 상대적인 고도 감각으로는 높은 산이라 할 수 있다. 실제로 산의 정상에 올라가 보면 시야에 가리는 것이 없이 동으로 무등산, 북으로 금성산, 남으로 월출산, 서로 목포 영산강 하구언이 보이는 일망무제의 경관이 눈 아래 펼쳐진다.

향토사가 정승원씨에 의하면, "지금은 목포 하구언이 축조되면서 해수의 역류가 차단되어 내륙화되었지만, 그 이전에는 삼포강을 타고 해수가 자미산 주변까지 올라왔다. 또한 상류에서 강물을 타고 흘러 내리는 토사로 말미암아 유로도 바뀌고 하상이 높아졌지만, 자미산 주변의 석천리・상대・월낭・신기 등 주변 마을을 경지 정리할 때에 수많은 선박의 조각이 지하층에서 발견되어 이 일대가 해변이었음이 입증되었다. 따라서 백제시대의 자미산은 3면이 바다로 둘러싸인 곳으로, 영산강의 본류가 멀리 세 방향으로 에워싸고 영산강 본류에서 시종면을 거쳐 반남으로 통하는 인후지대(咽喉地帶)였다."고 한다.[40]

삼포강은 영암군 신북면 명동리 백룡산(418m) 북서쪽 분무골에서 발원하여 나주시 반남면 하촌리를 감돌아 덕산리 아래로 흘러 영암과 나주의 경계가 되면서 북류한다. 반남면 신촌리 평촌 앞들에서는 벌고개와 쑥고개에서 흘러와 성내마을을 거쳐 고분군을 지나온 물을 합하게 된다. 이어 나주 공산면에서 흘러온 금곡천과 합류되고, 신연리를 거쳐 온 시종천을 합하면서 영암만으로 유입된다.

이곳부터는 1970년대에 영산강하구언이 축조되어 갯골이 유로화되었으나, 그 이전에는 강이 아니라 바다에 가까웠다.[41] 시종면 옥야리 남해신당 부근의 남해포를 바로 지나서 내동천[42]과 합류한다. 그리고 옛 영산강하구점(양도·염소섬)으로 나주, 무안, 영암의 경계가된 나주시 동강면 장동리 낭코(남곶·나선곶)에서 영산강에 합류한다.[43] 또한 삼포강 연변에 위치한 시종면 옥야리, 와우리, 내동리와반남면의 홍덕리, 대안리, 신촌리 등은 영산강유역의 대표적인 옹관고분이 위치한 지역이다.

이와 같이 반남세력은 뱃길이 사통팔달한 천혜의 입지적 조건을 갖춘 곳에 자리잡았다. 특히 자미산성은 주변세력의 동향과 뱃길을 장악할 수 있는 천혜의 요새였다. 반남세력은 자미산성을 중심으로 하여 주변의 농경지에서 생산된 농산물, 인근의 내해에서 생산된 소금과 해산물을 바탕으로 경제적 기반을 마련하였다.

또한 반남세력은 해로와 수로가 만나는 요충지에 위치한 지리적 이점을 이용하여 역내무역과 대외무역을 주도하였다.[44] 강을 이용한 교통로의 중심지는 큰 강의 지류가 만나는 곳이나, 강의 하구와 바다가 만나는 지점에 형성되었다. 반남지역은 강의 하구와 바다가 만나는 영산강유역의 대표적인 포구였다.[45]

백제의 후원을 얻은 반남세력은 평야지대에서 산출되는 농산물과 영산강 수로를 장악하여 막대한 재부를 축적하였는데, 다른 지역의 규모를 압도하고 있는 반남면 신촌리[46]·대안리[47]·덕산리[48]의 고분군은 이를 반영한다.

한편 반남의 외곽에 위치한 해상세력은 근초고왕의 경략으로 타격을 받고 약화되었지만, 백제의 영향력이 상실되면 독자적인 교역활동 등을 통하여 재래의 기반을 회복할 수 있는 여력이 남아 있었다. 또한 백제의 영향력이 확대되면서 해상세력의 독자적인 교역 활동은 크게 약화되었지만 완전히 단절된 것은 아니었다. 예컨대 해남 삼산

면 봉학리·원진리·부길리 등의 옹관고분에서 출토된 철정은 해상
세력들이 가야 등과 일정 정도의 대외관계를 유지하고 있었음을 반
영한다.[49] 철정은 화폐적 기능[50]과 위신재로써 왕자의 위엄을 나타
내는 역할을 하였기 때문에,[51] 철 소재를 자체 제작하거나 수입을 독
점한 집단은 주변에 대하여 일정한 영향력을 행사할 수 있었다.

또한 영암 와우리와 영광 화평리 옹관묘에서는 각각 가야나 신라
에서 유행하던 판상철부(板狀鐵斧)와 철정(鐵鋌) 등이 출토되었다.
그리고 가야계 축성양식을 따른 해남 죽금성의 주변지역에서도 가야
계 토기류가 출토되었다.[52] 이러한 고고 자료들은 전남 서남해안지
역과 서부 경남지역이 상당할 만한 교류 관계를 지속하였음을 보여
준다.

근초고왕의 경략 이후 반남세력의 대두와 그 외곽집단의 약화라는
전반적인 추세에도 불구하고, 해상세력은 대외교섭을 지속하면서 그
기반을 일정 정도 유지하였다. 백제도 군현을 설치하여 지방관을 파
견하거나 직접지배가 불가능한 상태에서 반남세력을 내세워 간접지
배를 하는 것에 만족하였다.[53] 따라서 백제의 집권력이 약화되어 변
방에 대한 통제가 약화되면, 변방세력은 그 영향력을 벗어나 독자화
를 추구할 수 있었다.

3. 웅진 천도와 변방세력의 이탈

백제는 근초고왕과 근구수왕의 시대에 고구려의 남하를 저지하면
서 전성기를 구가하였다. 그러나 고구려 정복활동의 영걸인 광개토왕
의 등장 이후부터 백제는 수세에 놓이게 되었다. 백제의 아신왕은 광
개토왕의 공세에 굴복하여 왕제(王弟)와 대신 10명을 인질로 보내는
등의 굴욕을 감수해야만 하였다. 고구려는 장수왕대에 평양 천도를

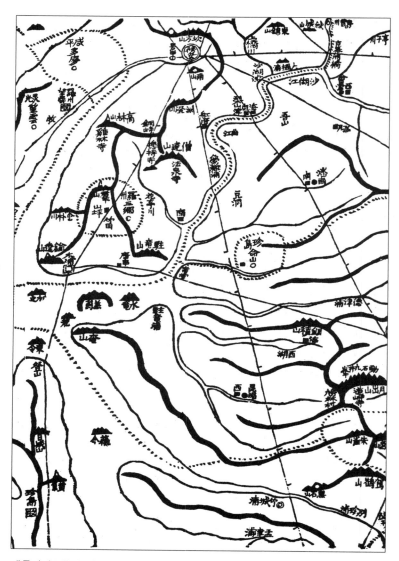

대동여지도를 통해본 榮山內海 주변의 지형과 水路 | 영암 시종면에 위치한 남해
신당(지도상의 龍堂)과 나주 반남지역 그리고 영암 덕진포와 구림지역이 영산내해
와 접해 있어 해상활동과 밀접한 관련을 맺었던 사실을 보여준다.

112

단행한 후 적극적인 남진정책을 추진하면서 백제에 대한 공세를 더욱 강화하였다.

백제는 고구려의 외침과 더불어 외척세력인 해수(解須)가 권력을 전횡하여 왕권이 쇠약해지는 등 어려움이 날로 더해 갔다.[54] 이와 같은 상황은 개로왕이 등극하면서 일정 정도 극복되기 시작하였다. 개로왕은 북위와 연대하여 고구려를 견제하려는 적극적인 외교공세[55]를 취하는 동시에 전제왕권의 확립에 진력하였다. 개로왕은 전제왕권의 확립을 위한 일련의 조치와 함께 무너진 왕실의 권위와 위엄을 보이려고 토목공사를 크게 일으켰다.[56] 그러나 개로왕이 여기에 소요되는 비용을 충당하기 위하여 지방민을 수탈하고 과도한 공납을 강요하자 마침내 전국에 걸친 광범위한 저항을 받게 되었다. 이때 변경지역의 일부 주민들은 백제의 가혹한 수탈을 벗어나기 위하여 신라 등 타국으로 이주하기도 하였다.[57]

고구려는 이 기회를 놓치지 않고 백제의 수도 한성(漢城)을 공격하여 함락시켰다. 백제는 국왕인 개로왕이 살해되는 등 거의 멸망 상태에 놓이게 되었다. 백제는 한성이 함락되고 수많은 사람들이 살해된 후 고구려의 압력을 피하여 황급히 웅진으로 천도할 수밖에 없었다. 그러나 웅진 천도 후에도 계속된 정쟁과 정국의 불안으로 말미암아 지방에 대한 통치력은 매우 약화되었고, 대가야는 이를 틈타 소백산맥을 넘어 남원·임실지역과 섬진강 하류일대로 진출하였다.[58] 이때 가야뿐만 아니라 영산강유역의 토착세력도 독자적인 움직임을 보이기 시작하였다. 이들은 백제가 고구려에게 밀려 수세에 처하고 가야를 통한 대왜교섭이 한계에 봉착하자 독자적인 대외활동을 재개하게 되었다.

전남지역에서 반(反)백제노선을 견지하면서 독자화의 움직임을 주도한 집단은 주로 반남의 외곽에 포진한 해상세력이었다. 백제의 약화는 반남세력의 위축을 초래하여 그 외곽에 포진한 집단들의 발전

광주 월계동장고분 전경과 도랑에 묻힌 유물의 출토 상태

과 할거로 이어졌다. 반남의 외곽세력들은 왜·가야 등과 독자적인 대외교류 활동을 재개하였고, 이는 5세기 후반부터 백제양식과 다른 계통의 석실분이나 일본의 전방후원분과 매우 유사한 장고분이 축조되는 계기가 되었다.[59] 이 지역에 장고분[60]이 축조된 것은 재지세력들이 백제의 영향력에서 벗어나 왜와 교류하면서 나타난 문화적 영향으로 추정된다.[61]

장고분의 피장자에 대해서는 토착적인 전통에 기반한 재지세력,[62] 일본열도로 이주하였다가 귀향한 마한계 이주민,[63] 왜와 교류를 유지하던 재지의 수장 내지 교역에 종사하던 왜계의 이주집단,[64] 왜계 백제 관료설[65] 등의 견해가 있다. 그러나 장고분의 피장 주체나 그 성격과 상관없이 출토된 유물로 볼 때 왜와 밀접한 관계가 있었던 점은 부인할 수 없다. 또한 장고분은 분구 주변에 이형토기(異形土器)들을 배열하는 등 일본 전방후원형 고분의 매장 양식과 유사성을 갖고 있다. 따라서 장고분의 피장자가 왜와 직·간접적인 접촉을 통해 어느 정도 그 영향을 받았던 점은 확실한 것으로 보인다. 광주 명화동고분

원통형토기 | 광주 명화동 장고분 출토

과 월계동 장고촌고분 등에서 순형(循形)의 도랑이 보이고, 일본의
하니와를 닮은 원통형토기가 출토된 것66)은 이러한 사실을 반증한다.

　장고분 내부의 횡혈식 석실 묘제는 북부 규슈형과 매우 상통하
며,67) 죽막동에서 출토된 유물도 기나이형(畿內型)과 다른 일정한 해
상교섭 능력을 갖춘 재지집단과 관련성이 있기 때문에 규슈(九州)에
서 유입되었을 가능성이 높다.68) 당시 문화나 기술 교류의 흐름은 지
정학적 조건상 한반도 서남해안을 거쳐 대마도와 북규슈로 들어가는
것이 일반적인 루트였다. 일본에서 한반도로 역류되는 문화의 전파
역시 규슈를 거쳐 흘러나오거나 규슈계통일 가능성이 높다고 한다.69)
따라서 장고분에서 출토되는 왜계 유물이 다른 지역보다 규슈계통일
가능성이 높다.

　규슈세력은 야마토정권(大和政權)이 동아시아 외교 무대에 전면으
로 부상함에 따라 점차 소외되기 시작하였고, 전통적인 교역망을 이
용한 사적인 교섭 등을 제외한 대외관계에서 접근할 수 있는 통로가

봉쇄되었다. 백제 역시 기나이의 야마토정권과 유대를 돈독히 하면서 규슈세력의 한반도 진출을 견제하고, 서남해안 해상세력의 대외교섭을 약화시키면서 국제적인 무대에서 고립시킬 수 있었다. 이러한 국제관계는 한성시대 후기 백제가 주도하던 고구려 방어 전략이 무너진 후 백제－대화조정 연합이라는 새로운 질서가 확립되는 과도기에 나타나는 제 지역세력간의 제한적 역동성의 산물로 이해된다.[70]

따라서 규슈세력은 5세기 후반에 이르러 급변하는 국제정세 속에서 반(反)백제 입장을 견지하는 집단과 유대관계를 맺을 수밖에 없었다. 이때 백제를 축으로 가야와 신라가 고구려에 대항하고 여기에 야마토정권이 가담하였기 때문에, 규슈세력이 제휴할 수 있는 집단은 고구려를 제외하고는 전남지역의 토착세력만 남아 있었다.

전남지역의 해상세력은 근초고왕의 경략으로 재래의 기반이 무너지고 약화되었지만, 서남해안 항로를 이용한 독자적인 교역관계는 일정 정도 유지되었다. 이들은 백제의 한성 함락과 중앙집권력의 약화를 기회로 점차 세력을 만회하면서 국제적인 고립을 면하기 위하여 교섭에 적극성을 보인 규슈세력과 밀접한 관계를 맺게 되었다. 장고

유공광구소호 | 무안 사창리 출토

분에 규슈계통의 왜계 유물이 매납된 것은 바로 이 때문이다. 또한 북규슈지역에는 영산강유역에 조성된 백제 양식과는 다른 지상식의 석실분이 분포되어 있다.71) 이는 영산강유역과 규슈지역 사이에 주민의 이동이나 교류관계가 밀접하였음을 반영한다.

이렇게 볼 때 장고분에서 출토된 왜계 유물은 왜인의 영산강유역 지배나 출병의 결과라기보다는 국제적인 외교무대에서 소외된 세력들이 탈출구를 모색하면서 상호간에 영향을 미친 부산물이라 할 수 있다. 다만 영산강유역에서 주로 출토되는 유공광구소호(有孔廣口小壺)가 규슈뿐만 아니라 기나이(畿內)에서도 적지 않게 출토되었고, 원통형토기도 기나이·간토지역과의 관련성을 보여주고 있어72) 일정 정도 모순점이 발견된다. 그러나 이것은 영산강유역 토착세력의 대왜관계가 북규슈만이 아니라 기나이지역과도 일정 정도 유지된 사실을 반영하는 것에 불과하다.73)

백제가 약화되면서 반남세력의 토착세력에 대한 권위 역시 동반하여 추락하였고, 서남해지역의 해상세력들이 자활의 움직임을 주도하였다. 반남세력은 그 외곽에 포진한 전남지역 토착세력의 반(反)백제 움직임을 제어하지 못하였고, 그들 역시 왜와 교류관계를 맺을 수밖에 없었다. 이는 나주 신촌리 9호분에서 원통형토기가 다량으로 출토된 사실을 통해서 증명된다.74) 반남세력은 백제의 영향력이 약화되자 그 외곽의 토착집단과 마찬가지로 왜와 관계를 맺게 되었다. 영산강유역의 장고분에서 원통형토기가 출토된 것은 토착세력과 왜와의 다양한 교류 중에서 장송의례(葬送儀禮)를 통한 상호방문 교류의 결과였다.75)

영산강유역 토착세력과 왜의 교류관계를 반영하는 원통형토기는 영산강유역의 최상류지역에 위치한 지석천변 부근에 조영된 화순 능주면 백암리고분에서도 그 흔적이 발견된다. 백암리고분은 함평 금산

함평 예덕리 장고분

영광 월산리 장고분

해남 창리 장고분

광주 월계동 장고분

화순 능주 백암리 즙석 봉토분 전경

리방대형고분, 해남 북일면 신월리 성수동고분 등과 더불어 분구 상에서 즙석(葺石)이 확인되는 몇 안 되는 유적이다.

또한 백암리고분에서는 광주 명화동고분·월계동고분, 나주 신촌리 9호분에서도 발견된 원통형토기편이 발견되었다.[76] 백암리고분에서 발견된 원통형토기편은 영산강유역의 상류지역도 왜와 교섭관계를 맺었음을 보여주는 자료이다.[77] 그러나 영산강유역의 토착사회의 반백제 움직임은 해상세력들이 주도하였고, 여기에 다른 집단들도 동조하는 형태로 추진되었다.

4. 방군성제 실시와 토착사회의 변화

백제는 동성왕이 왕위에 오르면서 점차 국력이 회복되고 국정도 안정되기 시작하였다. 동성왕은 정국의 안정을 도모하면서 변방지역에 대한 지배력을 다시 확보하여 나갔다. 특히 동성왕은 498년(同王 20)에 탐라가 공부(貢賦)를 바치지 않은 것을 표면적인 이유로 무진 주까지 친정하여 소기의 성과를 거둘 수 있었다.[78] 이러한 사실을 토 대로 영산강유역이 이 무렵에 이르러서야 백제의 지배하에 들어갔다 고 보기도 한다.[79]

그런데 이때 백제가 정벌한 '탐라'를 제주도로 보지 않고 해남과 강 진일대의 토착세력으로 간주하는 견해가 제시되었다.[80] 탐라를 전남 남해안의 해상세력으로 보는 견해는 타당성이 있는 것으로 생각되는 데,『일본서기』「계체기(繼體紀)」에 의하면 남해 가운데에 위치한 탐 라가 백제와 처음으로 통한 것은 508년(繼體 2)이었다.[81]

『삼국사기』에는 동성왕이 무진주까지 친히 정벌에 나서자 탐라가 그 소식을 듣고 498년에 항복한 것으로 기록되었지만,[82] 『일본서기』 에는 10여 년이 더 지난 508년(武寧王 8, 繼體 2)이 되어서야 탐라가 백제와 통한 것으로 기록되었다. 이 같은 양국 사서의 연대 차이는 '탐라'라는 그 대상 자체가 이질적인 집단이었기 때문으로 생각된다.

백제는 498년에 남해안의 해상세력을 장악한 데 이어, 508년에 이 르러 바다 건너편에 있는 제주도를 복속하였다. 백제는 해상세력이 전통적으로 익숙한 해로를 통하여 독자적인 대외교섭을 추진하자 상 당한 부담이 되었다. 이 때문에 동성왕은 정국의 안정을 바탕으로 약 화된 변방지역에 대한 지배력을 만회하기 위하여 무진주까지 친정하 여 해상세력의 준동을 제압하였던 것이다.

백제는 중앙의 권위에 맞서 반기를 들고 독자적인 대외노선을 추 구하던 전남지역의 해상세력을 제압하고, 가야 방면으로 관심을 돌릴 수 있게 되었다. 백제는 513년에 남원과 하동 일대로 추정되는 기문 (己汶)과 대사(帶沙)를 두고 대가야와 쟁패하여 획득하였고,[83] 530년 에는 함안의 안라가야(安羅加耶)에 군사적 거점을 설치하고 군령(郡 令)과 성주(城主)를 파견하였다.[84]

이에 앞서 백제는 섬진강유역에 위치한 상치리(上哆唎)・하치리(下哆唎)・사타(娑陀)・모루(牟婁)의 임나 4현을 차지하였다.[85] 이 사건은 백제가 한성 함락을 기회로 그 영역을 잠식한 대가야세력을 점차 축출하면서 섬진강유역을 거쳐 경상도지역으로 진출하는 과정에서 일어났다. 백제는 무령왕과 성왕 때에 이르러 다시금 백제−가야−왜로 연결되는 해상교역권을 복원하여 주도권을 잡았다.[86]

그러나 백제가 재차 영향력을 확보한 전남지역에 대하여 간접지배를 넘어 중앙에서 지방관을 파견하고 주민을 직접 지배하는 단계로 전환하는 데는 더 많은 시간이 필요하였다. 백제가 주민을 직접통치하는 방군성제를 실시한 것은 성왕의 사비천도 이후이며, 그 이전에는 왕후제와 병행하여 담로제가 시행되었다.

그러나 담로제는 충청도와 전북일원까지 시행되었고, 전남지역은 토착세력의 독자성을 인정하는 공납지배를 하였다. 담로의 관할 범위가 마한의 일개 소국이나 후대의 군(郡)과 일치한다는 점을 고려할 때,[87] 충남과 충북 일부 및 전북에 소재한 군과 웅진시대 담로가 설치된 22개 지역의 숫자가 유사한 것도 이와 무관하지 않다.[88]

백제의 전남지역에 대한 직접지배는 6세기 중엽에 이르러 방군성제의 시행과 더불어 시작되었다. 백제는 그 이전에는 특정의 관등이나 위신재를 사여(賜與)하여 반남의 수장층을 영산강유역 지배의 전면에 내세우는 간접지배 형식을 취했다. 백제가 반남세력을 통하여 간접지배 방식을 취했기 때문에 변방세력들은 계속하여 상당한 자율성을 누릴 수 있었다.

영산강유역의 토착세력은 백제계통과 다른 규슈계통의 석실분을 수용하여 소위 영산강식석실분이라는 독특한 묘제를 6세기 중엽까지 축조하였다. 영산강식석실분이 조영된 지역은 반남의 외곽지대를 중심으로 장고분이 축조된 곳과 밀접한 관련이 있다.[89] 이것은 백제의 영향력 확대에도 불구하고 반남의 외곽지역은 의연히 재래의 전통과

문화기반이 유지되었음을 반영
한다.

백제가 반남의 수장층을 통
하여 영산강유역에 대한 영향
력을 강화하는 것에 맞서 그
외곽의 집단들은 독자적인 문
화전통을 바탕으로 백제에 저
항하였다. 반남의 외곽세력은
점증하는 백제의 압력에도 불
구하고 장고분이나 영산강식석
실분을 축조하면서 일정기간
동안 재지의 문화적 전통과 기
득권을 유지하였다. 그러나 이
들이 거대한 장고분이나 석실

나주 복암리 3호분에서 출토된 은제관식

분을 축조할 수 있을 만큼 많은 재부를 축적한 것은 사실이지만, 그
세력이 반남 수장층의 주도권을 무너뜨릴 만큼 강력한 것은 아니었
다.

이러한 양상은 475년 백제의 한성 함락부터 동성왕의 무진주 친정
이나 늦어도 512년 임나 4현의 확보 이전까지를 시간적 범위로 한다.
또한 전남 서남부의 해상세력과 밀접한 관계를 맺고 있던 규슈의 토
착세력이 530년에 발생한 이와이의 난(磐井亂)의 여파로 야마토정권
에 완전히 흡수되기 이전까지 일정 정도 계속되었을 가능성도 없지
않다.[90]

동성왕의 등극 이후 추진된 일련의 개혁조치를 통하여 백제가 점
차 국력을 회복하면서 전남의 서남해안지역 해상세력의 독자적인 대
외교섭권은 다시 박탈되어 갔다. 반면에 반남 수장층과 백제 중앙권
력의 밀월관계는 6세기 중엽 방군성제가 실시되기 이전까지 한동안

지속되었다.

　그러나 백제의 권위를 바탕으로 하여 반남의 영향력이 전남의 전 지역에 걸쳐 발휘될 정도는 아니었다. 백제는 반남 수장층의 권한이 통제할 수 없을 만큼 강대해지는 것을 간과하지 않았다. 백제는 반남의 수장층을 내세워 영산강유역을 간접통치 하면서, 반남을 견제하기 위하여 그 외곽의 집단과 연결을 도모하였다. 반남의 외곽에 존재하던 해상세력은 동성왕의 무진주 친정 이후 점차 약화되고 있었지만 백제가 아직 확고하게 지배하게 된 것은 아니었다. 백제는 영산강유역의 외곽에 위치한 해남 월송리집단과 연결하여 교두보를 확보하였고, 전남 동부지역의 집단과 연결을 갖기도 하였다. 이러한 양상은

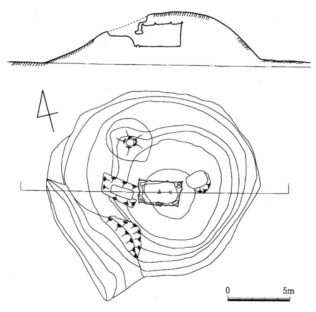

해남 월송리 조산 고분 실측도 | 조산고분은 분구를 조성한 후 지표 면 윗 부분에 석실을 축조한 영산강식석실분의 형태를 따르고 있다. 『전남지역 고분측량 보고서』(전라남도, 2000)

백제와 야마토정권이 각기 변방세력의 재지기반을 해체하고 일원적인 지방지배를 실시하면서 변모되기 시작하였다. 백제는 6세기 중엽에 이르러 방군성제를 실시하여 각 지역에 군현을 설치한 후 지방관을 파견하여 통제력을 강화하여 나갔다. 백제는 중앙과 지방을 방군성제로 일원화하였고, 각지에는 지방관을 파견하여 중앙집권력을 한층 강화하였다. 백제의 전남지역에 대한 변방정책은 이제 역설적으로 그동안 협력관계에 있던 반남세력의 간접통치를 위한 거점 기능을 해체하고, 그 외곽에 분포된 각지의 중소세력과 직접 연결하는 형태로 추진되었다. 백제는 각 지역에 군과 성을 설치하면서 영향력을 확대하였고, 반남은 일개 현으로 강등되고 말았다. 사비시대에 솔급(率級)의 관등을 소유한 지방관에게 내려준 은제화형관식(銀製花形冠飾)이 나주 흥덕리[91]와 복암리의 석실분[92]에서 출토된 것은 이러한 사실을 입증해 준다. 이는 백제가 재지의 수장층을 이용하던 간접지배를 지양하고 직접지배가 가능하게 된 사실을 반영한다.

백제가 반남세력을 이용하여 공납지배를 실시한 기간 동안에는 토착세력이 일반 민을 직접통치 하였다면, 방군성제가 실시되면서 그 권한의 상당 부분이 국가권력의 수중으로 이전되었다.[93] 백제는 반남의 수장층을 전면에 내세워 간접적인 공납제를 시행하던 변방통치의 한계를 벗어나 각지에 지방관을 파견하여 직접지배를 관철하였다. 다만 백제가 전남지역에 파견한 지방관 일부는 토착세력 중에서 임명되었을 것으로 추정된다.

5. 맺음말

이상에서 백제의 영산강유역 진출과 토착세력의 추이를 시기별로 구분하여 살펴보았다. 본론에서 서술한 내용을 요약 정리하는 것으로 결론을 대신하고자 한다.

영산강유역의 토착세력은 근초고왕의 경략을 당하여 독자적인 발전을 더 이상 지속하지 못하고 백제의 지배를 받게 되었다. 근초고왕의 마한 경략은 가야에 이어 전남 서남부지역의 교역거점을 제압하고, 중앙집권적 귀족국가 형성에 필요한 토착세력의 대외교섭 창구를 장악하는 데 주된 목적이 있었다. 백제는 대외교섭의 거점을 직접 관리하거나 친백제세력에게 위탁 관리하도록 하였고, 영산강유역의 공물은 반남세력을 통하여 징수하는 간접지배를 실시하였다. 이때 서남해지역의 해상권을 장악하고 있던 침미다례는 근초고왕의 무력적인 제재를 받아 그 기반이 해체되었고, 그 대신 반남세력이 서남해지역과 영산강유역을 포함한 전남 서부지역의 패자로 부상하였다. 반남의 수장층은 백제의 권위와 경제적인 재부를 바탕으로 주변의 토착세력 위에 군림하였고, 백제의 후왕적(侯王的)인 존재로서 공물 등을 대리 수취하였다.

그러나 백제의 한성 함락과 웅진 천도 이후 계속되는 정국의 불안과 중앙집권력의 약화는 변방세력들이 그 영향력으로부터 이탈하는 계기가 되었다. 이것은 백제의 후왕으로서 상보적 관계에 있던 반남세력보다는 그 외곽집단에 의해 주도되었다. 또한 반남의 외곽지역을 중심으로 규슈계통의 왜계 유물이 상당량 매납된 장고분이 축조된 것도 이와 무관하지 않다.

장고분에 왜계 유물이 매납된 것은 백제의 지배를 벗어나 자립을 추구하려는 반남의 외곽세력과 야마토정권의 압박에 밀려 왜지에서 고립을 탈피하고 국제무대로 진출하려는 규슈세력이 접촉한 결과였다. 따라서 장고분에서 출토된 왜계 유물은 왜인의 영산강유역에 대한 지배관계를 증명하는 물질자료적 성격보다는 해로를 따라 교류를 추진하면서 상호 영향을 미친 부산물에 불과하다.

한편 반남의 외곽지역에 주로 축조된 장고분과 영산강식석실분의 규모나 출토 유물을 볼 때 이를 조성한 세력은 상당한 권력과 부를 소유한 집단이었다. 그러나 이들의 영향력은 반남의 주도권을 무너뜨릴 만큼 강력한 것은 아니었고, 백제가 점차 국력을 만회하면서 약화되었다. 동성왕은 정국의 안정을 도모하면서 무진주를 친정하여 전남지역 토착세력의 독자적인 대외활동을 차단하였다. 그는 변방세력에 대한 권위와 영향력의 확대를 도모하면서 전통적인 우호관계에 있던 반남의 수장층을 전면에 내세웠다. 반남고분군에서 출토된 금동관, 환두대도 등의 위신재는 백제가 하사한 것이다.

그러나 이 체제는 오랫동안 지속되지 못하고 백제가 6세기 중엽 방군성제를 실시하여 전 영역에 걸친 직접지배를 도모하면서 약화되기 시작하였다. 백제는 반남 외곽의 중소 지방세력과 결합하면서 보다 세분화되고 치밀한 지배를 실현하려고 하였다. 이것은 백제의 지방지배가 한 단계 더 발전한 것을 의미하며 재지의 전통적인 토착기반을 해체하고 지방사회를 재편하려는 의도와 부합된 것이었다.

왕인의 도왜와 상대포의 해양교류사적 위상

1. 머리말

왕인(王仁)은 근초고왕이 왜국과 수교를 맺은 후 유교경전과 선진문물을 가지고 건너가서 일본의 고대문화 발전에 공헌한 사람이다.『속일본기』등의 일본측 사료에는 왕인이 백제의 왕명을 받들어 왜국으로 건너간 배경과 그 후의 행적, 후예들의 활약에 대해서 일부 사실이 전해지고 있다.94)

그러나 왕인에 관하여 서술된 사료가 별로 없기 때문에 출생지나 성장과정 등에 대해서는 잘 알 수 없는 형편이다. 왕인의 가계와 활동 등에 관한 국내 최초의 기록은 조선후기에 한치윤이 저술한 『해동역사(海東繹史)』에 실려 있다. 그 내용은 일본의 『화한삼재도회(和漢三才圖會)』라는 책을 전재한 것에 불과하며,95) 왕인의 출생지 등에 대한 기록은 보이지 않는다.

따라서 왕인의 출생지나 왜로 건너간 장소에 대해서는 알려진 바가 없었다. 그러다가 일제시대에 편찬된 『조선환여승람(朝鮮寰輿勝覽)』에서 처음으로 왕인이 구림에서 태어났으며, 상대포에서 도왜(渡倭)하였다는 주장이 제기되었다.96) 이에 근거하여 구림의 성기동과 그 인근의 문필봉 일대에 산재되어 있는 성천(聖泉)과 석인상, 문산재 등을 왕인과 관련 있는 유적과 유물로 보기에 이르렀다.97)

그러나 『속일본기』에는 왕인이 중국에서 백제로 이주한 왕구(王狗)의 손자라고 기록되어 있다.98) 또한 왕인과 관련된 유적이나 설화들은 신라 말에 구림에서 태어나 크게 활약한 도선국사의 사례를 차용한 경우가 적지 않다.[99] 따라서 왕인의 구림 출생설은 근거가 박약하며, 그 진위에 대한 신중한 판단이 요구된다.

다만 왕인의 구림 출생설과 상대포에서 도왜하였다는 주장은 역사적 근거가 없는 허구 만은 아닌 것으로 보인다. 왜냐하면 백제에서 왜국으로 떠난 사절은 주로 선박을 이용하였고, 선사시대 이래 서남해지역과 왜국은 오늘날 우리가 상상하는 것보다 더 빈번한 왕래가 있었기 때문이다. 또한 상대포는 당시 사람들이 왜로 건너갈 때 이용한 중간기항지 구실을 하였기에 구림지역이 훗날 왕인의 출생지와 도왜처로 알려지게 된 배경이 되었을 가능성이 없지 않다.

이와 같은 사실을 염두에 두고 본고에서는 왕인의 사례를 통해 백제의 대왜교섭과 고대 해양교섭사에 있어서 상대포의 위상을 검토하려고 한다. 또한 왕인의 도왜 활약을 통하여 고대 한일 문화교류의 한 단면을 고찰할 것이다.

2. 왕인의 구림 출생설과 그 진위

왕인 박사는 영암군 군서면 구림리 성기동에서 태어난 것으로 전해지고 있다. 이곳에서 성장한 왕인은 왜국의 초청으로 『천자문』과 『논어』[100] 등의 전적을 가지고 건너가 학문을 비롯하여, 기술과 공예 등 백제의 선진문화를 전파시켜 아스카문화 형성에 기여한 인물로 알려져 있다.

왕인의 탄생지로 알려진 성기동에는 집터와 성천이 있고, 주변 계곡에는 여러 가지 유적들이 남아 있다. 왕인이 유학의 도를 깨우쳤다는 월출산 죽순봉 일대에도 책을 보관해 두고 공부한 책굴과 제자들이 수학한 문산재와 양사재가 있다. 그 외에도 태를 묻었다는 삼나태골, 왜국으로 떠날 때 고향 마을을 뒤돌아 본 돌정고개가 있다. 또한 후학들이 왕인을 기려 책굴 정문 앞에 세웠다는 높이 2.27m의 왕인상이 현존한다. 이곳에서 조금 떨어진 상대포(上臺浦)는 왕인이 왜국으로 갈 때 배를 탄 곳으로 전해진다.[101]

그런데 왕인과 도선의 출생지가 성기동의 동일 장소이며, 두 분에 관한 설화가 상당수 겹쳐 있다. 즉, 왕인이 태어난 곳으로 전해지는 성기동 옛 집과 성천은 도선의 유적지를 차용한 것이다.[102] 또한 왕인과 관련된 유적 중에서 일부는 와전되거나 왜곡된 것도 없지 않다. 이른바 책굴 앞에 서 있는 '왕인상'은 후학들이 박사를 추모하여 세운 석인상이 아니라 미륵불상임에 틀림없다. 죽순봉 밑자락에 위치한 문산재와 양사재는 문수암이 위치한 곳이었다. 『조선환여승람』 영암군 사찰조에 의하면

A. 문수암은 월출산 주지봉 아래에 있다. 현재는 구림리 동계(洞契)의 서재이다.[103]

라고 하여, 후대에 이르러 문수암을 동계의 서재로 사용하였음을 알수 있다.

또한 이곳에서는 구림의 대동계(大洞契) 구성원들이 3월 3일에 모여 화목을 도모하는 수목연(修睦宴)을 개최하였다고 한다.[104] 그러나 구림의 대동계는 사림파의 향약보급운동 과정에서 사족적 기반과 동족적 기반을 배경으로 1565년에 창설되었다.[105] 즉, 왕인이 후학을 가르쳤다는 문산재와 양사재는 왕인과 관련이 없는 불교사찰인 문수암의 터에 만들어진 후대의 건축물이었다. 문수암의 자리에 조선 중기에 이르러 구림 대동계의 서재가 들어서게 되었고, 이러한 연고로 인하여 왕인의 수학처로 알려지게 되었다.

따라서 왕인이 문수암의 자리에 들어선 문산재와 양사재에서 수학하거나 제자들을 교육한 것이 아니며, 소위 '왕인상'으로 불리는 석인

왕인석상 | 두 손을 소매 안
에 넣은 모습의 왕인석상은
높이가 2.75m정도로 왕인
의 제자들이 일본으로 떠나
간 스승을 그리워하며 만들
어 세웠다고 전해진다.

상도 문수암과 관련 있는 미륵불상으로 볼 수 있다. 당시의 사람들은
이 미륵불상 앞에서 香火를 올리고 항해의 안전을 기원한 것으로 추
정된다. 고대의 바닷가였던 영암의 상대포에서 출발하는 해양활동의
종사자는 항해의 안전을 이곳에서 기원하였다. 미륵불상은 남해 바다
를 항해하는 사람들의 안전을 기원하는 발원의 대상이었다. 그리고
책굴은 승려나 불자들이 이용한 참선과 수도의 도량으로 추정된다.

　이와 같이 왕인의 구림 출생설은 근거가 불충분하며, 근래에 이르
러 왕인을 부각시키면서 도선과 관련된 설화와 유적을 결합시킨 것
에 불과하다. 왕인의 구림 출생설과 그에 관한 설화가 사람들에게 회
자되기 시작한 것은 일제시대로 추정된다.

　일본에서 왕인의 위상이 부각되기 시작한 것은 메이지시대 이후에

왕인비의 전경 | 일본 오사
카와 교토의 중간 지점인
枚方市에 위치한다.

이르러 본격화되었다. 왕인의 후손과 일본 정부가 중심이 되어 왕인
묘현창회(王仁墓顯彰會)가 조직된 것은 1937년이지만 묘역 확장사업
은 19세기 말부터 비롯되었다. 종래의 묘역은 불과 120평 정도로 협
소하였고 황폐화되어 봉분조차 찾기 어려웠다고 한다.106) 1892년 민
관이 함께 주변의 민유지를 사들였고, 1894년에는 기부금 모집운동을
벌이면서 확장공사 기공식까지 진행하였다.107) 그리고 1899년에 이르
러 왕인의 추모제를 민관이 합동으로 거행하면서 다시금 일본인의
스승으로 전면에 부각될 수 있었다.

일제시대에 이르러 구림과 가까운 곳에 위치한 영산포가 미곡수탈
을 위한 중요한 포구로 이용되면서 일본과 밀접한 관계를 맺게 되었
다. 영산포는 일제가 조선을 강점하기 전부터 관심이 있는 지역이었

고, 향후 전남지방에서 가장 번영할 수 있는 장소로 예상되었다. 왜냐하면 나주, 능주, 광주, 남평 등을 비롯하여 인근 지방에 출입하는 화물이 모두 영산포에 모아졌기 때문이다.[108]

일제가 조선을 병합한 후 영산포는 농산물의 집산지가 되어 목포와 밀접한 관계를 맺으면서 성장하였다. 영산포는 1900년대까지만 해도 인구가 3,000명에 불과하였으나 1930년에 15,667명에 이르렀고, 1937년에는 읍으로 승격되면서 번영을 구가하였다. 영산포 일대에는 많은 일본인들이 거주하면서 문화교류가 활발해졌고, 급기야 1937년에는 일본학자들이 와서 구림지역을 상세히 답사하기에 이르렀다.[109]

이와 같은 시대적인 분위기 속에서 이병연(李秉延)이 편찬한 『조선환여승람』에 왕인의 구림 출생설이 최초로 서술되었다. 이 책의 영암 성기동에 관한 항목에 의하면

B-1. 백제 고이왕 때에 박사 왕인이 이곳에서 태어났다.[110]
   2. 백제 고이왕 때 (왕인) 박사관은 오묘한 뜻에 정통하고, (고이왕) 52년에 일본에 사신으로 갔다. (이때에) 야공(冶工) 및 양조(釀造) 기술자, 오복사(吳服師) 등을 데리고 갔으며, 응신천황에게 『천자문』과 『논어』를 바치고 전수하였다. (일본의) 경전과 유학과 기타 제도가 여기에서 비롯되었다. (왕인의) 묘는 일본 대판부(大阪府) 북하내군(北河內郡) 히라카타(枚方)에 있는데, 그 아래에 사당이 건립되어 있다.[111]

라고 하여, 왕인이 구림에서 출생하여 왜국으로 건너가 활약한 내용이 구체적으로 서술되었다.[112] 또한 1934년에 편찬된 『호남지』의 영암군 고적 편에서도 왕인의 탄생지를 구림으로 서술하였다.

왕인의 구림 출생설과 관련하여 주목되는 또 다른 자료는 영산포에 있던 본원사(本願寺)의 주지인 청목혜승(靑木惠昇)이 1932년에 작성한 '박사왕인동상건설목논견(博士王仁銅像建設目論見)'이라는 문

서이다. 이 글에서 청목혜승은 왕인의 영암 출생설을 더욱 구체화하여 구림 마을을 지목했으며, 왕인의 출생지를 유적화해야 한다는 주장을 최초로 피력하였다.[113]

그런데 일본이 왕인을 추앙하게 된 배경은 내선일체(內鮮一體)에 입각하여 조선인을 회유하려는 목적이 있었다.[114] 따라서 일제 말기에 이르러 왕인에 대한 추모행사는 더욱 확대되었다. 일제는 경술국치일인 8월 29일을 왕인제일(王仁祭日)로 정하여 묘역에서 엄숙한 대제전을 거행하기도 하였다. 특히 1940년 2차대전이 벌어질 때에는 고노에(近衛)수상을 비롯하여 유력한 인사들이 주동이 되어 왕인의 기념비를 우에노공원(上野公園)에 건립하였다. 이는 식민통치의 정당화를 위한 내선일치의 주장에 따라 조선과 일본의 유대를 강조하려는 측면이 없지 않았다.

그러나 왕인과 그의 탄생지로 알려진 영암 구림지역은 직접적인 관련이 없다. 왕인의 구림 출생설은 일제시대에 이르러 만들어진 후대의 산물에 불과하다. 구림이 왕인의 탄생지로 알려지게 된 이유는 상대포가 고대해양 교류사에 있어서 중요한 위치를 차지하였기 때문이었다. 구림의 상대포는 현재는 내륙의 호수로 변모하였지만, 1970년대에 영산강 하구언이 축조되기 이전까지는 선박의 항해가 가능했기 때문이다.[115]

또한 구림은 3대 명촌 중의 하나로 알려질 만큼 유서 깊은 고장이며, 남해안지역의 해상활동과 문화교류의 중심지역이었다. 황해 연안에 위치한 낙랑 등의 중국 군현과 백제의 수도 한성에서 출발하여 가야나 왜로 가는 사절이나 선박들은 해남과 영암 일대를 반드시 거쳐야 항해가 가능하였다. 이들은 서남해의 연안지역에 거주하던 해상세력의 도움을 받아야 거친 바닷길을 항해할 수 있었다.

뿐만 아니라 영암을 비롯한 남해안지역은 마한시대 이래 가야나 왜, 남중국 등과 독자적으로 해상을 통하여 독자적인 교섭을 하였다.

상대포 전경 | 왕인 일본으로 건나갈 때 이곳에서 배를 타고 떠났다고 한다. 지금은 간척사업과
영산강 상류의 댐 건설로 바닷물이 들어오지 않고 조그마한 호수가 되어 정자만 세워져 있다.

당시 문화나 기술 교류의 흐름은 지정학적 조건상 한반도 서남해안
을 거쳐 대마도와 북규슈로 들어가는 것이 일반적인 루트였다. 일본
에서 한반도로 역류되는 문화의 전파 역시 규슈를 거쳐 흘러나오거
나 규슈계통일 가능성이 높다고 한다.116) 이러한 교섭활동을 통하여
전남지역의 해상세력은 왜와 밀접한 관계를 맺었다.

전남지역의 토착세력은 왜국과의 교섭을 통하여 정치·경제·문화
등 여러 분야에 걸쳐 많은 영향력을 받기도 하였다. 예컨대 영산강유
역에 축조된 장고분(長鼓墳)은 전남지역 해상세력의 독자적인 대왜
교섭을 반영한다. 이 지역에 장고분이 축조된 것은 토착세력들이 백
제의 영향력에서 벗어나 왜와 교류하면서 나타난 문화적 영향이라
할 수 있다.117) 이러한 자료들은 전남지역의 토착세력이 왜와 독자적
으로 활발한 교섭관계를 맺었음을 의미한다.

왕인의 출생지가 구림으로 알려지게 된 것은 이곳의 지정학적 조

건이 반영된 것이다. 즉, 일제시대에 왕인의 구림 출생설을 유포한 사람들은 상대포의 고대 해양교류사적 위상을 바탕으로 도선국사의 설화를 왕인의 출생과 도왜 활약의 근거로 삼은 것이다.

그러나 왕인의 구림 출생설과 상대포에서 도왜하였다는 주장은 역사적 근거가 없는 허구만은 아닌 것으로 보인다. 선사시대 이래 전남지역과 왜국은 오늘날 우리가 상상하는 것보다 더 빈번한 왕래가 있었다. 구림의 상대포는 당시 사람들이 왜로 건너가는 중요한 포구 중의 하나였다.

바람을 절대적으로 이용해야 하는 고대의 항해는 일반 바다, 혹은 원양으로 나가기 직전에 피항(避港)할 수 있는 외항에 대기하면서 적합한 바람과 좋은 날씨를 기다렸다. 이 외항은 주항(主港)에 가까이 있거나 그 연결선상에 있는 경우도 있지만, 먼 곳에 떨어져 있는 경우도 적지 않았다.[118] 상대포는 남해안을 거쳐 가야·왜국으로 향하는 항로와 탐라로 가는 항로의 중간 기항지 역할을 하는 거점이었다.

3. 백제의 대왜교섭과 상대포의 위상

백제의 수도 한성에서 뱃길을 통하여 왜국으로 건너가려면 남해안지역 해상세력의 도움이 절대적으로 필요하였다. 예컨대 서해안과 남해안이 교차하는 곳에 위치한 해남 백포만의 신미국은 중간기항지의 역할을 통하여 주변 소국들의 대외교섭을 주선·통제하면서 성장하였다.[119] 이러한 중간기항지 역할을 하면서 번영을 구가하였던 집단은 백포만의 신미국 외에도 함평의 장년리, 부안의 죽막동 해상세력 등을 들 수 있다.

그러나 4세기 초반 군현이 축출되면서 이러한 세력들은 점차 쇠퇴의 길로 접어들었다. 그 대신에 서남해지역의 주도권을 장악한 집단

영암 정원명석비

은 북일세력이었고, 영산강유역에서는 영암의 시종세력이 대두하였
다. 그리고 근초고왕이 영산강유역을 경략하여 공납지배를 관철하면
서 백제의 권위를 바탕으로 전남지역 토착세력의 주도권을 장악한
것은 나주의 반남집단이었다.[120]

근초고왕의 영산강유역 경략은 외교권과 무역 활동을 포함한 대외
교섭권의 장악과 이를 통한 중앙집권적 귀족국가의 형성에 목적이
있었다. 백제는 수도와 가까운 지역은 직접지배를 하였지만, 영산강
유역은 공납지배에 만족할 수밖에 없었다.[121] 백제는 반남의 수장층
과 공납관계를 맺어 공물을 징수하고, 해안의 교섭거점은 직접지배하
거나 친백제계 세력에게 위탁 관리하였다.[122]

이러한 백제의 지방통치 방식에 의하여 반남의 인근에 위치한 상
대포는 영산강유역의 공물을 수송하는 중요한 포구로 번성하였다. 조

운은 어느 시대를 막론하고 국가의 생명선이나 다를 바 없이 중요하였다. 따라서 백제의 경우도 영산강유역의 세곡과 공물을 구림의 상대포에 집결시켰다가 한성으로 운반했을 것으로 보인다.[123]

백제의 수도 한성에서 반남지역으로 통하는 가장 손쉬운 방법은 육로보다는 해로를 통한 접근이었다. 반남에서 직선거리로 15km 떨어진 곳에 위치한 상대포는 구림천과 학림천이 만나는 양수리 부근에 위치한다. 통일신라시대에는 영산강유역의 포구 중에서 인근의 덕진포가 가장 번성하였다.

그러나 백제 때에는 상대포도 덕진포 못지않은 중요한 포구였을 가능성이 있다. 구림은 학림천과 구림천 사이에 있으며, 상대포는 구림천의 끝자락에 위치한 포구였다. 이곳에서 직진하면 영암천을 거쳐 영산강 본류로 합류된다. 오늘날 바다를 막고 있는 영산강하구언 쪽에서 보자면 구림의 상대포는 그다지 멀지 않은 곳에 위치한다.

현재 상대포는 평야지대의 한 가운데에 위치한 내륙의 호수이다. 그러나 백제시대의 상대포가 위치한 구림지역은 해수와 육수가 만나는 늪지였다. 이는 구림지역에 남아 있는 정원명석비(貞元銘石碑)가 증명하고 있다.[124] 이 비는 산의 골짜기에서 흘러 내려온 강물과 바닷물이 만나는 곳에 건립되는 매향비(埋香碑)[125]의 일종이다.

현재 남아 있는 구림의 매향비는 서구림의 해안가에 건립되었다가 현재의 장소로 이전되었다. 이를 통해 볼 때 구림지역은 육수(陸水)와 해수(海水)가 만나는 지역이었음을 알 수 있다. 16세기에 임구령은 구림의 해안가를 간척하여 지남뜰을 개간하였고, 1920년대에 이르러 현준호는 바닷물을 막아 학파농장을 일구었다. 구림지역이 바닷가와 단절되어 오늘날과 같이 완전한 육지로 변한 것은 1970년대에 영산강하구언을 축조하였기 때문이다. 그 이전까지 상대포는 중소형 선박이 입출항하였기 때문에 고대에는 큰 선박의 통행도 가능하였다.[126]

왕인은 한성에서 출발하여 왜국으로 건너가기 위하여 상대포에 도착하였을 것이다. 왕인은 상대포에 머물면서 원거리 항해를 준비하였고, 남해안의 바닷길에 익숙한 해상세력들의 도움을 받았다. 이에 대하여 서술한 직접적인 기록이 없기 때문에 후대의 자료를 통해서 간접적으로 유추해 볼 수 있다. 이중환이 저술한 『택리지』에는 영암의 큰 고을로 구림을 지적하면서

C. 나주의 서쪽이 영암군이고 월출산 밑에 위치하였다. 월출산은 한껏 깨끗하고 수려하여 화성이 하늘에 오르는 산세이다. 산 남쪽은 월남촌이고, 서쪽은 구림촌이다. 아울러 신라 때 이름난 마을로서 지역이 서해와 남해가 맞닿는 곳에 위치하였다. 신라가 당나라로 들어갈 때는 모두 본군 바다에서 배가 떠났다. 하루를 타고 가면 흑산도에 이르고, 이 섬에서 하루를 타고 가면 홍도에 이르며, 또 하루를 타고 가면 가가도에 이르고, 여기서 북동풍으로 사흘을 타고 가면 곧 태주(台州) 영파부(寧波府) 정해현(定海縣)에 이르고, 만약 순풍이면 하루에 이른다. 남송이 고려와 통하는 데도 정해현 해상에서 배를 출발시키어 7일에 고려 국경에 상륙했다. 그곳이 곧 영암군이다. 당나라 때 신라인이 배를 타고 당에 들어갔을 때도 강나루를 통하는 중요한 나루터와 같이 선박의 왕래가 계속되었다. 고운 최치원, 김가기, 최승우는 모두 상선을 따라 당으로 들어가 당의 과거에 급제하였다.[127]

라고 하였듯이, 대외교섭을 위한 중요한 항구이었음을 기록하고 있다. 구림 일대는 서해와 남해가 만나는 교차점에 위치하여 이곳을 왕래하는 항해의 중요한 거점이 되었다.
이렇게 볼 때 왕인은 구림의 상대포에 머물면서 출항하기에 적절한 풍속, 조류, 해류 및 날씨를 기다렸을 것으로 추정된다. 상대포는 왜국 등지와 연결되는 국제항구로서 중요한 포구 역할을 하였다. 그러나 남해안의 해상세력들이 왕인의 일행을 왜국까지 안내한 것은 아

니었다. 한반도에서 왜로 가는 항로는 『삼국지』 왜인전에 의하면 대방군에서 출발하여 서해와 남해를 거쳐 김해 구야한국(狗邪韓國)의 북안에 도착한 후 다시 바다를 건너 대마도에 이르렀다.[128]

또한 백제와 왜국의 대외교섭을 가야지역의 탁순국(卓淳國)이 주선하였음은 주지의 사실이다.[129] 즉, 백제와 가야 남부지방의 외교관계가 먼저 이루어지고, 가야의 탁순국이 중개하는 형태로 백제와 왜국의 통교관계는 시작되었다. 이때 맺은 백제-가야 남부-왜의 동맹관계는 많은 시련을 겪으면서도 6세기 초까지 유지되었다.

왕인은 한성을 출발하여 구림의 상대포에 이르렀고, 남해안지역 해상세력들의 도움을 받아 가야지역에 도착한 후 왜국으로 건너갔다. 이는 근초고왕이 전남지역의 마한 잔여세력을 공략하여 토착세력들의 독자적인 교섭권을 박탈하고 대왜교섭에 유리한 포구를 확보하였기 때문에 가능하였다.[130]

구림의 상대포는 수도 한성과 가야를 연결하는 중요한 포구였기 때문에 백제가 직접 관할하였을 가능성이 있다. 백제의 마한지역 진출은 육로뿐만 아니라 해상을 통하여 포구 등의 거점을 확보하는 형태로도 이루어졌다. 백제의 마한지역 진출은 평면적이고 전방위적인 것이 아니라 해안을 통하여 교두보를 설치하고 거점을 확보하는 형식으로 진행되었다.[131]

백제는 해안이나 하안(河岸)지역의 토착세력을 먼저 제압하고 거점을 확보한 이후에 점차 내륙지역까지 세력을 확장하였다.[132] 이러한 양상은 전남지역도 동일한 면모를 보인다. 백제는 해로를 통하여 접근이 용이한 해안이나 강가 부근의 지역을 중심으로 토착세력을 지배하였다가 점차 내륙지방으로 확대하였다.

그러나 백제는 4세기 후반에 장악한 전남지역은 중앙에서 귀족이나 지방관을 파견하지 않고, 재지 토착세력을 이용한 간접지배를 실시하였다.[133] 백제는 근초고왕 때에 각 지역 토착세력의 대외교섭권을 박탈하여 중앙에 귀속시키면서 중앙집권적 귀족국가를 형성하였다. 따라서 백제는 배후에서 반남세력을 감시할 수 있고, 대외교섭에서 중간기항지의 역할을 하는 상대포와 같은 중요한 포구는 직접 관할하였을 가능성이 있다.

백제가 구림의 상대포를 직접 관할한 것은 수도 한성과 가야를 연결하는 중요한 포구였기 때문이었다. 왕인은 왜의 초빙을 받아 한성을 떠난 후 백제가 관할하는 상대포에 도착하여 상당한 기간 동안 머물렀을 가능성이 없지 않다. 후대에 이르러 구림이 왕인의 출생지로 알려지게 된 것은 이러한 구림지역의 지정학적 조건과 관계가 있지 않을까 한다.

4. 왕인의 왜국 이주와 활약

왕인은 백제가 왜의 요청을 받아들여 공식적으로 파견한 중앙의 외교사절이었다. 『삼국사기』 백제본기에 의하면 백제가 왜국과 우호관계를 맺은 것은 아신왕 6년(397)에 태자인 전지를 볼모로 보내면서 이루어진 것으로 기록되었다.[134) 그러나 『일본서기』 신공황후 52년조에 의하면

D. 구데이(久氐) 등이 치구마나가히고(千熊長彦)를 따라와서 칠지도 1자루와 칠자경 1개 및 여러 가지 귀중한 보물을 바쳤다. 그리고 백제왕의 계(啓)에 "우리나라 서쪽에 시내가 있는데 그 근원은 곡나철산으로부터 나옵니다. 7일 동안 가도 미치지 못할 정도로 멉니다. 이 물을 마시다가 문득 이 산의 철을 얻어서 성스러운 조정에 길이 바치겠습니다. 그리고 손자 침류왕에게 '지금 내가 통교하는 바다 동쪽의 귀한 나라는 하늘이 열어준 나라이다. 그래서 천은을 내려 바다 서쪽을 나누어 우리에게 주었으므로 나라의 기틀이 길

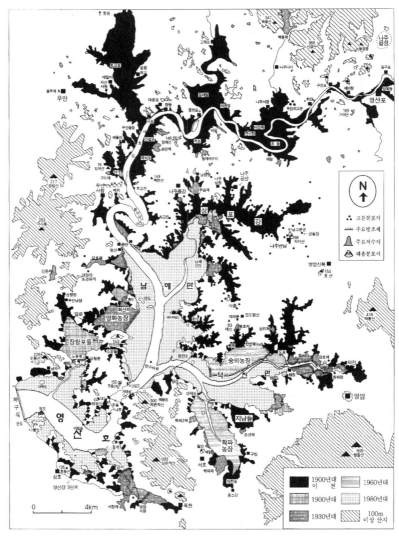

영산강 중·하류지역의 간석지 개간 과정 | 1900년대 이전의 해안선 복원을 통하여 구림지역을 비롯한 당시의 지형과 유적의 분포 상황을 살펴볼 수 있다(김경수, 「영산강 유역의 경관변화 연구」, 전남대 지리학과 박사학위 논문, 2001, 41쪽).

142

이 굳건하게 되었다. 너도 마땅히 우호를 잘 다져 토물을 거두어 공물을 바치는 것을 끊이지 않는다면 죽더라도 무슨 한이 있겠느냐'고 일러 두었습니다"라고 하였다. 이후로 해마다 계속하여 조공하였다.[135]

라고 하였듯이, 백제는 근초고왕 때에 왜와 정치적 관계를 맺고 칠지도(七支刀)[136] 1구와 칠자경(七子鏡) 1면을 보냈다. 신공황후 52년은 서기 252년에 해당되는데, 『일본서기』의 연대를 간지 120년씩 하향 조정하고 있으므로 실제연대는 372년이 된다.[137] 따라서 백제와 왜의 교섭은 아신왕 때가 아니라 근초고왕시대에 이루어졌다.

근초고왕은 가야와 마한의 잔여 세력을 제압하여 사방에 대한 척경(拓境)을 완료하고, 외교권과 군사권을 중앙에 귀속시킨 채 중앙집권화된 귀족국가의 수장으로 대외교섭에 나서게 되었다.[138] 근초고왕은 사신을 동진(東晋)에 파견하여 처음으로 중국세력과 공식적인 외교관계를 맺었고,[139] 왜와 통교하여 백제의 국제적인 지위를 더욱 확고히 하였다.[140]

칠지도

백제와 왜의 관계는 근초고왕 이후 더욱 긴밀해졌다. 백제는 아신왕 6년(397)에 태자 전지를 왜국에 파견하였으며, 아신왕 11년에는 사신을 보내어 대주(大珠)를 구했고,[141] 다음해에는 왜국의 사신을 백제왕이 후하게 대접하였다.[142] 백제가 왜에 대해 적극적인 외교관계를 펼치게 된 것은 고구려의 남침 때문이었다. 아신왕이 태자인 전지를 왜에 보내어 긴밀한 관계를 맺은 것도 불리한 상황에서 취한 외교정책의 일환이었다.[143] 그리고 이 시기에 백제와

통교한 왜는 규슈 북부지방의 집단으로 이해되고 있다.144)

　백제와 왜의 우호관계가 지속되면서 많은 사람들이 외국으로 건너
갔다. 이들 중에는 백제의 압력을 피하여 건너간 마한계통의 사람들
뿐만 아니라 정치적 망명자도 있었다. 또한 왕인과 같이 외국의 요청
으로 건너가 선진적인 문화를 전파한 사절단도 포함되었다. 왕인이
왜국으로 건너간 것은

　E-1. 15년 가을 8월 임술 초하루 정묘에 백제왕이 아직기(阿直伎)를
　　　보내어 좋은 말 2필을 바쳤다. 곧 경(輕)의 산비탈 부근에 있는 마
　　　굿간에서 길렀는데, 아직기로 하여금 사육을 맡게 하였다. 때문에
　　　말 기르는 곳을 이름하여 구판(廐坂)이라고 한다. 아직기는 또 경
　　　전을 잘 읽었으므로 태자인 후지노와기이라쓰고(菟道稚郎子)의 스
　　　승으로 삼았다. 이때 천황이 아직기에게, "혹 너보다 뛰어난 박사
　　　가 또 있느냐"고 물으니, "왕인145)이라는 분이 있는데 훌륭합니다"
　　　라고 대답하였다. 그러자 가미쓰게노노기미(上毛野君)의 조상인
　　　아라다와게(荒田別)와 가무나기와게(巫別)를 백제로 보내어 왕인
　　　을 불렀다. 아직기는 아직기사(阿直岐史)의 시조이다.
　　　　16년 봄 2월에 왕인이 왔다. 태자 후지노와기이라쓰고(菟道稚郎
　　　子)는 그를 스승으로 모시고 여러 전적들을 배웠는데, 통달하지 않
　　　음이 없었다. 이른바 왕인은 서수(書首) 등의 시조이다.146)

　E-2. 좌대사(左大史) 정6위상(正6位上) 문기촌최제(文忌寸最弟)·파
　　　마소목(播磨少目) 정8위상(正8位上) 무생연진상(武生連眞象) 등
　　　이, "문기촌(文忌寸) 등에게는 원래 두 가문이 있어 동문(東文)은
　　　직(直)이라 하고, 서문(西文)은 수(首)라 부르는데, 서로 하는 일에
　　　따른 것으로 그 유래가 오래 되었습니다. 이제 동문(東文)은 모든
　　　집안이 이 숙녜(宿禰)로 올랐는데, 서문(西文)은 은혜를 입지 못하
　　　고 아직도 기촌(忌寸)에 머물러 있습니다. 최제(最弟) 등은 다행히
　　　밝은 때를 만났으나 자세히 살펴주는 은혜를 입지 못했으니, 세월

이 지난 후에는 이치를 말하여도 방도가 없을 것입니다. 엎드려 바라건대 똑같이 영화로운 칭호를 내리셔서 영원히 자손을 위한 계책을 삼게 해주십시오"라고 하였다. 칙(勅)을 내려 그 본계(本系)를 물으니 최제(最弟) 등은, "한고제(漢高帝)의 후손 난(鸞)이라 하는 사람의 후손 왕구(王狗)가 백제에 옮겨와 이르렀는데, 백제 구소왕(久素王) 때에 성조(聖朝)에서 사신을 보내어 문인(文人)을 찾으니 구소왕이 곧 그의 손자인 왕인을 바쳤습니다. 이가 곧 문(文)·무생(武生)의 선조입니다"라고 하였다. 이에 최제(最弟) 및 진상(眞象) 등 8인에게 숙녜(宿禰)의 성을 내렸다.[147]

라고 하였듯이, 근초고왕을 계승한 근구수왕 또는 아신왕 때로 기록되었다. 사료 E-1과 같이 『일본서기』에는 아화왕(阿花王 : 阿莘王) 말년 경으로 기록되었고, 사료 E-2의 『속일본기』에는 근구수왕 때로 되어 있어 30~40년간의 연대 차이가 있다. 위의 두 사료 중에서 어느 것이 보다 정확한 것인지 알 수 없지만, 왕인은 근초고왕의 통교 이후 왜국으로 건너간 백제사람이었다.

왜는 3세기 말까지 중국과의 교역을 통하여 선진문물을 수용해 왔으나, 4세기 초에 이르러 낙랑·대방의 소멸과 중국대륙의 급격한 정세 불안으로 말미암아 대외교섭의 대상을 잃어버리고 말았다. 왜는 4세기 후반에 이르러 백제가 가야를 매개로 대왜교섭에 나서면서 새로운 교역의 기회를 얻게 되었다. 이로써 왜는 대외교역과 선진문물을 입수할 수 있는 교섭통로를 확보하였고, 왕인은 왜국의 요청을 받아 건너가게 되었다.

그러나 왕인은 순수한 백제계통은 아닌 것으로 추정된다. 사료 E-2와 같이 왕인은 중국에서 백제로 이주한 왕구의 손자였다. 이를 근거로 하여 왕인을 백제 사람이 아니라 중국인으로 보기도 하며,[148] 낙랑의 고분에서 왕씨의 분묘가 발견되기 때문에 낙랑에 출사한 한인(漢人)으로 추정하는 견해도 있다.[149] 또한 일본 15대 응신천황의

별명 혹은 응신이 왕인과 일음(日音)이 같은 것으로 보아서, 즉 사음기록(寫音記錄)에서 온 이름으로 이해하기도 한다.[150]

그러나 왕인은 낙랑 사람이 아니라 그의 선대에 이주하여 백제에서 활동하였던 가계 출신이다. 왕인 일가는 백제로 이주하여 수도나 그 가까운 곳에 거주하면서 활약하였다. 왕인의 가문은 조부로 알려진 왕구가 4세기의 어느 시점에 백제로 이주하여 정착하였다. 왕구의 정확한 출신 내력과 백제로 이주한 시기는 잘 알 수 없지만, 중국 본토보다는 낙랑·대방 등의 군현 출신으로 추정된다.

일찍이 중국에서 건너와 군현에 정착한 유력한 호족세력은 왕(王)·한(韓)·관(貫)·두(杜)씨 등이 있는데, 이들 중에서 대표적인 세력은 왕·한 양씨였다.[151] 이는 2세기 말부터 5세기 초까지 축조된 군현지역의 전축분에서 출토된 기년명전(紀年銘塼)을 통해서도 알 수 있다. 거대한 규모의 전축분은 주로 현지의 지배층을 위한 것이었는데, 왕씨와 한씨가 기록된 전이 출토된 것은 이를 증명한다. 따라서 왕구는 군현지역에 거주하였던 왕씨세력 중의 한 사람이 아닐까 한다.

군현은 313년에 고구려 미천왕의 공격을 받고 축출되었다. 미천왕은 낙랑군을 공격하여 2천 명을 포로로 하였으며, 이듬해에는 남쪽의 대방지역을 차지하였다. 이때 끝까지 고구려에 저항하였던 장통(張統)은 왕준(王遵)의 권고를 받아들여 민호 1천 가를 이끌고 모용씨(慕容氏)에게로 달아났다. 장통은 고구려의 격렬한 공격을 견디지 못하고, 요서지방으로 옮겨 모용씨의 비호를 받고 그곳에 새로운 낙랑군을 설치하여 태수가 되었다.[152]

반면에 군현지역에 잔존한 호족세력은 반독립적인 자치상태에 놓이게 되었다. 군현의 옛 땅은 중국계 주민의 단순한 거주지역으로 변모되어 갔다.[153] 그러나 군현의 옛 땅을 계속하여 고구려가 지배한 것은 아니었다. 백제는 근초고왕 때에 이르러 대방지역을 차지하게 되었다.

근초고왕은 369년(同王 24)에 대방지역으로 진출하여 치양에서 고구려군을 격파하고 5천여 명을 포로로 잡았으며, 371년에는 평양성을 공격하여 고국원왕을 전사케 하였다.[154] 이때 백제는 자비령 동남의 황주(黃州)까지 진출하였다. 이것은 4세기 중엽에서 후반에 해당되는 백제 토기류가 황주에서 출토되었고,[155] 백제의 수곡성(신계)을 고구려가 공격하여 함락시켰다는 기사[156] 등을 통하여 유추된다.

백제가 진출한 북방 한계선으로 추정되는 황주는 황해도의 가장 북쪽지역에 있는 고장이며, 이곳에 위치한 자비령은 남북의 경계를 이룬다. 자비령은 낙랑군과 대방군의 경계가 되었으니, 백제는 고구려 군대를 격파하고 대방지역을 차지한 셈이다.

대방지역을 차지한 근초고왕은 추호정책(抽戶政策)을 펴서 많은 기예자들을 자국으로 이주시켜 여러 분야에 걸쳐 문화와 기술의 발전에 일대 혁신을 불러 일으켰다.[157] 근초고왕이 중국계 이주민으로 추정되는 박사 고흥(高興)으로 하여금 백제의 국사인『서기(書記)』를 편찬한 것도 강화된 왕권과 정비된 국가의 면모를 과시하려는 일환이었다. 백제는 중앙집권적 귀족국가의 운영에 필요한 유교적 교양과 학술에 능통한 인재를 중국계 주민을 초빙하여 해결하였다.

따라서 왕구가 백제로 이주한 시기는 근초고왕의 대방지역 정복을 전후하여 이루어졌을 가능성이 높다. 왕구는 상당한 학문적 소양을 지니고 있었던 것으로 추정되며, 왕인이 백제의 박사에 오른 것도 유교적 소양이 있고 학문에 능통한 가문의 전통을 배경으로 하였다.

한편 왕인 가문의 출자를 영산강유역에서 대형옹관묘를 묘제로 사용한 토착세력으로 보기도 한다. 즉, 왕인집단은 백제의 남천 이후 지방통치체제가 강화되자 백제에 융합되지 못하고, 그 억압으로 많은 기술인을 데리고 도일하였다는 것이다.[158] 그러나 당시의 대세론으로 볼 때 왕인 같은 새로운 학문의 소유자는 변방보다는 수도지역에서 나올 수 있는 개연성이 많다.159) 이 때문에 왕인을 백제가 영산강유역을 통치하기 위해 중앙에서 파견한 관리로 파악하기도 한다.160)

왕인이 왜로 건너간 무렵 백제와 국교를 맺게 된 집단은 규슈의 왕국이었다. 그러나 5세기가 되면서 백제의 대왜관계는 규슈를 중심으로 유지하던 관계가 바뀌어 기나이(畿內)가 점차 중요하게 되어갔다. 기나이의 야마토 정권은 5세기 이후 왜국 전체를 대표하는 지위를 획득하면서 대외관계를 주도하였다. 백제는 고구려와의 대결이 심화되면서 그 난관을 타개하기 위하여 왕족을 기나이에 파견하는 왕실외교를 추진하였다.

백제는 고구려의 남진에 맞서기 위하여 가야·신라와 연합하였고, 왜국으로 진출한 이주민과도 유대를 돈독히 하였다. 백제는 이주민을 매개로 하여 토착 왜인과의 관계를 강화하여 반(反)고구려전선에 야마토를 가담케 하였다.161) 백제를 주축으로 하여 야마토정권이 참여한 외교적인 양상은 규슈세력이 국제무대의 주류에서 배제되는 것을 의미한다.

이와 때를 같이하여 한반도에서 왜국으로 건너간 이주민들도 활발하게 기나이 지방으로 진출하였다. 일본사에서 5세기는 이주민의 세기라고 할 수 있는데, 가야를 중심으로 백제와 신라로부터 많은 사람들이 왜국으로 건너갔다. 5세기 이주민의 정착 범위는 초기에는 북부 규슈를 중심으로 그다지 광범위하지는 않았다.

그러나 5세기 후반이나 말엽에는 기나이의 야마토정권의 중추지역으로 이주하는 사람들이 많았고, 그 후에는 서일본의 각지에 정착하였다.162) 이들은 왜인사회에 제철과 논·밭의 경작에 이용되는 농기구의 개발 등 생산기술의 혁신을 가져왔고, 야마토 왕권의 조직개편에도 크게 기여하였다.

5세기에 한반도에서 왜국으로 건너간 사람들은 광개토왕의 공격을 받은 가야계통이 주류를 이루었지만, 백제계 사람들도 적지 않았다.

백제계 이주민들은 처음에는 북부규슈의 후쿠오카(福岡)와 사가(佐賀)에 거주하였지만, 점차 기나이 방면으로도 진출하였다. 백제계 이주민들이 주로 거주한 곳은 가와치(河内)와 야마토였다. 백제계의 횡혈식석실분이 밀집되어 있는 가와치(河内) 안숙군(安宿郡) 일대는 한국계통의 주민이 36%를 차지하였다. 이 중에서 고구려계 5씨, 신라계가 7씨인 데 비하여 백제계는 무려 23씨에 이른다.163)

왕인이 왜국으로 건너간 시기는 백제계 이주민이 규슈를 벗어나 기나이지방으로 진출하던 시기였다. 규슈를 거쳐 기나이로 이주한 왕인이 정착한 곳은 야마토국(大和國) 다카이치군(高市郡)이었다. 이곳은 세토나이카이(瀬戸内海) 연안에 위치하여 오사카만에서 야마토국으로 통하는 길목으로 정치·경제·문화적으로 중요한 곳이었다. 그리하여 일본 고대국가 형성의 요람이 된 곳인데, 왕인의 활동 본거지는 바로 이곳이었다.

왕인의 도왜와 관련하여 한 가지 주목할 필요가 있는 것은 문화사절단의 성격인지, 아니면 집단적으로 이주한 사람인지를 구별할 필요가 있다. 사료 E-1과 같이 404년 백제 아신왕이 파견한 학문에 능통하며 말을 잘 기른 아직기는 문화사절단의 일원으로 볼 수 없을 것 같다. 아직기는 백제로 귀환하지 않고 왜국에 정착한 것으로 보인다. 그는 특정의 임무를 띠고 왜국에 간 것이 아니라 이주민의 일원으로 건너간 후 발탁되었다. 아직기의 도왜와 관련하여

F. 궁월군(弓月君)이 백제로부터 와서 귀화하였다. 그리고 아뢰기를, "신은 우리나라 120현의 인부(人夫)를 이끌고 귀화하려 하였습니다. 그러나 신라인이 방해하여 모두 가라국(加羅國)에 머물고 있습니다"라고 하였다. 이에 가즈라기노소쓰비고(葛城襲津彦)를 파견하여 궁월군(弓月君)의 인부를 가라에서 데리고 오도록 하였다. 그러나 3년이 지나도 소쓰비고(襲津彦)는 돌아오지 않았다.164)

라고 하였듯이, 백제의 120현(縣) 사람들의 일본 이주 기사가 주목된다. 아직기가 왜로 건너간 것은 404년이었다. 아직기의 도왜는 백제 국왕이 보낸 것이 아니라, 자발적인 이주였을 가능성이 높다. 비록 『일본서기』 등의 일본측 사료에는 백제왕이 보낸 문화사절로 기록되었지만, 아직기는 왜국에 정착하기 위하여 건너간 것으로 생각된다.

왕인의 도왜와 왜국 정착도 아직기의 사례와 유사한 측면이 있는 것으로 추정된다. 이는 후대에 백제에서 왜국으로 파견한 박사들이 일정한 기간이 지나면 후임자와 교체되어 귀국한 것[165]과 비교된다. 왕인은 천자문과 논어 등의 전적을 가지고 왜국으로 건너가서 학문과 윤리도덕을 가르쳐 일본 문화의 수준을 높이는 데 기여하였다.

왕인이 건너가기 전까지 왜국은 아직 문자가 없었다. 왜국은 문자가 없었기 때문에 나무에 특수한 문양을 새겨서 통신을 하였다.[166] 그러나 왕인이 논어 등을 보급하면서 빠른 시일 내에 왜국이 문자를 능숙하게 사용할 수 있는 단계에 도달한 것은 아니었다. 왜국에 문자가 들어온 것은 사회의 문화적 성숙과는 별개로 외부에서 들여온 것인 만큼 한 동안 특수한 계층만이 사용하였다. 왜국에서 문자의 사용이 본격화된 것은 불교문화의 수입과 함께 시작되었다.[167]

또한 왕인은 백제에서 건너갈 때 야공(冶工), 직조공(織造工), 양주자(釀酒者) 등을 데려가 생산력 증대와 교통과 운수 등을 개혁하여 왜국의 고대산업을 발전시켰다. 왕인이 왜국으로 건너간 후

G. 왕인은 백제국 사람인데, 본래 한고제(漢高帝)의 말손이다. 고제의 후손에 난이라 하는 사람이 있고, 난의 후손에 왕구라는 자가 있었으며, 구의 손자가 왕인이 된다. 왕인은 제반 경전에 통달하였고, 또한 사람의 상(相)을 살피는 데도 능했다. 응신천황 15년에 백제 구소왕(久素王 : 仇首王의 와전으로 생각된다)이 아직기라는 사람을 보내왔는데, 그 당시 그는 경전을 잘 읽었으므로, 황자 후지노와키이라쓰고(菟道稚郎子)의 스승이 되었다. 천황이 "너보다 더 나

은 박사가 있느냐"하고 묻자, 대답하기를 "왕인이라는 자가 있는
데, 나보다 더 뛰어납니다"하였다. 황제가 백제에 사신을 보내어
왕인을 불렀다. 다음해 2월에 왕인이 천자문을 가지고 내조하여서,
황자 후지노와기이라쓰고에게 『효경』과 『논어』를 전수하였다. 황
자가 가르침을 받아 여러 경전을 배워 통달하지 않는 바가 없었다.
이로부터 본조에 유교가 행해지기 시작하였다. 왕인은 난파진가(難
波津歌)를 읊어 인덕(仁德)의 보조(寶祚)를 축하하였는데, 가부(歌
父)로 일컬어졌다. 왕인이 죽자 우두천황(牛頭天皇)과 합제하였고,
서수(書首) 등의 시조가 되었다.[168]

라고 하였듯이, 그는 태자인 후지노와기이라쓰고(菟道稚郎子)의 스
승이 되어 전적을 습득케 하는 등 왜국의 문풍(文風) 진작에 기여하
였다. 왜국은 왕인의 공로에 보답하기 위하여 문수씨(文首氏) 등의
시조로 삼았고, 우두천황과 합제할 정도였다.

　일본의 많은 성씨 중에서 왕인의 후손으로 알려진 것은 서문(西文)
씨, 무생(武生)씨, 장(藏)씨, 선(船)씨, 갈정(葛井)씨, 진(津)씨 등이다.
그의 후예로 여러 갈래의 성씨가 있는 것은 한반도에서 건너간 많은
이주민들이 왜국에서 크게 활약한 왕인을 시조로 삼았기 때문이었
다.[169] 서문(西文)씨는 궁정의 가장 중요한 문제인 왕위 계승을 확인
하는 장소에서 '제기(帝紀)'의 필록(筆錄)에 참여하였다. 당시의 필록
자는 주로 외래인이나 그 후예들이었으며, 조정의 신망이 높아 정무
의 기능을 일부 분장하기도 하였다. 또한 그의 후예들 중에는 중앙정
계의 실력자, 지방의 호족, 불교계의 대승정, 문학자 및 탁월한 건축
가 등이 배출되었다.[170]

　왕인과 그 후예는 일본 고대국가의 형성 및 발전에 있어서 큰 기여
를 하였다. 왕인을 비롯한 백제에서 건너간 이주민들은 고대 일본의
종교·기술·정치·학문 등의 발전을 주도하였다. 왕인이 왜국으로
건너간 5세기 초반에는 이주민들이 주체가 되어 왜국의 제반 분야의

발전을 주도하였지만, 점차 후대로 내려갈수록 백제에서 일정한 기간 동안 파견된 문화사절단의 노력이 가미되었다.

왕인과 그 일행의 노력은 왜국의 문화발전의 초석이 되었고, 그 토대 위에서 아스카문화는 발전되었다. 왜국으로 건너간 한반도 출신 이주민들은 일본 고대국가의 형성에 큰 역할을 한 것이다. 일본의 고대문화 형성에 왕인을 비롯한 백제계 이주민들이 기여한 바가 적지 않았고, 그 후 백제에서 정식적으로 파견된 기술자와 의박사(醫博士)·역박사(易博士) 등의 문화사절단이 왜국의 부족한 부분을 채워 나가면서 양국의 우호와 문화발전에 기여하였다.

5. 맺음말

왕인은 백제에서『천자문』과『논어』등의 전적과 선진문물을 가지고 건너가 일본 고대문화의 발전에 기여한 사람이다. 왕인은 순수한 백제사람은 아니었고, 중국계 이주민의 후손이었다. 왕인은 군현지역에 거주한 왕씨 가문 출신이며,『속일본기』에는 조부인 왕구가 백제로 이주하였다고 기록되어 있다.

왕구는 근초고왕이 대방지역을 공격하여 차지한 때를 전후하여 백제로 이주하였으며, 왕인은 유학에 정통한 가문의 전통 속에서 성장하였기에 박사로 임명될 수 있었다. 따라서 왕인이 구림에서 태어난 것은 아니며, 왕인의 출생 설화와 관련 유적들은 도선국사의 것을 차용한 것에 불과하다.

일제시대 이후 영암 구림이 왕인의 출생지로 알려지기 시작하였고, 그의 출생과 관련된 몇몇 유적이 설화와 함께 소개되었다. 구림과 가까운 곳에 위치한 영산포는 미곡수탈을 위한 중요한 포구로 이용되면서 일본과 밀접한 관계를 맺게 되었다. 영산포 일대에는 많은 일본인들이 거주하면서 문화교류가 활발해졌고, 구림은 왕인의 탄생지로 알려지기 시작하였다.

이처럼 왕인의 구림 출생설은 일제시대에 이르러 만들어진 후대의 산물에 불과하다. 그러나 왕인이 구림 상대포에서 도왜하였다는 주장은 역사적 근거가 없는 허구만은 아니다. 구림의 상대포는 1970년대까지 중소형 선박의 통행이 가능하였고, 고대에는 영산강을 따라 바닷물이 들어온 내해에 위치하였다. 구림은 백제시대의 해상활동과 문화교류의 중심지였으며, 수도 한성에서 출발하여 가야나 왜로 가는 사절이나 선박들이 항해에 적절한 날씨나 조류를 기다리는 중간기항지였다.

구림의 상대포는 수도 한성과 가야를 연결하는 중요한 포구였기 때문에 백제가 직접 관할하였다. 왕인은 왜의 초빙을 받아 한성을 떠난 후 백제가 관할하는 상대포에 도착하여 상당한 기간 동안 머물렀을 가능성이 있다. 후대에 이르러 구림이 왕인의 출생지로 알려지게 된 것은 고대 해양교류사에서 중요한 역할을 하였던 구림지역의 지정학적 조건에 기인한다.

왕인은 왜국으로 건너가서 문화를 발전시키는 데 크게 기여하였다. 왕인이 정착한 곳은 백제계 이주민이 많이 거주하던 야마토국의 다카이치군이었다. 왕인이 이곳에 정착한 시기는 백제의 대왜교섭이 규슈 중심에서 기나이의 야마토정권으로 바뀔 무렵이었다. 그리고 왕인의 도왜는 일본의 요청을 받아서 백제 국왕이 보낸 것이 아니라 자발적인 이주였을 가능성이 높다. 왕인의 도왜와 왜국 정착은 일정한 기간이 지나면 후임자와 교체되어 귀국한 후대 박사들의 도왜 활약과 차이가 있었다.

왕인은 백제에서 건너갈 때 야공·직조공·양주자 등을 데려가 일본 고대의 산업발전에 기여하였다. 또한 그의 후예들 중에는 중앙정계의 실력자, 지방의 호족, 불교계의 대승정, 문학자 및 탁월한 건축가 등이 배출되었다.

주 |

1) 『三國史記』 권23, 百濟本紀1, 溫祚王 8年.
2) 千寬宇, 「三韓의 國家形成(上)」, 『韓國學報』 2, 1976 ; 李鍾旭, 「百濟의 國家形成」, 『大邱史學』 11, 1976 ; 崔夢龍, 「漢城時代 百濟의 都邑地와 領域」, 『진단학보』 60, 1985 ; 權五榮, 「初期百濟의 成長過程에 관한 一考察」, 『한국사론』 15, 1986.
3) 李丙燾, 『한국고대사연구』, 박영사, 1976, 512~515쪽 ; 盧重國, 「목지국에 대한 일고찰」, 『백제논총』 2, 1990, 87쪽 ; 兪元載, 「晉書의 馬韓과 百濟」, 『한국상고사학보』 17, 1994, 48쪽 ; 李賢惠, 「3세기 馬韓과 伯濟國」, 『백제의 중앙과 지방』(백제연구논총 5), 충남대 백제연구소, 1997, 23~25쪽 ; 金壽泰, 「3세기 중·후반 백제의 발전과 馬韓」, 『마한사연구』(백제연구논총 6), 충남대 백제연구소, 1998, 202쪽.
4) 李丙燾, 위의 책, 1976, 512~515쪽.
5) 千寬宇, 「復元加耶史(中)」, 『文學과 知性』 8-3, 1977, 916~919쪽.
6) 全榮來, 「백제 남방경역의 변천」, 『천관우선생 환력기념한국사학논총』, 1985.
7) 權五榮, 「초기백제의 성장과정에 관한 일고찰」, 『한국사론』 15, 1986.
8) 朴燦圭, 「백제의 마한정복과정 연구」, 단국대학교 박사학위논문, 1995.
9) 兪元載, 「백제의 마한 정복과 지배방법」, 『백제의 건국과 한성시대』, 백제문화개발연구원, 1996.
10) 李道學, 『백제 고대국가 연구』, 일지사, 1995, 356쪽.
11) 李基東, 「백제사회의 지역공동체와 국가권력」, 『백제연구』 26, 1996.
12) 金周成, 「영산강유역 대형옹관묘 사회의 성장에 대한 시론」, 『백제연구』 27, 1997.
13) 金英心, 「백제 지방통치체제 연구」, 서울대학교 박사학위논문, 1997.
14) 山尾幸久, 『古代の日朝關係』, 塙書房, 1989 ; 金起燮, 「近肖古王代 남해안진출설에 대한 재검토」, 『백제문화』 24, 1995 ; 田中俊明, 「웅진시대 백제의 영역재편과 왕·후제」, 『백제의 중앙과 지방』, 충남대 백제연구소, 1997 ; 李根雨, 「웅진시대 백제의 남방경역에 대하여」, 『백제연구』 27, 1997.
15) 姜鳳龍, 「5~6세기 영산강유역 '옹관고분사회'의 해체」, 『백제의 지방통치』, 학연문화사, 1998.
16) 영산강유역 토착사회와 백제의 관계를 검토한 고고학적 주요 성과는 다음과

같다. 成洛俊, 「영산강유역의 옹관묘 연구」, 『百濟文化』 15, 1983 ; 安承周, 「백제 옹관묘에 관한 연구」, 『百濟文化』 15, 1983 ; 安春培, 「한국의 옹관묘에 관한 연구」, 『부산여대 논문집』 18, 1985 ; 李榮文, 「전남지방 백제고분연구」, 『향토문화유적조사』 4, 1984 ; 尹武炳, 「初期百濟史와 考古學」, 『百濟研究』 17, 1986 ; 具滋奉, 「三葉環頭大刀의 一考察」, 영남대 석사학위논문, 1987 ; 徐聲勳·成洛俊, 『나주반남고분군』, 광주박물관, 1988 ; 金基雄, 「일본고분에 보이는 백제적 요소-반남고분과 관련하여」, 『나주반남고분군』, 광주박물관, 1988 ; 李正鎬, 「영산강유역 옹관고분의 분류와 변천과정」, 『한국상고사학보』 22, 1996 ; 吉井秀夫, 「백제 지방통치에 대한 제문제」, 『백제의 중앙과 지방』(백제연구논총 5), 1996 ; 岡內三眞, 「前方後圓墳のモデル」, 『韓國の前方後圓墳』, 雄山閣出版, 1996 ; 朴仲煥, 『광주 명화동고분』, 광주박물관, 1996 ; 東潮, 「慕韓과 秦韓」, 『碩晤尹容鎭教授停年退任紀念論叢』, 1996 ; 林永珍, 「전남지역 석실분의 立地와 石室構造」, 『제5회 호남고고학회 학술대회 발표요지』, 1997 ; 朴普鉉, 「금동관으로 본 나주 신촌리9호분 을관의 연대문제」, 『제30회 백제연구 공개강좌』, 충남대백제연구소, 1997 ; 朴淳發, 「4~6세기 영산강유역의 동향」, 『백제사상의 전쟁』, 충남대 백제연구소, 1998.

17) 林永珍, 앞의 글, 1997.

18) 吉井秀夫, 앞의 글, 1996 ; 岡內三眞, 앞의 글, 1996 ; 東潮, 앞의 글, 1996 ; 林永珍, 앞의 글, 1997 ; 朱甫暾, 「백제의 영산강유역 지배방식과 前方後圓墳 피장자의 성격」, 『한국의 전방후원분』, 충남대 백제연구소, 1999 ; 北條芳隆, 「前方後圓墳의 전개와 그 다양성」, 『한국의 전방후원분』, 충남대 백제연구소, 1999.

19) 『三國史記』 권23, 百濟本紀1, 溫祚王 26年.

20) 『三國史記』 권24, 百濟本紀2, 責稽王 13年·汾西王 7年.

21) 尹武炳, 「김제벽골제 발굴보고」, 『백제고고학연구』, 학연문화사, 1992, 362쪽.

22) 文安植, 앞의 글, 제4장, 2000, 159쪽.

23) 李基東, 「백제 왕실 交代論에 대하여」, 『백제연구』 12, 1981.

24) 『三國史記』 권23, 百濟本紀1, 肖古王 49年.

25) 成正鏞, 「中西部 馬韓地域의 百濟領域化過程 硏究」, 서울대학교 박사학위 논문, 2000, 105쪽.

26) 백제의 지방제도는 『日本書紀』 권11, 仁德天皇 41年條에 보이는 "春三月 遣紀角宿禰於百濟 始分國郡疆場 具錄鄕土所出"라는 사료를 토대로 하여 仁德 41년에 해당하는 353년(근초고왕 8) 무렵에 중앙집권적 귀족국가가 완성되

면서 정비된 것으로 보고있다(盧重國, 앞의 책, 1988, 233~236쪽).

27) 『日本書紀』 권9, 神功皇后 49年 春三月,

28) 李丙燾, 앞의 책, 1976, 512쪽.

29) 小田富士雄, 「百濟古墳の系譜」, 『文山金三龍博士古稀紀念 馬韓百濟文化와 彌勒思想』, 원광대학교 출판부, 1994, 397쪽.

30) 韓永熙 外, 「부안 죽막동 제사유적 발굴조사 진전보고」, 『고고학지』 4, 1992, 157쪽.

31) 林永珍, 앞의 글, 1997, 57쪽.

32) 神功紀에 보이는 침미다례의 위치에 대해서는 해남으로 보는 것이 일반적이다(李丙燾, 앞의 책, 1976, 512쪽). 다만 침미다례가 구체적으로 해남의 어느 지역인가에 대해서는 아직 정확한 지역을 제시하지 못하였다. 필자는 앞서 상론한 북일면 신월리를 중심으로 옹관묘・석관묘・즙석봉토분・석실분 등이 다양하게 조성되어 있는 동부권역으로 추정하고 있다.

33) 千寬宇, 「마한제국의 위치시론」, 『동양학』 9, 단국대학교, 1979, 216쪽.

34) 林永珍, 「백제의 성장과 마한세력, 그리고 倭」, 『古代の河內と百濟』, 枚方歷史フォーラム實行委員會, 2002, 60쪽.

35) 金英心, 앞의 글, 1997, 28~29쪽.

36) 文安植, 앞의 글, 2000, 168쪽.

37) 權五榮, 『복암리고분군』, 전남대박물관, 1999, 310쪽.

38) 필자는 근초고왕의 經略으로 해남지역에 위치한 침미다례가 큰 타격을 받은 것과 달리 시종세력과 반남세력은 오히려 발전하였다는 생각을 갖고 있었다. 이는 강력한 騎兵團을 보유한 백제가 영산강유역의 평야지대 세력을 큰 위험 부담없이 언제든지 장악 가능한 것으로 판단하여 무력적인 제재를 가하지 않았기 때문으로 판단하였다(文安植, 앞의 책, 2002, 244쪽). 그러나 이러한 관점은 영산강유역의 고대지형에 대한 이해가 깊지 못한 상황에서 작성하였기 때문에 일부 오류를 본고에서 수정하고자 한다.

39) 李賢惠, 「4~5세기 영산강유역 토착세력의 성격」, 『역사학보』 166, 2000, 30쪽.

40) 정승원, 「紫微山城考」, 『전남문화』 4, 1991, 31~44쪽.

41) 1928년에 일본해군 수로국이 작성한 『한국연안수로지』에 의하면 하구언이 축조되기 이전에 목포에서 몽탄나루까지는 조수의 영향이 크기 때문에 內海라고 할만하나, 高潮時의 경우에만 그러하였고 저조시에는 수로의 폭이 겨우 0.5~1km에 불과하였다. 썰물 때의 이 수로는 마치 갯골과 같으며 그 주위에는 넓은 갯벌이 드러난다. 이때는 작은 배만 겨우 수로를 통하여 운항할

수 있다고 한다.

42) 내동천은 현재는 갯벌이 농경지로 변해 시종면 와우리 계산포 새우머리 수
   문을 흐르는 새로운 유로가 형성되었다.

43) 장보웅,「영산강유역의 자연지리적 환경」,『영산강유역사연구』, 한국향토사
   연구전국협의회, 1997, 43쪽.

44) 나주의 지리적 조건과 상업활동에 대하여 조선 초기의 기록인『新增東國輿
   地勝覽』제35권, 羅州牧篇의 宮室 碧梧軒을 보면 "나주는 전라도에서 가장
   커서 땅이 넓고 民物이 번성하다. 땅이 또한 바닷가라 메벼가 많이 나고, 물
   산이 풍성하여 전라도의 조세가 모이는 곳이고, 사방의 상인들이 몰려든다"
   라고 하여, 나주가 바닷가에 위치한 상업의 요지였음을 알 수 있다.

45) 반남지역에 포구가 위치한 사실은 후대의 기록인『高麗史』를 통해서도 알
   수 있다. 太祖 卽位年 기사에 의하면 "태조는 드디어 광주 서남지경 반남현
   포구에 이르러 적의 경내에 첩보망을 펼쳐 놓았다"고 하여 반남지역에 포구
   가 있었음을 기록하고 있다.

46) 반남고분군은 표고 94.5m의 자미산에서 동북쪽으로 이어지는 구릉상에 9기
   가 있었던 것으로 보고되었지만 7·8호분은 현재 분구가 전혀 남아있지 않
   고, 6·7·9호는 발굴조사가 이루어져서 그 내용의 일부가 알려졌다. 신촌리
   고분군의 분구 형태는 원형·방대형·사다리꼴·장고형 등 다양한데 6호분
   은 사다리꼴 2개가 이어져 장고형을 이루고 있는 점이 특이하다. 최근 이루
   어진 4·5·6호분의 정비복원 과정에서 모두 분구 주변에 주구를 가지고 있
   음이 확인됨으로써 나머지 고분들도 주구가 있을 것으로 추정된다.

47) 대안리 고분군은 자미산 서쪽의 낮은 구릉상에 12기의 고분이 있었던 것으
   로 보고되었지만 5·6·10·11·12호분은 현재 분구가 전혀 남아 있지 않아
   인멸된 것으로 알려져 있고, 4·8·9호는 발굴조사가 이루어졌다. 최근 이루
   어진 1·2·3호분의 정비 과정에서 분구 주변에서 주구가 확인됨에 따라 나
   머지 고분들도 대부분 분구 주변에 주구를 가지고 있을 것으로 추정된다. 따
   라서 이미 멸실되어 분구가 남아있지 않은 5·6·10·11·12호분도 주구가
   남아 있을 가능성이 높고 주구 조사가 이루어지면 원래의 평면형태와 규모
   를 파악할 수 있을 것으로 기대된다.

48) 덕산리고분군은 자미산에서 동남쪽으로 돌아 동북쪽으로 이어지는 구릉상에
   10기가 있었던 것으로 보고되었지만 6·7·8호분은 분구가 전혀 남아있지
   않고, 1·2·3·4·5호분은 발굴조사가 이루어졌다.

49) 成洛俊,「해남부길리 옹관유구」,『호남고고학보』1, 1994.

50) 林孝澤,「副葬鐵鋌考」,『동의사학』2, 1985.

51) 西谷正, 「종합토론문」, 『加倻諸國의 鐵』, 인제대학교 가야문화연구소, 1995, 212~213쪽.

52) 李道學, 앞의 책, 1995, 340쪽.

53) 공납지배는 고대에 중앙정부가 지방을 간접적으로 통치하는 방식의 일례이다. 중앙정부가 지방통치조직을 편성하고 지방관을 파견하여 통치하는 방식을 직접지배라고 한다. 그러나 중심세력이 새롭게 차지한 영역에 대해 직접지배할 만큼의 힘을 담보하지 못하였을 경우 간접지배를 실시하였다. 간접지배는 중심국이 복속지역에 대해 상당할 정도로 자치를 보장해주고 공납이라는 복속의례를 통해 통치하는 방식이다(주보돈, 「마립간시대 신라의 지방통치」, 『영남고고학』 19, 1996).

54) 『三國史記』 권25, 百濟本紀3, 毗有王 3年.

55) 『三國史記』 권25, 百濟本紀3, 蓋鹵王 18年.

56) 『三國史記』 권25, 百濟本紀3, 蓋鹵王 21年.

57) 『三國史記』 권3, 新羅本紀3, 奈勿王 18年.

58) 金泰植, 「가야 연맹의 발전」, 『한국사』 7, 국사편찬위원회, 1997, 339쪽.

59) 林永珍, 「전남지역 석실분의 立地와 石室構造」, 『제5회 호남고고학회 학술대회 발표요지』, 1997.

60) 장고분은 전남지역에서 주로 발견되는 독특한 형태의 삼국시대 고분으로서 일본 고분시대의 전방후원분과 통한다. 원형의 분구에 장방형이나 사다리꼴의 분구가 연결되어 있는 것으로 장고분, 장고형고분, 전방후원형고분 등으로 불리고 있다. 일본의 전방후원분은 각지에 5,000기가 넘게 분포하고 있으며 규모도 다양할 뿐 아니라 기원후 300년을 전후한 시기에 시작되어 7세기 중엽경에 소멸되기까지 350여 년간 성행하였다. 우리나라에서는 지금까지 전남지역에서 10여 기가 확인되었는데, 그 중 5기가 발굴되었다. 당시 이 지역 마한의 중심지였던 나주를 제외한 영산강유역의 외곽지역에 분포하며 군집상을 보이지 못하고 대부분 단독분으로 존재하는 것이 특징이다. 고분은 기획성을 가지고 축조되었으며 원부가 방부보다 대부분 더 크며 약간 높은 편이다. 규모면으로 볼 때 우리나라 고분 가운데 최대급에 속하는 것으로 해남 장고봉고분이나 함평 장고산고분은 전체 길이가 70m가 넘는다. 매장시설은 원부에 있으며 내부 매장시설은 수혈식 석곽묘로 파악된 영암 태간리고분을 제외하면 모두 횡혈식 석실묘이다. 분구 주변에서 周濠가 확인된 광주 월계동과 명화동의 예를 보면 주호는 防牌形을 이루고 있으며 원통형토기나 나팔형토기, 삿갓형·방패형 목기가 분구 가장자리에 둘려져 있는 것도 있다. 전남지역의 장고분은 석실구조와 출토유물로 보아 대부분 5세기 후반~

6세기 중반에 해당한다. 전남지역 고분은 사다리꼴·원형·방대형·장고형 등 다양한 분구가 보이는데 분구 형태는 매장시설과 함께 시기적인 변화를 반영하고 있다(林永珍, 『전남향토대백과사전』, 전라남도, 2002).

61) 吉井秀夫, 앞의 글, 1996, 191~193쪽.

62) 姜仁求, 『三國時代墳丘墓硏究』, 일지사, 1984, 299~300쪽 ; 成洛俊, 「백제의 지방통치와 전남지방 고분의 상관성」, 『백제의 중앙과 지방』, 충남대학교 백제문화연구소, 1997, 238쪽.

63) 林永珍, 앞의 글, 1997, 53쪽.

64) 岡內三眞, 「前方後圓墳のモデル」, 『韓國の前方後圓墳』, 雄山閣出版, 1996.

65) 朱甫暾, 앞의 글, 1999.

66) 朴仲煥, 앞의 책, 1996, 71~74쪽.

67) 土生田純之, 「朝鮮半島の前方後圓墳」, 『人文科學年報』 26, 專修大學 人文科學硏究所, 1996.

68) 兪炳夏, 「부안 죽막동유적에서 진행된 삼국시대의 海神祭祀」, 『부안죽막동 제사유적 연구』, 국립전주박물관, 1998, 226쪽.

69) 한반도세력과 九州와의 관계에 대해서는 다음의 글을 참조하길 바란다. 延敏洙, 「일본사상에 있어서 九州의 위치」, 『동국사학』 30, 1996, 393쪽.

70) 朴淳發, 앞의 글, 1999, 111쪽.

71) 柳澤一男, 「全南の榮山江型橫穴式石室と九州型の橫穴式石室の前方後圓墳」, 第51回 朝鮮學會發表要旨, 2000.

72) 太田博之, 「韓國出土の圓筒形土器と埴輪型土製品」, 『韓國の前方後圓墳』, 雄山閣, 1996 ; 小栗明彦, 「光州月桂洞1號墳出土埴輪の評價」, 『考古學硏究』 137, 古代學硏究會, 1997 ; 大竹弘之, 「韓國全羅南道の圓筒形土器」, 朝鮮學會 第51回大會要綱, 2000.

73) 林永珍, 앞의 글, 2001, 64쪽.

74) 김낙중, 「나주 신촌리 9호분 벌굴조사」, 『고고학을 통해본 가야』, 한국고고학회, 1999.

75) 禹在炳, 「영산강 유역 前方後圓墳 출토 圓筒形토기에 관한 試論」, 『백제연구』 31, 충남대학교 백제연구소, 2000.

76) 반남면 신촌리의 가장 대표적인 고분인 9호분은 덕산리고분군과 동일한 구릉지역에 위치하며 1917~18년에 처음 조사되었다. 길이 45m 내외, 너비 30m 내외의 방대형에 가까운 분구 위쪽에 12기의 옹관이 일부 중첩되어 안치되어 있고, 금동관과 금동신발을 비롯하여 金環·龍鳳文環頭大刀·三葉文環頭大刀·톱·창·구슬 등과 많은 토기들이 출토되었다. 1999년 재발굴이

이루어져 2회에 걸쳐 축조된 사실이 밝혀졌고, 초축 분구 위에 원통형토기가 배치되었음이 확인되었다(국립문화재연구소, 『나주신촌리 9호분』, 2001).

77) 백암리고분은 필자가 화순군 문화재전문위원으로 재직하면서 발견한 분묘이며, 원통형토기편은 국립광주박물관 은화수·최상종선생이 현장조사에서 확인하였다.

78) 『三國史記』 권20, 百濟本紀4, 東城王 20年.

79) 姜鳳龍, 「5~6세기 영산강유역 '옹관고분사회'의 해체」, 『백제의 지방통치』, 학연문화사, 1998.

80) 李根雨, 「웅진시대 백제의 남방경역에 대하여」, 『백제연구』 27, 1997, 53쪽.

81) 『日本書紀』 권17, 繼體紀 2年 12月條.

82) 『三國史記』 권20, 百濟本紀4, 東城王 20年.

83) 延敏洙, 「六世紀 前半 가야제국을 둘러싼 백제·신라의 동향」, 『신라문화』 7, 동국대학교 신라문화연구소, 1990, 119쪽.

84) 金泰植, 앞의 책, 1993, 205쪽.

85) 酒井改藏, 『日本書紀の朝鮮地名』, 親和, 1970 ; 全榮來, 앞의 글, 1985 ; 李根雨, 앞의 글, 1997.

86) 李熙眞, 「백제세력의 가야진출과 가야의 대응」, 『軍史』 33, 1996.

87) 兪元載, 「『梁書』「百濟傳」의 담로」, 『백제의 지방통치』, 학연문화사, 1998, 160쪽.

88) 林永珍, 앞의 글, 1997, 37~59쪽.

89) 林永珍, 앞의 글, 1997, 51쪽.

90) 文安植, 앞의 글, 2000, 185쪽.

91) 홍덕리석실분은 지름 14m 정도의 봉토를 가졌으며, 돌방은 가운데에 넓은 판돌을 세워 둘로 나누어진 특이한 구조의 두방무덤이다. 1938년 우연히 발견되었으며 이듬해 실측조사가 있었다. 출토유물로는 관못과 관고리, 병모양토기, 은화관식 등이 있다. 특히 은화관식은 백제의 솔급의 관위를 가진 신분을 상징하는 것이어서 무덤의 주인공이 백제의 관료였음을 보여주고 있다. 이 무덤의 연대는 6세기 후반에서 7세기 초에 걸쳐 축조된 것으로 추정하고 있다(有光敎一, 『昭和11年度 古蹟調査報告』, 朝鮮古蹟研究會, 1940 ; 國立光州博物館, 『羅州潘南古墳群』, 1988).

92) 다시평야는 해발 10~30m의 구릉지역으로 둘러싸여 있는데, 복암리고분군은 해발 7~8m의 저기복 구릉의 끝부분에 위치하고 있다. 현재 방형계고분 3기와 원형고분 1기가 남아있지만 근년의 경지정리 이전까지는 7기가 있었다고 한다. 1·2·3호분은 북쪽에서 남쪽으로 열을 지어 있으며 4호분은 3호분의

서쪽에 있다. 특히 3호분은 방대형고분으로 옹관이 매납된 석실묘를 비롯하여 옹관묘, 석실묘, 석곽묘, 목관묘 등 다양한 매장시설 41기가 확인되었다. 조사결과 복암리고분군은 단일한 기획에 의해 완성된 것이 아니라, 오랜 기간을 두고 3단계에 걸쳐 분구의 변형과 추가장이 이루어졌다(金洛中, 「羅州伏岩里 3號墳 發掘調査」 제22회 한국고고학전국대회 발표요지, 韓國考古學會, 1998 ; 林永珍·趙鎭先·徐賢珠, 「羅州 伏岩里 古墳群」, 全南大學校博物館·羅州市, 1999).

93) 金周成, 「사비천도와 지배체제의 재편」, 『한국사』 6, 국사편찬위원회, 1995, 85쪽.

94) 『續日本記』 권40, 今皇帝 桓武天皇 10年 4月 戊戌.

95) 金秉仁, 「王仁의 '지역 영웅화'과정에 대한 문헌사적 검토」, 『한국사연구』 115, 2000.

96) 『朝鮮寰輿勝覽』 靈巖 鳩林 古跡條.

97) 이에 대해서는 다음의 글을 참조하길 바란다. 왕인박사현창협회·전라남도, 『왕인박사유적지종합조사보고서』, 1975 ; 왕인문화연구소, 『영암왕인유적의 현황』, 1986 ; 鄭永鎬, 『백제왕인박사사적연구』, 한국교원대학교박물관·영암군, 1995.

98) 『續日本記』 권40, 今皇帝 桓武天皇 10年 4月 戊戌.

99) 金哲俊, 「영암왕인유적설에 대한 비판-왕인유적지 사적 지정에 대한 문화재위원회 제출 소견문」, 1985.

100) 論語는 後漢代의 鄭玄註解의 것과 魏의 何晏集註가 있고, 천자문은 魏(220~265)의 鍾繇가 지은 것과 梁武帝 때 周興嗣의 것이 있다. 그 중 왕인이 가지고 간 논어와 천자문은 연대상으로 보아 何晏集註와 周興嗣의 것일 가능성이 높다(今西龍, 『百濟史硏究』, 圖書刊行會, 1971, 81쪽 ; 李丙燾, 「백제 학술 및 기술의 일본전파」, 『백제연구』 2, 충남대학교 백제연구소, 1971).

101) 鄭永鎬, 앞의 책, 1995, 21~28쪽.

102) 金哲俊, 앞의 소견문, 1985.

103) 『朝鮮寰輿勝覽』 靈巖 寺刹條, "文殊庵在月出朱芝峰下現爲鳩林里洞契書齋".

104) 鄭永鎬, 앞의 책, 1995, 23쪽.

105) 김준, 「농촌마을의 조직과 공간구조의 변동-구림마을 중심으로」, 『호남문화연구』 28, 호남문화연구소, 2001, 133쪽.

106) 왕인의 묘소는 오사카와 교토의 중간지점인 히라카타(枚方)시에 있다. 그의 묘가 세상에 알려진 것은 1731년에 이르러 儒者인 나미가와 고이치로의 노력 때문이었다. 그는 枚方市 禁野에 있는 和田寺의 고기록을 통해 藤阪御墓

谷에 있다는 사실을 알고, 그 지역을 답사하여 자연적인 입석을 발견하여 이를 왕인의 묘라고 하였다. 그리고 당시 영주였던 久具右衛門이 장방형의 묘석에 '博士王仁墓'라고 楷書로 새겼다(金昌洙, 『博士王仁』, 영암군, 1993).

107) 金昌洙, 위의 책, 1993, 33~36쪽.

108) 山座圓次郎, 「朝鮮國全羅道巡廻復命書」, 『通商彙纂』 第22號, 1895.

109) 金昌洙, 앞의 책, 영암군, 1993, 211쪽.

110) 『朝鮮寶輿勝覽』 靈巖郡 名所 聖基洞.

111) 『朝鮮寶輿勝覽』 靈巖郡 名宦 王仁.

112) 이병연이 편찬한 『조선환여승람』 영암군 조의 다른 기록에는 도선국사와 관련된 유적지가 많이 소개되어 있는 반면에, 왕인에 관한 유적지는 따로 설명이 되어있지 않은 사실과 비교된다. 이는 이병연이 『조선환여승람』을 편찬할 당시, 왕인의 '영암 출생설'에 대한 정확한 근거를 확보하지 못했음을 반증하는 사례로 볼 수 있다(金秉仁, 앞의 글, 2000, 188쪽).

113) 이에 대한 자세한 내용은 다음의 글을 참조하길 바란다. 金秉仁, 앞의 글, 2000, 189쪽.

114) 홍상규, 『왕인』, 웅진문화사, 1991 ; 박광순, 「'땅끝', 上野, 그리고 枚方」, 『성기동』 창간호, 1986.

115) 1970년대에 이르러 영산강 수로는 상류의 댐건설 이후부터 하상이 높아지고 중류는 모래 채취와 유로의 직선화로 인하여 하상이 낮아졌으며, 하류 부근의 퇴적현상이 급증하는 등 큰 변화가 일어났다. 상류 댐의 저수로 인하여 수량의 감소와 유역 내 산업시설의 증가로 인하여 강의 오염이 심각하게 되었으며, 하구언이 조수를 절단함에 따라 하류쪽의 수위도 매우 저하되어 영산포의 선창가는 얕은 여울물로 변해 버렸다. 영산포는 1977년 10월 마지막 배가 떠남으로써 수운 기능이 완전 중지되었다(김경수, 「영산강유역의 수운」, 『영산강유역사연구』, 한국향토사연구전국협의회, 639쪽).

116) 한반도세력과 九州와의 관계에 대해서는 다음의 글을 참조하길 바란다. 延敏洙, 「일본사상에 있어서 九州의 위치」, 『동국사학』 30, 1996, 393쪽.

117) 吉井秀夫, 「백제 지방통치에 대한 제문제」, 『백제의 중앙과 지방』(백제연구논총 5), 1996, 191~193쪽.

118) 尹明哲, 「후백제의 해양활동과 대외교류」, 『후백제 견훤정권과 전주』, 주류성, 2001, 328쪽.

119) 李道學, 『백제 고대국가 연구』, 일지사, 1995, 349~352쪽.

120) 文安植, 「樂浪・帶方의 逐出과 全南地域 古代社會의 推移」, 『東國史學』 38, 2002, 20쪽.

121) 중앙정부가 지방통치조직을 편성하고 지방관을 파견하여 통치하는 방식을 직접지배라고 한다. 그러나 중심세력이 새롭게 차지한 영역에 대해 직접 지배할 만큼의 힘을 담보하지 못하였을 경우 간접지배를 실시하였다. 간접지배는 중심국이 복속지역에 대해 상당할 정도로 자치를 보장해주고 공납이라는 복속의례를 통해 통치하는 방식이다(주보돈, 「마립간시대 신라의 지방통치」, 『영남고고학』 19, 1996).

122) 文安植, 『백제의 영역확장과 지방통치』, 신서원, 2002, 244쪽.

123) 고려시대의 조운제도를 보면 성종 11년(992)에 州·府·郡·縣 등의 일반행정구획과 아울러 조운을 담당하는 강인 포구 등의 이름을 개정하면서 창, 수참 등을 설치하였다(『高麗史』 권3, 成宗 11年 11月). 각 군현은 개별적으로 부근의 포구에 설치된 창에 세곡을 집결시켰다가 거점이 되는 한 곳에 모은 후 선박으로 개경 부근으로 운송했다.
조선시대의 경우도 영산강유역은 현재의 나주시 삼영동 뒷산에 위치한 영산창을 중심으로 이루어졌다. 『세종실록지리지』 전라도 편에 의하면 영산창은 이곳 금강언덕에 설치되었으며, 오늘날 전남 일원 즉 나주·순천·장흥·담양·낙안·보성·해진(해남, 진도)·영암·영광·무진(광주)·강진·고흥·광양·능주·남평·화순·동복·곡성·옥과·창평·진원·장성·홍덕·무장·함평·무안 등 26고을의 세곡을 모아 서울로 운송했다.

124) 1990년 12월 5일 전라남도문화재자료 제181호로 지정되었다. 자연석을 약간 다듬어 만든 石柱形 비로, 앞면에만 글자가 음각되어 있다. 행서체로 총 4행의 비문이 세로 쓰기로 되어 있는데 마모가 심하여 정확한 글자 판독이 어렵기 때문에 명문의 성격을 정확하게 파악할 수 없다. 명문에 기록된 당나라 연호 貞元 2년은 786년(원성왕 2)을 나타내는 것으로, 현재 전라남도에 남아 있는 금석문 가운데 가장 오래된 것이라는 점에서 가치가 있다. 또 비문에 나와 있는 香藏, 습香 등의 용어는 불교와 관계된 것으로 보인다.

125) 매향이란 하늘과 땅의 신을 만나 복을 빌기 위해 향을 피우거나 향나무를 묻는 풍습을 말한다. 내세에 복을 빌기 위해 향나무를 묻은 뒤 시기와 장소, 관련 집단에 대한 기록을 남기고 석비를 세우는데 이것을 매향비라고 한다. 땅에 묻은 향나무를 매개로 발원자와 하생 미륵이 연결되기를 기원하는데 이는 바로 미륵신앙과도 통한다. 매향은 주로 계곡의 물과 바닷물이 만나는 지점에서 행해졌다. 그리고 우리나라에서 발견된 매향비는 대부분 고려 말~조선 초의 시대적 전환기에 세워졌다(李海濬, 「매향신앙과 그 주도집단의 성격」, 『김철준박사 화갑기념사학논총』, 삼영사, 1983).

126) 영산포는 조선시대에는 조운선이 다니고, 1970년대까지 배가 드나들며 사람

들을 실어 날랐다. 나룻터는 하류쪽에서 상류쪽으로 몽탄나루~자구리나루~뒤구지나루~북적포나루~신설포나루~사포나루~고운진나루~중촌포나루~터진목나루~회진나루~동말나루~구진나루~둥구나루~노항나루~방목나루~천동나루 등이 있었고, 지석강에는 이내나루~덕례나루~구소나루 등이 있었다. 영산강유역의 수운은 1911년까지만 해도 이 지역의 교통수단으로는 절대적인 위치에 있었다. 영산강 뱃길은 1912년 도로와 1913년 호남선 철도가 개통되면서 이용객이 급격히 감소하였다. 1945년 이후에는 어선이 물때를 맞춰 오르내렸으나, 1970년대에 추진된 영산강 하구언 건설로 뱃길이 끊기면서 교통수단으로서의 영산강은 그 기능을 상실하였다.

127) 李重煥,「八道總論 全羅道」,『擇里志』.

128)『三國志』권30, 魏書30, 烏丸鮮卑東夷傳, 倭人條, "倭人 在帶方東南大海之中……從郡至倭 循海岸水行 歷韓國 乍南乍東 到其北岸狗邪韓國 七千餘里 始渡一海 千餘里 至大馬國".

129)『日本書紀』권9, 神功皇后 46년 春3月 乙亥.

130) 이때의 가야정벌은 군사적인 무력침입이라기보다는 백제를 정점으로 하여 比自㶱 등 7국이 동맹을 맺거나 통교하게 되었던 역사적 사실을 설화적으로 표현한 것으로 보기도 한다(金泰植,『가야연맹사』, 일조각, 1993, 333쪽). 근초고왕은 낙동강유역에 진출하여 종래 본가야가 장악하였던 교역 중개지로서의 위치를 차지함으로써, 중국·가야·왜로 이어지는 교역 루트를 확보하였다. 근초고왕은 마한의 잔여세력이 유지하고 있던 중국·가야·倭와의 교역루트를 차단할 목적으로 대외교섭 창구를 직접 장악하였다(文安植, 앞의 책, 2002, 241쪽).

131) 成正鏞,「홍성 신금성지 출토 백제토기에 대한 고찰」,『한국상고사학보』15, 1994, 93쪽.

132) 백제의 마한지역 진출은 내륙 평야지대의 장악에 앞서 水路를 통하여 중앙권력의 침투가 용이한 강가나 해안가를 먼저 향했다. 백제가 4세기 초반에 진출한 익산지역의 경우도 지리적으로 진출이 용이한 입점리와 웅포리의 토착세력을 먼저 장악한 후 그 세력의 범위를 익산의 핵심부 지역까지 넓혀갔다(金英心,「백제 지방통치체제 연구」, 서울대학교 박사학위논문, 1997, 121쪽).

133) 文安植, 앞의 책, 2002, 165쪽.

134)『三國史記』권25, 百濟本紀3, 阿莘王 6年.

135)『日本書紀』권9, 神功皇后 52年.

136) 칠지도는 일본 奈良縣 天理市 이소노카미신궁에 소장되어 있다. 곧은 검신의

몸 좌우로 가지 모양의 칼이 각각 3개씩 나와 있어 모두 7개의 칼날을 이루고 있으므로 칠지도라는 이름이 붙여졌다. 칠지도의 전체 길이는 71.9cm에 달한다.

137) 李丙燾, 『한국고대사연구』, 박영사, 1976.

138) 文安植, 앞의 책, 2002, 205~207쪽.

139) 『三國史記』 권24, 百濟本紀2, 近肖古王 27年.

140) 『日本書紀』 권9, 神功皇后 46年 春三月.

141) 『三國史記』 권25, 百濟本紀3, 阿莘王 11年.

142) 『三國史記』 권25, 百濟本紀3, 阿莘王 12年.

143) 李基東, 「百濟의 勃興과 對倭國關係의 成立」, 『古代韓日文化交流研究』, 정신문화연구원, 1990, 252쪽.

144) 李基東, 앞의 책, 1990, 274~281쪽.

145) 왕인의 이름은 『古事記』에는 와니키시(和邇吉師)라 기록되어 있고, 『日本書紀』에는 와니(王仁)로 기록되어 있다.

146) 『日本書紀』 권10, 譽田天皇 應神天皇 15年·16年.

147) 『續日本記』 권40, 今皇帝 桓武天皇 10年 4月 戊戌.

148) 稲葉君山, 「樂浪王氏の由來」, 『朝鮮史學』 1-1, 1926.

149) 大木衛, 「日本古代文化に貢獻した韓國文化の軌跡」, 『日本研究』 3, 1992, 225쪽.

150) 林光奎, 『全南每日新聞』 1973년 9월 7일 5面.

151) 三上次男, 「樂浪郡の社會支配 構造」, 『朝鮮學報』 30, 1964, 35~43쪽.

152) 『資治通鑑』 권88, 晉愍帝 建興 元年.

153) 孔錫龜, 「홍덕리 벽화고분의 주인공과 그 성격」, 『백제연구』 21, 충남대학교 백제연구소, 1990.

154) 이때의 평양성은 오늘날의 평양이 아니라 고구려 3京 중에서 南京이 위치한 재령의 남평양을 지칭한다. 남평양의 위치에 대해서는 해주 북방 신원에 서 발견된 도시 유적이 관련이 있는 것으로 보고 있다(채희국, 『고구려사연구』, 1985).

155) 崔鍾澤, 「황주출토백제토기류」, 『한국상고사학보』 4, 1990.

156) 『三國史記』 권24, 百濟本紀2, 近肖古王 30年.

157) 李丙燾, 앞의 책, 1976, 515쪽.

158) 金京七, 「고고학적 자료를 통해 본 왕인집단의 성격」, 『호남향사회보』 창간호, 호남향사회, 1990.

159) 金哲俊, 앞 소견문, 1985.

160) 金周成, 「영산강유역 대형옹관묘 사회의 성장에 대한 시론」, 『백제연구』 27, 1997, 36쪽.

161) 梁起錫, 「백제의 해외진출」, 『계간경향』 여름호, 1987, 80쪽.

162) 山尾幸久, 김기섭 역, 「일본 고대왕권의 형성과 조선」, 『고대한일관계사의 이해』, 이론과 실천, 1994, 208쪽.

163) 李道學, 『백제고대국가연구』, 일지사, 1995, 200쪽.

164) 『日本書紀』 권10, 應神天皇 14年.

165) 『日本書紀』 권19, 欽明天皇 14年 6月.

166) 『隋書』 권81, 列傳46 東夷, 倭國條.

167) 백제가 일본으로 문자와 불경 등을 전해준 시기에 대해서는 다음의 글을 참조하길 바란다. 金煐泰, 「백제의 對日本 文字・佛經 初傳과 그 始期」, 『如山 柳炳德博士華甲紀念 韓國哲學宗教思想史』, 1990, 295~312쪽.

168) 韓致奫, 『海東繹史』 권67, 王仁 附 阿直歧, 1814.

169) 일본의 각종 기록에 등장하는 왕인과 관련된 異名・異稱은 의외로 많다. 그리고 왕인의 후예임을 자처하는 자손들의 성씨와 이름도 복잡하며, 왕인 유적지로 추정되는 지명 또한 다양하다(鄭永鎬, 앞의 책, 1995, 75~85쪽).

170) 왕인의 후예의 활약에 대해서는 다음의 글을 참조하길 바란다. 井上光貞, 「王仁の後裔氏族とその佛教」, 『史學雜誌』 54-9, 1944 ; 金昌洙, 앞의 책, 1996, 49~56쪽.

제3장 전남 동부지역 토착사회의 성장과 그 한계

섬진강유역 토착사회의 성장과 발전

1. 머리말

전남의 동부지역은 사람들이 구석기시대부터 터전을 마련하여 살아 왔으며, 다른 지역과 마찬가지로 본격적으로 살기 시작한 것은 신석기시대 이후였다. 청동기시대에 들어오면서 동부지역은 종래의 해산자원 외에 새로이 농경과 가축 사육이 추가된 결과 생산성은 한층 증대되고 인구도 급속히 증가하였다. 이러한 사회경제적 기반 위에서 토착사회가 성장하고 해로 혹은 육로를 통해 이주자가 남하하면서 차츰 부족간의 경쟁이 격화되었다.

한반도의 청동기문화는 시베리아와 중국 동북부를 거쳐 청동기술이 유입된 후 각 지방으로 확산되었다. 전남지방은 전국에서 지석묘가 가장 밀집된 지역인데, 그 중에서도 보성만을 중심으로 한 남해안 지역이 최대 밀집권을 형성한다. 지석묘는 철기문화를 수용하기 전 단계인 마한 성립 전과 연결된다. 전남지역의 지석묘는 마한 성립 이전의 토착적인 문화로 청동기사회에 토대를 둔 진국(辰國)의 문화로 추정된다.[1]

전남의 각 지역에 새로운 철기 제작기술을 갖고 이주해 온 집단이 지석묘 문화를 흡수하여, 마한사회가 형성된 것은 B.C. 2세기 이후였다.[2] 전남 동부지역에도 적지 않은 숫자의 성읍국가들이 해안과 강가를 중심으로 성장하였다. 그러나 동부지역 토착사회는 마한시대를 거치면서 다른 지역이 고대국가 단계로 접어 든 것에 비하여 오랫동안 정체상태에 머물렀다. 또한 3세기 후반에 이르러 전남 서부지역이 영산강유역을 중심으로 하여 옹관묘가 대형화되는 고총고분 단계로 발전한 것과도 큰 차이를 보인다.

본고에서는 전남 동부지역 토착사회의 성장과정을 서부지역과 비교하면서 살펴보고자 한다. 또한 동부지역의 토착사회가 성읍국가에 머물고 연맹체단계로 발전하지 못한 이유를 함께 검토할 것이다.

2. 선사시대의 사회와 문화

전남의 동부지역은 사람들이 구석기시대부터 터전을 마련하여 살아온 곳이기 때문에 그 삶을 반영하는 수많은 문화유적이 남아 있다. 이 지역의 구석기 문화는 섬진강유역과 보성강유역을 중심으로 조사되었다. 지금까지 발견된 유적은 곡성 주산리, 곡성 송전리, 곡성 제월리, 화순 사수리 대전, 보성 죽산리, 순천 신평리 금평, 순천 우산리 곡천, 순천 덕산리, 순천 죽내리, 순천 월평 등을 들 수 있다.

전남 동부지역의 대표적인 구석기 유적은 1996년에 조사된 섬진강유역에 위치한 황전천변의 순천 죽내리유적을 들 수 있다. 이 유적은 4개의 구석기 문화층이 마지막 간빙기 이후 쌓인 지층 속에 차례로 층위를 이루고 있으며, 맨 아래와 위층의 석기들은 형태나 제작기법이 뚜렷한 차이가 나며 서로 붙는 석기들이 포함되어 있다. 죽내리유적의 조사를 통하여 이 지역에 사람들이 살기 시작한 연대가 중기 구석기까지 올라가고, 후기와 중기 구석기시대의 풍부한 석기 자료를 확보하게 되었다.3)

다른 지역과 마찬가지로 전남의 동부지역에 사람들이 본격적으로 살기 시작한 것은 신석기시대에 이르러서이며, 해안가를 중심으로 그 유적이 발견되고 있다. 그 대표적인 유적을 살펴보면 곡성 유정리 유평, 순천 대치리, 순천 대곡리, 순천 오봉리, 보성 죽산리, 광양 오사리, 여수 월내동 등을 들 수 있다.

신석기시대 전기에는 오늘날의 생활환경과 큰 차이가 있었다. 이때는 지구의 온난화 현상이 극심하여 온도가 매우 높았기 때문에 빙하가 녹아내려 바닷물이 강을 따라 육지의 깊숙한 지역까지 들어 왔다. 또한 바닷가와 연접한 낮은 지역의 해안가는 대부분 바다 속에 잠겨 있었다. 그러나 점차 온도가 내려가 신석기시대 후기에 이르러서는 현재와 비슷한 기온이 유지되었다. 따라서 신석기시대 후기 이후에 해수면이 내려감에 따라 각지에 저습지가 생겨나고 벼농사 기술이 전래되었다.[4]

이 무렵 살았던 사람들의 생활 유적 중의 한 곳인 여수 송도패총에서는 덧무늬토기를 중심으로 각종 토기류, 뼈연모, 장신구 및 낚시도구가 출토되었다. 특히 사람이 살았던 집자리 2기가 발견되어 관심을 끌었으며, 방사선탄소연대측정 결과 각각 4285±195, 4290±200 B.C.의 연대가 얻어졌다. 또한 송도유적에서는 돌괭이, 돌삽 등의 농기구가 출토되어 사람들이 수렵과 어로 외에 농경생활을 일정 정도 하였음을 알려준다.[5]

오랫동안 지속된 신석기시대는 B.C. 10세기 무렵에 청동기가 들어와 사용되기 시작함으로써 끝나게 되었다. 한반도의 청동기문화는 시베리아와 중국 동북부를 거쳐 청동기술이 유입된 후 각 지방으로 확산되었다. 청동기시대의 유적 가운데 가장 상징적인 것은 지석묘를 들 수 있다. 지석묘는 거대한 돌을 이용해 만든 선사시대의 거석건조물의 일종이다. 지석묘는 고인돌이라고도 하며, 우리나라 청동기시대의 대표적인 무덤이다.

지석묘는 북유럽, 서유럽, 지중해 연안지역, 인도, 동남아시아, 일본 규슈지방, 중국 동해안지역과 동북지방, 그리고 우리나라에서 발견되어 거의 세계적인 분포를 보이고 있으나 각 지역마다 형태가 조금씩 다르다. 우리나라는 약 3만여 기가 분포되어 있으며, 그 중에서도 전

남지방에 2만여 기가 밀집되어 있다.6)

　우리나라 지석묘는 외형적 형태에서 크게 탁자식, 기반식, 개석식 등 3종류가 있다. 지석묘는 중국의 요녕을 포함하여 한강 이북지역에는 탁자식이 분포하고, 남부지방에는 바둑판식이 주류를 이루지만 간혹 혼재하기도 한다. 전남지방은 전국에서 지석묘가 가장 밀집된 지역인데, 그 중에서도 보성만을 중심으로 한 남해안지역이 최대 밀집권을 형성한다. 전남지방에 주로 분포되어 있는 바둑판식 지석묘는 강변의 충적평지나 구릉을 따라 분포하고 있다. 후대에 농지 경작으로 인해 상석이 이동되거나 강의 범람 등으로 없어진 것도 있기 때문에 그 수는 헤아릴 수 없을 정도로 많았을 것이다.

　전남지방에 지석묘가 축조되기 시작한 것은 방사성탄소연대 측정과 요녕지방 청동기의 초기형식인 전형적인 비파형동검의 출토 등으로 볼 때 B.C. 7~8세기이며, 그 전성기는 B.C. 4~6세기라 할 수 있다. 그리고 지석묘가 해안을 따라 밀집되어 있는 것은 해상세력과 밀접한 관계가 있는 집단을 통해 전개되었으며, 만이나 강을 따라 남에서 북쪽으로 확산되었음을 의미한다. 보성강유역의 경우 고흥과 장흥 사이의 보성만 북쪽을 통해 먼저 상류로 전파되었고, 다시 그 하류와 동복천 상류로 확산되었다.7)

고인돌 채석장 |
화순군 춘양면 대신리

　지석묘에서 출토된 유물은 무기류와 의기류(儀器類), 청동거울 등
다양하며 사용되는 용도에 따라 강도의 차이가 있다. 예컨대 여수시
적량동 상적 지석묘 유적에서는 비파형동검 7점, 비파형동모 1점, 대
롱옥 5점, 홈자귀 1점, 턱자귀 1점, 돌끌 1점, 가락바퀴 1점, 옥연마석
1점 외에 민무늬토기편과 붉은간토기편 등이 출토되었다.[8] 또한 여
수시 오림동 지석묘 유적에서는 간돌검이 중심을 이루고 인물상이
무언가를 받치거나 기원하는 모습의 암각화가 발견되어 주목된다.[9]
　이 시기의 사람들이 살았던 주거지는 주로 강변의 충적평지나 얕
은 구릉지대에 조성되었는데, 승주 우산리·승주 구산리·승주 대곡
리·화순 복교리 등에서 발견되었다. 승주 대곡리 유적에는 형태가
원형이나 타원형으로 그 가운데 기둥구멍이 존재하는 송국리형 움집
주거지가 있다. 그러나 대곡리에서는 내부에 기둥이 없고 원형주거지
보다 다소 늦은 시기이며 새로운 주거지인 말각방형(抹角方形), 말각
장방형 움집이 발견되었다. 또한 일본 규슈의 야요이유적에서 발견된
대형창고 혹은 고상가옥(高床家屋)과 같은 대형건물지로 추정되는
유구도 조사되었다.[10]
　청동기인들이 사용한 토기를 살펴보면 빗살무늬 등 여러 종류의

승주 대곡리 마을 유적 전경

문양이 새겨진 신석기시대와는 달리 문양이 없는 무문토기11)가 이용되었다. 무문토기는 기종과 기형의 형태에 지역성이 비교적 다양하게 나타난다. 토기를 통해 볼 때 이 지역에 유입된 문화계통은 중부지역의 대표적인 송국리형문화를 중심으로 동북지방의 공열문토기(孔列文土器) 등 여러 계통이 다양한 통로로 들어왔음을 알 수 있다. 장천리를 비롯한 전남 서남부지역의 원형집자리에서 송국리형토기가 발견된 것과는 달리 승주 대곡리에서 공열토기가 출토된 것은 두 지역 사이의 청동기시대 문화형성 과정의 차이를 반영하는 것으로 보기도 한다.12)

한편 전남 서부지역과 동부지역의 지석묘에서 출토된 유물 사이에 지역적인 차이가 있음이 밝혀지고 있다. 청동기시대 유적은 대체로 서해안으로 유입되는 금강·영산강과, 남해안으로 유입되는 탐진강·보성강의 하류지역에 밀집되어 있다. 보성강유역과 여수의 지석묘에서는 마제석검을 비롯하여 다양한 석기류와 청동기시대의 유물들이 발견되고 있는 데 반하여, 영산강유역의 지석묘에서는 이러한 유물들이 출토되지 않은 것은 어느 정도 문화적인 차이가 있었음을 반영한다.[13]

　양 지역의 차이는 비파형동검과 세형동검이 출토된 지역적인 편차에서 확연하게 드러난다. 전남지방에서 발견된 청동기는 초기의 비파형동검계 유물과 후기의 세형동검계 유물로 구분할 수 있다. 비파형동검은 여수시 적량동에서 7점, 여수시 봉계동과 평여동에서 각 1점씩, 여수시 오림동에서 2점, 고흥 운대리에서 1점, 승주 우산리에서 2점, 보성 덕리치에서 1점 등 보성강유역과 남해안지역에서만 15점이 발견되었다. 반면에 세형동검은 전남지방에서 몇 기가 발견되지 않았지만 함평·화순·영암 등 영산강 중·하류에서 발견되었다.

　또한 영산강유역과 서해안지역에서는 실제의 생활용품이 주로 출토되었다. 반면에 보성강유역과 남해안지역에서는 석검, 동검, 옥 등의 부장유물이 비교적 풍부하게 출토되었다. 그리고 보성강유역과 남해안지역 사이에도 부장된 유물의 차이가 있다. 보성강유역에서는 석검이, 남해안지역에서는 옥이 부장 유물로 출토되는 빈도가 높다. 그러나 보성강과 남해안은 유사한 문화요소들이 나타나고 있기 때문에 서로간의 밀접한 관계가 있음을 말해준다.[14] 이와 같이 전남 동부지역에서 출토되는 비파형동검을 포함한 청동기문화는 영산강유역과 차이가 있으며, 두 지역이 각기 상이한 문화를 가진 집단으로 변화 발전해 나갔다.

　비파형동검은 중국 동북부에서 한반도로 B.C. 8세기 무렵에 유입되어 B.C. 4세기까지 이용되었다. 그러나 남해안과 보성강유역에서 발견되는 비파형동검은 경부(莖部)에 홈이 있어 유입이나 제작과정에서 지역성이 가미된 것으로 보이기 때문에 중국 요녕지방에서 출토되는 유물과는 차이가 있다. 이는 요녕지방의 청동기문화가 서해안을 경유하여 전남 동부지역에 직접 도달한 것이 아니라 한반도로 유

여수시 오림동 고인돌 암각화

입된 후 그 영향 하에서 제작된 것을 의미한다.15)

　전남 동부지역의 지석묘의 지역별 분포를 보면 남해안지역의 고흥 풍양 501기, 고흥 동강 1,633기, 여수 삼일 754기, 광양읍 507기, 승주 읍 222기가 존재한다. 그리고 보성강유역은 구례군 243기, 곡성군 423 기, 승주군 578기, 보성군 1,191기, 장흥군 252기가 분포되어 있다.16) 전남지역에서 지석묘는 보성강 중류에 위치한 보성군 복내면 일대에 서 최대의 밀집도를 이루고, 보성강 상·하류나 섬진강 주변으로 갈 수록 희박해진다. 이는 지석묘가 섬진강유역이나 영산강유역에서 전 파된 것이 아니고, 남해안 지역에서 보성강 중·상류로 들어왔기 때 문이다.17)

　지석묘가 전남 동부지역에 밀집해 있는 것은 바다가 가로막고 있 어 북으로부터 내려오는 유이민의 남진이 정지될 수밖에 없는 상황 과 관련된다. 또한 유이민의 문화적 영향을 받아 토착사회가 성장하 면서 내부결속이 강화되었고, 지배영역의 확보가 각박해진 결과 그

영역의 경계를 명확히 하려는 움직임을 촉발시켜 많은 지석묘가 조영되기에 이르렀다.[18]

이러한 움직임은 곧이어 초기국가 성장의 태동을 가져왔고, 점차 유력한 세력을 중심으로 이합집산이 거듭되면서 수장권의 강화가 이루어지기 시작하였다. 지석묘는 일정한 지역에 밀집되어 있는데, 직경 18~20km인 대밀집 분포권이 형성된 곳이 25개 지역, 직경 4~6km의 소밀집지는 86개 지역이다. 지석묘 축조인들은 직경 5km의 범위로 활동 영역을 이루면서 소밀집지 3~6개가 모여 하나의 밀집분포권을 이루며, 직경 20km 정도를 범위로 대밀집분포권을 형성한다.[19]

지석묘는 종래 토착농경을 바탕으로 하여 계급이 발생한 족장사회의 지배자와 그 가족들의 공동묘로 이용되었다. 그러나 지석묘의 분포수로 볼 때 전남지방은 적게는 10기, 많게는 수십 기가 여러 곳에 나타나고 있어 이를 족장계급 집단의 공동묘지만으로 보기에는 문제가 따른다. 오히려 한 지역 또는 군집된 지역 내에 분포한 지석묘들의 규모가 각기 다르고 군간의 분포수의 차이 등으로 보아 오랜 기간 동안 각 집단들이 공동체사회를 형성하고 공동묘를 조성한 성격을 강하게 띠고 있다. 그리고 이 지방의 지석묘는 무덤으로서의 기능을 가진 것 외에도 지역사회 유력층의 신성한 모임의 장소나 제단의 성격을 가진 것, 묘역을 표시하는 상징적인 기념물, 또한 자기 영역을 뜻하는 경계로서의 의미를 갖는 것 등 그 성격이 다양하다.[20]

지석묘는 철기문화를 수용하기 이전 단계인 마한 성립 전야의 사회와 연결된다. 즉, 전남지역의 지석묘는 마한 성립 이전의 토착적인 문화이며 청동기사회에 토대를 둔 진국의 문화로 추정하고 있다.[21] 전남의 각 지역에 새로운 철기 제작기술을 갖고 이주해 온 집단이 지석묘 문화를 흡수하여, 마한사회가 형성된 것은 B.C. 2세기 철기문화가 수용된 이후였다.[22] 그러나 섬진강유역에서 조사된 유구와 유물이 외부에서 철기가 도입된 이후에도 청동기문화가 삼한시대까지 이어지고 있기 때문에 토착세력에 의해 점이적으로 철기문화가 교체된 것으로 보기도 한다.[23)]

3. 철기문화의 수용과 성읍국가의 성장

지석묘 문화에 기반한 청동기사회는 마한사회 성립 전야의 사회적 분위기를 암시하는 것이며, 전남지역은 B.C. 2세기경 철기의 유입과 더불어 본격적으로 마한시대로 접어들게 되었다. 마한은 삼한 가운데 가장 이른 시기에 한반도 서남부지역을 중심으로 형성되었고, 그 맹주적 지위를 차지한 선진세력이었다.

『삼국지』동이전 한조(韓條)에 의하면 마한의 소국들은 규모가 큰 것이 1만 가, 작은 것이 수천 가로 총 호수가 10만 호이며, 진·변한은 큰 것이 4~5천 가, 작은 것이 6~7백 가로 총 호수가 4~5만 호이다.[24)] 마한은 진·변한에 비해 인구도 많고, 세형문화 단계에서는 정치·문화적인 발달 정도도 선진적이었다. 금강유역과 영산강유역을 중심으로 정치적인 권위와 경제적인 부의 상징인 청동 제품을 다량으로 부장한 분묘 유적들이 집중 분포되고 있는 것이 이를 뒷받침한다.[25)]

B.C. 2세기가 되면 금강유역뿐만 아니라 영산강유역에도 청동방울과 세문경, 동과 등을 부장한 당대 최고위 사람들이 묻힌 무덤이 등장하게 된다.[26)] 그리고 B.C. 2세기 후반대로 시기가 내려오면 세형동검이 부장된 영산강유역의 적석목곽묘에서 출토된 청동 유물의 종류와 양은 금강유역을 앞서기도 한다. 이는 마한의 중심 세력이 금강유역에 국한되지 않고 영산강유역으로도 확대되었음을 의미한다.[27)]

또한 이 단계의 세형동검과 관계가 있는 적석목관묘가 서북한, 동

북한, 그리고 일본 규슈지역에
도 분포되어 있는 것으로 볼 때
세형동검문화의 원거리 연결망
이 형성되었음을 알 수 있다.
영암에서 출토된 청동기 거푸집
으로 볼 때 영산강 하구는 청동
제작의 중심지였으며, 인근지역
을 벗어나 해상을 통하여 원거
리지역까지 교역이 이루어졌
다.28)

그러나 전남 동부지역은 아
직까지 세형동검, 세문경, 청동
방울 등을 부장한 목관묘유적이
발견되지 않고 있다. 반면에 이
지역은 다른 지역보다 많은 숫
자의 지석묘가 군을 이루며 분
포하고 있다. 이 지역에 축조된

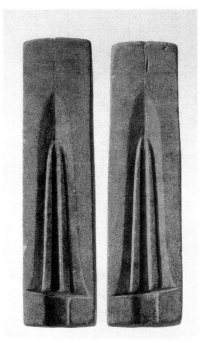

영암 출토 거푸집

지석묘의 하한 연대는 현재 '고인돌공원'이 조성되어 있는 순천시 송
광면 우산리에 소재한 지석묘의 경우 B.C. 3세기이며, 전남지역 전체
로서는 B.C. 3세기 말에서 2세기 초로 볼 수 있다.29) 따라서 세형동
검을 소유한 세력이 들어서지 않는 곳은 여전히 지석묘의 피장자가
족장이나 그에 버금가는 신분을 유지하였다.

이처럼 전남의 동부지역은 지금까지 세형동검이 출토된 유적이 발
견되지 않고 있다. 전남의 동부지역은 비파형동검만이 발견되고 있으
며, 영산강유역을 비롯한 서부지역에서는 세형동검이 발견되어 지역
적인 차이를 보이고 있다. 따라서 지금까지 발견된 고고자료로 전남
동부지역의 세형동검기의 문화양상을 논하기는 어렵다. 이는 전남의

동부지역이 서부지역에 비하여 상대적으로 낙후되고 정체상태에 있었음을 의미한다.

이러한 상황은 B.C. 1세기에 이르러 철기문화가 확산되고 각지의 성읍국가들이 성장하면서 점차 변화되기 시작하였다. 전남지역에는 『삼국지』위지 동이전을 보면 상당한 숫자의 성읍국가가 있었던 것으로 추정된다. 영산강유역에는 고랍국(장성), 임소반국·신운신국(광산·나주방면), 여래비리국(화순군 능주면), 일리국(영암)이 있었다. 서해안지역은 막로국(영광), 초산도비리국(진도), 구해국(해남군 마산면) 등이 있었다.30) 전남 서부지역에 위치한 마한의 소국으로 비정된 지역 중에서 고랍국과 사분야국을 제외하고는 모두 청동기시대의 대표적인 무덤양식인 지석묘가 밀집된 지역과 일치한다.31)

이와 마찬가지로 전남 동부지역에도 적지 않은 숫자의 성읍국가들이 있었다. 그러나 정확한 위치 비정이 어렵기 때문에 지금까지 조사된 고고자료를 통하여 추정해 볼 수밖에 없다. 전남 동부지역에서 지석묘가 집중된 곳은 남해안지역의 장흥읍, 장흥 관산, 고흥 풍양, 고흥 동강, 여수 삼일, 광양읍, 승주읍 일대이다. 그리고 보성강유역은 보성 복내지역, 화순 남면지역, 순천 주암지역(곡성군 삼기·석곡 포함), 보성 웅치지역이며, 섬진강 하류는 구례군 마산면 일대이다.32) 따라서 전남의 동부지역에는 10여 곳 정도의 소국들이 철기문화를 기반으로 하여 존재하였을 것으로 추정된다.

전남 동부지역에 마한의 소국들이 들어서게 된 것은 새로운 주민들이 이주하여 이루어진 것으로 생각된다. 이들은 한반도 북부지역에서 육로나 해로를 통하여 상당수 유입되었다. 그러나 이들이 청동기단계의 토착민을 정복하거나 흡수하면서 마한의 소국들을 형성한 것은 아니었다. 따라서 전남 동부지역의 소국들은 청동기단계의 문화와 주민을 토대로 하여 새로운 이주민이 가지고 온 선진문물이 결합되어 한 차원 높은 단계의 국가로 접어들게 되었다.

신창동유적 발굴전경석장 | 이곳은 영산강 유역의 충적 대지와 낮은 구릉 지대에 위치하고 있으며, B.C. 1세기를 중심으로 한 주거와 분묘, 생산과 관계된 복합 농경 유적지이다. 이곳에는 초기 철기시대(B.C. 2-1세기)의 토기 가마터, 집자리, 독무덤, 저습지 등 고대 농경 문화 생활과 관련된 유적이 집중되어 있다.

전남지역의 철기시대 유적은 광주 신창동유적, 해남 군곡리패총, 고흥 벌교 금평리패총 등이 있다. 전남 동부지역의 대표적인 철기유적인 금평유적은 패총과 그 하부에서 3기의 주거지와 2기의 수혈유구(竪穴遺構), 3기의 구상유구(溝狀遺構)가 조사되었다. 그 유물상으로 보아 해남 군곡리패총의 늦은 시기인 Ⅴ기층과 연결되며 더 늦은 시기까지 존재했을 가능성 때문에 그 중심연대는 3세기 중·후반대로 보고 있다.

이곳에서는 경질무문토기·타날문토기·소형토기, 흙으로 만든 국자와 곡옥·옥주형, 새나 돼지와 같은 동물형 토제품, 철촉·철부·철제 낚시바늘·골각촉·도자병·복골·골침·상어등뼈 가공품 등이 출토되었다. 또한 패류, 동물뼈 등의 자연유물도 수습되었는데 멧돼지 송곳니에 사냥하는 그림이 새겨진 것도 있다.[33)]

이와 함께 취락 자체도 대단히 조직적으로 구성되었고, 주민들의 유기적인 상호 연관관계는 청동기시대와는 비교되지 않을 정도로 높아 졌다. 또한 더욱 다양하고 복잡해진 사회를 효율적으로 운용하기

위해서 사슴의 어깨뼈를 이용하여 점을 치는 행사와 같은 정신적인 통치기반이 마련된 사회가 되었다.34)

또한 철기시대 패총 중에서 철도자·철부 등이 발견된 여수 돌산 유적과 중국 화폐인 오수전(五銖錢)이 980점 발견된 거문도유적을 주목할 필요가 있다. 중국 화폐가 출토된 지역과 패총이 발견된 지역을 연결하면 군현에서 한반도 남부의 해안을 거쳐 일본까지 연결된 고대의 무역로를 파악할 수 있다.35) 이 바닷길의 중간 지점에 위치한 돌산과 거문도는 문화의 이동 통로였고,36) 해상세력들은 지정학적 이점을 이용하여 중개무역과 대외교섭을 주도하면서 성장하였다. 거문도에서 발견된 중국화폐는 해상을 통한 교역활동 가운데 유입된 것이기 때문에,37) 이 일대가 중간 기항지의 역할과 동시에 무역시장이 개설된 국제적인 교류의 무대였음을 알려준다.

그러나 전남 동부지역 토착사회는 마한시대를 거치면서 다른 지역이 고대국가 단계로 접어 든 것에 비하여 오랫동안 정체 상태에 머물렀다. 3세기 후반에 이르러 전남의 서부지역은 영산강유역을 중심으로 하여 옹관묘가 대형화되는 고총고분 단계로 발전하기 시작하였다.38)

전남의 서부지역은 신미국이 연맹체의 주도권을 장악하면서 토착세력의 대외교섭을 주도하였다. 그러나 전남 동부지역은 연맹체 수준의 국가단계에 이르지 못했으며, 대표적인 토착세력도 출현하지 못하였다. 이는 3~4세기 무렵에 축조된 고총고분이 아직까지 동부지역에서 발견되지 않는 사실을 통해서도 알 수 있다.

전남 동부지역은 서부지역에 비하여 세력의 결집이 미약하였으며, 그 만큼 토착세력의 성장도 늦었다. 또한 전남 동부지역은 남해안지역, 섬진강 중·하류지역, 보성강유역으로 각각 분리되어 있기 때문에 지역적 통합을 이루기가 상대적으로 어려웠다. 이 때문에 동부지역은 연맹체를 형성하지 못하고, 소국들이 병렬적으로 존재하였다.

4. 섬진강유역 토착사회의 성장과 그 한계

섬진강은 남북한을 합쳐 9번째로 긴 강으로, 전북을 동서로 가르는 호남정맥의 동쪽 경사면에 있는 진안군 백운면 신암리 원신암에서 발원한다. 섬진강은 남쪽으로 흘러 69개의 제1지류, 120개의 제2지류, 53개의 제3지류 그리고 15개의 제4지류를 받아들여 흐르다가 광양만에 이르러 바다로 유입된다.[39]

섬진강유역은 현행 행정구역상으로는 전북 진안군 일부(백운면·성수면·마령면), 장수군 일부(반암면·산서면), 정읍시의 일부(산내면), 임실군과 순창군과 남원시의 대부분 지역, 전남의 장흥군 일부(동부지역), 화순군 일부(동복면·이서면·남면·북면), 보성군의 대부분(벌교읍 제외), 순천시 일부(주암면·송광면·황전면), 곡성군, 구례군과 경남 하동군이 포함된다.

섬진강유역은 고산 준령으로 둘러싸여 상류쪽 연안과 계곡에 좁은 농경지가 흩어져 있고, 중류의 남원·구례·곡성 일대에 평야가 약간 발달되어 있을 뿐 다른 강의 유역에 비해 넓은 평야가 거의 없다.[40] 또한 섬진강유역은 규모에 비해 농경지의 면적이 상대적으로 적기 때문에 다른 4대강 유역에 비해 인구가 예로부터 그리 많지 않았다. 이 때문에 섬진강유역은 고대사회에 있어서 토착세력의 성장이 미약하였고, 고분 등의 축조 규모나 상태도 영산강유역 등에 비하여 현저히 격이 떨어지고 있다.[41]

이와 같은 지정학적 조건 때문에 섬진강유역은 다른 지역에 비하여 발전 속도가 뒤쳐졌으며, 각지의 성읍국가를 통합한 연맹체의 형성을 이루지 못하였다. 섬진강유역에 연맹체가 형성되지 못한 것은 인구가 적고, 평야지역이 협소하여 경제력이 미약했기 때문이다. 또한 섬진강유역의 토착사회는 신미국이 위치한 해남반도의 백포만 일대나 금관가야의 번영의 토대가 되었던 김해지역과 비교하여 대외교섭상의 이점을 누리지도 못하였다.

신미국이나 금관가야를 통해 볼 때 남부지방에서 4세기 이전 연맹체 형성을 주도한 세력은 주로 해안가에 위치하였다. 따라서 섬진강유역의 경우도 남해안과 가까운 곳에 지역사회의 구심체 역할을 하는 집단이 형성되었을 가능성이 있다. 그러나 이에 대해서는 관계 문헌이 없고, 지금까지 조사된 고고유적이나 고분의 양상도 연맹체 형성을 증명할 수 있는 자료가 없다.

섬진강 하류지역에서 고대사회에 성장 가능성이 가장 컸던 곳은 하동포구 부근을 들 수 있다. 하동은 조선시대 말기에 이르기까지 섬진강 물길의 혜택을 받아 번영을 누렸으며, 하동읍의 5일장은 조선에서 다섯 손가락 안에 꼽히는 큰 장터였다. 운송 수단이 발전하지 못했던 시절에 하동포구는 뱃길을 통하여 각처의 물산이 모여든 곳이었다.

또한 하동진은 섬진강 수운의 중심지로 수심이 깊고 강물이 완만히 흘러 하역과 정박이 편리하였다. 그 배후지인 남원, 곡성, 구례, 순천, 광양, 하동 등 6군에서 소출되는 곡물류는 하동포구를 통하여 경남과 전남의 해안지대로 보내졌다.[42]

그러나 섬진강 하구에 위치한 하동이 대외교섭상의 포구로 각광을 받은 것은 5세기 후반 이후였다., 하동지역은 백제, 신라, 가야가 치열하게 접전을 벌였던 곳이다. 하동이 국제적인 관심을 받게 된 것은 토착사회의 성장에 따른 결과보다는 백제와 왜, 가야 등 주변 강국들의 대외교섭 창구로서 중요한 역할을 하였기 때문이었다.[43] 따라서 고대국가 형성기에 하동의 토착세력이 섬진강유역의 연맹체 형성을 주도할 만큼 성장한 것은 아니었다.

한편 전남 서부지역은 군현의 축출과 더불어 신미국이 약화되고, 해남의 북일세력과 영암의 시종세력이 새롭게 지역사회의 구심체 역할을 하였다. 시종세력은 비옥한 농경지를 배후에 두고 영산강 수로를 장악하면서 맹주로 부상하였다. 즉, 해로를 통제하기 위하여 바닷가에 위치한 신미국 대신에 영산 내해의 끝자락에 위치한 시종으로 서부지역의 중심지가 옮겨간 것이다.

섬진강유역의 경우 이러한 움직임이 있었다면 지정학적 조건으로 볼 때 구례가 가장 유리하였을 것이다. 이중환이 저술한 『택리지』에 의하면 섬진강유역에 위치한 구례는

> A. 남원부의 동남쪽에는 성원(星園)이 있는데 최씨들이 대를 이어 살아온 집들이 있으며, 자못 시냇물과 산의 경치가 아름답다. 그 남쪽은 구례현인데 성원에서 구례까지 하나의 들을 이루니, 여기에는 1무에 1종을 거두는 논이 많다. 구례 서쪽에는 천경의 경치가 좋은 봉동이 있고, 그 동쪽에는 경치 좋은 화엄사와 연곡사가 있으며 그 남쪽에는 구만촌(九灣村)이 펼쳐져 있다. 임실에서 구례에 이르는 강가에는 위 아래로 경치 좋기로 이름난 고장이 많고 큰 마을도 많지만, 특히 구례의 구만촌이 시냇가에 있어서 강산과 토지와 거룻배에 의한 해산물의 이로움이 있으므로 가장 살만한 곳이다.44)

라고 하였듯이, 농토가 비옥하고 배로 항해가 가능하였음을 밝히고 있다. 특히 구례의 남쪽 구만촌은 거룻배를 이용하여 생선과 소금 등을 얻을 수가 있었기 때문에, 고대사회에 있어서 토착세력의 성장에 유리한 조건을 구비하였다.45)

그러나 구례의 대산리와 갑산리에서 옹관의 파편이 발견46)된 것을 제외하고는 3~4세기의 고분의 흔적을 찾을 수 없다. 또한 영산강유역 시종세력에 필적할 만한 고분이나 출토 유물을 발견할 수 없기 때문에 섬진강유역 토착세력의 성장은 서부지역에 미치지 못했던 것으로 생각된다.

또한 연맹체의 형성을 주도할 수 있을 정도의 큰 세력이 출현하지 못한 다른 이유는 섬진강의 강상 수운의 어려움을 들 수 있다. 고대

사회에서 물자의 교류나 운송은 육상 교통보다는 수운이 훨씬 중요하였다. 그러나 섬진강유역은 경사가 급하고 수량의 계절 변동이 심하였고, 가항거리도 상대적으로 짧아 운송능력이 크지 못하였다. 1920년에 작성된 『치수급수리답사서(治水及水利踏査書)』에 의하면

> B. 항행 구역은 곡성군 오곡면 대리에서 강구(江口)까지 약 17.5리에 이르지만, 대리에서 압록원까지 2.5리 간은 강폭이 좁고 급류가 흐르며 암초가 9개소나 있어서 소흘수선(小吃水船)도 평수시(平水時)에 항행이 곤란하며 사실상 압록원이 상류로 거슬러 올라가는 운행의 종점이라고 할 수 있다. 지천에도 평수시에 운행할 수 있는 구간은 없다.[47]

라고 하였듯이, 수운을 통하여 섬진강 하류에서 상류쪽으로 통행하는 것은 대단히 어려웠다. 육상 도로의 경우도 지리산과 노령의 험준한 산악이 가로막고 있어 영산강유역보다 교통이 훨씬 어려웠다. 비록 조선시대의 기록이지만 섬진강을 따라 뻗어 있는 도로는

> C. 섬진강이 장곡(長谷)을 이루며 흘러가는 좌안에 좁고 험난한 세로가 수 십리에 뻗쳐 있는데 이 길은 군사가 통행할 경우 일인일기(一人一騎)로 일렬종대를 이루고 갈 경우에나 간신히 통과할 수 있을 정도였다. 그리고 사납게 흐르는 강류의 형세와 들쭉날쭉 생긴 유역의 굴곡이 견아상착(犬牙相錯)을 이룬 곳이다."[48]

라고 하였듯이, 좁고 험난한 세로가 수십 리에 뻗쳐 있기 때문에 상류와 하류를 망라한 연맹체를 형성하고, 이를 통제할 수 있는 맹주세력의 형성이 어려웠다.[49] 섬진강유역의 고대사회는 다른 지역이 연맹왕국 단계에 도달하고 있을 때에도 통합세력을 형성하지 못하였다. 이 같은 분열상태에 있던 섬진강유역은 근초고왕의 경략을 받아 백

186

제의 지배를 받게 되었다.

5. 맺음말

전남지방은 지석묘가 가장 밀집된 지역으로 보성군 복내면 일대에서 최대의 밀집도를 보이며, 보성강 상·하류나 섬진강 주변으로 갈수록 희박해진다. 지석묘는 마한 성립 이전의 청동기사회에 토대를 둔 토착적인 진국의 문화로 추정된다. 지석묘가 전남 동부지역에 밀집된 것은 유이민의 남진이 정지될 수밖에 없는 상황과 관련된다. 유이민이 정착하면서 토착사회는 그 영향을 받아 내부 결속이 강화되었고, 곧이어 초기국가의 성장을 가져왔다.

전남의 각 지역에 새로운 철기 제작기술을 갖고 이주해 온 집단이 지석묘 문화를 흡수하여, 마한사회가 형성된 것은 B.C. 2세기 이후였다. 그러나 섬진강유역에서 조사된 청동기유적의 출토유물이 삼한시대까지 계승되기 때문에 토착세력에 의해 점이적으로 철기문화가 교체된 것으로 보기도 한다.

B.C. 2세기가 되면 금강유역뿐만 아니라 영산강유역에도 청동방울과 세문경, 동과 등을 부장한 당대 최고위 사람들이 묻힌 무덤이 등장하게 된다. 그리고 B.C. 2세기 후반대로 시기가 내려오면 세형동검이 부장된 영산강유역의 적석목곽묘에서 출토된 청동 유물의 종류와 양은 금강유역을 앞서기도 한다. 이는 마한의 중심 세력이 금강유역에 국한되지 않고 영산강유역으로도 확대되었음을 의미한다.

그러나 전남 동부지역은 아직까지 세형동검, 세문경, 청동방울 등을 부장한 목관묘유적이 발견되지 않고 있다. 동부지역은 세형동검을 소유한 세력이 들어서지 못하고, 비파형동검을 부장한 지석묘의 피장자가 족장이나 그에 버금가는 신분을 유지하였다.

한편 비파형동검은 보성강유역과 남해안지역에서 발견되었고, 세형동검은 영산강 중·하류에서 출토되었다. 또한 동부지역은 석검, 동검, 옥 등의 부장유물이 비교적 풍부하게 출토되었고, 서부지역은 실제 생활용품이 주로 출토되었다. 이처럼 동부지역에서 출토되는 비파형동검을 포함한 청동기문화는 영산강유역과 차이가 있으며, 두 지역은 각기 상이한 문화를 가진 집단으로 변화 발전해 나갔다.

전남지역의 토착사회는 B.C. 1세기에 이르러 철기문화가 확산되고 각지에 성읍국가들이 성장하면서 변화되기 시작하였다. 전남 동부지역에도 적지 않은 숫자의 성읍국가들이 출현하였다. 이와 같은 성장 추세는 한동안 지속되었고, 3세기 후반이 되면 서부지역은 영산강유역을 중심으로 고총고분을 조영하는 수장층이 출현하였다.

그러나 동부지역은 마한시대를 거치면서 고대국가 단계로 접어 든 영산강유역의 토착사회와는 달리 오랫동안 정체 상태에 머물렀다. 동부지역의 토착사회가 고총고분을 조영한 연맹체 단계로 진입하지 못한 이유는 지정학적 조건 때문으로 추정된다. 동부지역은 남해안지역, 섬진강 중·하류지역, 보성강유역으로 각각 분리되어 있기 때문에 지역적 통합을 이루기가 상대적으로 어려웠다. 또한 동부지역은 다른 지역에 비하여 평야와 인구가 매우 적었다. 이 때문에 동부지역은 연맹체사회를 형성하지 못하고, 소국들이 병렬적으로 존재하였다.

또한 동부지역의 토착사회는 신미국과 금관가야의 번영의 토대가 되었던 대외교섭상의 이점을 누리지도 못하였다. 특히 섬진강의 수로는 이용하기가 매우 어려웠고, 도로는 좁고 험난한 세로가 수십 리에 걸쳐 있기 때문에 상류와 하류를 망라한 연맹체를 형성하고, 이를 통제할 수 있는 맹주세력이 성장하는 데 단점으로 작용하였다. 이 때문에 동부지역의 고대사회는 영산강유역의 토착사회가 연맹체 단계에 이르렀음에도 불구하고, 지역적 통합을 이루지 못한 채 정체되었다.

백제의 섬진강유역 진출과 그 추이

1. 머리말

백제가 전남지역을 차지한 것은 369년(근초고왕 24)에 이르러 근초고왕의 경략을 통하여 실현되었다.[1] 그러나 백제가 고구려의 강력한 남진정책에 밀리면서 섬진강유역은 대가야의 영향을 받게 되었다. 대가야는 한성이 함락되고 웅진으로 천도하는 등 백제가 수세에 처했을 때 소백산맥을 넘어 섬진강 상류지역을 차지하였고, 그 하류지역에 속하는 전남 동부지역을 영향력하에 두었다.

백제는 동성왕이 즉위하면서 혼란에서 벗어나 가야의 통치를 받게 된 변방지역에 대한 지배력을 확보하여 나갔다. 백제의 섬진강 하류지역 진출 과정에 대해서는 문헌에 직접 전하는 사료가 남아 있지 않다. 다만 『일본서기』 계체기 6년(512) 조에 기록된 상치리(上哆唎)・하치리(下哆唎)・사타(娑陀)・모루(牟婁)의 '임나4현(任那四縣)' 할양 기사를 통하여 추정할 따름이다.

본고에서는 백제의 섬진강유역 진출과 그 지배를 받으면서 변모한 토착사회의 제반 양상을 검토하려고 한다. 그리고 섬진강 하류지역을 차지하기 위하여 치열하게 전개된 백제와 가야 사이의 대립과 그 추이를 고찰할 것이다.

2. 근초고왕의 남정(南征)과 섬진강유역의 장악

백제가 마한의 영역을 병합한 것에 대하여 『삼국사기』 백제본기에는 서기 8년(온조왕 26)의 사실로 기록되었다.2) 그러나 백제가 마한 지역으로 진출한 시기에 대해서는 연구자들의 시각에 따라 견해 차이가 적지 않다. 『삼국사기』 백제본기의 초기사료를 비판적으로 취한 견해는 이미 온조왕 당대에 백제가 마한의 전 영역을 복속한 것으로 이해한다.3) 그러나 『삼국사기』 백제본기의 초기사료를 수정론의 관점에서 파악하는 논자들은 백제의 마한 병합을 목지국 등의 중심 세력과 영산강유역 등의 변방지역으로 구분하여 그 시기와 지배방법이 일정 기간 동안 달랐다고 본다.4)

백제는 군현의 축출을 계기로 영서지역의 말갈세력을 복속한 후 마한과 경계를 이루던 웅천(안성천)을 넘어 목지국을 제압하였다. 그리고 얼마 안 있어 차령산맥과 금강유역을 거쳐 호남평야 일대까지 석권할 수 있었다. 백제는 천안 일대에 위치한 목지국과 익산지역의 건마국 등 마한의 중심 세력을 큰 시간적 차이 없이 제압하면서 그 영역을 점차 남으로 확대하였다.5)

그러나 백제는 노령산맥을 넘지 못하고 호남평야 일대를 석권하는 선에서 그쳤다. 따라서 마한의 주요세력이 4세기 초에 백제에 복속된 것과는 달리 전남지역은 오랫동안 자립성을 유지하였다. 또한 남원·임실 등의 전북 동부지역도 아직 백제의 지배력이 미치지 않았다.

백제가 남원·임실 등의 전북 동부와 전남지역을 확보한 것은 369년(근초고왕 24)에 이르러 근초고왕의 경략을 통하여 실현되었다. 이에 대해서는 관련 사료가 거의 없기 때문에 그 정확한 실정을 알 수 없는 형편이다. 다만 『일본서기』「신공기」 49년 조에 보이는 왜의 삼한 정벌 기사6)에서 그 주체를 백제로 바꾸어 대략 근초고왕 24~26년 무렵에 남정이 추진된 것으로 보고 있다. 이병도는 근초고왕의 마한 정벌만 인정하고 가야 정벌을 부정하였으나,7) 1980년대를 전후하여 천관우가 백제의 가야 정벌에 관한 기사를 사실로 파악하였다.8)

이러한 주장에 대하여 백제사를 전공하는 연구자들은 주로 가야 정벌을 인정하지만,[9] 가야사 연구자들은 이를 부정하는 것이 일반적이다.[10]

이때의 가야 정벌은 군사적인 무력 침입이라기보다는 백제를 정점으로 하여 비자발(比自炑) 등 7국이 동맹을 맺거나 통교하게 되었던 역사적 사실을 설화적으로 표현한 것으로 생각된다.[11] 백제는 가야와 연결하여 중국·가야·왜로 이어지는 교역 루트를 확보할 수 있었다. 이 과정에서 백제는 섬진강 하류지역에 위치한 하동의 다사성(多沙城)을 장악하여 오고 가는 길의 '역(驛)'으로 삼았고,[12] 가야와의 통교 거점으로 활용하였다.

근초고왕의 남정은 이때까지 확보하지 못한 마한지역을 복속하는 데 목적이 있었다. 그리고 그 범위는 전북의 무주·진안·장수·남원·임실 등의 동부지역과 전남지역이 포함되었다. 근초고왕의 남정에 맞서 치열하게 저항한 집단은 중국—가야—왜를 잇는 대외교섭을 주도하면서 전남과 전북의 서남해지역을 영향력 하에 두고 있던 해남 북일지역의 침미다례였다.[13]

백제는 전북 동부지역과 섬진강유역을 석권한 후 서진하여 해남에 위치한 침미다례를 복속시켰다. 백제군은 공주와 전주를 거쳐 임실의 슬치[14]를 넘어 섬진강유역을 경략하고, 서진하여 서남부지역으로 진출하였다. 섬진강유역에서 전남 서남부지역으로 통하는 경로는 쉽게 연결된다. 이곳은 호남정맥이 그다지 험준하지 않고, 그 중간에 양쪽 지역을 직접 연결해 주는 통로가 잘 발달해 있기 때문이다. 또한 섬진강의 제일 큰 지류인 보성강을 비롯하여 추령천(秋嶺川)·경천(鏡川)·옥과천(玉果川) 등의 지류가 지름길로서 충분한 역할을 하고 있다.

백제가 침미다례를 점령한 것은 강진·해남지역을 장악하여 경남 남부지역으로 이어지는 대왜교역로를 개설하기 위한 거점으로 활용하려는 의도가 있었다.15) 백제는 침미다례가 장악하고 있던 교역체계를 해체하여 가야의 대외교섭 창구에 부속시켰고, 탐라와의 교섭이나 가야를 잇는 부차적인 위상을 갖도록 재편하였다. 백제는 마한의 잔여세력이 유지하고 있던 중국·가야·왜와의 교역루트를 차단할 목적으로 대외교섭 창구를 직접 장악하였다.

근초고왕은 섬진강유역을 포함한 새 복속지에 대하여 곧바로 지방관을 파견하여 직접지배를 실시하지 못하였다. 근초고왕은 중앙집권적 귀족국가를 형성하면서 국내 각지에 지방관을 파견하고, 토착세력의 독자적인 대외교섭권을 박탈하였다. 근초고왕은 이때까지 확보한 영역을 확고히 장악하기 위하여 지역에 따라 다양한 차이가 있던 지방통치 방식을 담로제로 일원화하였다. 담로제는 백제가 지방의 거점이 되는 중요한 지역에 성을 축조하고 중앙에서 귀족을 파견하면서 이루어졌다.16)

그러나 이때 담로제가 실시된 범위는 노령 이북의 전북지역까지를 대상으로 하였고,17) 아직 전북의 동부지역과 전남지역은 백제의 직접적인 지배력이 미치지 못하여 공납지배를 하였다. 따라서 섬진강유역도 백제의 영역으로 복속되었지만, 간접지배를 받았기 때문에 공납지배가 실시되었다.

3. 백제의 쇠퇴와 대가야의 팽창

백제는 근초고왕과 근구수왕의 시대에 고구려의 남하를 저지하면서 전성기를 구가할 수 있었다. 그러나 고구려 정복활동의 영걸인 광개토왕이 즉위하면서 전세는 백제에 점차 불리해졌다. 백제의 아신왕은 광개토왕의 공세에 굴복하여 왕제와 대신 10명을 인질로 보내는 등의 굴욕을 감수해야만 하였다. 이러한 상황을 타개하기 위하여 백제는 남방의 가야·왜와 제휴하여 물자와 지원세력을 확보하려고 시도하였다. 그 반대로 가야와 왜는 백제를 통하여 대외교역과 선진문물을 수입할 수 있었다.

한편 백제가 주도하는 교섭체계에서 배제되어 국제관계에서 고립된 신라는 동해안 방향을 통해 진출해 온 고구려와 우호관계를 맺었다. 신라와 고구려의 관계는 광개토왕의 신라 구원으로 더욱 확고해져 군대가 주둔하고 내정을 간섭하기에 이르렀다. 그러나 향후 양국의 관계는 신라가 성장하면서 고구려의 영향력에서 벗어나 자립을 추구하였고, 실직원(삼척)에서의 고구려의 변방 장수가 살해되는 사건18) 등이 일어나 점차 적대관계로 변모되었다.

고구려의 장수왕은 평양 천도를 단행한 후 적극적인 남진정책을 추구하면서 백제에 대한 공세를 취하였다. 백제의 비유왕(毗有王)은 고구려의 남진 위협에 대처하기 위하여 신라에 화친관계를 청하는 등 대책 마련에 고심하였다.19) 백제는 신라·가야와 연합하고, 왜를 끌어들여 공동으로 고구려에 대항하려고 하였다.

백제는 고구려와의 대결이 심화되면서 초래된 난관을 타개하기 위하여 왕족을 기나이(畿內)에 파견하는 왕실외교를 추진하였다. 백제는 고구려의 남진에 맞서기 위하여 가야·신라와 연합하였고, 왜국으로 진출한 이주민과도 유대를 돈독히 하였다. 백제는 이주민을 매개로 하여 토착 왜인과의 관계를 강화하여 반고구려전선에 야마토를 가담하게 하였다.20)

그러나 백제는 고구려의 외침과 더불어 외척세력이 권력을 장악하여 왕권이 쇠약해지는 등 어려움이 날로 더해 갔다.21) 가야의 섬진강 유역 진출은 백제의 한성함락과 더불어 본격화되었다. 백제의 웅진 천도는 임시 피난을 위한 성격이 강하였고, 새로운 왕도의 면모를 갖추기 위해서는 많은 시일이 소요되었다. 또한 웅진으로 천도하면서 왕위에 오른 문주왕(文周王)은 국정을 농락하던 해구(解仇)의 발호를

고령 지산동고분군 전경

제어하지 못하였다. 해구는 여기에 그치지 않고 왕이 사냥을 나가 밖에서 유숙하는 틈을 타서 자객을 보내 문주왕을 살해하고 말았다.22)

문주왕을 계승한 삼근왕(三斤王) 역시 재위 3년을 넘기지 못하고 죽는 등 백제는 국정이 매우 혼란하였다.23) 백제는 웅진 천도 이후 계속된 정쟁과 정국의 불안으로 말미암아 지방에 대한 통치력이 약화되었고, 대가야는 이를 틈타 소백산맥과 섬진강을 건너 호남 동부 지역으로 진출하였다.

백제의 약세와 맞물려 대가야의 중심지역이었던 고령 지산동고분군24)의 축조집단이 대두하기 시작하였다. 그 배경은 철제이기(鐵製利器)와 도질토기(陶質土器)의 생산을 들 수 있는데, 광개토왕의 남정 후에 김해지방으로부터 많은 피난민이 유입됨으로써 가능하였다.25) 고령세력은 서쪽으로 남원 월산리고분군 축조세력, 동쪽으로 합천 옥전고분군 축조세력을 자국의 영향력 아래 넣으면서 신라 및 백제·왜와의 물자교역을 장악하였다.26)

대가야의 발전은 백제의 약세와 맞물려 가속화되었고, 섬진강 상류지역은 백제의 영향력에서 벗어나 가야세력에 편입되었다. 그리고 전북 동부지역에도 가야계 토기가 출현하여 재지계와 혼재되며, 그 후 재지계 토기가 고령양식 일색으로 바뀌어가기 시작하였다.27)

고령양식의 토기는 금강의 북서부 지역권에 위치한 진안 황산리를 비롯하여 남원 사석리 등의 섬진강 중·상류지역에 광범위하게 분포되어 있다. 그리고 고령양식 토기는 호남정맥의 서쪽에 위치한 장성 영천리, 광주 월계동·쌍암동 등의 영산강유역과 순천 대곡리, 그리고 부안 죽막동 등지에서도 출토되었다. 이곳에서 출토된 유물은 교역품으로 파악되는 판상철부(板狀鐵斧)나 철정(鐵鋌)을 제외한 그 밖의 것은 대체로 5세기 후반에서 6세기 초의 것으로 추정된다.28) 그러나 고령양식이 출토되고 있는 곳을 모두 대가야의 영향력이 미쳤거나, 그 영역으로 편입된 지역으로 보는 것은 곤란하다.

백제의 한성함락과 더불어 영산강유역의 토착세력도 독자적인 움직임을 보이기 시작하였다. 전남지역의 해상세력은 백제가 고구려에게 밀려 수세에 처하고 가야를 통한 대왜교섭이 한계에 봉착하자, 독자적인 대외활동을 재개하였다. 전남지역 해상세력의 독자적인 대외교섭은 가야 및 왜와의 관계를 적극화하는 것으로 시작되었다. 이 지역에 5세기 후반부터 백제양식과 다른 계통의 석실분29)이나 일본의 전방후원분(前方後圓墳)과 매우 유사한 장고분이 축조되었다. 장고분이 축조된 것은 재지세력들이 백제의 영향력에서 벗어나 왜와 교류하면서 나타난 문화적 영향이었다.30)

전남지역에서 출토 사례가 늘어나고 있는 대가야계 유물은 서부 경남지역과 밀접한 관계를 반영한다. 또한 부안 죽막동에서 출토된 유물들은 영산강 일대의 옹관고분 조영집단을 중심으로 왜, 가야의 여러 집단이 접촉한 상황을 보여준다.31) 이러한 면모는 전남지역의 토착세력이 백제의 간섭에서 벗어나 재래의 항로를 따라 대외교섭을 적극화한 것을 반영하며, 가야도 이 지역까지 세력확장을 꾀했던 것을 의미한다.

대가야의 세력범위는 고고자료로 볼 때 세장(細長)한 장방형 평면의 수혈식석곽묘가 보편적으로 나타나고, 토기양식이 이단직렬투창유개고배(二段直列透窓有蓋高杯)와 유개장경호(有蓋長頸壺)·기대(器臺)를 기본으로 하는 지역과 일치한다. 그러한 문화를 공통으로 보유한 지역은 고령을 중심으로 하여 합천·거창·함양 및 남원 동부 등의 가야 북부지역과 함안·고성·사천·진주·산청·하동·김해·창원 등의 가야 남부지역이었다. 그 외에도 직접적인 관할 범위는 아니지만 대가야의 영향력을 받은 지역이 상당수 더 있었다.

백제가 약화되고 대가야가 팽창하면서 섬진강유역은 대가야의 영향력을 크게 받게 되었다. 대가야는 남강 최상류 지역인 남원 동부 산간지역에 거점을 두고 섬진강 상류인 남원·임실·장수지역까지 영향력을 확대하였다. 대가야는 5세기 후반에 이르러 구례·광양 등지의 섬진강 하류지역까지 그 영향력을 확대하였다. 그러나 섬진강 하류지역이 대가야의 직접지배를 받은 것은 아니었고, 백제의 약화를 틈타 대가야가 영향력을 확대한 것에 불과하였다.

이때 대가야는 고령양식의 토기가 다량으로 발견되는 남원 두락리 고분군, 장수 삼고리고분군, 진안 월계리 황산고분군 등이 위치한 섬진강 상류지역까지 그 영역을 확대하였다. 금강 상류와 섬진강 상류 지역에서 가야의 영향력을 엿볼 수 있는 석곽묘가 주류를 이룬 것도 바로 이 때문이다.[32] 특히 남강수계에 해당하는 남원 동부지역은 가야계 석곽묘와 석실분이 축조된 것으로 보아 그 영역에 속하였다.

대가야는 철산을 개발하고 역내 교역과 왜와의 교역을 독점하기 위해 고령·거창·함양·남원·구례·하동 등을 연결하는 교역루트를 개척하여 대가야권을 형성하였다.[33] 다만 그 세력권에 포함된 곳에서 재지의 수장묘가 5세기 후엽에도 계속 축조된 것으로 볼 때 대가야는 간접지배를 실시하였던 것으로 보인다.

남원 두락리 고분 전경

이와 같이 대가야는 한성이 함락되고 웅진으로 천도하는 등 백제가 수세에 처했을 때 소백산맥을 넘어 섬진강 상류지역을 차지하였고, 그 하류지역에 속하는 전남 동부지역을 영향력하에 두었다. 대가야는 섬진강을 경계로 하여 동쪽의 하동지역을 영역으로 하였고, 그 서안(西岸)을 영향력하에 두었다. 이때의 대가야왕이었던 하지(荷知)는 479년에 남제에 사신을 보내 '보국장군본국왕(輔國將軍本國王)'의 작호를 받았다.[34]

4. 백제의 세력만회와 영역의 확대

백제는 동성왕이 즉위하면서 혼란에서 벗어나 국정이 안정됨에 따라 적극적인 지방통치를 추진하였다. 동성왕은 백제의 지배를 벗어나 가야의 통치를 받게 된 변방지역에 대한 지배력을 확보하여 나갔다.

그는 전남지역에 대한 지배력을 회복하기 위하여 직접 무진주까지 이르렀다.35) 동성왕의 무진주 친정은 전남지역 토착세력의 독자적인 움직임을 제지하려는 적극적인 의지의 표명이었다. 동성왕은 무진주에 이르러 토착세력이 해로를 이용하여 가야·왜·탐라 등과 독자적으로 대외관계를 하고 있던 것을 차단하였다. 그는 전남 서부지역의 토착세력을 제압한 후 섬진강유역으로 관심을 돌리게 되었다.

백제의 섬진강 하류지역 진출 과정에 대해서는 문헌에 직접 전하는 사료가 남아있지 않다. 다만 『일본서기』 계체기 6년(512) 조에 기록된 상치리·하치리·사타·모루의 '임나4현' 할양 기사를 통하여 추정할 따름이다. 사료에는 왜국이

A. 백제가 사신을 보내어 조(調)를 바쳤다. 따로 표를 올려 임나국의 상치리·하치리·사타·모루의 4현을 청했다. 치리국수(哆唎國守) 수적신압산(穗積臣押山)이 "이 4현은 백제와 인접해 있고 일본과는 멀리 떨어져 있습니다. (백제와는) 아침저녁으로 쉽게 통하기 쉽고 (어느 나라의) 닭과 개인지를 구별할 수 없을 정도이니 지금 백제에게 주어 같은 나라로 만들면 굳게 지키는 계책이 이보다 나은 것이 없을 것입니다. 비록 주어서 나라를 합치더라도 후세에는 오히려 위태로울 것인데, 하물며 다른 곳이 된다면 몇 년이나 지킬 수 있겠습니까?" 라고 하였다.36)

라고 하였듯이, '임나4현'을 백제에게 할양한 것으로 되어 있다. 그러나 이것은 『일본서기』 특유의 서술방식에 불과하고, 백제가 국력을 회복하여 '임나4현'이 위치한 지역으로 진출한 것을 반영한다. 그 위치에 대해서는 낙동강 중상류설37)과 전남 일대로 보는 견해,38) 섬진강유역으로 좁혀 보는 견해39) 등이 있다.

그러나 '임나 4현'의 위치는 백제가 약화되었을 때 대가야의 영향력이 미친 섬진강 서쪽의 여수·구례·순천·광양 등지로 보는 것이

타당할 것이다. 왜냐하면 백제가 남원과 임실 등의 섬진강 상류지역으로 진출한 것은 그 이듬해인 513년이고,[40] 낙동강유역으로 진출한 것은 530년 무렵에 함안의 안라가야에 군령과 성주를 설치하면서 이루어졌기 때문이다.[41]

따라서 '임나 4현'의 할양은 백제가 한성 함락을 기회로 전남지역을 영향력하에 둔 대가야 세력을 축출하고, 섬진강유역을 거쳐 가야지역으로 진출하는 과정에서 일어난 사건이었다. 사료 A는 백제가 전남 동부지역을 다시 차지하여 지배한 과정을 서술한 것이다. 다만 백제가 512년에 상치리·하치리·사타·모루를 차지하였지만, 이때 현을 설치한 것은 아니었다.

백제가 6세기 중엽에 이르러 방군성제를 실시하면서 섬진강 하류지역과 그 부근에는 분차군(分嵯郡), 감평군(欿平郡), 욕내군(欲乃郡)을 두었다. 분차군은 지금의 순천시 및 낙안읍 일대를 치소로 하여, 조조례현(고흥군 남양면)·동로현(보성군 득량면·조성면)·두힐현(고흥군 두원면)·비사현(고흥군 동강면)의 4개 현을 관할하였다.

감평군은 순천의 남부지역에 치소를 두고, 원촌현(여수시 삼일면)·마로현(광양군 광양읍)·돌산현(여수시 돌산읍)의 3개 현을 관할하였다. 욕내군은 곡성군에 치소를 두고, 둔지현(순천시 주암면)·구차례현(구례군 구례읍)·두부지현(화순군 동복면) 3개 현을 관할하였다. 그리고 보성군 일원에 복홀군, 보성군 복내면에 파부리군을 설치하였다.

계체기에 기록된 상치리·하치리·사타·모루의 '임나4현'은 백제가 방군성제를 실시하면서 분차군, 감평군, 욕내군으로 개명되었지만, 상호간의 정확한 관계는 잘 알 수 없는 형편이다. 섬진강 하류지역은 백제의 변방에 위치한 곳으로, '임나 4현'이라는 명칭이 지칭하듯이 가야와 밀접한 관계를 맺었다.

백제는 서남해지역과 섬진강 하류지역을 장악하여 해로를 통하여

고흥 신호리 동호덕 고분 전경 | 분구에는 석실 천정석이 모두 노출되어 있는데 판석 5매를 이용하여 현실과 연도를 덮었다. 천정석 아래쪽에는 벽석 일부가 노출되어 있다. 『전남지역 고분 측량 보고서』(전라남도, 2000)

가야-왜로 이어지는 해상교역권 복원을 위한 교두보를 마련하였다. 이때에 이르러서도 백제의 전남지역 통치는 공납지배에 머물렀다. 백제는 반남세력을 전면에 내세워 영산강유역의 토착세력을 간접 지배하였다. 그러나 반남세력의 영향력이 여수와 순천 등지의 동부지역까지 미치지는 못하였기 때문에 백제는 별도의 세력을 통하여 섬진강 하류지역을 지배하였다.

　나주 반남면 일대에 흩어져 있는 고총고분은 반남세력의 성세를 보여 준다. 그러나 섬진강 하류지역은 영산강유역에 조성된 석실분과는 다른 형태의 고분이 조성되었다. 예컨대 고흥군 도화면 신호리 동호덕고분의 경우 양자강 하류에 위치한 태호(太湖)의 동남부지역에 밀집되어 있는 석실토돈묘(石室土墩墓)와 유사한 형태를 띠고 있다. 동호덕고분은 같은 시기에 영산강유역에 축조된 백제식석실분이나

영산강식석실분과는 그 구조나 출토유물에서 차이가 있는 남해안식
석실분에 속한다.[42]

고흥지역에 남해안식석실분이 축조된 것은 영산강유역과는 상이한
문화전통을 소유한 토착세력이 있었음을 반증한다. 이와 마찬가지로
섬진강 하류지역의 토착세력도 전통적인 문화기반을 소유하고 있었
을 가능성이 높다. 백제는 가야의 영향력을 구축하고 이들과 연결하
여 변방통치를 시도하였다.

그러나 백제는 거점지배를 넘어 전남 동부지역에 지방관을 파견하
여 백성을 통치하는 직접지배를 실시하지는 못하였다. 백제가 직접지
배를 관철한 것은 방군성제(方郡城制)를 실시한 사비천도 이후이며,
이때는 토착사회의 수장층을 이용한 간접지배 형태의 공납지배에 머
물렀다. 백제는 가야-왜로 연결되는 해상교역권을 복원하고 섬진강
유역에 대한 영향력을 확보하는 것에 만족하였다.

백제는 섬진강 하류지역을 차지한 후 그 상류지역으로 진출하였다.
백제는 512년에 '임나 4현'을 회복하고, 그 이듬해에 남원과 임실지역
을 사이에 두고 대가야와 대립하였다. 백제의 섬진강유역 진출에 맞
서 대가야는 남원을 거쳐 섬진강 상류로 진출을 시도하였다. 대가야
는 남원방향으로 진출하여

> B. 따로 아뢰기를 "반파국(伴跛國)[43]이 우리나라 기문(己汶)의 땅을
> 빼앗았습니다. 엎드려 청하건대 천은(天恩)으로 본래 속했던 곳으
> 로 되돌려 주게 해주십시오"라고 하였다.[44]

라고 하였듯이, 기문을 차지할 수 있었다. 그러나 대가야는

> C. 조정에서 백제의 저미문귀(姐彌文貴)장군과 사라(斯羅)의 문득지
> (汶得至), 안라(安羅)의 신이해(新已奚)와 분파위좌(賁巴委佐), 반
> 파의 기전해(旣殿奚)와 죽문지(竹汶至) 등을 불러놓고 은칙(恩勅)

남원 초촌리고분군 전경 | 무동산 일대에 210여 기가 산재하고 있으나 거의 대다수가 원형이 훼손되었고, 일부는 삭토된 채 잡목이 무성하여 봉분의 형태를 찾기가 쉽지 않다.

을 선포하여 기문과 대사(帶沙)를 백제국에게 주었다.[45]

라고 하였듯이, 백제의 반격을 받아 다시 남원지역을 상실하고 말았다. 백제는 한 걸음 더 나아가 대가야와 왜의 교역장소였던 하동의 대사진(帶沙津)마저 차지하려고 하였다. 백제가 하동의 대사진을 차지하면 대가야는 대중·대왜교섭에 필요한 포구를 상실하는 어려움을 겪을 수밖에 없었다.

대가야는 거창에 축성하여 소백산맥을 넘어 백제로 통하는 육십령로(六十嶺路)를 막았고, 하동에 축성하여 지리산 남록을 건너 백제로 통하는 남해안로를 차단하였다.[46] 가야의 이러한 조치는 백제의 공세에 밀려 수성기로 돌입하였음을 의미한다. 백제는 전남지역을 평정한 이후에 섬진강 중·상류지역에 위치한 남원과 임실 일대를 장악하게 되었다. 백제의 이 지역에 대한 지배양상은 남원시 초촌리고분군의 축조 양식과 출토유물을 통해서 엿볼 수 있다.

초촌리고분군은 남원시 동쪽 약 5km 지점에 위치한 초촌리 오촌 마을 동쪽 야산지대와 그 서쪽 무동산 산등선과 산줄기에 밀집되어 있다. 1978년 발굴 조사에 의하여 확인된 고분 만도 총 211기에 이르렀으나 거의가 무참히 파괴되었다. 초촌리고분군의 출토유물은 백제와 가야가 소백산맥과 지리산을 자연적 경계로 삼게 되었음을 반영한다.[47]

또한 초촌리와 인접한 척문리의 고분에서 출토된 은제화형관식(銀製花形冠飾)은 백제가 남원의 서부지역을 전략상 매우 중시하였음을 보여준다.[48] 초촌리 일대에 석실분이 밀집된 이유는 섬진강유역에서 요천(蓼川)을 경유하여 금강이나 남강 수계권과 교류하기 위해서는 반드시 이곳을 통과해야 하는 지리적 요충지였기 때문이다.[49]

남원지역은 이백면에 위치한 초촌리고분 이외에도 아영면 월산리고분군, 아영면 두락리고분군, 동면 건지리고분군 등이 존재한다. 월산리고분군은 9기, 두락리고분군은 34기, 건지리고분군은 350여 기의 고분이 흩어져 있다.

이 중에서 건지리고분군은 가야와 백제 계통의 유물들이 함께 섞여 있다. 건지리고분군은 남원과 함양의 경계를 이루는 산줄기로부터 남원쪽으로 뻗어 내려가는 여러 갈래의 능선상에 분포하는 소형의 석곽묘가 군집을 이루고 있다. 유구가 많이 훼손된 탓에 봉분의 존재는 쉽게 확인되지 않으며, 매장시설은 모두 길이 3m 안팎의 작은 석곽이다. 깬돌(割石)을 가로쌓기 하거나 납작한 판석을 촘촘히 세워서 석곽의 벽을 축조하였는데, 하나의 석곽을 축조하는 데 2가지 방법을 같이 쓴 경우도 있다.

이곳에서 출토된 유물은 극히 빈약한 편이며, 대부분의 고분에서 토기 1~2점에 철제 농공구류 몇 점 정도가 출토되었다. 토기류는 대부분 이른바 고령계토기라고 할 수 있는 뚜껑접시(蓋杯), 목긴항아리

(長頸壺), 손잡이잔(把手附盞), 굽다리접시(高杯)들인데, 많이 퇴화되고 지역화된 양식이며 예외적으로 1~2점의 백제계토기가 보인다.[50] 이처럼 건지리고분군은 남원까지 진출한 대가야를 백제가 축출하고 세력을 확산하는 과정을 입증하고 있다. 대가야는 운봉고원을 넘어 남원을 거쳐 진안과 임실까지 세력을 확산하였으나, 점차 백제에 밀려나게 되었다.

　백제는 남원 등의 섬진강 중류지역뿐만 아니라 하류지역에서도 대가야세력을 밀어내고 그 동쪽으로 진출하였다. 백제가 섬진강을 건너 하동지역을 장악한 것은 529년에 이르러 가능하였다. 이때 백제는 섬진강 하류지역을 완전히 차지하고, 대가야의 대왜교섭 창구를 봉쇄할 수 있었다. 이에 앞서 대가야는 자탄(子呑 : 진주)·대사(帶沙 : 하동)에 성을 쌓아 만해(滿奚 : 광양)에 이어지게 하고, 봉후(烽堠)와 저각(邸閣)을 설치하여 백제 및 왜국에 대비하였다. 또한 이열비(爾列比 : 의령 부림)와 마수비(麻須比 : 창녕 영산)에 성을 쌓아 마차해(麻且奚 : 삼랑진)·추봉(推封 : 밀양)까지 뻗치고, 사졸과 병기를 모아서 신라를 핍박하였다.[51]

　대가야는 백제와 왜가 하동을 교역장소로 이용하려는 것을 군사를 동원하여 막아낼 수 있었다.[52] 그러나 백제는 섬진강 중·상류지역을 석권한 데 이어, 529년에 이르러 하동지역을 차지하여 대왜교섭을 봉쇄하고 가야지역 진출의 발판을 마련하였다. 대가야는 5세기 후반 이후에 본격적으로 발전하기 시작하여 6세기 초에는 그 절정에 이르렀지만, 520년대 이후 차츰 백제와 신라의 세력팽창에 밀려 약화의 길로 접어들게 되었다. 백제는 하동을 장악한 다음해인 530년에는 함안의 안라가야에 군령과 성주를 파견하여 가야지역 지배의 거점을 확보하였다.[53]

5. 맺음말

백제는 군현의 축출을 계기로 영서지역의 말갈세력을 복속한 후 마한과 경계를 이루던 웅천(안성천)을 넘어 목지국을 제압하였다. 그리고 얼마 안 있어 차령산맥과 금강유역을 거쳐 호남평야까지 석권하였다. 그러나 백제는 노령산맥을 넘지 못하고 호남평야 일대를 차지하는 선에서 그쳤다.

백제가 전남지역을 확보한 것은 369년(근초고왕 24)에 이르러 근초고왕의 경략을 통하여 실현되었다. 근초고왕의 남정은 이때까지 확보하지 못한 마한지역을 복속하는 데 목적이 있었으며, 그 범위는 전북 동부지역과 전남지역이 포함되었다. 백제군은 공주와 전주를 거쳐 임실의 슬치를 넘어 섬진강유역을 경략하고, 서진하여 서남부지역으로 진출하였다. 섬진강유역에서 전남 서남부지역으로 통하는 경로는 쉽게 연결된다. 이곳은 호남정맥이 그다지 험준하지 않고, 그 중간에 양쪽지역을 직접 연결해 주는 통로가 잘 발달해 있다.

백제는 근초고왕과 근구수왕의 시대에 고구려의 남하를 저지하면서 전성기를 구가하였다. 그러나 광개토왕과 장수왕의 적극적인 남하정책에 밀려 백제는 수세에 처하게 되었다. 백제의 약세와 맞물려 대가야가 섬진강유역으로 진출하기 시작하였다.

대가야의 발전은 백제의 약세와 맞물려 가속화되었고, 섬진강 상류지역은 백제의 영향력에서 벗어나 가야세력에 편입되었다. 전남지역에서 출토 사례가 늘어나고 있는 대가야계 유물은 서부 경남지역과 밀접한 관계를 반영한다. 대가야는 백제의 한성이 함락되고 웅진으로 천도하는 등 수세에 처했을 때 섬진강 상류지역을 차지하였고, 그 하류지역에 속하는 전남 동부지역을 영향력 하에 두었다.

백제는 동성왕이 즉위하면서 혼란에서 벗어나 국정이 안정됨에 따라 적극적인 지방통치를 추진하였다. 동성왕은 백제의 지배를 벗어나

가야의 통치를 받게 된 섬진강유역에 대한 지배력을 확보하여 나갔다. 백제의 섬진강 하류지역 진출 과정에 대해서는 문헌에 직접 전하는 사료가 남아 있지 않다. 다만 『일본서기』 계체기 6년(512) 조에 기록된 상치리·하치리·사타·모루의 '임나 4현' 할양 기사를 통하여 추정할 따름이다.

'임나4현'은 섬진강 서쪽의 여수·구례·순천·광양 등의 지역이 해당된다. 백제는 대가야 세력을 축출하고 섬진강유역을 거쳐 가야지역으로 진출하는 과정에서 '임나 4현'을 512년에 차지하였다. 이로써 백제는 서남해지역과 섬진강 하류지역을 장악하고 해로를 통하여 가야-왜로 이어지는 해상교역권 복원을 위한 교두보를 마련하였다.

백제는 섬진강 하류지역을 장악한 데 이어 그 다음해에는 섬진강 중·상류지역에 위치한 남원과 임실 일대를 차지하였다. 그리고 백제가 섬진강을 건너 그 동쪽에 위치한 하동지역을 장악하여 대가야의 대왜교섭 창구를 봉쇄한 것은 529년에 이르러 가능하였다. 그러나 백제는 전남의 동부지역에 지방관을 파견하여 직접지배를 실시하지 못하였다. 백제가 직접지배를 관철한 것은 방군성제를 실시한 사비천도 이후이며, 이때는 별도의 세력을 통하여 섬진강 하류지역을 간접 지배하였다.

주 |

1) 이병도, 『한국고대사연구』, 박영사, 1976, 512~515쪽.

2) 『三國史記』 권23, 百濟本紀1, 溫祚王 26年.

3) 천관우, 「三韓의 國家形成(下)」, 『韓國學報』 3, 1976.

4) 수정론이란 백제본기의 초기기록 중에서 고이왕 때부터의 사료는 믿을 수 있는 것으로 파악하는 입장이다(이병도, 「三韓問題의 新考察」, 『震檀學報』 6, 1936). 이를 통하여 일본인 학자들이 주장하던 근초고왕대 백제 건국설은 부정되었고, 백제사상에 있어서 고이왕과 그 치세기간은 주목을 받게 되었다. 이 견해에 따르면 다소간의 차이는 있지만 백제가 연맹왕국으로 성장한 것은 3세기 중엽에 있었던 중국군현과 무력충돌이 계기가 되었으며, 280년이래 몇

차례에 걸친 西晉과의 통교는 연맹왕국 완성의 한 標徵으로 보고 있다(이기
백·이기동 共著, 『韓國史講座Ⅰ』 고대편, 일조각, 1982, 137쪽).

5) 문안식, 『백제의 영역확장과 지방통치』, 신서원, 2002, 195쪽.

6) 『日本書紀』 권9, 神功皇后 49년 春三月條.

7) 이병도, 앞의 책, 1976, 512~515쪽.

8) 천관우, 「復元加耶史」, 『文學과 知性』 28·29·31, 1977·1978.

9) 이기동, 「백제의 발흥과 對倭國關係의 성립」, 『고대한일문화교류연구』, 한국
   정신문화연구원, 1990.

10) 김태식, 「廣開土王陵碑文의 任那加羅와 '安羅人戍兵'」, 『한국고대사논총』 6,
    1994, 83쪽.

11) 김태식, 『가야연맹사』, 일조각, 1993, 333쪽.

12) 『日本書紀』 권9, 神功皇后 50년 夏五月.

13) 문안식, 앞의 책, 2002, 240~241쪽.

14) 슬치는 임실군 관촌면 슬치리에 있으며, 현재 남원에서 전주로 연결되는 고속
    도로도 이 고개를 넘어간다.

15) 김영심, 「백제 지방통치체제 연구」, 서울대학교 박사학위논문, 1997, 28~29쪽.

16) 노중국, 「한성시대 백제의 지방통치체제」, 『변태섭박사화갑기념사학논총』,
    1985.

17) 임영진, 앞의 글, 1997, 37~59쪽.

18) 『三國史記』 권3, 新羅本紀3, 訥祗痲立干 34년.

19) 『三國史記』 권25, 百濟本紀3, 毗有王 7년.

20) 양기석, 「백제의 해외진출」, 『계간경향』 여름호, 1987, 80쪽.

21) 『三國史記』 권25, 百濟本紀3, 毗有王 3년, "冬十月 上佐平餘信卒 以解須爲上
    佐平".

22) 『三國史記』 권26, 百濟本紀4, 文周王 4년.

23) 『三國史記』 권26, 百濟本紀4, 三斤王 3년.

24) 경북 고령군 고령읍 지산리의 지산동 고분군은 대가야의 크고 작은 200여 개
    의 고분들이 모여 있는 곳이다. 고령읍을 병풍처럼 둘러싸고 있는 주산(311m)
    의 남동쪽 능선상에 있는 지산동고분군은, 위쪽으로 지름 20m가 넘는 대형
    고분이 배치되어 있으며, 산 아래로 점점 내려가면서 고분의 규모가 작아지는
    배치를 보이고 있다.

25) 김태식, 앞의 책, 1993, 93쪽.

26) 박천수, 「고고학 자료를 통해 본 대가야」, 『고고학을 통해본 가야』, 제23회 한
    국고고학전국대회 발표요지, 56쪽, 1999.

27) 이희준, 「토기로 본 대가야의 권역과 그 변천」, 『가야사연구』, 경상북도, 1995.

28) 임영진, 「죽막동 토기와 영산강유역 토기의 비교고찰」, 『부안 죽막동 제사유적연구』, 국립전주박물관, 1998, 287쪽.

29) 종래 모두 동일한 백제계통의 것으로 생각되던 영산강유역의 석실분은 5세기 중엽에서 6세기 초에 이르는 초기 석실분과 6세기 중엽 이후에 사용되기 시작하는 후기 석실분의 두 계통으로 구분된다. 그 가운데 후기 석실분만이 백제 계통일 뿐 초기 석실분은 백제와는 다른 계통의 것으로 볼 수 있다고 한다 (林永珍, 「전남지역 석실분의 立地와 石室構造」, 『제5회 호남고고학회 학술대회 발표요지』, 1997).

30) 吉井秀夫, 앞의 글, 1996, 191~193쪽.

31) 임영진, 앞의 글, 1997, 57쪽.

32) 임영진, 「호남지역 석실분과 백제의 관계」, 『호남고고학의 제문제』, 제21회 한국고고학 전국대회, 1997, 49쪽.

33) 박천수, 「대가야의 고대국가 형성」, 『碩晤尹容鎭敎授停年退任紀念論叢』, 1996, 377쪽.

34) 『南齊書』 권58, 東南夷列傳, 加羅國.

35) 『三國史記』 권20, 百濟本紀4, 東城王 20年.

36) 『日本書紀』 권17, 繼體紀 6年 12月.

37) 천관우, 『가야사연구』, 일조각, 1991, 43쪽.

38) 末松保和, 앞의 책, 1949, 115~123쪽.

39) 酒井改藏, 『日本書紀の朝鮮地名』, 親和, 1970 ; 전영래, 앞의 글, 1985 ; 이근우, 앞의 글, 1997.

40) 『日本書紀』 권17, 繼體紀 7년 11월 조에 의하면 대가야가 己汶 즉, 남원·임실 지방을 획득하였으나 다시 몇 달만에 백제에게 도로 빼앗긴 것으로 기록되어 있다.

41) 백제의 안라 진출에 대해서는 『日本書紀』 권17, 繼體紀 25년 12월조의 細注에 인용된 『百濟本記』 소재의 기사가 전한다. 백제는 이에 앞서 남방경영을 거의 마무리하여 섬진강 하구까지 직접통치하고 있었으므로, 그곳에서 강을 건너 하동으로 상륙하여 진주 남강의 南岸을 거쳐 함안까지 진출하였다(김태식, 앞의 책, 1993, 203~204쪽).

42) 임영진, 앞의 글, 1997, 55쪽.

43) 대가야의 別稱으로 '반피'가 아니라 '반파'로 읽고 있다. 『梁職貢圖』 百濟國使傳에도 '叛波'라는 나라가 보이는데, 跛의 음인 '피·파' 중에 '절름발이'라는 뜻의 '파'를 써서 남의 나라이름을 音借하였다. 『梁職貢圖』 百濟國使로 대표

되는 백제측의 인식으로는 '대가야'라는 이름 아래 가야지역을 통합하려는 고령세력을 가야의 대군장으로 인식하지 않고 다만 여러 소국 중의 하나로만 간주하려는 태도를 보이며, 특히 『梁職貢圖』의 표현시기인 520년 당시에 적개심이 높았기 때문에 '叛波'라는 어감이 좋지 않은 문자를 사용하였다(김태식, 앞의 책, 1993, 103쪽).

44) 『日本書紀』 권17, 繼體紀 7年 6月.
45) 『日本書紀』 권17, 繼體紀 7年 11月.
46) 김태식, 앞의 책, 1993, 128쪽.
47) 김태식, 앞의 글, 1997, 340쪽.
48) 지난 1963년 남원시 이백면 척문리에서 임야를 개간하던 중에 우연히 석실이 노출되었는데, 銀製花形冠飾 1점, 백제토기 3점, 관고리 3점 등의 유물이 발견되었다(洪思俊, 「南原出土 百濟冠飾具」, 『고고미술』 9-1, 1968, 363쪽).
49) 곽장근, 『호남 동부지역 석곽묘 연구』, 서경문화사, 1999, 177쪽.
50) 문화재연구소, 『南原 乾芝里古墳群 發掘調査報告書』, 1991.
51) 『日本書紀』 권17, 繼體紀 8年 3月.
52) 김태식, 「가야연맹의 발전」, 『한국사』 7, 국사편찬위원회, 1997, 341쪽.
53) 김태식, 앞의 책, 1993, 205쪽.

제4장 나·제의 대립격화와 전남지역의 동향

백제의 방군성제 실시와 토착사회의 변화

1. 머리말

백제는 3세기 후반에 이르러 연맹왕국을 형성하면서 주변의 군현, 말갈, 마한의 영역과 구분되는 원백제지역(原百濟地域)을 확보하였다. 백제는 연맹왕국 형성에 능동적으로 참여한 한강 하류지역을 5부(部)로 편제하여, 후대에 정복전쟁을 거치면서 편입한 말갈, 마한 등의 지역과는 지배관계나 수취체제 등의 제반 양상에서 일정 정도 차이를 두었다.[1]

백제는 4세기 초반에 군현이 축출되고 영향력이 사라지면서 주변세력 통합의 전기를 마련하였다. 백제의 영토확장은 군현의 축출을 계기로 본격화되어 한강 중·상류의 말갈지역을 거쳐 마한 중심지역과 변방인 영산강유역 일대로 확대되었다.

백제의 지역별 차이가 있는 지방지배는 4세기 후반에 중앙집권적 귀족국가가 형성될 무렵부터 해소되기 시작하였고, 이러한 한계를 극복하면서 전국에 걸쳐 일원적인 지방정책인 담로제가 실시되었다. 그러나 마한의 변방에 위치한 전남지역은 이 범주에서 제외되었고, 상당한 기간 백제의 영향력을 받으면서도 독자적인 발전을 지속하였다.

그 동안 전남지역은 마한의 중심지역과 다른 지방정책이 실시되었고, 토착세력은 백제와 공납관계를 맺고 재지의 기득권을 유지하였다. 이들은 백제의 지방정책 변화나 삼국의 세력관계 변화에 능동적으로 대처하면서 다양한 방법으로 재지(在地)의 독자적인 기반을 유지하려고 하였다. 백제의 영산강유역에 대한 직접지배는 6세기 중엽에 이르러 방군성제(方郡城制)가 실시되면서 가능하게 되었다.

본고에서는 백제가 전국에 걸쳐 방군성제를 실시하면서 나타난 전남지역의 제반 변화양상을 살펴보려고 한다. 그리고 백제가 오랫동안 강인한 토착적인 전통을 이어오던 전남지역을 재편하는 방식과 그에 따른 토착세력의 추이를 검토할 것이다.

2. 방군성제의 실시와 공납지배 청산

백제가 마한 방면으로 진출한 것은 군현이 축출되고 그 부용집단인 말갈세력을 제압한 4세기 이후였다. 백제는 늦어도 4세기 전반 비류왕(比流王) 때에는 마한의 중심 세력인 천안의 목지국과 익산의 건마국을 정복하였다.[2] 근초고왕 때에는 영산강유역까지 진출하였고, 가야에 대해서도 일정한 영향력을 행사하게 되었다.

백제의 마한지역 진출은 육로뿐만 아니라 해상을 통하여 포구 등의 거점을 확보하는 형태로 이루어졌다.[3] 백제는 내륙 평야지대의 장악에 앞서 수로를 통하여 접근하기 쉬운 강가나 해안가로 먼저 향했다. 백제는 해안지역의 토착세력을 먼저 제압하고 거점을 확보한 이후에 점차 내륙지역까지 세력을 확장하였다.

백제가 처음부터 마한을 비롯한 새로운 복속지에 대하여 한강하류 일대의 원백제지역과 동일한 지배정책을 실시한 것은 아니었다. 백제는 원백제지역은 5部로 편성하여 직접지배를 하였고, 나머지 지역은 공납지배를 시행하였다. 백제가 4세기에 이르러 장악한 마한과 말갈지역은 공납지배가 시행되었다.[4]

그러나 토착세력의 재지기반을 이용하여 공물을 징수하거나 유사시 군사를 동원하는 간접지배는 처음부터 많은 한계를 내포하였다. 백제는 이를 감안하여 마한의 중요한 지역에 축성하여 지방지배의 거점으로 삼고자 하였다. 백제는 마한을 병합한 후 군사적 요충지나 교통의 요지에 성곽을 축조하여 거점을 마련하였다. 그러나 그 밖의 대부분 지역은 토착세력들이 실질적인 지배권을 행사하였다.

백제가 마한지역으로 진출하여 거점으로 삼기 위하여 축성한 곳은 대두산성(大豆山城)5)・탕정성(湯井城)6)・고사부리성(古沙夫里城)7) 등이었다. 이 외에도 백제는 마한세력의 마지막 저항의 보루였던 원산(圓山)과 금현(錦峴)의 두 성을 수리8)하는 등 마한의 중요한 지역에 거점을 확보하였다. 백제가 이들 지역을 장악한 시기에 대하여 『삼국사기』 백제본기에는 온조왕 때에 이루어진 것으로 기록되어 있다. 그러나 백제가 마한 지역의 요충지에 축성한 것은 4세기로 접어들어야 가능하였다.

백제가 마한지역에 성을 축조하거나 재래의 것을 수리하여 귀족을 파견한 곳은 극히 일부분에 국한되었고, 대다수의 지역은 토착세력의 지배하에 있었다. 따라서 백제는 마한 지배에 있어서 공납제의 한계를 청산하기 위하여 보다 넓은 지역에 관리를 파견하는 정책을 취해나갔다. 이것은 거점이 되는 성과 인근의 촌을 연결하면서 지배관계를 구축하는 형태로 추진되었다. 백제가 성을 축조하여 지방지배의 거점을 마련한 곳에는 중앙에서 귀족이 파견되었다. 이러한 지배양상이 담로제(擔魯制)의 시초가 되었고,9) 그 시기는 4세기 초반 비류왕 때로 볼 수 있다.10)

그러나 담로에 파견된 관리가 처음부터 실질적인 지방관의 권한을 갖고 주변의 토착세력들을 직접지배한 것은 아니었다. 담로는 인근의 여러 성을 통괄하는 거점으로 이용되었고, 주위의 여타 지역은 토착세력이 실질적으로 장악하였다. 담로에 파견된 관리는 왕족을 중심으로 이성귀족(異姓貴族)도 일부 포함되었다. 담로제는 거점지배 방식에 그쳤기 때문에 토착세력의 권한을 중앙의 통치권 속에 완전히 흡수하지 못하였다.11)

담로에 파견된 관리는 재지세력의 협조아래 지방을 통치하였으며, 토호들도 이 틈바구니 속에서 기득권을 나름대로 유지할 수 있었다. 담로에 파견된 귀족과 막료들이 소유한 중앙의 문화양식이 지방으로 전파되면서 전국에 걸쳐 동질감이 확산되는 촉매제 역할을 하였다. 백제의 지방지배는 점차 지역별 차이가 희석되고 전국에 걸쳐 일원적인 통치가 가능하게 되었다. 담로제는 전국에 걸친 일원적인 지방 정책으로 확대되었고, 중앙집권적 귀족국가를 형성할 수 있는 토대가 마련되어 갔다.

이와 때를 같이 하여 지방세력도 중앙으로 진출하였다. 또한 5부제가 시행된 원백제지역과 공납제가 시행된 마한지역 사이의 차별이 사라지기 시작하였다. 백제의 지방지배에서 지역별 차이가 사라지고 전일적인 통치가 가능하게 되었다. 연맹왕국 단계에서 사람들은 자기가 속한 자치체와 그 상위 정치체인 국가에 소속되었고, 이들의 귀속의식 또한 양속성을 지녔다.12) 그러나 중앙과 지방간의 교류가 확대되고, 지방에 대한 차별의식이 사라지면서 동일한 집단 내에서 발생되는 정체성이 형성되었다. 백제의 경우 중앙집권적 귀족국가 단계로 접어들면서 중앙과 지방간에는 차별의식이 해소되고 일체감이 조성되었다.

백제의 지방지배가 한층 강화되면서 특정 거점에 국한되었던 담로제는 전국의 많은 지역에서 실시되기 시작하였다. 담로제는 백제의 지방정책으로 뿌리를 내리게 되었고, 마한을 잠식하면서 비약적으로 확대된 복속지역은 확고한 영역으로 되어 갔다. 백제는 지방지배의 한계와 지역적 차이를 고려하여 담로제와 공납제를 동시에 시행하던 단계에서 벗어나 지방정책을 담로제로 일원화하였다.13)

백제가 4세기에 접어들어 마한을 장악하면서 대두산성 등 일부 중요지역에만 실시하였던 담로제는 전국으로 확대되었다. 그러나 지방통치조직으로서 담로의 수는 일정한 것이 아니라 영역의 신축에 따라 차이가 있었다. 백제의 영역이 북으로 황해도, 남으로 전라도까지 크게 확대되었을 때에는 50여 개 이상을 상회하였고, 한강유역을 상실하고 웅진으로 천도한 이후 영역이 축소되면서 22개에 불과하게 되었다.[14]

백제는 담로제를 전국적인 규모로 실시하면서 지방의 유력한 세력을 중앙의 귀족으로 전환시켜 나갔다. 지방세력은 백제의 적극적인 지방통치가 실시되면서 시대적 조류에 편승하여 중앙의 귀족으로 전환되거나 아니면 지방의 하급실무자로 재편될 수밖에 없었다. 백제의 수도인 한성은 각 부(部)와 마한 출신의 유력한 집단이 옮겨와 살게 되면서 실질적인 왕도의 면모를 보이기 시작하였다.

반면에 지방에 잔존한 토착세력은 담로에 파견된 지방관을 보좌하는 행정·군사·조세 실무자로 전락하고 말았다. 그러나 백제가 담로제를 전국적으로 확대하면서 지방지배의 일원화를 꾀하였지만, 그 범위는 노령 이북의 전북 서부지역까지로 국한되었다. 백제가 담로제를 실시한 범위는 353년(근초고왕 8)까지 복속하여 내지화된 지역에 국한되었고, 아직 남원·임실 등의 전북 동부와 전남지역은 백제의 직접적인 지배력이 미치지 않았다. 백제가 전남지역을 차지한 것은 369년(근초고왕 24) 무렵에 이르러 근초고왕의 경략을 통하여 실현되었다.

백제는 전남지역을 경략한 이후 새로이 편입한 변방의 주민을 집단예민과 같은 피복속민으로 인식하였다. 『일본서기』「신공기」 49년조에 보이는 왜의 삼한정벌 기사를 통해 볼 때 백제는 마한의 중심지역과 변방에 해당되는 영산강유역을 구분하여 인식하였다.[15]

  A. 군대를 옮겨 서쪽으로 돌아 고해진(古奚津)에 이르러 남만 침미다
  례(忱彌多禮)를 무찔러 백제에게 주었다.[16]

나주 신촌리 9호분에서
출토된 도검류

백제는 사료 A와 같이 영산강유역의 마한 잔여세력을 남만(南蠻)으로 인식하였다. 마한의 잔여세력인 영산강유역의 토착사회는 남만으로 인식되었고, 그 전에 복속된 전북과 충남의 마한세력은 백제의 지방으로 확고히 편입되었기 때문에 만이(蠻夷)의 범주에서 제외되었다.

백제는 전남지역의 토착세력을 복속한 후 곧바로 담로제를 실시하여 직접지배를 관철한 것은 아니었다. 한때 백제는 원백제지역은 5부로 편성하였고, 마한 등의 복속지는 공납지배를 실시하여 양자를 구별하였다. 이와 마찬가지로 근초고왕은 노령이북은 담로제를 실시하였고, 새로이 복속한 그 이남지역은 공납지배를 실시하였다.[17]

따라서 전남지역의 토착세력들은 백제의 공납지배를 받으면서도 대형옹관묘를 조성하는 등 일정 정도의 독자적인 발전을 지속하였다. 백제는 전남 서남부지역 해상세력의 대외교섭 거점을 직접 관리하거나 친백제계 세력에게 위탁하였고, 평야지대의 공물은 별도의 세력을 통하여 징수하는 간접지배를 실시하였다.

반남의 수장은 백제의 후왕적(侯王的)인 위상을 갖고 인적·물적 자원을 대신 수취하였다. 반남고분군에서 출토된 금동관, 환두대도 등의 위신재는 백제가 공납지배를 실시하던 영산강유역의 토착사회에 대하여 영향력 확대를 도모하기 위하여 하사한 것이었다.

그러나 이러한 관계는 백제가 6세기 중엽 방군성제를 실시하여 전 영역에 걸친 직접지배를 도모하면서 변모되었다. 백제는 전남지역에 도 지방관을 파견하여 직접지배를 실시하였다. 백제는 지방지배를 한 단계 더 발전시켜 전남지역 토착세력의 전통적인 기반을 해체하고 변방사회를 재편하려고 하였다. 전남지역 토착사회의 수장층은 전통 적인 세력기반이 약화된 채 중앙에서 파견된 지방관을 보좌하는 하 급 실무관료로 전락되고 말았다.

방군성제는 성왕이 사비로 천도한 이후에 실시되었다. 이때 백제 의 지방통치는 담로제에서 방군성제로 바뀌게 되었다.[18] 백제의 5방 (方)은

> B. 그 나라는 동쪽으로는 신라에 닿고 북쪽으로는 고구려와 접한다. 서남쪽으로는 모두 대해(大海)로 경계지어져 있고 소해(小海)의 남쪽에 위치하는데, 동서의 거리는 450리이며 남북의 거리는 900여 리이다. 그 도성은 거발성(居拔城)으로 고마성(固麻城)이라고 부 른다. 지방에는 또 5방이 있다. 중방은 고사성(古沙城), 동방은 득 안성(得安城), 남방은 구지하성(久知下城), 서방은 도선성(刀先 城), 북방은 웅진성(熊津城)이라 한다.[19]

라고 하였듯이, 중방 고사성, 동방 득안성, 남방 구지하성, 서방 도선 성, 북방 웅진성으로 구성되었다. 그리고 각 방에는 방령(方領) 1인과 방좌(方佐) 2인이 파견되었고, 방(方)은 6·7 내지 10여 개의 군으로 이루어졌다. 군은 방과 기본 성격은 동등하나 군사적 측면에서는 방 령(方領)의 관할을 받은 것으로 추정된다. 군의 장은 군장(郡將) 또는 군령(郡令)이라고 하였는데, 한 군에 파견된 군장은 3명이었다. 이러 한 군장의 복수제는 군사와 행정업무를 분담하기 위해서 나온 조처 였다.[20]

방과 군의 통제를 받는 하위의 지방조직은 200~250개를 헤아리는 성(城) 또는 현(縣)이었는데, 여기에 파견된 지방관은 성주(城主) 또는 도사(道使)였다. 현의 수가 많은 것은 곧 토착세력들의 전통적 세력기반이 그만큼 약화되고 축소된 것을 의미한다. 백제는 지방조직의 편제에서 전정호구(田丁戶口)의 다과(多寡)라고 하는 보다 객관적인 기준을 마련하였다. 전국적인 규모의 호구와 전정의 파악은 각 지방관의 책임하에 이루어졌으며, 객관적인 기준 위에서 지방통치조직을 다시 편제할 수 있었다.[21]

백제는 이 과정을 거치면서 지방을 방군성제(方郡城制)라는 하나의 체제 속에 일원화하였고, 각지에는 지방관이 파견되어 중앙집권력이 한층 강화되었다. 전남지역 통치는 그 동안 협력관계에 있던 반남세력의 간접지배를 위한 거점으로서의 기능을 해체하고, 그 외곽 각지의 중소세력과 직접 연결하는 형태로 추진되었다.

이는 재지의 수장층을 이용하던 구래의 지방지배를 지양하고, 방군성제를 실시하여 일원적 대민지배가 가능하게 된 사실을 반영한다. 방군성제 실시는 제도상의 변화에만 그치지 않고, 전남지역의 경우 변방사회를 재편하려는 의도와 부합되어 실질적인 변모가 이루어지는 계기가 되었다.

3. 전남지역 재편과 토착세력의 추이

백제는 전국에 걸쳐 5방 37군 200성을 설치하였고, 전남의 각 지역에도 군과 성을 두었다. 백제가 전남지역에 군과 성을 설치하면서 토착사회에 대한 영향력은 더욱 확대되었다. 전남지역은 방군성제가 시행되면서 남방(南方)의 소속으로 편제되었다. 백제가 전남지역에 설치한 군과 성은

C. 무진주(또는 노지라고도 하였다), 미동부리현, 복룡현, 굴지현. 분차군(또는 부사라고도 하였다), 조조례현, 동로현, 두힐현, 비사현. 복홀군 마사량현, 계천현, 오차현, 고마미지현. 추자혜군, 과지현(또는 과혜라고도 하였다), 율원현. 월나군, 반나부리현, 아로곡현, 고미현, 고시이현, 구사진혜현, 소비혜현, 무시이군, 상로현, 모량부리현, 송미지현. 감평군(또는 무평이라고 하였다), 원촌현, 마로현, 돌산현. 욕내군, 둔지현, 구차례현, 두부지현. 이릉부리군(또는 죽수부리 또는 인부리라고 하였다). 파부리군, 잉리아현(또는 해빈이라고 하였다). 발나군, 두힐현, 실어산현, 수천현(또는 수입이라고도 하였다). 도무군, 고서이현, 동음현, 새금현(또는 투빈이라고도 하였다), 황술현. 물아혜군, 굴내현, 다지현, 도제현(또는 음해라고도 하였다). 인진도군(바다의 섬이다), 도산현(바다의 섬이다 혹은 원산이라고도 하였다), 매구리현(바다의 섬이다). 아차산군, 갈초현(또는 하로, 또는 곡야라고도 하였다), 고록지현(또는 개로라고도 하였다), 거지산현(또는 안릉이라고 하였다), 나이군.[22)

라고 하였듯이, 군이 14곳 성(또는 현)이 44곳에 이르렀다. 무진주는 신라가 통일한 이후에 전남지역 통치의 치소(治所)로 삼은 곳이었기에 논외로 할 필요가 있다. 무진주의 관할하에 있던 미동부리현, 복룡현, 굴지현은 오늘날의 나주시 남평면, 광주시 광산구 평동, 담양군 창평면에 위치하였다.

분차군은 순천시 낙안면에 치소를 두었고, 그 관할하에 있던 조조례현, 동로현, 두힐현, 비사현은 각각 고흥군 남양면, 보성군 조성면, 고흥군 두원면, 고흥군 동강면에 위치하였다.

복홀군은 보성군 보성읍을 중심으로 하였고, 마사량현, 계천현, 오차현, 고마지현은 각각 보성군 회천면 회령리, 장흥군 장평면, 장흥군 대덕읍·용산면, 장흥군 장흥읍 일대에 위치하였다.

추자혜군은 담양군 담양읍을 중심으로 하였고, 과지현은 곡성군 옥과면, 율원현은 담양군 금성면 원율리에 위치하였다.

월나군은 영암군 군서면 도갑리를 치소로 하였고, 반나부리현, 아로곡현, 고미현, 고시이현, 구사진혜현, 소비혜현은 각각 나주시 반남면, 나주시 금정면 안노리, 영암군 학산면, 장성군 북일면 오산리, 장성군 진원면, 장성군 삼계면 사창리에 위치하였다.

무시이군은 영광군 영광읍을 중심으로 하였고, 상로현, 모량부리현, 송미지현은 각각 전북 고창군 상하면 하장리, 고창군 고창읍, 고창군 성송면 무송리에 위치하였다.

감평군은 순천시를 중심으로 하였고, 원촌현, 마로현, 돌산현은 각각 여수시, 광양시 광양읍, 여수시 돌산읍에 위치하였다.

욕내군은 곡성군 곡성읍을 중심으로 하였고, 둔지현, 구차례현, 두부지현은 각각 순천시 주암면, 구례군 구례읍, 화순군 동복면에 위치하였다.

이릉부리군은 화순군 능주면에 위치하였다.

파부리군은 보성군 복내면을 중심으로 하였고, 그 관할하의 잉리아현은 화순군 화순읍에 위치하였다.

발라군은 나주시를 중심으로 하였고, 두힐현, 실어산현, 수천현은 각각 나주시 다시면 신풍리, 나주시 봉황면 철전리, 광주시 광산구 본량·임곡마을에 위치하였다.

도무군은 강진군 병영면을 중심으로 하였고, 고서이현, 동음현, 새금현, 황술현은 각각 해남군 마산면, 강진군 현산면, 해남군 해남읍, 해남군 황산면에 위치하였다.

물아혜군은 무안군 무안읍 고절리를 중심으로 하였고, 굴내현, 다지현, 도제현은 각각 함평군 함평읍 성남리, 함평군 해보면 상곡리, 무안군 해제면에 위치하였다.

인진도군은 진도군 고군면에 위치하였고, 도산현과 매구리현은 각각 진도군 군내면과 임회면에 위치하였다.

아차산군은 목포시 압해도를 중심으로 하였고, 갈초현, 고록지현,

거지산현은 각각 영광 군남면, 영광군 백수읍, 신안군 장산면에 위치하였다.

그리고 나이군은 경북 영주군이므로 백제의 땅이 아니라 고구려 지역에 속하였다.

이와 같이 백제의 군과 성이 설치된 곳은 전남의 거의 모든 지역을 망라하고 있다. 또한 영산강유역의 경우 다음의 <표 4>[23)와 같이 군현이 영산내해(榮山內海)의 해안이나 강변 가까운 곳에 위치하고 있는 점도 특징이다.

표 4. 영산강유역에 위치한 백제군현의 추정지역과 하천

군 현	현 지 명	하 천
추자혜군	담양 무정면 오봉	오례천
율지현	담양 금성면 원율	원율천
굴지현	담양 고서면 고읍	증암천
고시이현	장성 북일면 오산	개천
구사진혜현	장성 진원	진원천
소비혜현	장성 삼계면 사창	평림천
이릉부리군	화순 능주	드들강
잉리아현	화순읍	화순천
무진주	광주 잣고개 고성	석곡천
복룡현	광산 평동 용동	평동천
수천현	광산 본량, 임곡	황룡강
발나군	나주시	영산강
두힐현	나주 다시 신풍리	영산강
실어산현	나주 봉황 철천리	봉황천
반내부리현	나주 반남 신촌리	삼포강
미동부리현	나주 남평	드들강
월나군	영암 군서면 도갑리	군서천
아로곡현	영암 금정면 안로리	만봉천
고미현	영암 미암면	춘룡천
물아혜현	무안읍 고절리	무안천
굴내현	함평읍 성남리	함평천
다지현	함평 해보면 상곡리	고막원천

복암리 3호분 발굴 전경 | 옹관묘 22기, 수혈식석곽묘 3기, 횡혈식석실묘 11기 이외에도 횡
구식석곽묘·석실옹관묘·목관묘 등 단일 분구 내에 다양하고 많은 매장 시설을 갖추고 있어
자체가 고분 박물관이라 할 수 있다.

　백제의 군현이 뱃길로 접근이 용이한 해변이나 강가, 그리고 연안
도서에 위치한 것은 서남해지역과 전남 동부지역도 큰 차이가 없다.
그러나 공납지배의 거점 역할을 하던 반남은 일개 현으로 강등되고
말았다. 백제는 반남의 수장층을 이용한 간접지배를 지양하고, 그 외
곽의 중소세력과 결합하면서 전일적인 지방지배를 관철할 수 있었다.
　사비시대에 솔급(率級)의 관등을 소유한 지방관에게 내려준 은제
화형관식(銀製花形冠飾)이 나주 흥덕리와 복암리의 석실분에서 출토

된 것은 이러한 사실을 입증해 준다. 은제관식은 백제의 16관등 중에서 6품인 내솔(奈率) 이상의 관인이 착용하였는데,[24] 영산강유역에서 이를 착용한 사람은 지방관적 성격을 띠고 있었다.[25]

복암리석실분 등에서 은제관식이 출토된 것은 백제의 직접지배 양상을 보여주는 것이며,[26] 소형화·규격화된 백제식석실분이 전남지역 곳곳에 조성된 것도 지방지배가 그만큼 강화되었음을 의미한다. 백제는 반남의 수장층을 전면에 내세워 간접적인 공납제를 시행하던 변방통치의 한계를 벗어나 각지의 중소세력을 지방관으로 임명하여 직접지배를 도모하였다.

백제가 각지의 중소 지방세력과 밀접한 관계를 맺게 된 결과 6세기 중엽 이후에 이르러 백제식석실분(후기 횡혈식석실분)이 전남지역 곳곳에 조성되기에 이르렀다.[27] 백제가 반남세력을 이용하여 공납지배를 실시한 기간 동안에는 재지의 토착세력이 일반 민을 직접 장악하였다면, 방군성제가 실시되면서 그 권한의 상당 부분이 국가권력의 수중으로 이전되었다.[28]

이는 전시대의 전남지역 양상과 비교하여 큰 차이를 보여준다. 영산강유역을 비롯한 서부지역뿐만 아니라 섬진강유역을 포함한 동부지역 및 남해안 일대까지 백제의 군과 성이 설치되었다. 서부지역에 비하여 토착세력의 성장이 뒤졌던 섬진강유역은 근초고왕의 경략 이후에도 큰 변화가 없었다. 이는 6세기 전반에 이르러서도 전남의 동부지역에 토착세력의 성장을 반영하는 고총고분의 축조가 미약한 사실을 통해서 입증된다.

서부지역의 토착사회는 옹관묘가 분포하고 있는 해남 송지면과 삼산면, 영암 미암면과 도포면 그리고 시종면, 나주 반남면, 무안군과 신안군 일부지역, 함평군 학교면, 영광군 일부지역, 강진군 군동면, 광주광역시와 장흥군 일부지역 등을 중심으로 세력의 결집이 이루어졌다. 이후 초기 옹관고분을 조영한 토착세력은 분립상태를 벗어나

무안 양장리유적에서 출토된 나무괭이

점차 나주 반남과 영암 시종 그리고 해남 북일지역을 중심으로 결집이 이루어졌다.

이러한 지역적인 분포는 영산강유역을 중심으로 하여 일부 지역만 토착세력의 성장이 이루어졌고, 동부지역은 영산강유역과 비교할 때 아직 낙후 상태에 머물러 있었음을 의미한다. 그러나 백제는 방군성제를 시행하면서 전남의 거의 모든 지역에 군과 성을 설치하였고, 곳곳에 백제식석실분이 조영되었다. 이는 방군성제의 실시를 계기로 하여 동부지역과 남해안 일대의 후진성이 극복되어 지역별 차이가 해소되었음을 반영한다.

또한 백제의 전남지역 직접지배는 사회경제적인 발전이 이루어졌기 때문에 가능하였다. 이 무렵의 농업경제는 무안군 몽탄면 양장리 도림산 마을에 위치한 백제시대 복합 농경유적을 통하여 알 수 있다. 이 유적은 승달산에서 흘러 내려온 작은 가지성 구릉이 유적의 양편으로 자리하고 그 중앙에는 곡간평지가 펼쳐져 있다.

양장리유적은 청동기시대부터 통일신라시대까지 일정한 규모의 생활유적이 지속적으로 이루어진 곳이다. 특히 기원후 4~5세기대에 만들어진 주거지·수로·농경관련 시설 등은 영산강유역 대형옹관묘 축조집단이 농경문화를 배경으로 성장한 사실을 입증한다.[29] 전남지역의 농경문화는 영산강유역뿐만 아니라 섬진강유역을 포함한 전

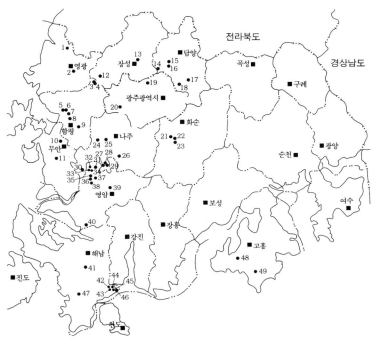

1. 영광 월산리 원계고분군	18. 담양 성월리 월전고분	34. 영암 옥야리 장동고분구
2. 영광 학정리 대천고분군	19. 광주 원계동 정구촌·쌍암동	35. 영암 내동리 초분골고분군
3. 함평 예덕리 신덕고분군	응암고분	36. 영암 내동리 쌍무덤고분군
4. 함평 예덕리 만가촌 고분군	20. 광주 명화동 화동고분	37. 영암 만수리 고분군
5. 함평 장년리 장고산고분	21. 화순 만수리 원지고분	38. 영암 태간리 자라봉고분
6. 함평 유천리 미출고분	22. 화순 천덕리 회덕고분군	39. 영암 금강리 금산고분군
7. 함평 진양리 화동고분군	23. 화순 정남리고분	40. 영암 남산리 마봉고분
8. 함평 대덕리 고양고분군	24. 나주 동록리 대곡·영동리 황산고분	41. 해남 창리 용두고분
9. 함평 대덕리 고양고분	25. 나주 복암리 고분군	42. 해남 신월리 성수동고분
10. 무안 고절리고분	26. 나주 송제리 송산고분	43. 해남 방산리 신방고분
11. 무안 태봉리 태봉고분군	27. 나주 대안리 고분군	44. 해남 용일리 용운고분군
12. 장성 유평리 부귀동고분	28. 나주 신촌리 고분군	45. 해남 방산리 독수리봉고분군
13. 장성 영천리고분	29. 나주 덕산리 고분군	46. 해남 내동리 밭섬고분군
14. 담양 중옥리 중옥고분	30. 나주 장동리 고분군	47. 해남 월송리 증산고분
15. 담양 고성리 월성산고분군	31. 영암 금지리 분촌고분군	48. 고흥 야막리 야막고분
16. 담양 황금리 금구동고분	32. 영암 신연리 뒷모실고분군	49. 고흥 신호리 동호덕고분
17. 담양창평리고분	33. 영암 옥야리 상촌고분군	

전남지역 삼국시대 고분 분포도 | 『전남지역 고분측량 보고서』(전라남도, 2000)

남 동부지역과 남해안지역도 상당한 발전을 하였다. 백제는 사회경제적인 발전을 토대로 하여 전남의 거의 모든 지역에 군과 성을 설치하여 직접지배를 하였다. 전남지역의 석실분은 서부지역에 120곳, 남부지역에 35곳, 섬진강유역에 8곳의 유적이 조사되었다. 이처럼 전남지역의 석실분은 주로 영광·함평·무안·영암·해남·장흥·보성·고흥 등 대하천이나 바다를 낀 지역에 집중 분포한다. 이는 아직까지 사람들이 산간 내륙보다는 주로 하천이나 바닷가와 인접한 곳에 살면서 바다나 배와 밀접한 관련을 가지고 있었음을 의미한다.[30]

백제는 지방지배의 거점이 되는 곳에 성곽을 축조하는 등 거점을 마련하였다. 특히 백제의 군과 성이 설치된 지역과 인접한 곳에는 백제식석실분이 축조되어 있다. 거대한 석실분을 축조하기 위해서는 상당할 정도의 경제력이 필요하였고, 농업 등의 경제력이 향상되었기 때문에 낙후된 남해안이나 동부지역에서도 고분의 축조가 가능하였다. 예컨대 장흥 충열리고분군에서는 석실분 5기가 발견되었는데, 6세기에서 7세기 사이에 걸쳐 축조된 토착유력자들의 무덤으로 추정된다.[31]

그러나 전남지역 통치의 거점이었던 남방(南方)의 위치와 그 역할을 정확히 알 수 없어서 지방지배의 정확한 실상을 파악하는 것은 어려움이 적지 않다.[32] 다만 백제가 방군성제를 실시하면서 전남의 거의 대다수 지역에 군과 성을 설치하였기 때문에 그 거점이 되는 남방은 특정지역에 편중되지 않고 군사적 요충지나 교통의 중심지역에 위치하였을 것으로 추정된다.

백제는 방군성제를 실시하면서 점차 해상교통 위주에서 벗어나 육상 교통도 중시하였다. 백제의 전남지역 진출은 처음에는 육로보다는 해상을 통하여 포구 등의 거점을 확보하는 형태로 이루어졌다. 백제는 평면적이고 전방위적인 것이 아니라 해안을 통하여 교두보를 설치하여 거점을 확보하는 형식으로 전남지역을 장악해 나갔다.

한편 백제는 직접지배가 어려운 상황에서 반남세력과 상보적인 관계를 맺고 거점 역할을 부여하였다. 그러나 백제는 방군성제를 실시하여 직접지배를 관철하면서 반남세력을 도태시키고 전남의 곳곳에 군과 성을 설치하였다. 따라서 백제는 전남지역 통치의 중심지 역할을 하는 남방의 치소(治所)와 군과 성을 연결하는 도로망의 확보와 연결이 중요하게 되었다. 이러한 가능성을 염두에 둔다면 백제의 남방은 교통의 요충지에 위치하였을 가능성이 높다.

또한 백제의 각 방은 6·7~10여 개의 군에서 1만 명 정도의 병력을 동원하였다. 그리고 각 군은 대략 700·800~1,200명의 병력을 거느리고 있었다. 중앙의 동원명령은 방을 통해서 군에 하달되었고, 병력동원은 역순으로 이루어졌다.33) 이와 같은 백제의 병력 동원체제를 고려하면 남방은 전남의 서부지역과 동부지역 및 남부지역에서 병력을 동원하기에 가장 편리한 교통의 요충지에 위치하였음이 자명하다.

전남지역 토착사회의 중심 세력은 군현과 왜·가야를 잇는 대외교섭상의 중간 길목에 위치하여 그 이점을 누리면서 성장한 신미국 이래 영산강 하류지역에서 중류의 시종을 거쳐 반남집단으로 바뀌었다. 또한 신라가 삼국을 통일한 후 전남지역 통치의 중심지가 무진주였음은 주지의 사실이다. 신라가 9주 5소경제를 실시하면서 전남지역 행정구역은 일부분을 제외하면 백제시대의 것을 거의 그대로 답습하였다. 따라서 백제의 전남통치 중심지인 남방은 훗날 신라시대의 치소였던 무진주 내지 그 인근의 지역으로 추정된다.

그러나 삼국시대에 무진주는 주변의 다른 지역에 비하여 발전이 상대적으로 늦은 곳이었다. 무진주가 전남지역 통치의 구심이 된 것은 신라가 삼국을 통합한 이후였다. 신라는 신문왕 6년(686)에 무진주를 설치하였고, 경덕왕이 다시 무주(武州)로 고쳤다. 그 영현(領縣)으로 현웅현(玄雄縣)·용산현(龍山縣)·기양현(祁陽縣) 3곳을 두었다. 또한 오늘날의 광주지역은 늪지대였기 때문에 거주하기에 부적합하였다. 이 때문에 백제시대에는 큰 구릉지역인 장성 불대산(602m) 허리에 자리잡은 진원고을에 살면서 무등산 기슭까지를 관할하였을 가능성이 있다.34)

무진주와 인접한 장성지역은 장성읍 영천리고분군35)과 삼서면 학성리고분군36) 등 백제식석실분과 백제시대의 성곽이 상당수가 남아 있다. 진원면은 후백제를 건국한 견훤이 탄생한 곳으로 전해지는 등 백제와 밀접한 관계가 있다.37) 진원면 진원리 고산마을 뒤쪽 구릉의 끝자락에는 2기의 석실분이 위치하며, 그 뒷산에는 남방의 치소로 추정되는 진원산성이 위치한다.

진원산성은 조선시대에는 진원현의 읍성으로 이용되었다. 진원산성은 진원현의 진산(鎭山)인 불대산(佛台山)의 동쪽 기슭의 속칭 '대절봉'에 자리잡고 있으며, 남쪽으로는 넓은 평야지대가 펼쳐져 있다. 대절봉은 해발 40m의 구릉성 산지로 북서쪽과 남동쪽에 각각 봉우리가 솟아 있고, 가운데 부분이 낮아서 전체적으로 마안형(馬鞍形)의 지형을 이루고 있다. 성벽은 산의 정상부를 돌아가며 바깥쪽 경사면을 삭토한 후 내탁법(內托法)에 의해 외면(外面) 만을 돌로 축조하였다.

진원산성은『신증동국여지승람』에는 진원현의 백제시대 행정명인 구사진혜현(丘斯珍兮縣)의 약칭인 '구진성(丘珍城)'으로 기록되어 있다. 이 산성의 둘레는 전하는 문헌마다 차이가 있는데『신증동국여지승람』은 400척(尺 : 약 190m), 『대동지지(大東地志)』는 1,400척(약 660m)으로 기록되어 있다. 그러나 실제적인 계측거리는 약 800m 정도로서『대동지지』의 기록과 대체로 근사치를 보인다.38)

백제의 산성은 주변에 넓은 뜰이나 하천을 끼고 있으며, 이러한 뜰이나 하천을 향해 돌출된 지역의 맨 끝단 산봉우리에 자리하고 있는 것이 일반적인 특징이다. 진원산성은 백제시대 산성의 입지조건과 일치하며『한원(翰苑)』에 전하는 국남(國南) 360리에 위치하면서 그 둘레 또한 '방일백삼십보('方一百三十步 : 720m)'[39]라는 기록과도 거의 부합된다. 장성지역에는 진원산성 외에도 유탕리의 이척산성, 선적리의 삼성산성, 사창리의 삼계성지, 부성리의 부성리성지, 죽청리의 벽오산성, 수성리의 망첨산성지 등 백제시대의 산성이 존재한다.[40]

장성은 오늘날도 서울에서 광주나 그 밖의 전남지역으로 가는 교통의 요충지에 해당된다. 조선시대에도 한양을 가려면 광주에서 오치를 지나 용전을 거쳐 장성 목호재 밑 영신역에서 자거나 말을 바꿔 타고 장성댐 밑에 위치한 창암역으로 향했다. 영신역에서 5리 지점에 개천을 건너는 다리가 있었고, 여기서 남쪽으로 가는 길목에 장성군 남면 행정리 승가동네가 있었다. 이 마을은 옛날에는 진원과 장성, 하남, 임곡으로 통하는 사거리의 중심이어서 일제말기까지도 장이 섰다고 한다.[41]

지금은 면 단위로 격하된 진원고을은 장성 읍내보다 번창했던 고을이었다. 백제 때의 고을 이름인 '구사진혜현(丘斯珍兮縣)'과 구지하성(久知下城)의 음이 비슷한 것도 백제의 남방이 진원에 위치한 사실을 반증한다. 장성은 노령 고개를 넘어 전남지역의 곳곳으로 연결되는 교통의 중심지였고, 백제의 남방의 치소였던 구지하성은 그 길목을 관할하는 진원면의 진원산성에 위치하였다.

또한 진원은 진원천을 통하여 쉽게 영산강 본류와 연결되기 때문에 해상을 통해서도 접근이 용이한 지역이었다. 진원천은 진원면과 장성읍 유탕리의 경계에 있는 상봉(627m)의 동쪽 골짜기에서 발원하여 남쪽으로 흘러 새미들에 이르러 진원저수지에 담긴다. 이어 진원리의 고산과 홍동, 광안마을 사이로 내려 연동, 묘동마을 진원탑 바로 옆을 지나 송림들을 적시고 산동리 우동들, 작동들, 고내들에 물을 대주고 광주 대촌동 삼소지를 지나 장성머리들을 거쳐 영산강에 합류한다.[42] 진원리에서 삼소지까지는 10.16km에 불과한 매우 가까운 거리이다. 백제의 수도 부여에서 출발한 사람들은 영암 시종의 남해만 부근에서 정박한 후,[43] 소형의 선박에 승선한 후 영산강 수로를 통하여 남방이 위치한 장성 진원까지 손쉽게 도달할 수 있었다.

이처럼 남방의 치소인 구지하성은 수도 부여에서 육로나 수로를 통하여 쉽게 연결되는 교통의 요충지인 장성의 진원지역에 위치하였다. 백제의 남방통치는 그 동안 주로 공납지배 형태의 간접지배를 수반하는 해상연결을 통하여 이루어지던 지배양식에서 벗어나 육상교통이 활발하게 이용되면서 가능하게 되었다.

백제는 장성의 진원산성에 남방의 치소를 두고 전남지역을 통치하였다. 장성은 영산강유역의 최상류에 위치한 지방으로 백제의 지배에도 불구하고 오랫동안 전남지역 토착세력의 중심적인 위치를 차지하였던 나주지역의 외곽에 해당된다. 백제가 장성지역에 남방의 치소를 둔 것은 방군성제의 실시에도 불구하고 나주지역을 직접지배하는 것이 어려웠기 때문이었다.

백제는 영산강유역의 중심 세력이었던 나주의 반남집단과 다시집단 등을 견제할 수 있고, 내륙 교통의 중심지에 위치한 장성의 진원지방에 남방을 설치하였다. 그러나 백제는 전남지역 통치의 거점이었던 남방을 토착세력의 중심지에 두지 못하고, 그 외곽에 설치할 수밖에 없는 한계가 있었다.

이러한 백제의 전남지역 지배양상은 고고자료를 통해서도 입증되고 있다. 전남지역에 석실분이 도입되는 과정은 옹관고분이 밀집된 지역이 아닌 그 외곽부터 축조되었다. 즉, 백제계통의 석실분은 5세기 말에서 6세기 초에 걸쳐 영산강유역의 상류지역에 먼저 수용된 후 점차 6세기 초·중반에는 그 하류지역, 6세기 중·후반~7세기 중반에 이르러 연안 도서지방으로 확산되었다.[44] 이는 백제가 방군성제를 실시하면서 나주지역보다는 그 외곽에 위치한 진원산성에 통치의 거점을 마련한 후, 토착세력의 영향력이 강한 지역으로 지배력을 확

나주 복암리 3호분
분구 내의
석실옹관묘 모습

대하였음을 의미한다.

　백제의 남방이 설치된 진원산성 부근의 토착세력은 백제의 영향력을 크게 받았다. 진원과 인접한 삼서면 학성리 일대에 군집된 20여 기의 고분군에 피장된 주인공들은 백제의 남방통치(南方統治)와 다양한 관계를 맺은 사람들로 추정된다. 학성리고분군에서 출토된 관못, 토기 등 6~7세기 때의 백제계통의 유물[45]은 이를 반증한다.

　그러나 백제의 방군성제 실시와 직접지배에도 불구하고 나주 다시면 복암리집단은 토착적인 기반을 유지하였다. 이는 복암리석실분의 축조 양식과 출토 유물을 통해서 입증된다. 복암리 3호분은 옹관묘·영산강식석실분·백제식석실분이 한 분구(墳丘) 안에 공존한 상태에서 은제관식이 출토된 것으로 볼 때 토착세력이 상당 정도의 권한을 계속 유지하였음을 알 수 있다. 하나의 분구에 옹관고분을 축조한 재지세력이 계속 묻히며 석실분을 수용한 것으로 볼 때 피장자는 중앙에서 파견된 지방관이 아니라 토착세력으로 추정된다.[46]

이처럼 전남지역의 토착세력은 지역에 따라 다양한 차이가 있겠지만, 백제가 방군성제를 실시한 이후에도 재래의 전통기반을 일정 정도 유지하였다. 뿐만 아니라 복암리 3호분에서 출토된 규두대도(圭頭大刀)는 토착세력이 방군성제라는 보다 진전된 지방지배에도 불구하고 독자적인 대외교섭이 가능하였음을 보여준다.[47]

한편 전남지역의 군과 성 중에서 상당수가 바닷가나 도서지방에 위치한 점도 주목된다. 이는 백제가 육상교통을 위주로 남방의 통치를 추진하면서도 해상교통을 여전히 중시하였음을 의미한다. 백제는 해상을 통하여 가야, 왜 등으로 향하는 항로의 안전을 도모하기 위하여 서남해안의 중요한 도서지방에 군과 성을 설치하였다. 이 때문에 장산도·압해도·진도·돌산도 등에 백제의 거지산현, 아차산군, 인진도군, 돌산현이 설치되었다.

백제의 군과 성이 곳곳에 설치되어 전남지역은 문화양식 등의 사회 전반에 걸쳐 백제화가 서서히 이루어졌지만, 토착사회가 완전히 해체되어 철저한 지방지배가 실시된 것은 아니었다. 또한 전남지방의 곳곳에 조영되어 있는 백제식석실분에 매장된 고분의 주인공들은 중앙에서 파견된 지방관이 아니라 토착세력들이었다.[48]

백제는 방령(方領)과 성주(城主)를 모두 중앙에서 파견하지 않았다. 백제는 군 단위까지는 중앙에서 관리를 파견하였고, 신라와 인접한 동부지역의 전략적인 요충지에 위치한 여수, 순천, 광양 등지의 일부 산성[49]에는 직접 성주를 파견하였을 것으로 추정된다. 그러나 몇 개의 촌을 통치하는 성주는 토착세력이 임명된 것으로 보인다. 전남지역의 곳곳에 조성된 백제식석실분의 피장자는 바로 이들이 아닐까 한다.

순천 검단산성 성벽

　이와 같이 전남지역은 백제의 지배에도 불구하고 토착사회의 강인한 전통이 유지되었다. 또한 백제에 뒤늦게 편입되었기 때문에 '백제인'이라는 귀속의식이 상대적으로 미약하였다. 백제가 멸망한 후 다른 지역과는 달리 전남에서 백제부흥운동이 미약했던 것도 바로 이 때문이었다.

4. 맺음말

　백제가 전남지역을 경략하여 자국의 영역으로 확보한 것은 4세기 후반 근초고왕 때이었다. 그러나 근초고왕의 전남지역 경략은 일시적인 군사적 강습에 불과하였기 때문에 토착세력을 이용한 간접지배를 시행하였다. 백제는 노령이북의 전북지역까지는 담로제를 시행하였고, 그 이남의 전남지역은 공납지배를 실시하였다.

전남지역의 토착세력들은 백제의 공납지배를 받으면서도 대형옹관 묘를 조성하는 등 일정 정도의 독자적인 발전을 지속하였다. 백제는 전남 서남부지역 해상세력의 대외교섭 거점을 직접 관리하거나 친백 제세력에게 위탁하였고, 평야지대의 공물은 별도의 세력을 통하여 징 수하는 간접지배를 실시하였다. 반남의 수장은 백제의 후왕적(侯王 的)인 위상을 갖고 인적·물적 자원을 대신 수취하였다.

전남의 동부지역은 같은 시기 영산강유역의 시종이나 반남지역에 필적할 만한 고분이나 그 밖의 유적을 찾을 수 없기 때문에 토착세력 의 성장이 서부지역에 미치지 못했던 것으로 생각된다. 이러한 양상 은 백제의 지배를 받게 된 이후에도 큰 변화 없이 한 동안 지속되었 다.

백제가 6세기 중엽 방군성제를 실시하여 직접지배를 도모하면서 전남지역 토착사회는 큰 변화를 맞게 되었다. 백제는 전남지역을 포 함한 전국에 지방관을 파견하여 직접지배를 실시하였다. 백제의 지방 지배는 한 단계 더 발전하게 되었으며, 재지세력의 전통적인 기반이 해체되고 토착사회는 재편되었다. 토착세력 수장층은 전통적인 세력 기반이 약화된 채 중앙에서 파견된 지방관을 보좌하는 하급 실무관 료로 전락되었다.

백제는 지방조직의 편제에서 전정호구(田丁戶口)의 다과(多寡)라 고 하는 보다 객관적인 기준을 마련하였다. 백제는 지방을 방군성제 라는 하나의 체제 속에 일원화하였고, 각지에는 지방관이 파견되어 중앙집권력이 한층 강화되었다. 백제는 전남지역에 대해서도 반남의 수장층을 이용한 간접지배를 지양하고, 그 외곽의 중소세력과 결합하 면서 전일적인 지방지배를 관철하였다.

사비시대에 솔급(率級)의 관등을 소유한 지방관에게 내려준 은제 화형관식(銀製花形冠飾)이 나주 흥덕리와 복암리의 석실분에서 출토 된 것은 이러한 사실을 입증해 준다. 백제가 각지의 중소 지방세력과

236

밀접한 관계를 맺게 된 결과 백제식석실분과 산성이 전남지역 곳곳에 축조되었다.

방군성제의 실시는 제도상의 변화에만 그치지 않고, 전남지역의 경우 변방사회를 재편하려는 의도와 부합되어 실질적인 변화가 이루어지는 계기가 되었다. 방군성제가 시행되면서 전남지역은 남방의 소속으로 편제되었다. 남방의 치소였던 구지하성은 전남의 서부지역과 동부지역 및 남해안지역에서 병력을 동원하기 편하고, 수도와 연결되는 교통의 요충지인 장성 진원면 진원산성에 위치하였다.

남방의 치소인 구지하성은 수도 부여에서 육로나 수로를 통하여 쉽게 연결되는 교통의 요충지에 위치하였다. 백제의 남방통치는 해상을 통하여 연결되던 지배양식에서 벗어나 육상교통이 활발하게 이용되면서 가능하게 되었다. 그러나 전남지역의 군과 성 중에서 상당수가 바닷가나 도서지방에 위치하였다. 백제는 육상교통을 위주로 하여 전남지역을 통치하면서도 해상교통을 여전히 중시하였다

백제의 전남지역 통치의 구심적인 역할을 하던 반남지역은 일개 현으로 강등되고 말았다. 백제는 전남의 거의 모든 지역에 군과 성을 설치하여 직접지배를 도모하였다. 그러나 백제가 중앙에서 지방관을 전남의 전지역에 모두 파견한 것은 아니었다. 백제는 군과 전략적인 요충지에 위치한 지역의 성 정도만 중앙에서 관리를 파견하였다. 따라서 전남지역의 토착세력은 재래의 지배관계를 유지하면서 기득권을 어느 정도 유지할 수 있었다.

신라의 삼국통합과 전남지역 추이

1. 머리말

삼국 사이의 치열한 대립은 신라의 승리로 귀결되었다. 삼국의 항쟁이 오랫동안 지속되면서 접경지대뿐만 아니라 대다수 지역이 전란의 소용돌이에 휩싸였다. 백제는 수도가 함락되는 등 국토가 잿더미가 되었고, 의자왕을 비롯한 수많은 사람들이 당나라로 끌려갔으며, 경주로 끌려간 사람들도 적지 않았다. 백제의 유민들은 부흥운동을 일으켰으나 실패하고, 백제의 고토는 신라의 주군(州郡)으로 편재되고 말았다.

백제의 고토 중에서 전남지역은 충청도나 전북 지역과는 상황이 매우 달랐다. 백제와 신라 양국의 전투는 주로 옛 가야지역에서 이루어졌다. 따라서 전남지역에서는 전투가 벌어지지 않았기 때문에 전란의 직접적인 영향이 미치지 않았다. 다만 전남지역은 삼국간에 총력적인 양상을 띠고 전개된 항쟁 속에 백제의 물적·인적 수취기반이 되었다.

전남지역은 마한의 전통을 계승하면서 독자적인 세력을 오랫동안 유지하여 '백제인'이라는 귀속의식이 미약하였기 때문에 백제부흥운동이 일어날 여지가 상대적으로 적었다. 그러나 전남지역에 거주하던 사람들이 신라의 정복과 지배에 순응한 것은 아니었다. 백제부흥운동이 실패한 후 많은 사람들이 신라의 지배를 거부하고 타국으로 오른 망명길에 이 지역 사람들도 적지 않게 동참하였다.

신라는 삼국을 통일한 후 적극적인 통합정책을 추진하였다. 고구려와 백제의 지배층을 골품체제 내로 받아들였고, 양국의 유민과 결합하여 당군을 축출하였다. 신라는 삼국을 통합한 후 3배 이상 넓어진 국토를 효율적으로 통치하기 위하여 9주 5소경제를 실시하였다. 신라는 전남지역에 무진주를 설치하여 치소를 무주(현재의 광주)에 두었다.

신라는 지방관 파견과 더불어 상수리제를 실시하여 지방지배를 보다 철저히 하였다. 이 과정을 거치면서 신라는 전남지역을 확고히 장악하고 지방세력을 재편할 수 있었다. 이 글에서는 치열하게 전개된 삼국항쟁 속에서 전남지역의 상황과 신라의 통일에 따른 토착사회의 변화양상을 살펴보려고 한다.

2. 백제의 멸망과 부흥운동의 전개

백제와 신라는 고구려의 남진에 맞서 433년(신라 눌지왕 17, 백제 비유왕 7)에 나제동맹을 맺고 공동으로 대응하였다.[50] 나제동맹은 평양으로 천도한 후 강력하게 추진된 장수왕의 남진에 대처하기 위한 것이었다. 또한 양국은 493년(신라 소지왕 15, 백제 동성왕 15)에는 국혼(國婚)을 맺고[51] 공수동맹(攻守同盟)을 체결하였다.

양국의 동맹관계는 6세기 중반까지 오랫동안 유지되었다. 그러나 백제가 차지한 한강 하류지역을 진흥왕이 553년에 습취(襲取)하면서 양국은 대립국면으로 접어들었다.[52] 백제의 성왕은 신라의 배반에 분격하여 공격에 나섰으나, 관산성전투의 패배로 국왕 자신의 전사와 함께 29,600명이 몰살당하는 등 막대한 피해를 입고 말았다.[53]

백제는 이 전투에서 엄청난 손실을 입고 한 동안 수세에 놓여 있었다. 성왕을 계승한 위덕왕 때에는 왕권이 쇠약해지는 등 백제는 그 후유증에서 벗어나지 못하였다. 백제는 위덕왕 때에 벌어진 3차례의 전투54)를 제외하고는 거의 50년 동안 신라와 전쟁이 없었다.

백제가 신라에 대해 적극적인 공세를 취한 것은 7세기 초반 무왕 때 이르러 가능하였다. 나제 양국관계가 긴박해짐에 따라 국경 부근에 축성이 더욱 많아졌으며, 양국은 주로 옛 가야지역에서 전쟁을 치렀다. 백제는 교착상태에 빠진 돌파구를 남원－함양 선에서 구하여 서곡성과 독산성을 공격하였다.55) 백제군은 함양을 돌파한 후 남으로부터 우회하여 낙동강 서변(西邊)을 공격함으로써 북쪽 소백산맥 일대의 교착상태를 타개하려고 하였다.56)

백제의 신라 공격은 무왕을 계승한 의자왕 때에 이르러 더욱 강화되었다. 의자왕은 무왕이 다져놓은 기반 위에서 '해동증자(海東曾子)'로 불릴 만큼 투철한 유교정신을 바탕으로 왕권강화를 추진하였다. 의자왕은 즉위한 다음해에

> A. 백제 조문사의 종자(從子) 등이, "……금년 정월에 국왕의 어머니가 죽었고, 또 아우 왕자의 아들 교기(翹岐)와 누이동생 4명, 내좌평(內佐平) 기미(岐味) 그리고 이름 높은 사람 40여 명이 섬으로 추방되었습니다" 라고 하였다.57)

라고 하였듯이, 종친인 교기와 내신좌평 기미 등 유력층 40여 명을 추방하는 등 귀족세력을 약화시키면서 국왕 중심의 국가운영체제를 확립하였다. 또한 의자왕은 642년(同王 2)에 장군 윤충(允忠)으로 하여금 1만 군사를 거느리고 대야성을 공격하게 하여 함락시킨 후 성주인 품석(品釋)을 살해하고, 남녀 1천여 명을 포로로 하였다.58) 백제의 승세는 무왕과 의자왕 때의 공방전 속에서 백제의 선제공격이 20회, 신라가 5회이므로 백제의 공격이 많았던 것에서도 엿볼 수 있다.

백제의 의자왕은 대야성을 함락하는 등 승세를 잡자 자만심에 빠지게 되었고, 위기에 처한 신라는 당(唐)나라와 가까워지게 되었다. 신라는 백제와 고구려의 침입에 시달리면서 당과의 제휴가 불가피하

낙화암의 원경

였고, 고구려 정벌에 실패한 당은 신라와 연대가 필요하였다. 당은 삼국간의 항쟁을 화해시키려고 중재에 나서면서도 신라를 당의 번신(藩臣)이라고 두둔하면서 백제에 압력을 가하였다. 백제는 이에 반발하여 당과 외교관계를 단절하고 말았다.[59]

의자왕의 향락생활과 궁중 내부의 분열은 백제를 약화시켰고, 잦은 전쟁으로 인한 국력 소모로 상황은 날로 악화되어 갔다. 이 때문에 나당연합군의 공격을 받은 백제는 효과적인 대응책을 마련할 수 없었다. 이 틈을 타고 당군은 전략적 요충지인 기벌포(伎伐浦)를 통과하고, 신라군도 탄현(炭峴)을 무사히 통과하고 말았다.[60] 계백(階伯)이 거느린 5천명의 결사대마저 신라군에게 패배하고, 나당연합군이 사비성으로 들어오자 의자왕은

　　B. 당나라 군사를 실은 배들은 조수를 타고 꼬리에 꼬리를 물고 나아가며 북을 치고 떠들어댔다. 정방이 보병과 기병을 거느리고 곧장

그 도성으로 나아가 30리쯤 되는 곳에 머물렀다. 우리 군사는 모든 병력을 다 모아 이를 막았으나 또 패하여 죽은 자가 1만여 명이었다. 당나라 군사가 승세를 타고 성으로 육박하자 왕은 면하지 못할 것을 알고 탄식하며 "성충의 말을 듣지 않아 이 지경에 이른 것을 후회한다"고 말하고는 드디어 태자 효와 함께 북쪽 변경으로 달아났다. 정방이 성을 포위하니 왕의 둘째 아들 태가 스스로 왕이 되어 무리를 거느리고 굳게 지켰다. 태자의 아들 문사가 왕자 융에게 말하였다. "왕과 태자가 (성을) 나갔는데 숙부가 멋대로 왕이 되었습니다. 만일 당나라 군사가 포위를 풀고 가면 우리들은 어찌 안전할 수 있겠습니까?"(그들은) 드디어 측근들을 거느리고 밧줄에 매달려 (성밖으로) 나갔다. 백성들이 모두 그들을 따라가니 태가 말릴 수 없었다. 정방이 군사로 하여금 성첩(城堞)에 뛰어 올라가 당나라 깃발을 세우게 하였다. 태는 형세가 어렵고 급박하여 문을 열고 명령대로 따를 것을 요청하였다. 이에 왕과 태자 효가 여러 성과 함께 모두 항복하였다. 정방이 왕과 태자 효, 왕자 태·융·연 및 대신과 장사 88명과 백성 12,807명을 당나라 서울로 보냈다.[61]

라고 하였듯이, 태자와 함께 웅진성으로 피난을 떠났다. 백제는 사비성을 지키면서 스스로 왕위에 올랐던 왕자 태(泰)가 당군에게 항복하자 더 이상 버티지 못하고 멸망하였다.

그러나 백제의 고토를 차지한 것은 신라가 아니라 당나라였다. 당은 신라와 연합하여 백제를 멸망시키고 웅진(熊津)·마한(馬韓)·동명(東明)·금련(金漣)·덕안(德安)의 5도독부(都督府)를 두었다. 그 뒤 당은 5도독부를 개편하여 웅진도독부를 중심으로 하여 동명(東明), 지침(支浸), 노산(魯山), 고사(高四), 사반(沙泮), 대방(帶方), 분차(分嵯)의 7주(州)와 52현(縣)을 두었다. 그리고 당은 백제의 왕자 부여융(扶餘隆)을 도독으로 임명하여

C. 당나라 고종이 부여융을 웅진도독으로 삼아 귀국하게 하여 신라와

242

의 옛 원한을 풀고 유민들을 불러모으게 하였다.62)

라고 하였듯이, 백제 유민을 무마하려고 하였다. 당시 전남지방에는
사반(장성), 대방(나주), 분차(순천)의 3주가 설치되었다. 그러나 당의
5도독부나 7주는 수도 인근의 지역을 제외하고는 도상의 계획에 불
과하였다.

백제가 멸망한 후 얼마 안 있어 그 유민들은 부흥운동을 일으켰다.
당은 사비성을 함락시킨 후 백제의 옛 땅에 5도독부를 설치하였으나,
일부 지역을 제외하고는 통제력이 미치지 못했기 때문에 백제부흥군
이 전국을 장악하였다.

백제부흥운동이 본격화된 것은 소정방(蘇定方)의 주력부대가 사비
성에서 물러간 뒤였다. 의자왕의 종형제인 복신(福信)과 승려 도침
(道琛)은 주류성을 근거로 활동하면서 왜에 있던 왕자 부여풍(扶餘
豊)을 맞아들였다. 또한 흑치상지(黑齒常之)는 임존성(任存城)을 거
점으로 3만 명의 병력을 수습한 후 당군을 격퇴하고 2백여 성을 회복
하였다.63) 복신은 부여풍을 왕으로 추대한 후 나당연합군에 대한 공
격을 활발히 전개하였다. 백제부흥군의 저항운동이 활발해지자

> D. 무왕의 조카 복신이 일찍이 군사를 거느렸는데 이때 승려 도침과
> 함께 주류성에 근거하여 반란을 일으켰다. 일찍이 왜국에 볼모로
> 가 있던 옛 왕자 부여풍을 맞아다가 왕으로 삼았다. 서북부가 모두
> 응하자 군사를 이끌고 인원(仁願)을 도성에서 포위하였다. 조서를
> 내려 유인궤를 검교대방주자사로 기용하고, 왕문도의 군사를 거느
> 리고 지름길로 신라 군사를 일으켜 인원을 구하게 하였다. 인궤가
> 기뻐서 "하늘이 장차 이 늙은이를 부귀하게 하려 한다."고 말하고
> 는 당나라의 책력(冊曆)과 묘휘(廟諱)를 요청하여 가지고 가면서
> 말하였다. "내가 동이를 평정하여 대당(大唐)의 정삭(正朔)을 해외
> 에 반포하고자 한다." 인궤가 군사를 엄하고 정연하게 통솔하고 싸

우면서 전진하니 복신 등이 웅진강(熊津江) 어구에 두 목책을 세우고 막았다. 인궤가 신라 군사와 합쳐 이를 치니 우리 군사는 퇴각하여 목책 안으로 달려 들어왔는데 물이 막히고 다리가 좁아서 물에 빠져 죽거나 전사한 자가 1만여 명이나 되었다. 복신 등은 이에 도성의 포위를 풀고 물러나와 임존성을 보전하였고, 신라 사람도 군량이 다 떨어졌기 때문에 군사를 이끌고 돌아갔다. 이때가 용삭(龍朔) 원년(661) 3월이었다. 이에 도침은 스스로 영군장군(領軍將軍)이라 일컫고, 복신은 스스로 상잠장군(霜岑將軍)이라 일컬으면서 무리들을 불러모으니 그 형세가 더욱 떨쳤다.[64]

라고 하였듯이, 북서부의 많은 성들이 호응하였다. 이에 당황하여 사비성에 주둔하고 있던 당군과 신라군은 각각 본국에 원병을 요청하였고, 신라는 태종무열왕이 친히 군사를 이끌고 왔다. 전세가 불리해진 백제부흥군은 임존성으로 후퇴하여 흑치상지의 부대와 합세하였다.

백제부흥군은 임존성에서 주류성으로 후퇴하여 백강(白江)의 입구를 막고, 당군의 상륙을 저지하면서 사비성을 다시 공격하였다. 그러나 백제부흥군의 지도부 사이에 내분이 발생하여 복신이 도침을 죽이고 군사를 장악하였다.[65] 그러나 복신이 부여풍마저 제거를 꾀하려다가

E. 이때 복신이 이미 권세를 오로지 하면서 부여풍과 점차 서로 질투하고 시기하였다. 복신은 병을 핑계로 하여 굴 속 방에 누워서 풍이 문병 오는 것을 기다려 잡아죽이려고 하였다. 풍이 이것을 알고 친하고 믿을만한 자들을 거느리고 복신을 엄습하여 죽이고는 사신을 고구려와 왜국에 보내 군사를 청하여 당나라 군사를 막았다. 손인사(孫仁師)가 중도에서 이를 맞아 쳐서 깨뜨리고는 드디어 인원의 군사와 합치니 사기가 크게 떨쳤다.[66]

244

월남사지 3층석탑

라고 하였듯이, 오히려 살해되고 말았다. 백제부흥군의 내분을 틈타 당군은 주류성에 대한 공격을 개시하였다. 이 전투에서 연합군의 수륙 양면에 걸친 치열한 공격으로 왜의 응원부대는 전멸하였다. 이로 인해 부흥군의 사기는 꺾이게 되었고, 부여풍이 고구려로 달아나자 저항의 거점이었던 주류성은 함락되었다. 또한 북부의 거점인 임존성이 지수신(遲受信)에 의해 지켜지고 있었으나, 663년 말에 함락됨으로써 4년에 걸친 백제부흥운동은 종말을 고하였다.[67]

그러나 전남지역은 삼국통일전쟁과 백제부흥운동의 격랑 속에서 직접적인 여파가 크게 미치지 않았다. 전북이나 충남 등과는 달리 전남지역은 백제부흥운동의 파고가 그다지 높지 않았다. 이러한 지역적 차이가 발생한 까닭은 전남지역에 마한 계승의식이 강하게 남아 있

보성군 조성면 독로고성에서 바라본 보성만 전경

었기 때문이다.

전남지역은 6세기 중반에 이르러 토착질서가 해체되고 백제에 완전히 복속되었기 때문에 귀속의식이 상대적으로 미약하였다. 전남지역의 토착세력은 백제의 지배를 받으면서도 독자적인 세력기반과 정체성을 유지하였다. 마한의 문화전통이 오랫동안 남아 있었기 때문에 백제나 후대의 신라문화가 이 지역에 파고들어 기층문화를 해체하는 것이 매우 어려웠다.[68]

그러나 전남지역이 여러 분야에 걸쳐 백제의 영향력을 받은 것도 사실이다. 예컨대 강진군 성전면에 위치한 월남사지 석탑은 고려시대에 건립된 백제계 양식으로 전남지역 토착세력들이 백제로부터 많은 영향력을 받았음을 보여준다.[69] 그러나 전남지역은 백제의 영향력에도 불구하고 독자적인 문화전통과 세력기반을 유지하였다.

전남지역의 토착세력은 마한의 전통에 대한 계승의식이 남아 있었고, 백제인이라는 귀속의식이 부족하였기 때문에 부흥운동에 적극적으로 가담하지 않았다. 다만 백제부흥운동이 종말을 고하면서 보성군 조성면 포구에서 상당수의 유망민들이 도왜(渡倭)한 것으로 전해지고 있다.

이곳은 한반도의 서남부를 경유하여 왜국으로 건너가는 해로상의 요충지였다. 그리하여 신라의 압박을 받게 된 백제 유민의 일부는 이곳에서 바다를 건너갔다.[70] 신라의 압박이 가중되면서 해안지역에서 도왜하는 사람도 나오게 되었지만, 전남지역은 다른 지역과는 달리 별다른 저항없이 신라의 지배를 받게 되었다.

3. 무진주의 설치와 군현의 재편

신라는 삼국을 통합한 후 넓어진 영토와 많은 인구를 효과적으로 지배하기 위하여 중앙집권체제를 정비하였다. 신라의 중앙집권체제는 통일 이후에 본격화 된 것은 아니었다. 신라는 중고(中古) 말에 집사부(執事部)를 설치하면서 중앙집권체제의 토대를 마련하였으며, 통일 이후 왕권의 전제화와 병행하여 강력하게 추진하였다.

신라는 685년(신문왕 5)에 이르러 확대된 영토를 새롭게 편제하였다. 이때 신라는 전국을 9주로 재편하였는데, 고구려와 백제를 포함하여 옛 신라의 영역에 각각 3주씩 두었다. 신라의 옛 영역에는 사벌주·삽량주·청주의 3주, 고구려 영역에는 한산주·수약주·하서주의 3주, 백제 땅에는 웅천주·완산주·무진주가 설치되었다.

통일신라시대 지방행정 조직의 기본은 주(州)·군(郡)·현(縣)이었고, 주는 지증왕대부터 설치되기 시작하였다.[71] 신라는 통일 이전부터 정복지역 가운데 지리적 위치 또는 군사적으로 중요한 지방에 주를 설치하였다.[72] 초기에 주의 장관을 군주(軍主)라고 칭하였던 사실[73]에서 이를 잘 알 수 있다. 무열왕 때에는 주의 장관을 도독(都督)

으로 칭하였으며,74) 신문왕 때에는 총관(摠管)이라 하였다.75) 주 장관의 명칭 변경은 군사적 측면에서 행정적 성격으로 기능이 변하였음을 의미한다.

신라는 전남지역을 포함한 백제지역의 군현 명칭은 옛 지명을 그대로 사용하였다. 그 후 경덕왕 16년(757)에 있었던 군현 명칭의 개칭 때에 대부분의 지명을 바꾸었다. 『삼국사기』지리지에 의하여 현재의 전남지방에 해당되는 무주 관할하의 군현을 도표로 정리하면 다음과 같다.

표 5. 무주 관할하의 군현 영속체제

주	영군	치소 위치	속현	현재의 위치
무주		광주시 동구	현웅현	나주시 남평읍
			용산현	나주시 노안면·광주시 평동
			기양현	담양군 창평면
	분령군	순천시 낙안면	충렬현	고흥군 남양면
			조양현	보성군 조성면
			강원현	고흥군 두원면
			백주현	고흥군 동강면
	보성군	보성군 보성읍	대로현	장흥군 안량·회천
			계수현	장흥군 장동·장평·유치
			조아현	장흥군 관산·대덕·회진
			마읍현	장흥군 장흥읍·부산·용산
	영암군	영암군 영암읍·군서면		
	추성군	담양군 담양읍	옥과현	곡성군 옥과읍
			속원현	담양군 금성면
	반남군	나주시 반남면	야노현	영암 금정면
			곤미현	영암 미암면
	갑성군	장성군 장성읍	진원현	장성군 진원면
			삼계현	장성군 삼계면
	무령군	영광군 영광읍	장사현	고창군 상하면
			고창현	고창군 고창읍
			무송현	고창군 성송면

			해읍현	여수시 쌍봉면
승평군	순천시 승주읍		희양현	광양시 광양읍
			노산현	여수시 돌산읍
			부유현	순천시 주암면
곡성군	곡성군 곡성읍		구례현	구례군 구례읍
			동복현	화순군 동복면
능성군	화순군 능주면		부리현	보성군 복내면
			여미현	화순군 화순읍
			회진현	나주시 다시면
금산군	나주시 일원		철야현	나주시 봉황면
			여황현	광주시 본량·임곡
			고안현	해남군 마산·산이
양무군	강진군 병영면		탐진현	해남군 북일면
			침명현	해남군 현산면
			황원현	해남군 황산면
			함풍현	함평군 함평읍
무안군	무안군 무안읍		다기현	함평군 해보면
			해제현	무안군 해제면
			진도현	진도군 고군면
뇌산군	진도군 군내면		첨탐현	진도군 임회면
			갈도현	영광군 군남면
압해군	신안군 압해도		임치현	영광군 백수읍
			안파현	신안군 장산도

위의 도표와 같이 무진주는 15군 43현을 관할하였다. 이 중에서 영
산강유역에 설치된 군현이 70~80%를 차지하는 것은 전대와 마찬가
지로 계속하여 전남지역의 중심지였음을 반영한다.

그러나 전남지역의 상황은 백제시대와 통일신라 사이에 차이가 적
지 않다. 먼저 신라의 통일 이후 설치된 치소가 오늘날의 광주지역에
위치하게 된 점이다. 신라는 통일 후 나주를 발라주로 승격시켜 전남
지역을 관할하는 치소로 삼았다. 그러나 신라는 신문왕 6년에 발라주
를 군으로 강등시키고, 무진군을 무진주로 승격시키면서 무주의 주치
(州治)로 삼았다.[76]

무진주는 신라 경덕왕 16년(757)에 다시 무주(武州)로 바뀌는 등

무진주와 무주가 병칭되어 사용되었고, 고려 태조 23년(940)에 이르러 광주라는 지명이 사용되었다. 광주는 백제 때는 무진 혹은 노지라로 하였는데 미동부리라는 옛 지명에서 연유하였다.[77] 무진주(武珍州)라는 지명은 동성왕의 무진주 정벌 기사에 처음으로 보인다.[78]

광주가 전남지역의 중심지로 부상한 것은 무진주의 치소가 된 통일신라에 이르러서였다. 무진주의 관아는 현재 광주의 중심가 부근인 유동 일대에 있었고,[79] 충장로에서 금남로에 이르는 구간에는 너비가 약 80m에 이르는 중심도로인 주작대로가 건설되었다. 무진도독성은 장축 2,200m 내외, 단축 900m 내외의 격자도로망이 확인되므로 전체 둘레는 6,200m 내외에 달하였다. 무진도독성은 주변에 토성을 쌓고 격자망의 도로를 갖춘 신도시였으며, 7세기 말부터 건설되기 시작하여 8세기 중엽 무렵에 완성되었다. 그리고 무등산 산자락의 잣고개 부근에 위치한 무진고성은 무진도독성과 관련된 배후산성(背後山城)이었다.[80]

무진주는 전남지역 통치의 중심이 되면서 많은 사람들이 거주하게 되고 물산이 모여 들어 활력이 넘치고, 역동적인 면모를 갖게 되었다. 무진독성 내에는 중앙에서 파견된 도독(都督)·주조(州助)·장사(長史)·외사정(外司正) 등을 위한 관부가 설치되었다. 또한 지방관을 보좌하는 무진주의 주리(州吏)와 여러 군현에서 상수리로 파견된 군리, 현리가 머무르는 장소도 별도로 마련되었다. 그밖에도 여러 부류의 사람들과 함께 지방의 물산이 무진주로 몰려 들어 주의 치소다운 면모를 갖게 되었다. 이렇게 하여 무진주는 신라의 통치를 받으면서 전남지역의 정치·군사·경제의 중심지로 발전하였다. 신라는 광주를 치소로 삼아 무진주를 통치하면서 15군 43현으로 재편하였다.

신라의 전남지역 통치는 전시대와 비교하여 바다에서 멀리 떨어진 내륙지역 무주를 치소로 삼은 점이 주목된다. 전남지역의 중심지는 해남 백포만→영암 시종→나주 반남→장성 진원을 거쳐 광주로 바뀌게 되었다. 백제 후기의 남방의 거점이었던 구지하성 역시 내륙의 산성에 위치하였지만 주로 군사적 거점 역할을 하였다. 그러나 신라시대에 무진주의 치소가 된 광주는 정치와 행정의 중심지였다는 점에서 전대와는 차이가 있다.

신라는 백제시대 남방의 치소였던 장성의 구지하성을 진원현으로 강등시키고, 그 대신 광주를 무진주 통치의 거점으로 삼았다. 또한 신라는 기본적으로 백제의 옛 군현 편성체계를 바탕으로 하되, 토착세력의 현실적 영향력을 인정하였다. 신라가 군으로 승격시킨 사례들을 통해서 이러한 면모를 살펴볼 수 있다.

먼저 반나부리현이 반남군으로 승격된 것은 전남지역 토착세력의 중심지역으로서 반남지역의 영향력이 고려된 것이다. 백제가 반남지역을 현으로 편제한 까닭은 재지세력을 억누를 필요가 있었기 때문이었다.[81] 그런데 신라가 반남을 군으로 승격시킨 것은 재지세력의 현실적 영향력을 다시 공인해 준 것을 의미한다.

다음으로 고시이현(古尸伊縣)이 갑성군(岬城郡 : 현재의 장성)으로 승격된 것은 노령산맥을 경계로 하여 무진주와 완산주를 연결해주는 요충지라는 점이 고려되었다. 신라는 남방의 치소였던 인근의 구지하성을 진원현으로 강등시키고, 그 인근의 고시이현을 갑성군으로 승격시켜 토착세력을 재편하였다.

그리고 도산현(徒山縣)과 아차산현(阿次山縣)이 뇌산군(牢山郡 : 진도군 군내면)과 압해군(壓海郡 : 신안군 압해도)으로 승격된 것은 서남해의 도서지역을 중시하였기 때문이다. 이때에도 대중교섭은 서해상의 여러 섬지방을 경유하는 해로를 통하여 이루어졌다. 흑산도나 가거도가 그 해로상에 위치하였고, 신안의 여러 섬들을 거치면서 압해도 부근에 이르러 남과 북의 두 갈래로 나뉘어졌다. 북으로는 서해의 연안을 따라 개경에 이르고, 남으로는 명량(울돌목)과 완도·남해를 경유하여 일본에 이른다.[82] 이 때문에 신라는 서남해 도서지역을

말모양을 하고 있는 토우 | 월출산 천왕봉 제사유적에서 출토되었다.

중시하였고, 해로의 중요한 거점이 되었던 곳에 뇌산군과 압해군을 두었다.

이러한 군현의 편성 방향은 제사체계에도 잘 나타나 있다. 통일신라의 제사는 전국의 산천신을 대상으로 하여 그 중요도에 따라 대사(大祀), 중사(中祀), 소사(小祀)의 체계로 정비되었다. 무진주는 청해진(淸海鎭 : 완도)이 중사로, 월나산(月奈山 : 월출산)과 무진악(武珍岳 : 무등산)이 소사로 편성되었다.[83] 이 중에서 무진악은 주치에 있는 영산(靈山)이고, 월나산은 영산강유역의 영산이라는 점이 감안되었다. 그리고 청해진이 중사로 편성된 것은 뇌산군과 압해군이 군으로 승격된 것과 마찬가지로 대외교류의 거점으로서 서남해의 도서지역이 중시되었기 때문이다.[84] 그러나 일부지역의 영역 조정을 제외하고는 신라가 전대의 형태를 그대로 계승하였기 때문에 백제시대의 전남지역 양상과 큰 차이가 없다.

4. 주군제(州郡制)의 시행과 토착사회의 변화

신라는 전국을 9주로 나누어 지배하였는데, 주 아래에는 군과 현을 두었다. 신라의 중고기에는 현이 설치되지 않았던 까닭에 촌이 군 다음가는 행정단위였다. 중앙에서 촌에 파견된 지방관을 도사(道使)라고 하였는데, 촌주의 보좌를 받아 행정을 담당하였다. 그리고 당주(幢主)와 나두(邏頭)가 촌에 파견되어 군사행정을 담당하였다. 그러나 중고기의 모든 촌에 도사·당주·나두가 파견되거나 촌주(村主)가 있었던 것은 아니었다.[85]

신라는 진평왕 때에 이르러 군 밑에 현을 설치하기 시작하였고, 통일 후에는 모든 군현에 지방관을 파견하였다. 신라는 모든 주에 지방관과 그 부관으로 도독(都督)과 주조(州助)·장사(長史)를 1명씩 파견하였다. 또한 주와 군에는 지방관리를 감찰하는 외사정(外司正)이 각각 2명과 1명씩 있었다.

외사정은 지방관에 대한 감찰이 본래의 직무였다. 주에 파견된 외사정은 주치(州治)와 주의 영현(領縣)을 감찰하였고, 군에 파견된 외사정은 군치(郡治)와 군의 영현을 감찰하였다. 이들은 주로 지방관리들의 근무태도와 비행을 감시하였다. 효소왕 10년(701) 5월에 영암군의 태수인 제일(諸逸)이 공익을 위배하고 사리를 추구한 혐의로 장형(杖刑) 1백에 처해진 후 해도(海島)로 보내진 것[86]은 외사정의 감찰에 적발되었기 때문이었다.

지방의 주에는 중앙에서 파견된 지방관 외에도 지방 출신의 토착세력이 관리로 복무하였다. 무진주의 주리(州吏) 안길(安吉)과 같은 사람이 대표적인 사례라고 할 수 있다.[87] 또한 주에는 주사(州司)라고 부르는 지방관아가 있었고, 그 구성원은 중앙에서 지방으로 파견한 도독·주조·장사·외사정과 지방 출신의 관리가 포함되었다. 지방 출신의 관리는 중앙에서 파견된 지방관을 보좌하는 주리였다.

군에는 태수(太守)와 외사정, 현에는 그 격에 따라 소수(少守) 또는 현령(縣令)이 파견되었다. 이들은 상당한 학식이 있는 사람들이 임명되어 지방의 행정을 맡아 처리하였다. 또한 군과 현에도 각각 군사(郡司)와 현사(縣司)가 있었으며, 여기에 지방관과 지방출신인 공등(公等)이 군리(郡吏)·현리(縣吏)가 되어 참여하였다.[88]

이와 같이 지방관을 보좌하면서 지방행정에 참여한 토착세력을 리(吏)라고 하였다. 리는 주군현의 행정구역에 따라 주리, 군리, 현리로 구분되었다. 이들은 중앙에서 파견된 지방관과 구별되며 촌락에서 촌정을 맡은 촌주와도 성격이 다른 존재였다.

리는 지방관과 촌주의 중간에서 행정연락 업무를 처리하거나 조세수취, 보관, 운반 등의 임무를 맡았다. 따라서 리는 중앙정부에 의존하는 모습도 보이나 토착세력의 면모도 가졌다. 이러한 리의 모습과 관련하여 다음의 기록이 참고가 된다.

> F. 문무왕은 어느 날 그의 서제 차득공을 불러서 말하기를 "네가 재상이 되어 백관들을 고루 다스리고 사해를 태평하게 하라"고 했다. 차득공이 말하기를 "폐하께서 만일 소신을 재상으로 삼으시려 하신다면 신은 원하건대 남몰래 국내를 다니면서 민간 부역의 괴롭고 편안한 것과 조세의 가볍고 무거운 것, 관리의 청렴함과 탐오한 것을 알아보고 난 후 그 직책을 맡을까 합니다"라고 하였다. 왕이 그 말을 따랐다. 공은 검정옷(僧衣)을 입고 비파를 들어 거사의 형태를 갖추고 왕도를 떠났다. 하슬라주, 우수주, 북원경을 지나 무진주에 이르렀다. 공이 두루 촌락을 돌아 다녔다. 무진주의 주리 안길이 이인(異人)인줄 알고서 자기 집으로 초청하여 정성을 다해 대접하였다.……다음 날 거사가 일찍 떠나면서 말하기를 "나는 서울 사람으로 내집은 황룡사와 황성사 중간에 있고 내 이름은 단오이니 주인이 만일 왕도에 오거든 내 집을 찾아 주면 고맙겠소"라고 하였다. 그 후 차득공은 왕도로 돌아와 재상이 되었다. 나라의 제도에는 해마다 각 주의 리 한 사람을 왕도에 있는 여러 관청에 올

려 보내서 지키게(上守) 하였다. 이것이 지금의 기인(其人)이다. 이때 주리 안길이 차례가 되어 왕도에 왔다. 두 절 사이로 다니면서 단오거사(端午居士)의 집을 물어도 아는 사람이 없었다. 한 노인에게 물으니 "두 절 사이에 있는 집은 대내이고 단오란 바로 차득공이요 그가 외군을 비밀히 돌아 다녔을 때 아마 그대는 어떤 사연과 약속이 있었던 모양이요"라고 하였다. 안길이 사정을 말하자 노인은 그대는 궁성 서쪽 귀정문으로 가서 출입하는 궁녀를 기다려 말해보라 하였다. 안길이 그 말대로 무진주 안길이 차득공을 뵈러 문 밖에 왔다고 하였다. 차득공이 듣고 달려 나와 손을 잡고 궁중으로 들어가더니 공의 비(妃)를 불러내어 잔치를 베풀어주었다. 음식이 50가지나 되었다. 그리고 임금께 아뢰어 성부산 밑의 땅을 무진주 상수의 소목전으로 삼아 백성들의 벌채를 금지하여 사람들을 감히 가까이 가지 못하게 하였다. 사람들이 모두 부러워하였다. 산밑에 밭 30무(畝)가 있었는데 씨 3석을 뿌리는 밭이다. 이 밭에 풍년이 들면 무진주가 모두 풍년이 들고 흉년이 들면 무진주도 흉년이 들었다 한다.[89]

위 사료에 보이는 안길(安吉)은 무진주의 주리(州吏)였다. 그는 차례가 되어 경주로 가서 제조(諸曹)에서 상수리의 임무를 수행하였다. 안길의 신분이 주리였던 사실로 미루어 볼 때 지방의 일과 관련된 것을 처리했을 것으로 추정된다. 안길의 경우와 같이 각 주에서는 주리 1명씩을 선발하여 왕도에 머물게 하였다. 이것은 지방과 중앙정부와의 사이에 지방의 리가 중요한 역할을 하였음을 알려준다.

주리는 지방의 토착세력이며 해당 지역의 사정에 정통하였기 때문에 중앙정부는 자문을 구하고 연락 업무를 담당하도록 하였다. 중앙에 머물게 된 주리는 지방세력을 효과적으로 통제할 수 있는 수단이 되기도 하였다. 신라는 삼국통일 후 지방세력을 견제하고 중앙집권력을 강화하기 위해 각 주의 주리 중에서 1명을 뽑아 볼모 겸 고문으로 중앙에 두었는데, 이것이 상수리제의 기원이 되었다.

리는 왕도의 제조에만 상수(上守)하는 것이 아니었다. 하급행정기관도 명령 수취 등의 업무를 효과적으로 처리하기 위하여 상급행정기관에 리를 파견하였다. 이를 위하여 군리와 현리가 상급행정구역인 주에 상수리로 파견되었다. 리는 해당기관의 지방관을 보좌하였으며, 상급의 행정기관에 상수리로 파견되어 지방에 대한 통치를 원활하게 하였다.

리는 상급기관에 상수한 것 외에도 지방행정에서 중요한 역할을 수행하였다. 리는 지방에서 조세의 수취와 운반 등의 일을 처리하였다. 조세는 국가재정에서 매우 중요한 문제였기 때문에 수취와 운반을 담당한 것은 리의 역할이 지방통치에서 중요하였음을 반영한다.

신라의 지방제도에는 군현의 명칭과 다른 향(鄕)·부곡(部曲)이 있었다. 향과 부곡은 신분적인 면에서 집단천민으로 이해되었으나,[90] 군현과 동질의 행정구획으로 보기도 한다.[91] 그러나 향은 100호를 기준으로 하여 전정과 호구가 부족하여 현이 되기 어려운 곳에 설치한 것으로 이해된다. 향은 주군현에 비하여 소규모의 행정단위이며, 향촌주(鄕村主)가 지방세력으로 있었다. 신라 통일기 향과 부곡의 규모는 오늘날의 면(面) 정도의 넓이였지만, 부곡에 대해서는 관련 사료가 없기 때문에 정확한 실정을 알 수 없다.[92]

한편 중앙정부의 명령은 주의 장관인 도독을 거쳐 군의 태수에게 전달되었고, 다시 군의 태수는 현령 또는 소수에게 전달하였다. 그리고 현령 또는 소수는 지방통치와 관련된 명령을 촌주에게 전달하였다. 지방에 대한 명령체계는 중앙정부에 의해 일방적으로 전달되었다. 지방의 중앙정부에 대한 보고나 조세수취, 역역동원은 이와 반대의 과정을 거쳤다.

신라의 지방통치체제는 주군현제를 근간으로 하였고, 호구수가 적어 현을 설치할 수 없는 곳은 향으로 편재하였다. 그리고 말단의 행정 조직인 현은 몇 개의 행정촌을 하부조직으로 거느렸다. 행정촌은 촌주가 촌의 행정을 맡아 처리하였는데, 촌주는 토착세력이 임명되었다. 행정촌은 2~3호 혹은 3~4호의 자연촌이 몇 개 모여서 이루어졌고, 신라 때는 '모라(牟羅)'라고 불렀다. 행정촌은 정치적·경제적으로 자립을 이루지 못한 자연촌을 일정한 규모로 묶어 행정적으로 편제하는 방식이었다.93)

촌주는 일개 현에 여러 명이 있었고, 현은 촌주가 관할하는 몇 개의 영역으로 구분되었다. 촌주 사이에는 서열과 등급이 있었는데, 옥사지(屋舍志)에 의하면 진촌주(眞村主)와 차

남산신성비 | 경주 남산에서 발견된 이 비는 591년에 건립되었다.

촌주(次村主)로 구분되어 각각 5두품 혹은 4두품에 준하는 대우를 받았다.94) 또한 규흥사종명(竅興寺鐘銘)에는 상촌주(上村主)·제이촌주(第二村主)·제삼촌주(第三村主)라고 하여 3명의 촌주가 있었음을 보여준다.95)

촌주가 임명되지 않은 행정촌에는 속리(屬吏)가 있었다. 남산신성비(南山新城碑)에 의하면 촌주 밑에 장척(匠尺)·문척(文尺)이 있고, 작상인(作上人) 밑에는 장척(匠尺)·문척(文尺)·면석착인(面石捉人)·소석착인(小石捉人) 등의 기술자에 대한 기록이 보인다. 또한 '청

주연지사종명(菁州蓮池寺鐘銘)'에 사육(史六)으로 나오는 관직을 가진 사람들도 촌주의 속관이었다.[96] 이렇게 볼 때 남산신성비의 장척·문척, '청주연지사종명' 사육은 촌주를 보좌하는 속리들로 추정된다.

촌주는 속리와 함께 촌사(村司)를 구성하였고, 속리를 통하여 속촌(屬村)을 관할하였다. 촌주는 속리의 도움을 받아 현으로부터 하달된 국가의 명령을 촌민에게 전달하거나, 현을 통하여 촌의 변동사항을 국가에 보고하였다. 또한 촌주는 지방관을 보좌하여 조세수취를 담당하고, 역역동원 때에는 지방민의 대표가 되었다. 이 외에도 촌주는

> G. 이에 원종과 애노 등이 사벌주를 근거로 하여 반란을 일으켰으므로, 왕이 내마(奈麻) 영기(令奇)에게 명하여 붙잡게 하였다. 영기가 적의 보루를 멀리서 바라보고는 두려워 앞으로 나아가지 못하였다. 촌주 우련(祐連)은 힘껏 싸우다가 죽었다. 왕이 칙명을 내려 영기를 목베고 나이 10여 세 된 우련의 아들로 촌주의 직을 잇게 하였다.[97]

라고 하였듯이, 우련의 경우와 같이 촌내의 법당 군병을 지휘하여 촌락을 방어하는 임무를 수행하였다.

이와 같은 촌주의 역할은 신라의 지방통치체제가 안정화되고, 철저한 지방지배가 실현되었음을 의미한다. 신라는 통일을 달성한 후 모든 현에 소수(少守) 혹은 현령(縣令)을 파견하였고, 전대에 촌주가 임명되지 않았던 하위 촌까지 국가권력이 지방사회 깊숙이 침투하게 되었다.

신라는 중앙집권력을 한층 강화하면서 전제왕권을 구축할 수 있는 토대를 마련하였다. 신라의 전제왕권은 지방통치체제가 완비되고, 통일전쟁을 거치면서 지방사회의 공동체적 유대가 크게 해체되었기 때문에 가능하였다. 또한 전승국으로서 신라의 위세와 권위가 높아졌

258

고, 그 반면에 재지세력이나 피정복민의 사기가 저하된 것도 배경이 되었다.[98]

한편 신라의 지방통치는 주군현제 실시와 더불어 군사제도의 재편을 통해서도 추진되었다. 신라는 재지세력의 발호를 통제하고 지방의 치안을 유지하기 위해서 전국의 요지에 10정의 지방군단을 상주시켰다. 10정은 9주를 기준으로 하여 각 주에 1곳씩 설치한다는 원칙하에 배치되었고, 한산주만 1정이 더 설치되었다. 왜냐하면 한산주는 다른 지역보다 훨씬 넓었을 뿐만 아니라 국방의 요충지였기 때문이었다.

10정은 주의 치소와 가까운 곳에 배치된 것으로 볼 때 지방통치에 있어서 군사적 거점 역할을 하였다. 10정은 지방통치의 무력장치로서 기능했을 뿐만 아니라 해당 지역의 지방민을 군사력으로 충당하는 목적도 있었다. 따라서 10정의 각 부대는 지역 출신의 지방민이 기본적인 군사력이 되었다.[99]

10정은 통일 이후 신라가 넓어진 영역과 다수의 백성을 통치하기 위해 설치한 기병부대로서 일종의 경찰과 같은 기능을 수행하였다.[100] 무진주에는 미동부리현에 미다부리정이 설치되었고, 옷깃(衿)의 색깔은 흑색이었다. 미동부리현은 무진주 직속의 영현으로서 영산강유역의 요충지인 나주시 남평읍 부근에 위치하였다.

그리고 군과 현에도 그 지방 출신자로 구성된 병졸집단이 존재하였다. 신라의 각급 지방관은 통치지역 내의 지방민을 징발하여 편성한 군사를 거느렸다. 이들은 군대를 지휘하는 권한을 보유했으며, 각급 행정구역은 그 자체 소군관구(小軍官區)의 성격을 지녔다.[101] 그러나 하급 지휘관은 해당지역의 토착세력 가운데 유력자가 역임하는 경우도 있었다. 패강진의 경우 군진의 토착세력은 이를 기반으로 호족으로 성장한 경우도 많았다.[102]

또한 지방 군사조직으로 10정 외에 5주서(州誓)가 있었다. 5주서는 기병으로 구성된 부대이며 청주·완산주·한산주·우수주·하서주에 있었다. 이 부대는 무진주에는 설치되지 않았다. 이 외에도 주의 치소에 배치된 부대는 사자금당, 만보당이 있었다. 만보당은 보병부대로 방패와 도끼를 사용하는 2개의 당(幢)이 각각의 주에 설치되었다. 무진주에 배치된 만보당은 금(衿)의 색깔이 적백(赤白)과 백황(白黃)이었다.

사자금당은 법당군단으로서 전투적 성격이 강하였다. 이 부대는 중국에 사자대(獅子隊)로 알려질 만큼 용감한 부대였다. 사자금당은 당주 3인－감 3인－법당화척 2인의 군관과 지방민 병졸로 조직되었는데, 무진주도 다른 지역과 마찬가지로 당주 3인이 파견되었다.[103] 그 이외에 주치에 노당(弩幢)이 있었고, 군현에는 촌락민으로 구성된 외여갑당(外餘甲幢), 여갑당(餘甲幢)과 법당(法幢)이 편성되었다.

이와 같이 신라는 지방통치 조직과 군사제도를 유기적으로 결합하여 효과적인 지방지배를 꾀하였다. 신라의 지방지배 방식은 백제시대의 방군성제와 비교해보면 명확히 그 차이가 드러난다. 백제는 군과 전략적인 요충지에 위치한 일부지역의 성에 지방관으로 방령과 성주를 파견하였다. 그러나 대부분의 지역은 토착세력을 지방관으로 임명하는 한계를 보였다.[104]

따라서 백제의 방군성제와 통일 후 신라의 주군현제는 지방지배에 있어서 질적인 차이가 있다. 전남지역의 경우 백제시대에는 토착세력이 상당할 정도의 독자적인 기반을 유지하였고, 백제식석실분(후기 횡혈식석실분)이 곳곳에 조성되었다. 그러나 신라의 지배를 받으면서 토착세력은 중앙에서 파견된 지방관을 보좌하는 촌주나 리 등의 실무자로 전락하고 말았다.

그러나 이때에도 토착세력이 지방관을 보좌하는 실무관료의 역할만을 한 것은 아니었다. 군의 행정은 지방관인 당주－도사와 재지세력인 촌주－장척－문척 등의 합의에 의해 주로 결정되었다.[105] 또한 지방관이 역역을 징발할 때에도 군내의 유력한 재지세력으로 구성된

'군사(郡司)'의 성원들과 합의를 통해 동원하였다.106)

따라서 신라의 지방통치가 약화되면 토착세력은 국가권력의 통제에서 벗어나 자활을 추진할 수 있는 가능성이 남아 있었다. 특히 서남해지역의 해상세력은 독자적인 대외교섭이나 무역활동 등은 봉쇄되었지만 해상기반은 일정 정도 유지되었다.

5. 맺음말

백제와 신라의 대립은 7세기로 접어들어 더욱 치열해지면서 주로 옛 가야지역을 사이에 두고 전개되었다. 이 때문에 전남지역은 전투가 벌어지는 등의 전란의 직접적인 소용돌이에 휘말리지는 않았다.

신라는 당과 힘을 합쳐 힘겨운 전투 끝에 마침내 백제를 제압하였다. 그러나 백제의 땅은 신라가 아니라 당이 통치하게 되었다. 당은 백제의 옛 땅에 웅진도독부를 비롯하여 5도독부를 설치하였다. 그러나 얼마 안 되어 웅진도독부를 중심으로 하여 7주와 52현 체제로 개편하였다. 전남지역에는 사반주 · 대방주 · 분차주가 설치되었지만 도상의 계획에 불과하였고, 그것마저 백제부흥운동이 일어나면서 철폐되고 말았다.

백제부흥군이 주로 활동한 곳은 전북과 충남을 중심으로 한 옛 백제의 중심지역이었다. 전남지역의 토착세력은 백제부흥운동에 적극적으로 동참하지 않았다. 전남지역은 6세기 중엽에 이르러 백제의 실질적인 영역으로 편입되었기 때문에 백제에 대한 귀속의식이 부족하였다. 다만 일부 유민들이 남해안의 보성군 조성지역에서 왜국으로 건너간 것으로 볼 때 신라의 지배에 순응한 것만은 아니었다.

신라는 통일을 달성한 후에 전국을 대상으로 하여 9주 5소경제를 실시하였다. 신라는 백제시대의 방군성제에 비하여 보다 철저한 주군현제를 실시하여 전남지역을 확고히 지배하였다. 신라는 말단의 현 단위까지 지방관을 파견하였고, 상수리제를 실시하여 지방세력을 감 시하면서 중앙집권화와 전제왕권의 토대를 마련하였다.

또한 신라는 지방세력의 발호를 통제하고 치안을 유지하기 위해서 전국의 요지에 10정을 상주시켰는데, 무진주에는 미다부리정이 주둔 하였다. 또한 9주의 치소에는 10정 외에 비금당, 사자금당, 만보당이 있었다. 비금당의 군관조직은 지방에 따라 달랐는데, 무진주에는 기 병부대인 영마병(領馬兵)이 주둔하였다. 이는 지방부대인 5주서가 무 진주에 설치되지 않았기 때문에 이를 보완하기 위한 것이었다.

한편 토착세력은 전통적인 재지기반이 약화된 채 지방에 파견된 관리를 보좌하는 촌주(村主)나 리(吏)의 역할을 하였다. 촌주는 지방 관을 보좌하면서 촌락의 통치에 임하였다. 리는 지방관과 촌주의 중 간에서 행정업무를 처리하거나 조세수취, 보관, 운반 등의 임무를 맡 았다. 리는 중앙정부에 의존하는 모습을 보이나 지방의 토착세력 면 모도 가졌다.

신라는 전남지역에 무진주를 설치하여 치소(治所)를 광주에 두었 다. 전남지역의 중심지는 백포만→영암 시종→나주 반남→장성 진원 을 거쳐 내륙의 광주지역으로 옮겨지게 되었다. 신라는 대당교섭과 대외무역 등을 위하여 항로의 요충지에 위치한 압해도와 진도를 군 으로 승격시켰지만, 전남지역 통치의 거점은 내륙에 위치한 무주로 정하였다.

신라는 통일 후 전제왕권을 형성하여 강력한 지방통치를 실시하면 서 내륙의 무주세력을 전면에 내세워 그 외곽의 해상세력 등을 감시 하고 견제하는 분할통치를 실시하였다. 신라는 무주의 내륙 토착세력 과 결탁하여 서남해지역의 해상세력의 발호를 억제하였다. 또한 신라 는 백제가 약화시킨 반남지역을 군으로 승급시켜 토착세력의 현실적 영향력을 공인해 주기도 하였다.

신라가 전남지역을 지배한 후 중앙권력과 밀착된 무주 등의 내륙 토착세력은 번영을 구가하였고, 그 외곽의 대외무역 등을 통하여 기반을 유지하던 해상세력은 쇠퇴하게 되었다. 다만 서남해지역의 해상세력은 독자적인 대외교섭이나 무역활동 등이 봉쇄되었지만, 지리적인 여건에 편승하여 일정 정도의 해상기반은 유지하였다. 따라서 서남해지역의 해상세력은 신라의 지방통제력이 약화되면 독자화를 추구할 수 있는 여력이 남아 있었다.

주 |

1) 文安植, 『백제의 영역확장과 지방통치』, 신서원, 2002, 200쪽.

2) 文安植, 앞의 책, 2002, 285쪽.

3) 成正鏞, 「홍성 神衿城址 출토 백제토기에 대한 고찰」, 『한국상고사학보』 15, 1994, 93쪽.

4) 文安植, 앞의 책, 2002, 285쪽.

5) 『三國史記』 권23, 百濟本紀1, 溫祚王 27年, "夏四月 二城降 移其民於漢山之北 馬韓遂滅 秋七月 築大豆山城".

6) 『三國史記』 권23, 百濟本紀1, 溫祚王 36年, "秋七月 築湯井城 分大豆城民戶居之".

7) 『三國史記』 권23, 百濟本紀1, 溫祚王 36年, "八月 修葺圓山錦峴二城 築古沙夫里城".

8) 『三國史記』 권23, 百濟本紀1, 溫祚王 36年, "八月 修葺圓山錦峴二城".

9) 백제가 담로제를 실시한 시기에 대해서는 건국 초기(李丙燾, 『한국사』 고대편, 1959, 546쪽), 近肖古王 전후(李道學, 「한성 후기의 백제 왕권과 지배체제의 정비」, 『백제논총』 2, 1990 ; 朴賢淑, 「백제 담로제의 실시와 그 성격」, 『송갑호교수정년퇴임기념논문집』, 1992 ; 金周成, 「백제 지방통치조직의 변화와 지방사회의 재편」, 『국사관논총』 35, 1993), 蓋鹵王 때를 전후한 5세기설(武田幸男, 「6世紀における朝鮮三國の國家體制」, 『東アジア世界における日本古代史講座』 4, 1980 ; 金英心, 「5~6세기 백제의 지방통치체제」, 『한국사론』 22, 1990), 武寧王代(李基白, 「백제사상의 무녕왕」, 『무녕왕릉』, 문화재관리국, 1973 ; 鄭載潤, 「웅진·사비시대 백제의 지방통치체제」, 『한국상고사학보』 10, 1992 ; 田中俊明, 「백제 지방통치에 대한 제문제-5~6세기를 중심으로-」, 『백제의 중앙과 지방』, 충남대학교 백제연구소, 1996) 등 여러 견해가 있다.

10) 文安植, 앞의 책, 2002, 208쪽.

11) 담로의 성격을 놓고 기존의 小國-國邑體制를 그대로 이용한 것으로 보는 견해도 있지만(李丙燾, 앞의 글, 1959, 545쪽 ; 車勇杰, 「백제의 祭天祀地와 정치체제의 변화」, 『한국학보』 11, 1978, 67쪽), 거점이 되는 城에 지방관이 파견되어 일정한 지역을 다스렸을 것으로 이해하는 견해도 있다(盧重國, 「한성시대 백제의 지방통치체제」, 『邊太燮박사화갑기념사학논총』, 1985).

12) 盧泰敦, 「초기 고대국가의 국가구조와 정치운영-부체제론을 중심으로-」, 『한국고대사연구』 17, 2000, 26쪽.

13) 文安植, 앞의 책, 2002, 213쪽.

14) 盧重國, 「지방·군사제도」, 『한국사』 6, 국사편찬위원회, 1995, 181쪽.

15) 백제의 영산강유역 경략에 관하여 직접적으로 서술한 사료는 남아 있지 않다. 다만 『日本書紀』 神功紀에 보이는 사료를 재해석하면서 그 주체를 백제로 바꾸고, 시기를 120년 인하하여 近肖古王 24년(서기 369)에 이루어진 것으로 보고 있다(李丙燾, 『한국고대사연구』, 박영사, 1976, 512~515쪽).

16) 『日本書紀』 권9, 神功紀 49年, "仍移兵 西廻至古奚津 屠南蠻忱彌多禮 以賜百濟".

17) 文安植, 앞의 책, 2002, 247쪽.

18) 盧重國, 『百済政治史研究』, 일조각, 1988, 247~250쪽.

19) 『北史』 권94, 列傳82, 百済, "其國東極新羅 北接高句麗 西南俱限大海 處小海南 東西四百五十里 南北九百餘里 其都曰居拔城 亦曰固麻城 其外更有五方 中方曰古沙城 東方曰得安城 南方曰久知下城 西方曰刀先城 北方曰熊津城".

20) 金周成, 「사비천도와 지배체제의 재편」, 『한국사』 6, 국사편찬위원회, 1995, 84쪽.

21) 盧重國, 앞의 글, 1995, 183~187쪽.

22) 『三國史記』 권37, 雜誌6, 地理4. 百済.

23) 김경수, 앞의 책, 1995, 252쪽의 도표를 전재하였다.

24) 『周書』 권49, 列傳41, 異域上 百済, "官有十六品……六品以上冠飾銀花".

25) 李南奭, 「고분 출토 冠飾의 정치사적 의미」, 『百済石室墳研究』, 학연문화사, 1995, 491쪽.

26) 金洛中, 「5~6세기 영산강유역 정치체의 성격」, 『백제연구』 32, 2000, 75쪽.

27) 林永珍, 「호남지역 석실분과 백제의 관계」, 『호남고고학의 제문제』, 21회 한국고고학 전국대회, 1997, 56쪽.

28) 金周成, 「사비천도와 지배체제의 재편」, 『한국사』 6, 국사편찬위원회, 1995, 85쪽.

29) 李榮文・李正鎬・李暎澈, 『務安 良將里 遺蹟』, 木浦大學校 博物館, 1999.

30) 林永珍, 「전남지역 석실봉토분의 백제계통론 재고」, 『호남고고학보』 6, 1997, 129쪽.

31) 崔盛洛・韓盛旭, 『長興忠烈里遺蹟』, 목포대학교 박물관, 1990.

32) 남방의 위치에 대해서는 전북 금구(今西龍, 「百濟五方五部考」, 『百濟史研究』, 近澤書店, 1934), 전북 남원(全榮來, 「百濟地方制度와 城郭」, 『백제연구』 19, 1988), 전남 구례(末松保和, 『任那興亡史』, 吉川弘文館, 1961), 전남 장성(李丙燾, 『國譯 三國史記』, 을유문화사, 1977) 등으로 보고 있다.

33) 金周成, 「백제 지방통치조직의 변화와 지방사회의 재편」, 『국사관논총』 35, 1993, 41쪽.

34) 김정호, 『걸어서 가던 한양 옛길』, 향지사, 1999, 193쪽.

35) 李榮文, 『長城 鈴泉里 橫穴式 石室墳』, 全南大學校博物館, 1990.

36) 林永珍・崔仁善・黃鎬均・趙鎭先, 『長城 鶴星里 古墳群』, 全南大學校博物館・長城郡, 1995.

37) 견훤은 상주지방의 호족 阿慈介의 큰아들로 태어난 것으로 전해지고 있다. 다만 『三國遺事』 권2, 紀異2, 後百濟 甄萱 條에는 古記를 인용하여 견훤이 光州北村에서 태어난 것으로 기록되어 있다. 여기서 광주 북촌은 오늘날의 장성 진원면 일대로 볼 수 있다.

38) 고용규, 「장성군의 관방유적」, 『장성군의 문화유적적』, 장성군・조선대학교 박물관, 1999, 376쪽.

39) 『翰苑』 권30, '蕃夷部' 所引, 括地志.

40) 고용규, 앞의 글, 1999.

41) 김경수, 『영산강삼백오십리』, 향지사, 1995, 192~193쪽.

42) 김경수, 앞의 책, 1995, 65쪽.

43) 1922년 일본 육군참모본부에 의하여 작성된 지도에 의하면 시종부근까지 남해만이 펼쳐져 있고, 삼포강 하류가 바로 바다로 연결되어 있음을 알 수 있다.

44) 曹根祐, 「전남지방의 석실분 연구」, 『한국상고사학보』 21, 한국상고사학회, 1996.

45) 林永珍 外, 『장성 학성리 고분군』, 전남대학교 박물관・장성군, 1995.

46) 金洛中, 「5~6세기 영산강유역 정치체의 성격」, 『백제연구』 32, 2000, 64쪽.

47) 규두대도란 일본 고분시대 장식대도의 일형식으로서 柄頭 頂部의 형태가 'ヘ'자형으로 각진 것을 말하며, 현재까지 일본에서만 출토되었는데, 복암리 석실분 제5・7호 석실에서 각 1점씩 2점이 출토되었다(金洛中, 「5~6세기

영산강유역 정치체의 성격」,『백제연구』32, 2000, 66쪽). 영산강유역의 토착
사회는 6세기 중엽 이후 석실이 소형화·규격화되고 은제관식이 출토되는
등 백제의 직접지배를 받으면서도, 규두대도가 복암리 고분군에서 출토된
것으로 볼 때 독자적인 교섭활동이 가능했음을 의미한다.

48) 백제식석실분으로 알려진 함평 월계리 석계고분군은 석실이 반지하식으로
부분적이나마 봉토의 존재가 확인되며, 확실한 羨道와 墓道를 갖춘 6호분을
제외하면 나머지는 짧은 연도를 가지고 있다. 석실의 장축방향은 기본적으
로 남북이며 최하단에 판석이나 비교적 잘 다듬은 장대석을 놓고 그 위는
할석을 쌓아 좁혀 올라가는 구조로 91-6호분의 경우 천장은 판상 장대석 6
매를 석실과 연도에 덮었다. 이와 비슷한 구조의 석실분이 보령이나 논산,
공주지역에서 조사되었는데 영산강유역 대형옹관묘의 유물과 계통이나 조합
상의 큰 차이가 없기 때문에 피장자는 대형옹관묘를 쓰던 토착세력이었다
(全南大學校博物館·咸平郡,「咸平 月溪里 石溪古墳群Ⅰ」, 1993).

49) 전남 동부지역의 백제시대 산성은 해발 100~255m 사이의 낮은 산에 분포
하고 있으며, 그 규모는 264~550m 정도로 소규모이다. 그리고 백제시대 산
성들은 수륙교통의 편리함도 고려되었지만, 視界의 양호함을 가장 우선 순
위로 두었다. 주변지역을 한 눈에 감시할 수 있는 곳에 산성을 축조하여 적
의 길목을 차단하는 적극적인 방어시설로 삼았다(崔仁善,「순천시의 성곽과
봉수유적」,『순천시의 문화유적(Ⅱ)』, 순천대학교 박물관·순천시, 2000). 전
남 동부지역에 축조된 백제산성은 순천시 검단산성·성암산성·영봉산성,
광양시 마로산성·불암산성, 여수시 고락산성·척산산성·선원동산성, 고흥
군 독치성·남양리산성·백치성, 구례군 봉선산성·합미산성 등이 알려져
있다.

50)『三國史記』권3, 新羅本紀3, 訥祇麻立干 17年.

51)『三國史記』권3, 新羅本紀3, 炤知麻立干 15年.

52)『三國史記』권4, 新羅本紀4, 眞興王 14年.

53)『三國史記』권4, 新羅本紀4, 眞興王 15年.

54)『三國史記』권27, 百濟本紀5, 威德王 24年.

55)『三國史記』권27, 百濟本紀5, 武王 34·37年.

56) 全榮來,「百濟 南方境域의 變遷」,『千寬宇先生還曆記念韓國史論叢』, 1985,
153쪽.

57)『日本書紀』권24, 皇極天皇 元年 二月 丁亥.

58)『三國史記』권28, 百濟本紀6, 義慈王 2年.

59)『舊唐書』권199上, 列傳 149上, 東夷 百濟 貞觀 22年.

60) 『三國史記』권28, 百濟本紀6, 義慈王 20年.

61) 『三國史記』권28, 百濟本紀6, 義子王 20年.

62) 『三國史記』권28, 百濟本紀6, 義慈王 20年.

63) 『三國史記』권28, 百濟本紀6, 義慈王 20年.

64) 『三國史記』권28, 百濟本紀6, 義慈王 20年.

65) 『三國史記』권28, 百濟本紀6, 義慈王 20年.

66) 『三國史記』권28, 百濟本紀6, 義慈王 20年.

67) 『三國史記』권28, 百濟本紀6, 義慈王 20年.

68) 전남의 문화양상은 한강유역이나 금강유역에서 발달한 백제문화와는 크게 다른 모습을 보인다. 전남지역의 강인한 문화 전통성과 토착적인 문화기반이 불교의 수용을 쉽게 받아들이지 않았으며, 옹관묘사회가 붕괴되기 시작한 6~7세기가 지나면서 서서히 느린 속도로 불교문화가 전파되었다고 한다 (성춘경, 『전남 불교미술 연구』, 학연문화사, 1999, 10쪽).

69) 월남사지 석탑은 전형적인 모전탑으로써 그 양식에 있어서는 중국의 博塔의 기본 양식을 따르고 있지만 석재구성에 있어서는 백제탑의 양식을 전승한 고려시대의 탑이다.

70) 조성면은 바다와 연접한 곳으로 백제시대에 冬老縣이라 하였으며, 해운이 발달했던 곳으로서 정유재란 때에는 충무공이 군량을 얻었다는 兆陽倉이 있었던 곳이다. 백제의 유민들은 동로현의 포구에서 배를 타고 일본으로 망명하였다(全榮來, 「百濟滅亡と冬老古城および兆陽城の調査」, 『九州考古學』 71, 1996, 71~76쪽).

71) 『삼국사기』 기록에는 지증왕 6년(505)에 이르러 州・郡・縣을 정한 것으로 전하지만, 실제로는 진평왕 33년(611) 이후에 가서 縣이 설치되었고 그 이전 중고시대에 州・郡 다음의 지방행정단위는 城・村이었다(李仁哲, 『신라촌락사회사연구』, 일지사, 1996, 10쪽).

72) 503년에 건립된 영일냉수리비에서 드러났듯이 최초로 파견된 지방관은 道使였고, 그 시기는 5세기 후반에 이루어졌다. 5세기 후반에 이르러 행정촌에 도사의 파견이 시작되었고, 그 뒤 여러 지역으로 확대되었다가 지증왕 6년에 주군현이 설치되었다(朱甫暾, 「6世紀 新羅地方統治體制의 整備過程」, 『韓國古代社會의 地方支配』, 한국고대사연구11, 신서원, 1997, 111~114쪽).

73) 『三國史記』 권4, 新羅本紀4, 智證麻立干 6年.

74) 『三國史記』 권5, 新羅本紀5, 太宗武烈王 5年.

75) 『三國史記』 권8, 新羅本紀8, 神文王 5年.

76) 『三國史記』 권8, 新羅本紀8, 神文王 6年.

77) 미동은 습지를 뜻하는 우리 옛 말인 물들·물둑(水堤)·무들·무돌을 빌려 표기하였으며, 무돌이라 발음하였다. 또한 미동부리의 부리는 '벌', 즉 벌판이라는 옛말이다. 이것을 백제시대에 와서 무돌의 '무'는 한자음의 '武'로 표기하고, 무돌의 '돌'은 '珍'이 되므로 무돌을 무진이라 하였다(윤여정, 『한자에 빼앗긴 토박이 땅이름』, 향지사, 1998).

78) 『三國史記』 권26, 百濟本紀4, 東城王 20年.

79) 최근 조사된 광주일고 내에서 발견된 통일신라 건물지와 지하철 1호선 공사구역인 금남로에서 조사된 우물과 통일신라의 기와·토기 등의 유물들을 통해 볼 때 무진도독고성의 위치는 광주 시가지 일대로 추정된다(임영진 외, 「광주 누문동 통일신라 건물지 수습조사 보고」, 『호남고고학보』 2, 1995, 80~82쪽).

80) 임영진, 「광주의 고대도시-무진고성을 중심으로」, 『광주·전남의 도시발달과 그 문화적 맥락』, 역사문화학회, 2003, 6~7쪽.

81) 백제는 사비 천도 이후 반남의 수장층을 전면에 내세워 간접적인 공납제를 시행하던 변방통치의 한계를 벗어나 각지의 중소세력을 지방관으로 임명하여 직접지배를 관철하였다. 6세기 중엽 이후에 조성된 복암리석실분 등에서 銀製冠飾이 출토된 것은 백제의 직접지배 양상을 보여주는 것이며(金洛中, 「5~6세기 영산강유역 정치체의 성격」, 『백제연구』 32, 2000, 75쪽), 소형화·규격화 된 백제식석실분이 전남지역 곳곳에 조성된 것도 지방지배가 그만큼 강화되었음을 의미한다.

82) 李海濬, 「역사적 변천」, 『완도군의 문화유적』, 목포대학교 박물관, 1995, 15쪽.

83) 『三國史記』 권32, 雜志1, 祭祀.

84) 李海濬, 앞의 글, 1995, 15쪽.

85) 李仁哲, 『신라정치제도사연구』, 1993, 162~184쪽.

86) 『三國史記』 권8, 新羅本紀8, 孝昭王 10年.

87) 『三國遺事』 권2, 奇異 2, 文虎王 法敏.

88) 金周成, 「新羅下代의 地方官司와 村主」, 『한국사연구』 41, 1983, 54쪽.

89) 『三國遺事』 권2, 奇異2, 文虎王 法敏.

90) 白南雲, 『朝鮮社會經濟史』, 1933, 350~351쪽.

91) 木村誠, 「新羅時代の郷」, 『歷史評論』 403, 1983.

92) 李仁哲, 앞의 책, 1996, 101쪽.

93) 朴宗基, 「고려시대 촌락의 기능과 구조」, 『진단학보』 64, 1987, 58쪽.

94) 『三國史記』 권33, 雜志2, 屋舍.

95) 末松保和,「竅興寺鐘銘」,『新羅史の諸問題』, 1954, 477쪽.

96) 李鍾旭,「신라장적을 통하여 본 통일신라시대의 촌락지배체제」,『역사학보』
86, 1980, 48쪽.

97) 『三國史記』권11, 新羅本紀11, 眞聖女王 3年.

98) 李仁哲, 앞의 책, 1996, 16쪽.

99) 李文基,『新羅兵制史研究』, 일조각, 1997, 144쪽.

100) 末松保和,『新羅史の諸問題』, 365쪽.

101) 李文基, 앞의 책, 1997, 404쪽.

102) 李基東,「신라 하대의 패강진」,『韓國學報』 4, 1977.

103) 『三國史記』권40, 雜志9, 職官下, 武官.

104) 文安植,『백제의 영역확장과 지방통치』, 신서원, 2002, 275쪽.

105) 朱甫暾,「신라 중고기의 郡司와 村司」,『한국고대사연구』 1, 1988, 44~53쪽.

106) 李文基,『신라병제사연구』, 일조각, 1997, 258쪽.

제5장 신라의 쇠퇴와 후삼국 시대의 전개

장보고의 청해진 설치와 해상왕국 건설

1. 머리말

장보고(張保皐)는 당나라로 건너가 크게 활약한 후 귀국하여 청해진을 설치하고 동아시아의 해상무역왕이 된 사람이다. 장보고가 활약할 무렵 신라는 전제왕권을 특징으로 하는 중대사회가 8세기 중반 이후 약화되기 시작하여 내외의 도전을 받고 있었다. 이때를 전후로 하여 지방에 대한 통제력은 급격하게 약화되고, 진골귀족 사이의 왕위 다툼과 자연재해가 겹치면서 자영 소농민은 광범위하게 몰락하였다.

또한 당(唐)이 안사(安史)의 대란을 겪은 뒤 느슨해진 틈을 타서 중국의 해적선이 서해상에 창궐하여 신라의 백성을 약탈하여 노예로 삼는 등의 만행을 저질렀다. 당으로 건너가 기반을 다진 장보고가 흥덕왕을 배알한 후 청해진(淸海鎭)을 설치한 것은 828년 무렵이었다. 청해진은 중국의 여러 항구로 향하는 길목이었으며, 일본의 규슈와 연결되는 국제 해상교통의 심장부에 위치하였다. 장보고는 청해진을 기반으로 하여 동아시아 삼국의 대외무역을 독점하였고, 신라의 왕위 계승 분쟁에 간여하여 강력한 영향력을 행사하였다.

동아시아의 국제무대를 주름잡은 장보고와 그 기반이 되었던 청해진에 대해서는 적지 않은 논고가 발표되어 어느 정도 실상을 알 수 있게 되었다.[1) 본고에서는 장보고의 청해진 설치와 해상왕국 건설을 서남해지역 해상세력의 성장과 자활이라는 '지역적 시각'을 갖고 장보고 연구에 대한 일부 미진한 점을 보충하려고 한다.

이를 위하여 먼저 중앙집권력의 약화와 전제왕권의 파정에 따른 신라 하대사회의 동향과 번진(藩鎭) 발호로 말미암아 혼란에 빠진 당의 정치정세를 살펴볼 것이다. 그리고 청해진이 동아시아 국제교역의 주무대가 될 수 있었던 지정학적 조건과 장보고의 해상왕국 건설에 기여한 서남해지역 해상세력의 역할을 검토하고자 한다.

2. 장보고의 세력확장과 청해진의 설치

1) 전제왕권의 파정과 지방세력의 성장

통일 후 신라사회는 무열왕계의 전제왕권이 확립되어 경덕왕 때까지 유지되었다. 문무왕은 율령제도에 입각하여 관료제를 모색하면서 귀족층을 도태시켜 전제왕권의 반대세력을 약화시켰다. 문무왕은 가까운 측근을 중용하고 6두품 이하의 전문적인 관료집단을 흡수하였으며, 신문왕은 개혁정치를 통하여 관료제를 확립하였다.

또한 신문왕은 군사제도와 토지제도를 개편하여 중앙집권적 통치질서를 마련하여 다음 성덕왕 치세의 극성기를 맞이할 수 있는 토대를 구축하였다. 신라사회의 전제왕권은 효소왕·성덕왕·효성왕을 거쳐 경덕왕 때까지 왕당파와 그 반대파 사이의 반목에도 불구하고 유지되었다.

신라는 경덕왕 때에 이르러 귀족들이 세력을 확장하여 왕권이 흔들리기 시작하였다. 이에 경덕왕은 왕권강화를 위해 관제정비와 개혁조치를 하였다. 744년에 이찬 유정(惟正)이 중시(中侍)에 임명된 이후 대정(大正), 조량(朝良), 김기(金耆), 염상(廉相), 김옹(金邕), 김양상(金良相) 등 7인이 경덕왕 때에 중시를 지냈다. 경덕왕은 747년에 중시의 명칭을 '시중(侍中)'으로 바꾸었으며 국학의 여러 학업 과정에 박사(博士)와 조교를 두어 유학 교육을 진흥시키고,[2] 748년에는 정찰(貞察) 1명을 두어 관리를 규찰[3]하게 하여 전제왕권 체제를 유지하려 하였다. 이 밖에도 749년에 천문박사(天文博士) 1명과 누각박사(漏刻博士) 6인,[4] 758년에는 율령박사(律令博士) 2인[5]을 두었다. 이 것은 모두 이상적인 유교정치의 기술적인 분야를 발전시키려는 데 그 목적이 있었다.

경덕왕의 귀족세력을 견제하면서 전제왕권체제를 강화하려는 제도 개혁은 관부(官府) 명칭의 한화정책(漢化政策)으로 이어졌다.[6] 따라 서 한화정책은 귀족세력의 비판을 받을 수밖에 없었는데, 귀족세력을 대표하여 상대등이 된 김사인(金思仁)은

A. 봄 2월에 상대등 김사인이 근년에 재앙과 이상한 일들이 자주 나 타났으므로 왕에게 글을 올려 시국 정치의 잘되고 잘못된 점을 극 론하니 왕은 이를 기꺼이 받아들였다.[7]

라고 하였듯이, 빈번한 천재지변을 들어 현실정치의 모순을 신랄하게 비판하였다. 김사인의 비판 내용은 자세히 알 수 없으나, 경덕왕이 추 진한 한화정책에 대한 반발·비판으로 추정된다.[8]

그러나 이 비판은 사료 A에서 "왕은 이를 기꺼이 받아들였다"라는 기록과는 달리 배척된 것으로 보인다. 왜냐하면 다음해에 김사인이 병을 이유로 하여 상대등에서 물러났고, 그 대신 경덕왕의 측근이었 던 이찬 신충(信忠)이 상대등에 임명되었기 때문이다.[9] 그리고 새로 이 시중에 임명된 김기(金耆)는 적극적으로 한화정책을 추진하였다. 즉, 지방 9개 주를 비롯한 군현의 명칭[10]과 중앙관부의 관직명을 모 두 중국식으로 바꾸었다.[11]

그러나 경덕왕의 한화정책은 주로 귀족세력과의 대립보다는 정치 적 타협을 통하여 추진되었다. 이는 녹읍의 부활이 757년 3월에 이루 어져 12월에 시행된 한화정책보다 먼저 시행된 점에서 알 수 있다.[12] 경덕왕은 한화정책을 추진하기에 앞서 중앙과 지방의 여러 관리들에

게 주던 녹봉을 혁파하고 다시 녹읍을 부활시켰다.13) 새로이 성장하는 귀족세력의 경제적인 욕구가 지금까지 세조(歲租)만 받던 월봉을 혁파하게 하고, 녹읍의 부활을 제도화시킨 것이다. 이것은 경제적인 면에서 진골귀족들이 전제왕권에 대항한 결과였다.14)

경덕왕 말기에 정치적으로 성장한 귀족세력은 763년(同王 22)에 국왕의 측근세력이었던 상대등 신충과 시중 김옹(金邕)을 물러나게 하였다. 또한 경덕왕의 총애를 받던 대나마 이순(李純)은 세상을 피하여 산 속으로 들어가기도 하였다.15) 이는 왕권과 귀족세력 사이의 대립이 심화되면서 일어난 현상으로 보인다. 김옹이 물러난 뒤 전제왕권에 대항한 만종(萬宗)과 양상(良相)이 각각 상대등과 시중에 임명된 것16)을 통해서도 귀족세력의 성장이 확인된다.

양상은 나중에 혜공왕을 시해하고 신라 하대의 첫 왕인 선덕왕으로 즉위한 인물이다. 그는 경덕왕 때부터 귀족세력을 대표하고 전제왕권에 도전한 사람이었다. 경덕왕 말년의 정치는 왕권과 귀족세력의 정치적 타협 위에서 유지되었다.

이와 같이 경덕왕의 한화정책을 통한 전제왕권 추구는 성공하지 못했다. 이는 무엇보다도 신라의 중대사회의 특징인 전제왕권의 기반이 붕괴되어 귀족세력과의 타협 속에 정치운영을 꾀할 수밖에 없었던 시대적 상황에 기인한다. 즉, 한화정책은 전제왕권이 붕괴되는 시기에 추진되었으나 시대의 흐름을 되돌릴 수 없었다. 경덕왕을 계승한 혜공왕 12년(776)에 관직 명칭이 모두 옛 이름으로 환원된 것은17) 이 같은 사실을 반영한다.

이것은 혜공왕 때에 이르러 귀족세력의 정치적 비중이 왕권보다 높아지게 되었음을 의미한다. 혜공왕은 태종무열왕의 직계 자손으로 계승된 신라 중대사회의 마지막 왕이다. 혜공왕 때에는 집사부 중시를 중심으로 강력한 전제왕권 체제를 구축했던 신라 중대사회의 모순이 파탄 직전에 이르렀다. 또한 전제왕권의 견제하에 있던 귀족세력들이 정치일선에 등장하여 왕권쟁탈전을 전개함으로써 정치적으로 불안정하였다.

혜공왕의 재위 16년 동안에는 수많은 정치적 반란사건이 일어났다. 먼저 일길찬 대공(大恭)과 그의 동생 아찬 대렴(大廉)이 768년에 반란을 일으켰으나

> B. 가을 7월에 일길찬 대공이 아우 아찬 대렴과 함께 반란을 일으켰는데, 무리를 모아 33일간 왕궁을 포위하였으나 왕의 군사가 이를 쳐서 평정하고 9족을 목베어 죽였다. 9월에 당나라에 사신을 보내 조공하였다. 겨울 10월에 이찬 신유를 상대등으로 삼고 이찬 김은거를 시중으로 삼았다.[18]

라고 하였듯이, 왕군(王軍)에 의해서 토벌되고 말았다. 이 반란은 전제왕권 체제를 유지하려는 혜공왕과 중대사회를 부정하는 정치적 움직임이었다.[19] 이 반란을 진압한 김은거는 그 공로로 시중에 임명되었고, 이찬 신유(神猷)는 상대등이 되었다.[20]

혜공왕 6년(770)에는 대아찬 김융(金融)이 반란을 일으켰다. 이 반란도 대공의 반란과 마찬가지로 혜공왕과 전제왕권에 저항한 성격의 것이었다. 김융의 난으로 김은거가 시중에서 물러나고 이찬 정문(正門)이 시중에 임명되었다.[21]

한편 혜공왕 재위 기간 중에 중대사회를 무너뜨리고 하대사회를 만든 핵심적인 인물이었던 김양상은 꾸준히 세력을 키웠다. 김양상이 774년(혜공왕 10)에 상대등에 임명된 것은 왕권에 대항한 귀족세력이 정권을 장악하였음을 의미한다. 이것은 전제왕권 중심의 중대사회에서 귀족중심의 하대사회로의 전환이 시작되었음을 시사한다. 이에 맞서 775년(혜공왕 11)에는 국왕의 측근세력들이 정치적 반전을 꾀하였으나

C. 이찬 김은거가 반란을 일으켰다가 목베어 죽임을 당하였다. 가을 8월에 이찬 염상(廉相)이 시중 정문(正門)과 함께 반역을 꾀하다가 목베어 죽임을 당하였다.[22]

라고 하였듯이, 실패하고 반역으로 몰려 죽임을 당하고 말았다. 이들은 모두 전제왕권을 지지하는 사람들로 김양상에 맞서 군대를 동원하였으나 실패하고 말았다. 이를 계기로 김양상 일파의 권력은 더욱 공고해졌고, 혜공왕은 권력을 상실하고 명목상의 왕위만을 보전하였다.

그러나 전제왕권을 지지하는 세력들이 정권회복에 대한 노력을 포기한 것은 아니었다. 혜공왕은 재위 16년 동안 11회의 조공, 하정(賀正) 그리고 사은의 사절을 당에 파견하였다. 이 중에서 8회가 773년에서 776년에 이르는 4년 동안에 매년 2회씩 파견된 것인데, 이 기간에 집중된 것은 774년에 김양상이 상대등에 임명된 정치적 변화와 무관하지 않다. 이것은 당과의 관련 속에서 혜공왕 말기에 이르러 몰락하고 있던 왕당파들이 세력회복을 꾀한 것이라 할 수 있다.[23]

그러나 김양상은 왕에게 글을 올려 시국의 정치를 극론하는 등 정국의 주도권을 계속적으로 장악하였다. 이에 맞서 혜공왕은 같은 무열왕계인 김주원(金周元)[24]을 시중에 임명하여 김양상 일파를 견제하려고 하였다. 또한 친왕세력인 김지정(金志貞)도 군사를 모아 김양상에 대항하였으나

D. 2월에 흙이 비처럼 내렸다. 왕은 어려서 왕위에 올랐는데, 장성하자 음식과 여자에 빠져 나돌아다니며 노는 데 절도가 없고 기강이 문란해 졌으며, 천재지변이 자주 일어나고 인심이 등을 돌려 나라가 불안하였다. (이에) 이찬 김지정이 반란을 일으켜 무리를 모아서 궁궐을 에워싸고 침범하였다. 여름 4월에 상대등 김양상이 이찬 경신과 함께 군사를 일으켜 김지정 등을 죽였으나, 왕과 왕비는 반

란군에게 살해되었다.25)

라고 하였듯이, 오히려 김양상과 이찬 경신(敬信)에 의하여 살해되고
말았다. 이 와중에서 혜공왕과 왕비가 살해되면서 중대사회는 종식을
고하게 되었다. 그리고 경신의 추대에 의하여 김양상이 선덕왕으로
즉위하면서 하대사회가 열리게 되었다.

선덕왕은 왕위에 오른 지 6년 만에 사망하고, 혜공왕을 살해하고
양상이 왕위에 오르는 데 기여한 경신이 즉위하여 원성왕이 되었다.
이런 점으로 미루어 볼 때 경신도 양상과 밀착된 인물로서 무열왕계
가 왕권을 장악한 중대왕실의 전제주의에 반대하였음을 알 수 있다.
원성왕의 즉위과정은 김주원을 비롯한 무열왕계의 강한 도전에 직면
하여

E. 일찍이 혜공왕 말년에 반역하는 신하가 발호했을 때 선덕은 당시
   상대등으로서, 임금 주위에 있는 나쁜 무리들을 제거할 것을 앞장
   서 주장하였다. 경신도 여기에 참가하여 반란을 평정하는 데 공이
   있었기 때문에, 선덕이 즉위하자 곧바로 상대등이 되었다. 선덕왕
   이 죽자 아들이 없었으므로 여러 신하들이 의논한 후 왕의 조카뻘
   되는 주원을 왕으로 세우려 하였다. 이때 주원은 서울 북쪽 20리
   되는 곳에 살았는데, 마침 큰 비가 내려 알천의 물이 불어서 주원
   이 건널 수가 없었다. 어느 사람이 말하였다. "임금의 큰 지위란 본
   시 사람이 어떻게 할 수 있는 것이 아니다. 오늘의 폭우는 하늘이
   혹시 주원을 왕으로 세우려 하지 않은 것이 아닌가? 지금의 상대
   등 경신은 전 임금의 아우로 본디부터 덕망이 높고 임금의 체모를
   가졌다." 이에 여러 사람들의 의논이 단번에 일치되어 그를 세워
   왕위를 계승하게 하였다. 얼마 후 비가 그치니 나라 사람들이 모두
   만세를 불렀다.26)

라고 한 것으로 볼 때 상당한 시련을 겪었다. 사료 E에서 "여러 신하

들이 의논한 후 왕의 조카뻘 되는 주원을 왕으로 세우려 하였다"라고 하였듯이, 왕위의 정통성 있는 계승자는 무열왕계의 김주원이었다. 그러나 김주원은 조정의 실권을 장악하고 있는 상대등 김경신 일파에 의하여 밀려나 명주로 낙향하고 말았다. 이로써 중대사회를 이끌었던 무열왕계는 몰락하고 신라사회는 범내물왕계가 주도하게 되었다.

권력에서 밀려난 무열계의 저항도 만만치 않았다. 왕위계승에서 밀려난 김주원의 아들인 김헌창(金憲昌)과 손자 범문(梵文)은 중앙정부에 맞서 반란을 꾀하였다.

<金周元과 그 直系>

김헌창은 부친이 왕위에 오르지 못한 것에 원한을 품고 거사를 하였는데

F. 3월에 웅천주도독 헌창이 그의 아버지 주원이 왕이 되지 못한 것을 이유로 반란을 일으켜 나라 이름을 장안(長安)이라 하고, 연호를 세워 경운(慶雲) 원년이라 하였다. 무진주, 완산주, 청주, 사벌주의 4주 도독과 국원경, 서원경, 금관경의 사신 및 여러 군현의 수령들을 위협하여 자기 소속으로 삼으려 하였다. 청주도독 향영(向榮)이 몸을 빠져나와 추화군으로 달아났고 한산주, 우두주, 삽량주, 패강진, 북원경 등은 헌창의 반역 음모를 미리 알고 군사를 일으켜 스스로 지켰다. 18일에 완산주 장사(長史) 최웅(崔雄)과 주조(州助) 아찬 정련의 아들 영충(令忠) 등이 서울로 도망해 와 그 일을 알렸다. 왕은 곧 최웅에게 급찬의 관등과 속함군 태수의 관직을 주

고 영충에게는 급찬의 관등을 주었다. 마침내 장수 여덟 명을 뽑아 서울을 여덟 방면에서 지키게 한 다음 군사를 출동시켰는데, 일길찬 장웅이 먼저 출발하고 잡찬 위공과 파진찬 제릉이 그 뒤를 이었으며 이찬 균정과 잡찬 웅원 그리고 대아찬 우징 등이 3군을 이끌고 출정하였다. 각간 충공과 잡찬 윤응은 문화관문(蚊火關門)을 지켰다. 명기와 안락 두 화랑이 각각 종군할 것을 청하여, 명기는 낭도의 무리들과 함께 황산(黃山)으로 나아가고 안락은 시미지진으로 나아갔다. 이에 헌창이 장수를 보내 중요한 길목에 자리잡고 관군을 기다렸다. 장웅은 도동현에서 적병을 만나 이를 공격해 이겼고, 위공과 제릉은 장웅의 군사와 합하여 삼년산성을 쳐서 이기고 속리산으로 진군하여 적병을 공격하여 섬멸시켰으며, 균정 등은 성산에서 적군과 싸워 이를 멸하였다. 여러 군대가 함께 웅진에 이르러 적과 크게 싸워, 죽이고 사로잡은 것을 이루 다 셀 수 없었다. 헌창은 겨우 몸을 피하여 성에 들어가 굳게 지키고 있었다. 여러 군사들이 성을 에워싸고 열흘 동안 공격하여 성이 장차 함락되려 하자, 헌창은 화를 면할 수 없음을 알고 스스로 죽으니 그를 따르던 사람이 머리를 베어 몸과 각각 따로 묻어 두었다. 성이 함락되자 그의 몸을 옛 무덤에서 찾아내어 다시 베고 그의 종족과 함께 일을 도모했던 무리들 무릇 239명을 죽였으며 그 백성들은 풀어주었다. 그런 다음 싸움의 공을 논하여 벼슬과 상을 차등있게 주었는데, 아찬 녹진에게 대아찬 관등을 주었으나 사양하고 받지 않았다. 삽량주의 굴자군은 적군에 가까이 있었으나, 반란에 물들지 않았으므로 7년간의 조세를 면제해 주었다.[27]

라고 하였듯이, 5개 주와 3개 소경이 호응하였다. 신라정부는 김헌창의 반란을 겨우 진압하였지만, 이때부터 지방에 대한 통제력이 약화되기 시작하였다. 김헌창이 일으킨 반란을 여러 지방에서 호응한 것은 원성왕계의 권력집중에 대한 반발 때문으로 추정된다.

 김헌창의 반란이 진압된 3년 후에 그 아들인 범문이 고달산의 무리들과 함께 반란을 꾀하였다. 범문은 평양에 도읍을 세우고자 하여 북한산주를 공격하였으나, 도독 총명(聰明)의 군사에게 패하여 살해되고 말았다.[28] 두 차례에 걸친 김헌창 부자의 반란은 모두 실패로 끝났지만, 이 반란은 호족세력의 지방할거적 경향을 크게 촉진시켰다. 이들의 반란은 지방세력 할거의 본격적인 계기가 되었고, 830년대 후반 원성왕계 내부의 왕위계승분쟁을 유발시킨 심리적 원인 중의 하나가 되었다.[29]

이때를 전후하여 신라의 국내정세는 심각한 위기 상황이 나타나기 시작하였다. 중앙의 진골세력은 최대의 전성을 누리고 있었으나, 김헌창의 난에서 노출되었듯이 귀족 상호간의 사회 연대성은 파괴되어 심각한 분열상을 드러냈다. 또한 지방 호족세력이 성장하여 차츰 할거적 성격을 띠게 됨에 따라 집권체제는 약화의 길로 접어들었다. 특히 중앙귀족과 지방세력의 농장경영이 발달함에 따라 자영소농민은 광범위하게 몰락하였다.[30]

또한 신라는 대외적으로도 당이 안사(安史)의 대란(755~763)을 겪은 뒤 크게 느슨해진 틈을 타서 중국의 해적선이 서해상에 창궐했다. 그리고 문왕 때에 국력을 크게 확충한 발해는 9세기에 들어와 적극적인 남하정책을 추진하여 신라의 북쪽 변경을 위협하였다. 일본과는 오래 전부터 공식적인 외교관계가 끊긴 상태이었다.

이 무렵에 즉위한 흥덕왕은 828년(同王 3)에 대아찬 김우징(金祐徵)을 시중에 임명하여 정사를 맡기고, 장보고를 청해진대사로 삼아 해적의 침입을 막게 하였다.[31] 장보고는 흥덕왕을 배알하여 해적들의 만행을 고발하면서 청해진 설치의 필요성을 역설하여 이를 관철시켰다. 장보고는 청해진을 중심으로 서남해의 해상세력을 조직화하고, 당과 일본을 연결하여 동아시아의 해상무역을 장악한 주인공으로 떠올랐다.

2) 장보고의 도당활약(渡唐活躍)과 청해진 설치

신라는 하대사회로 접어들면서 여러 가지 어려운 상황에 직면하였다. 특히 8세기부터 귀족과 부호층의 토지집적 증대와 빈번한 자연재해로 농민들의 생활이 어려워졌다. 이로 인하여 농민들의 파산과 유망 현상이 급증하였다. 신라는 여러 차례에 걸쳐 농민들의 생활안정을 위하여 진휼사업을 벌였지만 큰 실효를 거두지 못하였다. 이러한 난국을 타개하기 위하여 경덕왕 16년(757)에 녹읍(祿邑)을 부활하였지만,[32] 농민들을 안정시키기 위한 정책적 배려가 뒤따르지 않았기 때문에 귀족의 수탈만 가중시키는 구조적 요인으로 작용하였다.

또한 신라는 신분에 의하여 정치·사회적 지위가 결정되는 골품제 사회였다. 신라는 골품에 따라 관직의 진출에 제한을 두는 원칙을 마련하였다. 이 때문에 일반 평민은 아무리 능력이 뛰어나도 관리로 진출할 수 있는 길이 없었다. 진골만이 최고의 신분으로서 여러 가지 정치적·경제적 특권을 독차지하였다.

진골들은 녹읍을 더 많이 확보하기 위하여 권력투쟁을 벌이면서, 다른 한편으로 농민들에 대한 수탈을 강화하여 사적인 지배기반의 확대에 관심을 기울였다. 이에 따라 농민들의 도산(逃散)이 급증하였고, 자연재해가 겹치면 유망민이 급증하는 경향을 보였다. 또한 신라 사회는 하대에 들어와 촌락민의 계층분화가 촉진되는 가운데 공동체적 결합관계가 동요하기 시작했고, 유력한 촌주층을 주축으로 해서 촌락 재편성이 진행되었다. 이 과정에서 촌락 공동체를 이탈한 농민들이 속출한 결과 대량의 유민이 발생하는 등 사회혼란이 가중되었다.[33]

혜공왕 이후부터 귀족들의 왕위쟁탈전이 벌어지면서 백성들에 대한 수탈이 심해졌다. 지방호족들도 세력을 키우고 사병을 조직하면서 지방민들을 경제적으로 압박하였다. 따라서 지방민들은 중앙정부와 지방호족들에 의하여 이중으로 수탈을 당하였다. 신라 하대 지방사회의 실상을 사료를 통하여 살펴보면

G-1. 나라의 서쪽에 가뭄이 들고 황충의 폐가 있었다. 도적이 많이 생겨나니 왕이 사신을 내 이들을 안무하게 하였다.[34]

  2. 서쪽 변방의 주군에 흉년이 크게 일어났다. 도적이 벌떼처럼 일어나니 군사를 내어서 이들을 토벌하여 평정시켰다.[35]

  3. 흉년으로 인하여 백성들은 기근이 심하여지자 당의 절동지방(浙東地方)으로 건너가서 먹을 것을 구하는 자가 170명이나 되었다.[36]

  4. 사람들이 많이 굶어죽음으로 왕은 주군에 교서를 내려 창곡(倉穀)을 발하여 구휼케 하였다.[37]

  5. 초적들이 널리 일어나 왕은 여러 주, 군의 도독, 태수에게 명하여 이들을 잡게 하였다.[38]

  6. 백성들은 굶주림을 이기지 못하여 자손들을 팔아서 생활하였다.[39]

  7. 한산주 표천현의 요인(妖人)이 속히 부자가 되는 재주가 있다고 말하므로 많은 사람들이 이 말에 혹하였다.[40]

  8. 봄, 여름에 한재가 들어 땅이 빨갛게 됨으로 왕은 정전을 피하여 거하고 식사를 감하고 내외의 죄수를 크게 사면하였는데 7월에 비가 왔다. 8월에 흉년이 들어서 도적이 두루 일어났다. 겨울 10월 왕이 사신에게 명하여 이들을 안무하게 하였다.[41]

  9. 봄에 국내에 큰 기근이 들었다. 10월에 복숭아와 배꽃이 다시 피었고 백성들이 나쁜 병으로 많이 죽었다.[42]

  10. 왕은 국가의 남부지방의 주군을 순행하여 늙은이 및 환과고독(鰥寡孤獨)을 위문하고 곡식과 베를 하사하였다.[43]

라고 하였듯이, 주·군에 큰 기근이 들고 도적이 벌떼처럼 일어났으며, 굶주림을 이기지 못하여 자손을 팔아 생계를 유지하거나 유랑민으로 전락하는 사람들이 생겨날 정도였다. 이러한 지방민의 참상은 홍수·흉년·전염병 등이 그 원인이 되었으며, 이들은 반복되는 기근으로 굶주림을 견디지 못하였다. 지방민은 생존을 위하여 자손을 노비로 팔아 삶을 영위하거나 유민이 되어 떠돌이 생활을 하였으며, 때로는 무리를 이루어 도적이 되었다.

　심지어 일부 지방민들은 바다를 건너 당의 절동지방에서 곡식을 구걸하였으며, 해적이 되어 일본의 대마도를 침입하기도 하였다. 또한 격심한 생활고를 해결하기 위해 신라를 떠나 당과 일본으로 건너간 사람들도 생겨났다. 이들은 생활고의 해결을 위해 건너가게 되었는데, 『구당서(舊唐書)』와 『일본후기(『日本後記』)』에는 각각

　　H- 1. 신라에 기근이 발생하여, 그 나라 백성 약 170인이 바다를 건너와 절강 동부에서 식량을 구했다.[44]
　　　　2. 대재부(大宰府)에서 말하기를 "신라사람 신파고지(辛波古知) 등 26명이 축전국(筑前國) 박다진(博多津)에 표착하였는데, 그들에게 온 이유를 물으니 '풍속과 교화를 흠모하여 멀리서 의탁하러 왔습니다'라고 합니다"라고 하였다.[45]

라고 하여, 기근으로 말미암아 신라인들이 먹을 것을 찾아 당과 일본으로 흘러들어 간 사실을 전하고 있다. 8세기 중반이후 흉년이 계속됨으로써 신라인들은 식량이 크게 부족하였고 굶는 자가 많았다. 또한 신라사회의 근간이었던 골품제(骨品制)하에서 보다 나은 생활을 기대하기 어려웠던 사람들이 새로운 세상을 찾아 당으로 이주하는 사례가 적지 않았다.

　이때 당으로 건너간 사람들 중에는 장보고 일행도 포함되었다. 이 때문에 장보고를 기근을 피하여 당나라로 건너간 신라 유망민 출신으로 보기도 한다.[46] 그러나 장보고를 변방 도서지방에서 나름대로 지배적 위치에 있던 토호(土豪) 출신으로 이해하는 경우도 있다.[47] 또한 장보고의 출신과 관련하여 『삼국사기』 문성왕 7년조에 보이는 "해도인(海島人)"을 천민(賤民)으로 파악하기도 한다.[48]

　장보고의 출신지역은 기록에 남아 있지 않지만 여러 가지 정황으로 볼 때 서남해지역으로 추정하고 있다. 장보고와 호형호제의 관계

장도 청해진 유적 원경

에 있던 정년(鄭年)이 "바다 속 잠수에 매우 능숙하여 50리를 헤엄쳐
도 숨이 막히지 않았다"는 기록이 있고,[49] 중국에서 기아에 허덕이던
정년이 "추위와 굶주림으로 죽는 것은 전쟁에서 깨끗하게 죽느니만
못하다. 하물며 고향에 가서 죽는 것에 비하랴?"[50]고 하면서 청해진
의 장보고를 찾았던 것은 이들의 고향이 완도 주변이었음을 의미한
다. 또한 후에 문성왕이 장보고의 딸을 차비(次妃)로 맞아들이려 할
때 조신들이 장보고가 섬사람(海島人)임을 지적하면서 반대했던
것[51]도 그의 출신지가 도서지방이었음을 시사한다.

  장보고의 성명에 관해서도 전하는 사료에 따라 차이가 있다.『삼국
사기』에는 '궁복(弓福)'으로 기록되었고,[52]『삼국유사』에는 '궁파(弓
巴)'로 표기되어 있다.[53] 그리고 '장보고(張保皐)'라는 성명은 당나라
의 시인 두목(杜牧 : 803∼852)이 장보고와 정년에 대해 쓴 전기에서
비롯되었다.[54] 장보고의 장씨 성은 중국으로 건너간 이후에 사용한
것이며, '보고'라는 이름도 '복('福')'을 음절순으로 표기한 데서 비롯되
었다.[55] 장보고(張寶高)라고 되어 있는 일본측 기록[56]은 재물을 많이

가진 사람이었기 때문에 붙여진 것이다.57)

　장보고가 정년과 함께 당나라로 건너간 것은 20대 초반이며, 시기적으로는 대략 812~814년 무렵으로 추정된다.58) 장보고가 정년과 함께 건너 갈 무렵 당은 중앙정부와 지방의 번진(藩鎭) 사이에 싸움이 한창이었다. 당나라 중흥의 군주로 불리는 헌종(憲宗 : 806~820)은 최대의 저항세력이자 고구려 유민 이정기(李正己)가 세웠던 평로치청(平盧淄靑)에 대한 필사의 토벌전을 벌였다.

　당은 안사의 난(755~763)이 일어난 후 급속히 쇠퇴하여 번진 발호의 시기에 들어서게 되었다. 당시 안록산의 군대에는 반란군에 있다가 관군으로 돌아선 후희일(侯希逸)이라는 인물이 있었다. 그는 안사의 난이 평정되고 나서 762년에 그 공로로 산동지역에 위치한 평로치청절도사(平盧淄靑節度使)가 되었다. 그 후 후희일의 종제였던 이회옥(李懷玉)이 실권을 장악하게 되자, 당은 이정기(李正己 : 732~781)란 이름을 내리고 평로치청절도관찰사해운압신라발해양번사(平盧淄靑節度觀察使海運押新羅渤海兩蕃使)로 임명하였다.

　이정기는 777년에 15개 주를 점유하여 10만 이상의 병력을 보유하게 되면서 여러 번진 중에서 최대의 웅번으로 성장하였다. 이정기가 세운 평로치청은 당과 대립하면서 번수(藩帥)의 직위를 그의 아들 납(納), 손자 사고(師古)·사도(師道)로 계승하며 819년 토멸될 때까지 3대 55년 동안 유지되었다.

　장보고는 '번진'의 발호로 말미암아 당나라가 혼란할 때 서주(徐州)에서 세력을 떨치면서 이정기 일가의 라이벌로 부각된 왕지흥(王智興)의 군대에 들어갔다. 왕지흥은 이정기 일가와 대립하는 여타 친정부세력과 연합해 이씨 일가를 비롯한 번진의 발호를 종식시키는 데 큰 공을 세운 사람이다.

　왕지흥은 이정기의 종형인 서주자사(徐州刺史) 이유(李洧)의 아졸(衙卒)이었으나, 이정기가 죽은 후 평로치청 내부에서 일족간에 분쟁이 일어나자 당에 투항하였다. 왕지흥은 무령군절도사 이원(李愿)의 아장(牙將)이 되어 818년에 이사도가 이끌고 있던 평로치청군 9,000명을 격파하고, 우마 4,000두를 포획하는 전과를 올렸다. 그 뒤에도 왕지흥은 토벌군을 지휘하면서 공적을 쌓게 되어 무령군 부절도사를 거쳐 822년에는 절도사가 되었다.

당시 이씨가는 이정기의 손자인 이사도(李師道)가 실권을 장악하고 있었는데, 당 조정은 그 지배를 받던 여러 번진과 귀순한 항번(降藩)을 앞세워 819년에 평로치청을 평정하였다. 왕지흥이 토벌군의 선봉을 맡았으며 선무(宣武)·위박(魏博) 등 여러 번진이 그 뒤를 따랐다.[59] 이 무령군이 곧 서주절도사의 아군(牙軍)이며, 장보고가 여기에 종군하였다. 왕지흥은 평로치청 토벌의 선봉장으로 활약하면서 장보고와 같은 무술이 뛰어난 이국 출신을 휘하에 두었다.

장보고는 번진세력이 해체되면서 무령군의 군중소장 직위에서 해임되었다. 장보고가 무령군 소장을 그만둔 이유는 당이 번진토벌 후부터 병원(兵員)의 수를 감축하는 정책을 추진하였기 때문이었다.[60] 이 후 장보고는 신라로 귀국한 828년 전까지 당나라에 있던 신라인들을 조직화하여 무역업에 종사하게 되었다. 신라 사람들이 많이 거주했던 지역은 중국의 동해안 일대와 양자강, 경항대운하(京杭大運河), 강소성과 절강성 그리고 산동성 일대의 항구 부근이었다.[61] 이들은 조선업·선원·상인·해운업자·제염업·목탄생산과 국제무역 등에 종사하였다.

당나라는 국내 사정 때문에 국제 해상무역을 직접 경영하지 못하고, 주로 신라인들과 중근동의 페르시아 상인단, 샴(태국) 및 아랍인들의 활동에 의존하였다. 그러나 서역 사람들은 비록 원거리 항해에는 익숙할지 몰라도 황해가 갖고 있는 독특한 내해의 특성 때문에 양자강의 양주 이남지역, 즉 절강성·복건성·광동성에서 주로 활동하였다.[62]

장보고가 재당신라인 사회를 장악하는 데 있어서 결정적 계기가 된 것은 신라와 발해 교역을 통제하던 이정기 일가의 몰락이었다. 장보고는 무령군의 감군으로 군대에서 나와 신라 거류민 집단을 규합하는 가운데 이정기 일가의 몰락으로 일시 공백상태가 된 황해의 무역권을 장악하였다.[63]

장보고의 활동은 당의 연안항로와 나·당 무역의 중계지였던 산동반도의 돌출부인 적산포(登州府 寧海州 文登縣 淸寧鄕)를 중심으로 이루어졌다. 장보고는 이곳을 중심으로 남쪽으로 회수(淮水)와 양자강 어구에 이르기까지의 해안과 강안지역에 분포하여 자치적인 집단을 이루고 있던 '신라방'이나 여타 촌락을 결속시키면서 해운업을 독점하였다.[64] 적산포는 당 내륙이나 연해안으로 이르는 교통과 신라, 당, 일본 3국을 잇는 교역의 중심지가 되었다.

신라인 집단 거류지에는 신라소(新羅所)라는 특별한 행정기관이 있었으며, 그 책임자를 압아(押衙)라고 하였다. 압아는 신라조계를 총괄하며 신라 사절도 관장하였다. 한편 장보고가 재당신라인 사회에서 크게 두드러진 이유는

I. 신라 사람 장보고와 정년은 신라로부터 당의 서주에 와서 군중소장(軍中小將)이 되었다. 보고는 30세며 정년은 그보다 10세 연하였다. 두 사람은 싸움을 잘하여 말을 타고 창을 휘두르면 그들의 본국에서는 물론 서주에서도 당할 사람이 없었다.[65]

라고 하였듯이, 그의 뛰어난 무술 실력도 배경이 되었다. 그의 인물됨에 대하여 당나라의 저명한 시인 두목(杜牧)은 "나라에 한 사람이 있으면 그 나라가 망하지 않는다"는 논어의 잠언을 인용하면서 장보고를 극찬하였다.[66] 이와 같이 장보고는 신라에 귀국하기 전에 당에서 상당한 세력을 구축하였고, 당의 적산포를 중심으로 한반도를 거쳐 일본에 이르는 해상교역의 주역으로 성장하였다.

장보고는 당나라의 적산포를 중심으로 해상무역을 통하여 세력기반을 다진 후 신라로 귀국하여 홍덕왕을 뵙고

> J. 후에 보고가 귀국하여 대왕을 뵙고 아뢰었다. "중국을 두루 돌아보니 우리나라 사람들을 노비로 삼고 있습니다. 바라건대 청해에 진영을 설치하여 도적들이 사람을 붙잡아 서쪽으로 데려가지 못하도록 하기 바랍니다." 청해는 신라 해로의 요충지로서 지금 완도라부르는 곳이다. 대왕이 보고에게 1만 명을 주었다. 그 후 해상에서우리나라 사람을 파는 자가 없었다.[67]

라고 하였듯이, 해적들의 소탕을 주장하여 국왕의 허락을 받아 청해진을 설치하였다. 신라는 8세기에 이르러 국방상의 요충지가 될 만한곳을 선택하여 약간의 시차를 두고 진(鎭)을 설치하였다. 782년에 패강진을 대곡성에 설치하였고, 828년에 청해진을 두었으며, 829년에는현재의 남양만 지역에 당성진을 설치하였다. 그리고 844년에는 강화도에 혈구진을 설치하였고, 황해도 장연군의 장산곶 근처에 장구진을설치하였다.

신라가 이들 진을 설치한 목적은 군사적인 측면이 강하였다. 신라는 수륙교통의 요지이며, 내륙으로 진입할 수 있는 곳에 해방체제(海防體制)와 해양진출(海洋進出)이라는 이중의 목적을 위하여 진을 설치하였다.[68] 신라는 진을 설치하여 해상세력의 발호와 권력이 지방으로 분산되는 것을 막고, 해적을 방비하려고 하였다.[69]

이와 같은 시대적 추세 속에서 홍덕왕은 서남해안에 출몰하던 해적을 제대로 단속할 수 없었기 때문에 장보고의 청해진 설치 건의를흔쾌하게 받아들였다. 신라 조정은 황해 연안의 방비가 시급하던 시기에 장보고가 청해진을 설치하여 자국민을 보호하겠다는 요청을 거절할 이유가 없었다. 청해진 설치는 최소한의 인적·물적 부담으로최대의 효과를 거둘 수 있는 해안방비의 한 방법이었다.

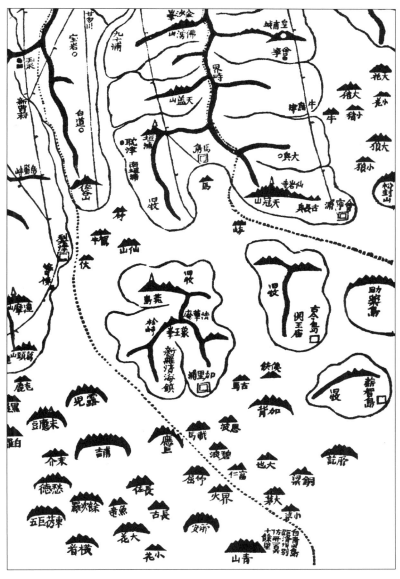

대동여지도를 통해 본 청해진이 위치한 장도와 주변 해역

신라와 당나라는 바다에 해적이 횡행하고 밀항 또는 밀입국자가 속출하였기 때문에 해안경비를 강화해야 하였다. 신라 연안을 습격하여 주민을 약탈하여 노예로 삼아 당의 곳곳으로 팔아넘긴 사람들은 중국 동남해지역과 신라의 서남해지역 사람들이었다. 이들은 원해 교통선상에 위치한 등주·내주·요동으로 이어지는 해안지역과 한반도 서남해안에 흩어져 있는 도서지방에 생활기반을 두었다.[70] 신라의 백성들은 기근과 가난 때문에 노비로 전락하여 각지로 팔려 나갔다. 신라에서 약탈되거나 팔려나간 노예들은 등주와 내주 등 산동반도의 중요한 포구에서 매매되었다.

　　노예상인과 평로치청(平盧淄靑)은 밀접한 관계를 맺고 있었다. 평로치청은 번진 발호로 정국이 어지러운 틈을 이용해 대외무역에서 막대한 부를 축적하였다. 또한 평로치청은 재당신라인의 민간무역을 관할하던 해운압신라발해양번사(海運押新羅渤海兩蕃使)라는 직책을 이용하여 발해에서 많은 명마들을 수입해 팔고, 신라에서 대량으로 수입한 노비를 매매하여 많은 수익을 올렸다.

　　그런데 신라 연안의 주민을 약탈하여 노예 매매를 통하여 막대한 재부를 축적한 사람들은 단순한 노예상인이 아니었다. 이들은 해적으로 지칭되었지만 동아시아를 무대로 하여 국제무역을 전개하던 해상세력이었다. 훗날 왕건이 서남해를 주름잡던 능창(能昌)을 압해도에서 사로잡아 그를 "물에 익숙한 수달이며 해적"[71]으로 표현한 것은 시사하는 바가 적지 않다.

　　장보고는 청해진을 설치하여 해적 소탕을 명분으로 삼아 한반도 서남해안과 중국 동남 연해안 각지의 군소 해상세력을 자신의 통제 아래 두고자 하였다. 산동반도 일대와 황해를 관장하던 평로치청이 몰락하자 황해 연안의 해상세력들은 해상권을 둘러싸고 각축을 벌였다.

　　장보고는 군소 해상세력의 독자적인 교역활동을 해적행위로 간주

청해진 주변의 목책 | 장도 입구에서 남쪽 해변 선착장까지 331m에 이르는 구간의 흙 속에 묻혀 있다.

하면서 황해의 무역권을 장악하였다. 그는 서남해지역의 해상세력들을 통합하고 조직화하여 해상무역의 막대한 이익을 독점하였다.[72] 장보고는 황해의 해상권을 장악할 수 있는 해로의 요충지이며, 자신의 고향인 완도에 청해진을 설치하였다.

장보고가 신라의 고도(孤島)에 청해진을 설치한 목적은 국가권력의 견제를 덜 받는 곳에 해상왕국의 기지를 만들기 위한 것이었다. 또한 서남해지역의 해상세력은 신라통일 이후 강력한 중앙집권력에 의하여 독자적인 대외교섭 활동이 제한되었다. 이들은 신라의 힘에 눌려 저항을 꾀할 수는 없었으나 반(反)신라적 분위기가 농후하였다. 따라서 서남해지역의 해상세력은 장보고와 그가 건설한 해상왕국에 우호적인 입장이었다.

청해진은 현재 완도읍에서 북쪽으로 약 6km쯤 떨어진 장좌리 장도에 위치하였다.[73] 이 부근의 해류는 부근 해역과 전혀 다른 모습을 보인다. 장도에서 완도항에 이르는 유향(流向)은 다른 지역과 반대 현상이 나타나기 때문에 주의를 요하는 곳이다.74) 또한 장도 인근에 위치한 강진만은 내륙으로 통하는 주요한 물목이었다. 이처럼 청해진은 해상기지의 요건을 두루 갖춘 곳에 위치하였으며, 동아시아 삼국을 잇는 해상교통의 천험의 요충지였다.

청해진은 중국의 여러 항구로 향하는 길목이었으며, 일본의 규슈와 연결되는 국제 해상교통의 심장부가 되었다.75) 특히 청해진 앞바다는 200여 섬과 암초, 밀물과 썰물의 변화, 흑조대, 계절에 따라 방향을 바꾸는 해류·해풍 등으로 변화가 심한 지역이다. 그럼에도 불구하고 청해진이 항로의 중심지가 된 것은 자연의 변화에 따라 안전이 좌우되던 시대에 육지나 섬에 접근하여 항해하는 것이 가장 유리하였기 때문이다.76)

3. 해상왕국의 건설과 그 흥망

1) 대외무역의 번성과 해상왕국의 건설

장보고가 청해진을 설치하여 황해의 해상무역을 장악한 8세기 초반에 당과 신라는 활발한 교류관계를 유지하였다. 일본도 당의 율령과 신라의 제도를 받아들이는 등 활발한 국제관계를 맺고 있었다. 당은 한인(漢人)이 중국역사상 처음으로 북방 유목민과 남방 해양세력을 통치한 국가였다. 당은 광주(廣州)에 시박사(市舶司)77)를 설치하여 해상무역과 관계되는 사무를 담당하도록 하는 등 적극적인 해양진출을 시도하였다.

신라는 삼국통일 후에 당과의 대외교역에 적극 참여하면서 무역량이 비약적으로 증대했다. 신라는 701년 이후 30년 동안 일본과도 30회 이상에 걸쳐 공식 사신이 왕래할 정도로 좋은 외교관계를 유지했다. 고대사회에 있어서 활발한 국제교류는 국가 간의 공무역(公貿易)을 활성화시켰다. 공무역은 주로 조공무역의 형식으로 추진되었는데, 경제적 이해뿐만 아니라 왕권을 강화하기 위한 수단으로 활용되는 경우도 있었다. 국가의 공식 사절단은 통치자인 왕을 대리해 상대국을 방문하고 미리 준비한 공물을 방문국의 왕과 귀족들에게 바쳤으며, 그에 대한 답례로 회사품(廻賜品)을 받았다.[78] 일본의 천황은 신라와 공무역으로 거래된 교역품을 귀족들에게 재분배함으로써 왕권의 강화를 도모하였다.[79]

신라의 경우 조공무역 이외에 국제교역의 주요한 형태로 견당사(遣唐使)의 활약이 두드러졌다. 신라의 견당사는 당시 양주(揚州)·초주(楚州)·명주(明州) 등 중국 동해안 일대에 포진해 있던 대표적인 국제무역항을 활동무대로 하였는데, 중국의 산물뿐만 아니라 인도·페르시아·아라비아 등지에서 반입된 각 국의 물품들을 사들여 일본까지 배급하는 국제 교역활동을 주도하였다. 동대사의 보물 창고인 정창원에서 발견된 일본 귀족들의 신라물건 매입신청서에 당과 남해 및 서아시아의 물건들이 기입되어 있는데, 이는 신라 견당사의 국제 교역활동의 실상을 반영한다.[80]

이와 같이 통일신라 때에는 당나라와 무역 활동이 매우 왕성하였으며, 그 형태는 주로 조공무역의 형태로 전개되었다. 그러나 조공무역 만으로는 양국 국민의 수요를 충족시키지 못해 신라 말기에는 민간의 무역 활동이 매우 활발하게 이루어졌다. 그러나 공무역의 활발한 전개 속에서 민간의 교역은 사실상 중앙정부의 통제를 받았다.

조공무역이나 견당사를 통한 국제교역 이외에 민간 차원에서 이루어진 것으로 호시무역(互市貿易)이 있었다. 신라와 당의 민간무역은 주로 당나라에 거주하던 신라 상인들에 의하여 이루어졌다. 산동성의 경우 적산촌을 중심으로 유산포(乳山浦), 등주(登州), 노산(崂山) 등 10여 곳에 집단촌인 신라방이 형성되었다. 초주(楚州)는 수도 장안과 북경 그리고 회수-양자강-대운하를 연결하는 경제적, 전략적 요충지로서 당시 중국 내륙의 심장부였다. 이곳에도 적산촌과 마찬가지로 규모가 거대한 신라방이 있었다. 그 인근의 연수향과 사주(泗州) 그리고 연운항시의 숙성촌(宿城村)에도 꽤 규모가 큰 신라방이 있었고, 신라 상인들의 민간무역은 주로 도시들에서 이루어졌다.81)

당의 동남부 최대의 상업도시 양주(揚州)는 가장 큰 상품의 교역지 중의 한 곳으로 동서양 국제무역이 이루어진 곳이었다. 양주는 양자강 대운하의 기점으로 멀리 페르시아 등지에서 온 서역 상인들과 신라인들이 함께 거주하였다. 이곳의 신라인들은 집단촌과 거점을 곳곳에 형성하여 살았으며, 서역 상인들에게 사들인 품목을 다시 중국 내의 다른 지역에다 팔거나 당·신라·일본의 삼각무역에 이용하였다.82)

신라 상인들이 양주 및 영파의 외국 상인들과 거래한 품목은 보석·모직물·향목 등이며, 당으로부터 공예품·견직물·차·서적, 남해의 진품 등을 수입하였다. 신라가 당에 수출한 물품은 금·은·동·금속공예품·동제품(銅製品)·직물·약재·향유 등이었다.83) 그러나 민간 차원의 무역활동은 평로치청(平盧淄靑)의 방해와 해적의 출몰 등으로 인하여 어려움이 적지 않았다. 특히 중앙정부의 지방에 대한 통치권 약화로 해적들이 한반도 서남해안 일대에서 기승을 부리고 있었다. 이 때문에 8세기 중엽부터 9세기 초엽까지 당과 신라의 교역이 거의 단절되었으며, 일본과 당나라와의 공무역도 끊긴 상태였다.

그러나 819년에 평로치청이 멸망하고 장보고가 청해진을 설치하여 해적들을 소탕하면서 해상을 통한 무역활동은 재개되었다. 그리고 이후 청해진을 중심으로 서남해안 지역은 신라·당·일본을 잇는 국제 해상교역의 중심지로 떠올랐다. 범선 항해시대에 있어서 청해진 해역은 나·당·일 3국 항로의 요충지였다. 청해진은 이곳을 통과해야만

당나라와 일본에 갈 수 있는 항해의 길목이었다.[84]

이때의 항로는 한반도 북쪽과 중국 북쪽을 연결하는 북방해로(老鐵山水道航路), 서해안에서 출발하여 산동반도에 도착하는 황해횡단항로(黃海橫斷航路), 중국 남부지역과 신라를 연결하고 동남아시아·인도항로를 연장하는 남중국항로(東支那海斜斷航路)의 세 노선이 있었다.[85] 북방해역보다 더 넓고 사나운 남방해역을 넘나드는 남방항로는 통일신라시대 이후에야 가동되기 시작하여 장보고 선단에의하여 본격적으로 이용되었다. 장보고는 황해횡단로를 대신하여 남중국항로를 개척하고 신라·중국 남부지역·일본을 연결하였다.

황해횡단로는 중국 산동반도에서 황해를 가로질러 예성강과 당은포를 연결하는 항로로 중국과 한반도를 연결하는 최단 거리였기 때문에 일찍부터 개척되었다. 남방해로는 경주에서 가까운 항구인 감포영일만이나 울산만에서 출발하여 남해안을 지나 흑산도 부근에서 뱃길을 서북방으로 돌려 산동반도 쪽으로 가거나 서남쪽으로 바다를건너 양자강 입구나 남중국으로 직항하는 항로이다.

장보고는 남방항로를 개척하여 신라, 당, 일본 사이의 해상무역과민간교류에서 거의 독보적인 중개무역을 수행하였다. 청해진세력은탁월한 항해술, 기동력 있는 선단 운영으로 동아시아의 제해권을 장악하였다. 이는 청해진을 중심으로 하는 한반도 서남해지역 해상세력의 오랜 세월에 걸친 해상활동과 삶의 지혜가 크게 기여하였다.

청해진 사람들은 항해술에서 해류와 해풍을 이용하여 배를 다루는솜씨가 뛰어났다. 또한 이들은 조선술에서도 상대적으로 선진기술을보유하고 있었다. 신라의 배는 규모에서 당나라 배보다 작았지만 거센 파도에 강해 난파 확률이 그만큼 적었다. 또한 청해진 선단이 남중국항로를 중심으로 황해와 동중국해를 주름잡게 된 배경은 다도해를 비롯한 한반도 서남해안의 바닷길에 익숙하였기 때문이다.

당시 또 하나의 국제항로는 페르시아, 인도, 동남아시아와 중국 동남부를 연결하는 남양항로였다. 이 항로에 의해 광동성, 복건성, 절강성 그리고 강소성의 양주가 남방무역권의 접촉지역이 되었다. 8세기에 이르면 광주(廣州)로부터 페르시아만까지의 직항로가 개항되고,[86] 이 두 항로가 장보고 상단에 의하여 서로 연결돼 비로소 남북의 무역망이 하나로 통합되었다.[87]

장보고는 중국의 산동반도 연해안과 대운하변, 그리고 회수 양자강 하구 언저리와 동중국해에서 멀리 광주에 이르는 지역에 산재하고 있던 신라인 촌락을 하나의 체계 속으로 조직화하고 자기의 통솔하에 두었다. 또한 산동반도의 적산촌(赤山村)과 신라의 청해진 그리고 일본의 대재부(大宰府)에 무역 근거지를 두고 황해·동중국해를 무대로 활동하던 크고 작은 해상세력 집단을 통제하였다.

산동반도 연해안과 운하연변 그리고 중국 남부 등지에 산재해 있는 신라인 촌락사이에는 많은 선박이 끊임없이 왕래하고 있어 남과 북의 지역적인 거리감이 상대적으로 적었다. 당은 신라인이 집중적으로 거주하는 촌락을 중심으로 '구당신라소(句當新羅所)'를 설치하였고, 운하변의 큰 마을에는 '신라방(新羅坊)'을 두어 각각 신라인으로 압아(押衙)와 총관(總管)을 임명하였다. 장보고는 신라인 사회를 하나의 체계로 조직화하여 자신의 영향력 하에 두었다.[88] 그리고 적산촌 산중에 위치하였던 법화원(法華院)은 신라인들의 정신적 구심의 역할을 하였다.

한편 8세기 초엽부터 냉각되고 있던 신라와 일본의 공식적인 관계는 중엽 이후 사실상 단절되고 말았다. 신라와 일본은 7세기 후반 당의 위협에 공동으로 대처하기 위하여 공적인 교류를 시작한 이후, 신라가 일본의 율령국가 성립에 필요한 여러 가지 물건을 전해주는 관계가 7세기 말까지 계속되었다. 그러나 8세기 전반 일본의 율령제 정부가 신라에 일본 중심적인 외교형식을 요구하고 신라가 이에 반발하면서 양국관계는 악화되었다.[89]

일본은 신라와 공식적인 관계를 끊었지만, 신라의 상인들까지 막을 필요는 없었다. 일본인들은 지속적으로 신라 물품을 요청하였고 일본 정부도 이를 묵인하였다. 일본 정부는 신라물품을 비공식적으로 수입하면서 신라 상인과의 거래를 사실상 인정하였다. 9세기에 신라 상인들은 당과 일본을 중계하는 무역을 담당하였는데, 재당신라인이 그 주체가 되었다.[90]

　신라도 외교형식에 얽매이는 사신 파견을 중단하고 그 대신 상인을 통한 교역을 선호하게 되었다. 신라는 일본이 요구하는 외교형식을 무시하는 대신, 당과 일본을 매개하는 역할을 추가함으로써 대재부에서 교역하는 편을 택하였다.[91] 일본도 자국 우위의 외교형식을 부정하는 신라와의 공식적인 관계유지가 어려웠기 때문에 신라 상인의 왕래를 통한 민간무역을 선호하게 되었다.[92]

　840년에는 삼국간 대외무역을 장악하면서 반독립적인 해상세력으로 성장한 장보고가 부하 이충(李忠)을 일본에 파견하여 조공형식의 공적인 교역을 시도하였다.[93] 그러나 일본 조정은 신라왕이 파견한 사신 이외에는

A. 대재부에서 말하기를 "번국 신라의 신하 장보고(張寶高)가 사신을 보내어 토산물을 바쳤는데, 곧 진의 서쪽에서 쫓아 버렸습니다. 신하된 자로서 바깥 나라와 교류할 수 없기 때문입니다"라고 하였다.[94]

라고 하였듯이, 공식사절로 대접할 수 없다고 하면서 이를 거절하였다. 그러나 이충이 가지고 간 물건은 민간교역을 허락하였고 그에게 식량을 주도록 하였다. 이러한 조치는 무역은 하지만 타국의 분쟁에는 개입하지 않으려는 방위적인 성격의 것이었다.[95]

　일본은 당과의 교통은 물론 교역상의 정보를 신라에 의존할 수밖에 없었다. 이 교량 역할을 담당한 사람들이 곧 청해진의 국제무역

상인들이었다.96) 신라인들은 일본의 대재부(大宰府) 관내 주변에 많은 상인들이 상주하며 무역에 종사하였다. 뿐만 아니라 북규슈 일원에 일찍부터 정착한 신라인도 직·간접으로 해상무역에 종사하였다.97) 청해진은 당과 일본을 연결해주는 중개무역과 신라와 일본을 연결하는 직접무역을 모두 차지하였다. 일본은 청해진을 통해 신라·당·중동아시아·동남아시아·인도 등의 수입품을 접하였다.

장보고는 격식을 갖춘 견당매물사(遣唐賣物使) 또는 회역사(廻易使) 등의 명칭으로 당과 일본에 교관선(交關船)을 보내는 등 국제적인 위상을 높였다. 장보고는 나·당·일의 삼국간의 무역을 독점하여 명실공히 동아시아 무역패권을 장악하고 '상업제국'의 무역왕이 되었다.98)

한편 청해진이 직접 관할한 지역은 완도를 중심으로 한 서남해 연안과 그 부속 도서들이었다. 그 외에도 무주의 대표적인 호족이었던 염장이 청해진에 가담한 것으로 볼 때, 오늘날 전남의 대부분 지역이 청해진의 직·간접적인 영향력하에 있었던 것으로 추정된다.99)

청해진 해상왕국은 신라사회와는 달리 여러 갈래의 이질적인 집단이 지배층을 이루었다. 장보고는 청해진대사에 임명되어 기존의 신라 관직체계에는 편입되지 않고 그 밖에서 특별한 위치로 대접받았다. 또한 장보고와 함께 청해진에 참여한 사람들은 골품체제가 유지되는 신라사회의 주변에 위치하였으며, 당에서도 이방인으로 여의치 못하여 부랑하던 다수의 능력 있는 사람들이 귀국하여 합류하였다.

장보고 휘하에는 청해진과 적산포로 대변되는 신라와 당의 변경에 있던 사람들이 참여하여 유능한 막료로 활동하였다.100) 장보고와 그 막료들이 이룩한 계층구조는 신라사회가 안고 있는 골품체제의 한계에서 벗어나 진일보한 것으로 새로운 사회의 출현을 준비한 것이었다.

2) 장보고의 죽음과 청해진의 몰락

장보고는 청해진을 거점으로 삼국간의 해상무역을 독점하면서 왕실과 중앙의 귀족들이 무시할 수 없는 세력으로 성장하였다. 또한 청해진은 왕위쟁탈전에서 패배한 진골귀족들의 피난처가 되기도 하였다. 이 과정에서 장보고는 중앙 정계와 깊은 인연을 맺게 되었고, 중앙의 정치에 가담하지 않을 수 없게 되었다.

신라 하대사회의 권력구조의 특징을 이루는 왕실 친족집단에 의한 권력장악의 전형이 확립되기 시작한 것은 원성왕 때부터였다. 원성왕은 즉위와 동시에 왕자 인겸(仁謙)을 왕태자로 책봉[101]하여 다음의 왕위계승권자로 확정하였다. 그러나 몇 해 뒤에 인겸태자가 죽자 왕자 의영(義英)을 왕태자로 봉하였다.[102] 왕실의 비극은 여기서 그치지 않고 또다시 의영태자가 죽자, 왕손(인겸태자의 맏아들)인 준옹(俊邕 : 뒤의 소성왕)이 이듬해에 태자로 책봉되었다.[103]

태자로 책봉된 준옹뿐 아니라 그의 동생인 언승(彦昇 : 뒤의 헌덕왕)도 정치의 중심부에서 활약하였는데, 왕과 태자를 정점으로 한 극히 좁은 범위의 근친왕족들이 상대등·병부령·재상 등의 요직을 독점하였다. 또한 이들 근친 왕족들에 의하여 왕위가 이어져 하대는 원성왕계가 정국의 주도권을 장악하였다. 이러한 요직은 모두 재상제도의 테두리 속에 포괄되는 것으로, 재상제도가 갖는 권력집중의 기능은 원성왕 때에 확립되었다.[104]

원성왕을 계승한 소성왕의 휘(諱)는 준옹으로 인겸의 아들이다. 인겸이 왕위에 오르기 전에 요절하자 왕세손으로서 왕위를 계승하였으나 재위 2년 만에 승하하였다. 이후부터 신라에서는 왕위 쟁탈전이 극심하게 전개되었다. 소성왕의 뒤를 이어 맏아들인 애장왕이 13세에 즉위하였지만 숙부 김언승이 섭정하였다. 김언승은 실권을 장악한 후 조카인 애장왕을 죽이고 즉위하여 헌덕왕이 되었다.

헌덕왕이 사망하자 원성왕의 손자이며 헌덕왕의 동생인 김수종이

홍덕왕이 되었다. 홍덕왕 10년(835)에 왕위계승의 제1후보자였던 상대
등 충공이 갑자기 사망하자, 왕은 사촌동생인 균정을 임명하여 후계자
로 지명하였다. 균정 이외에도 홍덕왕의 조카인 김명이 있었으나 당시
19세로 연소하여 정치적 경력과 군공이 있던 균정이 임명된 것이다.

그로부터 2년이 채 지나지 않아 홍덕왕이 60세의 나이로 후사가
없이 죽자, 제륭(悌隆)과 균정(均貞)이 치열한 왕위 다툼을 하게 되었
다. 시중의 지위에 있던 김명이 아찬 이홍(利弘), 배훤백(裵萱伯) 등
과 함께 자신의 매부이자 균정의 조카이기도 한 제륭을 왕으로 추대
하려고 하였다. 균정은 시중을 역임한 아들 우징을 비롯하여 매서(妹
婿)인 예징(禮徵) 그리고 무주도독을 역임한 김주원계의 김양(金陽)
등이 옹립했다. 균정과 제륭을 옹립하려는 두 파의 대립은 궐내에서
무력대결로 치닫게 되었다. 마침내 제륭은 시중 김명과 아찬 이홍 등
의 도움으로 균정을 살해하고 즉위하여 희강왕이 되었다.105)

이때 균정의 아들 김우징은 처·자식과 함께 황산진(黃山津) 어구
로 달아나 배를 타고 청해진으로 가서 의탁하였다.106) 왕위 계승분쟁
에서 승리한 희강왕은 김명을 상대등, 이홍을 시중에 임명하여 정권
을 맡겼으나, 838년 그들이 반란을 일으켜 측근들을 죽이니 자신도
무사하지 못할 것을 알고 궁중에서 목을 매어 자결하였다.107)

김명은 시중 이홍·배훤백 등과 함께 희강왕을 협박하여 자살하게
하고 즉위하여 민애왕이 되었다.

그러나 민애왕은 즉위한 지 2년 만에 청해진의 장보고에게 의탁하
고 있던 김우징 일파의 도전을 받게 되었다. 838년 3월에 우징은 김
양을 앞세워 군사 5,000을 이끌고 무주를 습격하여 항복을 받고, 남원
에서 정부군을 격파하였으나 군사들이 피로하여 휴식을 위해 청해진
으로 돌아갔다.108)

이때 김양이 이끈 청해진의 군대는 정부군의 강력한 저지를 받아
철군하였을 가능성도 있다.109) 청해진의 군대는 휴식을 취한 뒤 838

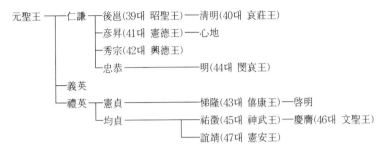

<원성왕과 그 직계손>

元聖王 ─┬─ 仁謙 ─┬─ 俊邕(39대 昭聖王) ── 清明(40대 哀莊王)
        │   ├─ 彦昇(41대 憲德王) ── 心地
        │   ├─ 秀宗(42대 興德王)
        │   └─ 忠恭 ─────────── 明(44대 閔哀王)
        ├─ 義英
        └─ 禮英 ─┬─ 憲貞 ─────── 悌隆(43대 僖康王) ── 啓明
                  └─ 均貞 ─┬─ 祐徵(45대 神武王) ── 慶膺(46대 文聖王)
                           └─ 誼靖(47대 憲安王)

년 12월에 다시 왕도로 진격을 개시하였다. 김양이 이끈 청해진의 부
대는 무주 철야현의 북천에서

　　B. 양은 평동장군이라 일컫고, 12월에 다시 출동하니, 김양순(金亮詢)
　　　이 무주 군사를 데리고 와서 합치고, 우징은 또 날래고 용맹한 염
　　　장·장변·정년·낙금·장건영·이순행 등 여섯 장수를 보내 병사
　　　를 통솔케 하니 군대의 위용이 대단히 성하였다. 북을 치며 행군하
　　　여 무주 철야현 북쪽에 이르니 신라의 대감(大監) 김민주가 군사를
　　　이끌고 역습하였다. 장군 낙금·이순행이 마병(馬兵) 3천으로 저쪽
　　　의 군중(軍中)으로 돌격해 들어가 거의 다 살상하였다.[110]

라고 하였듯이, 정부군을 전멸시켰다. 사료 B는 김양의 열전이기 때
문에 군사 행동의 주체를 김우징과 김양으로 서술하고 있지만, 장보
고는 막역한 친구 정년에게 5천 군사의 지휘 임무를 맡겼다. 그리고
김우징과 김양을 보좌한 날래고 용맹한 염장·장변이나 기병을 지휘
한 낙금·이순행도 청해진의 지휘관이었다. 청해진의 군대가 철야현
전투에서 승리한 후 경주 공략에 나선 김양의 부대에 무주의 지방군
이 합세하였다. 무주의 군대를 지휘한 김양순은 무주도독이었는
데,[111] 그는 현지의 군대를 인솔하여 김양군에 가담하였다.

신라는 삼국을 통일한 후 국방과 치안을 위한 군사조직으로 10정을 전국에 설치하면서 무진주에는 미다부리정을 두었다. 10정은 지역 출신의 지방민이 기본적인 군사력이 되었고,[112] 넓어진 영역과 다수의 백성을 통치하기 위한 치안유지도 담당하였다.[113] 미다부리정은 미동부리현(未冬夫里縣 : 나주시 남평읍)에 설치되었는데, 영산강유역의 요충지에 위치하여 무주의 영역을 효과적으로 통제할 수 있었다.

청해진을 떠나 경주로 진격하는 김양의 군대에 무주도독과 그가 지휘하던 지방군이 가담함으로써 청해진은 전남의 내륙까지 통제할 수 있는 계기가 되었다. 김양군이 철야현에서 김민주가 지휘한 토벌군을 손쉽게 격파한 것은 지방세력의 내응이 있었기 때문에 가능하였다. 뿐만 아니라 신라의 중앙군은 하대에 이르러 정(停)·당(幢)의 공병조직이 무너졌지만,[114] 김양의 휘하에는 낙금·이순행이 지휘한 3천의 기병이 용맹을 발휘하였다. 신라 정부군은 낙금 등이 지휘한 청해진의 기병 3천에 의하여 변변한 저항도 못하고 전멸되고 말았다.

장보고는 두목(杜牧)의 지적처럼 말을 타고 창을 쓰는데 있어서 당적할 사람이 없었으며, 무용이 뛰어났기 때문에 서주절도사 아군(牙軍)에서 기병부대를 지휘하였을 가능성이 있다.[115] 장보고는 이러한 경험을 토대로 하여 귀국 후 청해진을 설치한 후 기병부대의 육성에 심혈을 기울였고, 낙금 등이 지휘한 기병은 청해진의 부대였다.[116]

철야현에서 정부군을 격파한 김양군은 다음해(839) 정월 군사를 몰아 경주의 문턱 대구로 진격하여 왕군과 일전을 겨루게 되었다. 김양이 이끄는 정벌군은 나주를 지나 광주에 도착한 후 남원과 운봉의 팔량치를 넘어 함안으로 진출한 다음 거창, 합천, 고령을 거쳐 대구에 이르렀다. 이때 민애왕을 대신하여 왕군을 이끈 자는 대흔(大昕), 윤린(允璘) 등이었는데

C. 봄 윤 정월에 밤낮 없이 행군하여 19일에 달벌(達伐) 언덕에 이르

렀다. 왕은 군사가 이르렀다는 말을 듣고 이찬 대혼과 대아찬 윤린·억훈 등에게 명하여 군사를 거느리고 이를 막도록 하였다. 또 한번 싸움에 크게 이기니, 왕의 군사는 죽은 사람이 절반이 넘었다. 이때 왕은 서쪽 교외 큰 나무 밑에 있었는데, 좌우 측근들이 모두 흩어지고 혼자 남아 어찌할 바를 모르다가 월유택으로 달려 들어 갔으나 군사들이 찾아내어 죽였다. 여러 신하들이 예를 갖추어 장 사지내고 시호를 민애라 하였다.117)

라고 하였듯이, 별다른 저항도 못하고 대패당하고 말았다. 청해진의 5천 군사에게 10만의 정부군이 일전에 일패도지(一敗塗地)되고 만 것이다. 이 때문에 정부군의 숫자에 과장이 있거나,118) 청해진의 군 대 규모를 너무 적게 기록한 것으로 보기도 한다.119) 또한 정부군의 병력이 장보고의 병력을 상회하지 못했으며, 그 구성원도 국왕의 측 근과 사병으로 이루어진 것으로 이해하는 경우도 있다.120)

그러나 군사의 많고 적음을 떠나서 신라의 중앙군은 군사기강이 문란해지고 이완된 상태에 있었다. 또한 치열한 왕위계승 분쟁 끝에 궁정의 음모를 통하여 즉위한 민애왕의 군대는 정예의 청해진 군대 를 당적하기가 어려웠다. 전투에 패한 민애왕은 난중에 월유택(月遊 宅)으로 피했으나 살해되고 말았다.

장보고는 청해진에 의탁한 김우징이 왕도로 진격해 들어가 신무왕 으로 등극하는 데 일등 공신이 되어 감의군사(感義軍使)가 되었다. 또한 그는 신무왕의 뒤를 이어 즉위한 문성왕에 의해 진해장군(鎭海 將軍)에 봉해지는 등 최고의 영예를 누렸다. 신무왕의 즉위는 원성왕 의 큰아들인 인겸계와 균정계의 대립에서 균정계가 승리하였음을 의 미한다.

균정계가 승리한 데에는 청해진세력과 김주원계의 후손인 김양의 도움이 적지 않았다. 그러나 문성왕 7년(845)에 장보고의 딸을 차비 (次妃)로 들이는 문제를 둘러싸고

D. 봄 3월에 청해진대사 궁복의 딸을 아내로 맞이하여 둘째 왕비로 삼으려 했으나, 조정의 신하들이 간하여 말하였다. "부부의 도리는 사람의 큰 윤리입니다. 그러므로 하(夏)나라는 도산씨로 인하여 흥하였고, 은(殷)나라는 신씨로 인하여 번창하였으며, 주(周)나라는 포사 때문에 망하였고, 진(晉)나라는 여회 때문에 어지러워졌습니다. 그러한 즉 나라의 존망은 여기에 있는 것이니 신중해야 할 일이 아니겠습니까? 지금 궁복은 섬사람인데, 그의 딸이 어찌 왕실의 배우자가 될 수 있겠습니까?" 이에 왕이 그 말에 따랐다.121)

라고 하였듯이, 중앙정부와 청해진 사이에는 갈등이 발생하였다. 장보고는 왕실과의 혼인을 통하여 골품제의 한계를 극복하고, 신라 정부에 강력한 영향력을 행사하려고 하였다. 그러나 진골귀족들의 반대로 무산되자 크게 반발하였다. 장보고는 청해진을 거점으로 반란을 도모하였는데

E. 8년 봄에 청해진 궁복이, 왕이 자기의 딸을 맞아들이지 않은 것을 원망하여 청해진을 근거지로 하여 반란을 일으켰다. 조정에서는 장차 그를 토벌하자니 뜻하지 않을 우환이 있을까 두렵고, 그냥 방치해 두자니 그 죄를 용서할 수 없었으므로, 근심하고 염려하여 어떻게 해야 할 바를 알지 못하였다.122)

라고 하였듯이, 조정에서는 그 기세에 눌려 전전긍긍할 수밖에 없었다. 그러나 왕실의 사주를 받은 무주 출신의 염장에 의하여

F. 무주 사람 염장은 용감하고 굳세기로 당시에 소문이 나 있었는데, (그가) 와서 아뢰었다. "조정에서 다행히 저의 말을 들어 준다면, 저는 한 명의 병졸도 수고롭게 하지 않고 맨주먹을 가지고서 궁복의 목을 베어 바치겠습니다." 왕이 그에 따랐다. 염장은 거짓으로 나라를 배반한 것처럼 꾸며 청해진에 투항했는데, 궁복은 장사(壯

士)를 아꼈으므로 의심하지 않고 불러들여 높은 손님으로 삼고 그
와 더불어 술을 마시면서 매우 즐거워하였다. 궁복이 술에 취하자
궁복의 칼을 빼앗아 목을 벤 후, 그 무리들을 불러 달래니 엎드려
감히 움직이지 못하였다.[123]

라고 하였듯이, 장보고가 암살되어 청해진은 해체의 길로 접어들게
되었다. 동아시아 삼국의 국제무역을 주름잡던 해상왕 장보고는 국내
정치의 갈등 속에서 어이없는 희생양이 되어 최후를 마쳤다.

무주인들이 청해진의 타도에 앞장선 것은 서남해의 해상권을 장악
한 장보고세력과 내륙 사람들의 경제적 이해관계가 충돌했기 때문이
었다. 신라는 무주인들의 반발감을 이용하여 청해진의 팽창을 차단하
였다.[124] 신라는 마르크 블로크의 지적처럼 "국가의 존립에 부정적인
영향을 주고, 음모를 꾸미는 자들이 간계를 획책하는 데 소용되는 비
용을 축적할 수 있는 수단"[125]을 제공하는 해상세력의 발호를 억제하
였다.

한편 내륙의 무주인들은 청해진이 강성해지면서 자신들의 세력이
위축되는 것에 불만을 갖고 있었다. 이러한 무주인들의 불만을 신라
가 교묘히 이용하여 장보고의 암살을 사주하였다.[126] 또한 장보고의
중앙정계 진출에 대한 경주 귀족들의 두려움과 불안감, 청해진에 편
입된 군소세력들의 반발도 장보고를 죽음으로 이끌었다.

그러나 장보고의 암살은 무진주세력과 청해진세력 사이의 대립 만
이 원인이 되었던 것은 아니었다. 장보고의 암살은 김양과 염장의 합
작품이었다.[127] 김양은 신라 국왕과 장보고와의 연결고리를 끊어 국
왕을 능가하는 권신으로서의 지위를 유지하려고 하였다. 김양은 염장
을 시켜 장보고를 암살하고 자신의 딸을 문성왕의 차비로 납비(納妃)
하여 왕실과 관계를 맺어서 세력기반을 확고히 하였다.[128]

반면에 염장을 비롯한 지방호족들은 장보고의 해상권 장악에 반발
하여 김양에게 모여들었다. 그들은 장보고의 세력 확대 및 중앙정계

진출로 인하여 기득권이 손상되는 것에 반발하였다.129) 그들은 이를 타개하기 위하여 중앙정부의 권위에 의존하여 해상세력을 장악함과 동시에 해상무역의 이익을 차지하려고 하였다. 또한 염장은 중앙정부의 권위를 바탕으로 하여 장보고가 이룩해 놓은 청해진의 무역망과 거대한 이권을 차지하려고 하였다.130)

염장은 장보고를 살해한 공으로 아간(阿干)의 관등에 오르고,131) 이어 무진주의 차관직에 해당하는 별가(別駕 : 州助의 별칭)에 임명되었다.132) 염장이 청해진을 차지하자 장보고의 막료들은 끝까지 저항한 부류가 있었는가 하면, 그 휘하에 들어가 현실에 안주하려는 사람들도 있었다. 또한 당이나 일본으로 도피하여 새로운 삶을 개척하려는 부류도 있었다. 장보고의 부장(副將)이었던 이창진(李昌珍)은 끝까지 저항하였고, 이소정(李少貞) 같은 인물은 현실에 순응하였다.

당과 일본에 매물사(賣物使) 혹은 회역사(廻易使)로 파견되어 있던 사람들은 장보고가 죽었다는 소식을 듣고 귀환을 포기하고 최훈(崔暈)과 같이 당나라에서 새로운 삶을 개척하기도 하였다. 일본에 회역사(廻易使)133)로 파견되었던 이충(李忠)과 양원(揚圓) 등은 회역(廻易)의 일을 마치고 본국에 돌아왔다가, 장보고가 죽었다는 소식을 듣고 난을 피해 다시 일본으로 되돌아갔다.134)

염장이 장보고를 암살한 후 청해진은 약화되었지만, 완전히 소멸되지 않고 10년 정도 더 지속되었다. 신라는 851년에 이르러 청해진을 전격적으로 폐지하고, 청해진 사람들을 벽골군으로 집단 사민시키는 조치를 취했다.135) 신라는 청해진이 염장의 통제와 관리 하에 있었지만, 청해진 세력의 동향을 주시하였다.

신라는 청해진 사람들을 벽골군(전북 김제시)으로 강제 이주시켜 후환을 제거하려고 하였다. 이로써 장보고가 이룩한 청해진의 기반은 붕괴되고 그 조직은 해체되었다. 결국 신라는 장보고를 죽이고 청해진을 해체하였지만, 그가 조절하고 있던 해양활동(海洋活動)의 공간

해남 진산리 청자도요지 | 이 도요지는 바닷가에 연한 낮은 구릉지대에 6km에 걸쳐 수많은 가마 터가 널려 있으나, 조수에 의해 파괴가 심한 편이다.

은 진공상태가 되었다.[136]

그 결과 중앙 정부는 지방세력에 대한 통제력을 상실함으로써 해상의 군소세력들이 재기하여 발호하게 되었다.[137] 장보고가 죽은 후에 동아시아의 해양에는 다시 해적들이 등장하기 시작하였다. 신라의 해적들도 활동을 개시하여 869년과 870년에 일본의 하까다를 습격하여 견면(絹綿)을 약탈하였고, 894년에는 대마도를 습격하였다.[138]

한편 청해진이 해체된 후에도 서남해지역의 국제무역 중심지로서의 지위는 일정 정도 유지되었다. 특히 청해진의 가장 큰 교역품이었던 청자산업은 후대로 계승되어 서남해지역 경제활동의 근간이 되었다. 고려시기에 강진 대구면을 중심으로 성립되고 발전해 간 청자문화나 완도·신안·무안·해남 일대에서 발굴된 해저유물을 통해서 한·중·일 3국 사이의 도자기 무역의 흔적을 확인할 수 있다. 이 때문에 장보고가 도자기 유통의 제약성을 탈피하여 국제교역의 인기

상품으로 전환시킨 것이 그의 최대 성공 비결로 보기도 한다.[139]

이 시대의 도요지는 주로 전남 해남과 강진 일대에 있었으며,[140] 이곳에서 만들어진 제품은 당나라로 수출되었다. 양주의 唐代 유적에서 출토된 밝은 담청색의 윤기를 지니고 있는 신라의 청자 파편은 이를 반증한다. 장보고는 월주요(越州窯)의 제조기술을 전하여 강진의 도요지에서 당삼채를 뛰어 넘은 고품질의 청자를 만들어 중국과 일본 등지로 수출하였다.[141]

이와 같이 장보고와 청해진 사람들은 서남해지역의 산업기술에 큰 영향력을 미쳤다. 장보고의 죽음으로 해상활동이 위축되고 해상세력의 기반이 약화되었지만, 그 토대가 완전히 붕괴된 것은 아니었다. 장보고를 살해한 염장이 청해진의 세력을 어느 정도 계승하였으며, 뒷날 능창(能昌)은 신안 압해도를 중심으로 세력을 떨치었다. 또한 강주(진주)를 거점으로 세력을 구축한 왕봉규(王逢規)는 독자적으로 중국에 사신을 파견하였으며, 금주(김해)의 이언모(李彦謨)도 중국무역으로 부를 축적하여 호족으로 성장하였다.[142] 그리고 송악의 대표적인 호족세력인 왕건의 가문도 해상무역에 종사하면서 성장하였다.

4. 맺음말

통일 후 신라는 무열왕계의 전제왕권이 확립되어 경덕왕 때까지 유지되었으나, 귀족들이 세력을 확장하면서 흔들리기 시작하였다. 혜공왕 때에 이르면 귀족세력의 정치적 비중이 왕권보다 높아지게 되었다. 김지정(金志貞)의 반란이 일어나 혜공왕이 살해되면서 중대사회는 종식을 고하였으며, 김양상이 선덕왕으로 즉위하여 하대사회가 열리게 되었다.

그러나 정권의 중심부에서 밀려난 무열왕계의 저항도 만만치 않았다. 김헌창(金憲昌)과 그 아들 범문(梵文)이 중앙정부에 맞선 반란은 실패로 끝났지만, 이때부터 지방에 대한 통제력은 급격하게 약화되고 지방할거적 경향을 촉진하였다. 중앙귀족과 지방세력의 농장 경영이 발달함에 따라 자영소농민은 광범위하게 몰락하였으며, 당이 안사(安史)의 대란을 겪은 뒤 크게 느슨해진 틈을 타서 중국의 해적선이 서해상에 창궐했다.

장보고가 흥덕왕을 뵙고 해적들의 만행을 지적하면서 청해진 설치의 필요성을 역설하여 관철시킨 것은 828년이었다. 장보고는 생활고를 해결하기 위해 당나라로 건너간 후 왕지흥(王智興)의 부대에 들어가 공을 세워 무령군의 군중소장(軍中小將)에 올랐다. 그러나 장보고는 당이 번진 토벌 후부터 병력을 감축하는 정책을 추진하였기 때문에 군문에서 나오게 되었다.

이후 장보고는 신라로 귀국한 828년 이전까지 당나라에 있던 신라인들을 조직화하면서 무역업에 종사하였다. 산동반도 일대와 황해를 함께 관장하던 이정기(李正己) 가문이 몰락하면서, 당과 신라 각지의 해상세력들은 황해 해상권을 둘러싸고 각축전을 벌였다. 장보고는 이정기 일가의 몰락으로 말미암아 공백상태가 된 황해의 무역권을 장악하였다. 장보고의 활동은 당의 연안항로(沿岸航路)와 나·당항로(羅唐航路)의 중계지였던 산동반도의 돌출부인 적산포(赤山浦)를 중심으로 이루어졌다.

장보고는 해로의 요충지이며 자신의 고향인 완도에 청해진을 설치하였다. 청해진은 중국의 여러 항구로 향하는 길목이었으며, 일본의 규슈와 연결되는 국제 해상교통의 심장부이었다. 청해진은 당과 일본을 연결해 주는 중개무역과 신라와 일본을 연결하는 직접무역을 담당하였다.

장보고는 해적 소탕을 명분으로 내세워 한반도 서남해안과 중국 동남 연해안 각지의 군소 해상세력이 자신의 통제를 받도록 하였다.

신라의 연안을 습격하여 주민을 약탈하고 노비로 삼아 당으로 팔아 넘긴 사람들은 황해 연안의 해상세력이었다. 장보고는 군소 해상세력의 독자적인 교역활동을 해적행위로 간주하면서 황해의 해상권을 장악하였다.

장보고는 격식을 갖춘 견당매물사(遣唐賣物使) 또는 회역사(廻易使) 등의 명칭으로 당과 일본에 교관선(交關船)을 보내는 등 국제적인 위상을 높였다. 장보고의 무역선단은 나·당·일 3국의 대외무역을 장악하였을 뿐만 아니라, 페르시아·인도·동남아시아와 중국 동남부로 연결되는 남양항로에도 진출하였다. 장보고는 나·당·일 삼국간의 무역을 독점하여 명실공히 동아시아 무역패권을 장악하고 '상업제국'의 무역왕이 되었다. 여기에는 청해진을 중심으로 하는 한반도 서남해안 주민들의 오랜 세월에 걸친 해상활동과 삶의 지혜가 크게 기여하였다.

장보고는 청해진에 의탁한 김우징이 왕도로 진격해 들어가 신무왕으로 등극하는 데 일등공신이 되어 감의군사(感義軍使)에 봉해지고, 뒤를 이어 즉위한 문성왕에 의해 진해장군(鎭海將軍)에 임명되는 등 최고의 영예를 누렸다. 그러나 문성왕 때에 장보고의 딸을 차비(次妃)로 들이는 문제를 둘러싸고 갈등이 발생하였다. 장보고는 왕실과의 혼인을 통하여 골품제의 한계를 극복하고 국내 문제에 대하여 강력한 영향력을 행사하였지만, 무주지방 출신인 염장에 의하여 암살되어 좌절되고 말았다.

그는 불의에 피살되었지만 신라 말기에 이르러 각지에서 등장하는 호족세력의 선구적 존재였다. 또한 장보고와 그 막료들이 이룩한 청해진의 계층구조는 신라사회의 골품제의 한계에서 어느 정도 벗어나 새로운 사회를 준비하는 진보적인 것이었다. 장보고가 사망한 후 청해진은 해체되었지만, 한반도 서남해지역 해상세력에 의해 국제무역 중심지로서의 지위는 일정 정도 유지되었다.

견훤의 후백제 건국과 전남지역 호족세력의 추이

1. 머리말

통일신라 말기에 이르러 중앙에서는 진골귀족들 사이에 왕위계승을 둘러싼 치열한 분쟁이 전개되었다. 혜공왕 4년(768)부터 정강왕 2년(887)까지 약 120여 년 동안에 무려 20여 차례의 정변이 발생하는 등 극심한 정쟁의 소용돌이에 휩싸였다. 이로 말미암아 신라 중앙정부의 통치력은 약화되었고, 정부의 직접적인 영향력이 미치는 곳은 점차 경주 일원으로 축소되었다.

한편 지방에서는 낙향한 귀족이나 지방의 토착세력들이 중앙의 통제력이 약화된 틈을 이용하여 독자적인 세력을 구축하여 호족으로 성장하였다. 호족들이 지방에서 반독립적인 세력을 형성하자 신라 왕실의 권위는 땅에 떨어졌다. 각지의 호족들은 자신들의 세력이 미치는 지역을 중심으로 성을 쌓고 스스로 성주라 칭하며, 여러 권한을 행사하고 가혹한 수탈을 일삼아 농민들의 생활은 극도로 참혹하였다.

호족들의 압박과 수탈에 시달린 사람들은 유민이 되어 사방으로 흘러다니다가, 귀족들의 장원에서 생활하며 사병이나 노예가 되기도 하였다. 특히 진성여왕이 즉위하면서 왕의 총애를 받은 몇몇 권신들의 횡포로 정치기강이 문란해졌고, 기근이 심하여 백성들의 유랑과 초적(草賊)의 봉기가 잇따라 일어났다. 농민들의 유망은 국가에 조세·공부·역역을 납부해야 하는 주민의 감소를 가져왔다.

이는 결국 국가재정의 궁핍을 가져와서 농민의 조세납부 토대 위에서 운영되던 국가재정의 파탄을 초래하였다. 이 상황에서 정부는 기근과 흉년, 질병에 시달린 농민을 구휼할 수 없게 되었고, 오히려 농민에게 가혹한 조세징수를 독촉할 수밖에 없었다. 또한 귀족의 사치와 향락생활, 현실 인식의 안이함이 농민을 더욱 벼랑 끝으로 몰아넣었다.

진성여왕의 실정이 거듭되면서 누적된 모순은 전국적인 농민의 반란으로 확산되었다. 진성여왕 3년(889)에 지방의 군현에서 공부를 수송하여 오지 않아 국가의 재정이 고갈되자 지방에 사자를 보내어 조세를 독촉하였다.[143] 이를 계기로 하여 농민의 반발이 전국으로 확산되어 각지에서 조세의 납부를 거부하고 농민의 반란이 요원의 들불처럼 일어났다.

농민의 반발은 헌덕왕대에 시작되었으나 진성여왕대에 이르러 전국적인 규모의 반란으로 확대되었다. 이후 전국 각지에서 도둑이 벌떼처럼 일어났으며, 대부분의 주현들이 중앙정부를 배반하여 신라의 통치체제는 붕괴되었다. 진성여왕 10년(896)에는 붉은 바지를 입은 도적이 크게 일어나서 왕도가 반란군의 습격을 당하는 지경에 이르렀다.[144]

전국이 내란상태에 놓이게 되면서 사벌주의 원종과 애노, 죽주의 기훤, 북원의 양길, 철원의 궁예 등의 반란세력들이 일어났다. 이들은 거의 농민의 불만을 기반으로 하여 일어났는데, 견훤도 이러한 정세에 편승하여 서남해지역에서 군사를 일으켰다.

후백제와 견훤에 대해서는 최근에 이르러 적지 않은 연구성과가 축적되면서 어느 정도 그 실상을 알 수 있게 되었다. 후백제에 대한 연구는 견훤의 출생지와 세력기반, 전주 천도, 정권의 성격 변화, 영역의 변천, 호족정책, 해양활동과 대외관계, 선종 산문과의 관계 등을 중심으로 검토되었다. 이 글에서는 기왕의 연구 성과를 토대로 하여 견훤의 후백제 건국과 정국의 변화에 따른 전남지역 호족세력의 추이를 검토하려고 한다.

2. 무진주 장악과 후백제 건국

1) 견훤의 성장과 가계(家系)

후백제를 건국한 견훤의 출생에 대하여 『삼국사기』와 『삼국유사』에는 모두 상주의 장군이었던 아자개(阿慈介)의 아들로 기록되어 있다. 이 기록에 의거하여 견훤의 출생지를 상주(尙州) 가은현(加恩縣 : 문경시 가은읍)으로 보고 있다. 그러나 견훤의 상주 출생설과는 별도로 『삼국유사』에는 고기(古記)를 인용하여

> A. 또 고기(古記)에는 이렇게 말했다. 옛날 광주 북촌에 한 부자가 살았는데, 그에게 아름다운 딸이 하나 있었다. 딸이 아버지에게 아뢰기를 밤마다 자색(紫色) 옷을 입은 남자가 침실에 와서 자고 간다고 하였다. 아버지가 그 남자의 옷에 실을 꿴 바늘을 꽂아 두라고 일러서 딸이 그 말대로 했는데, 이튿날 아침 실을 따라가 보니, 북쪽 담 밑에서 실 끝자락이 발견되었는데, 바늘은 큰 지렁이의 허리에 꽂혀 있었다. 얼마 후부터 그녀에게 태기가 있어서 아들을 낳았다. 15세가 되자 스스로 견훤이라 이름하고, 후백제를 건국하여 완산군, 즉 지금의 전주에 도읍을 정했다. 이때 신라는 진성여왕 6년, 당은 소종(昭宗) 경복(景福) 1년이었다.[145]

라고 하였듯이, 광주 북촌에서 견훤이 태어났다는 다른 견해를 전하고 있다. 이 사료를 토대로 하여 견훤의 출신지에 대한 기존의 입장과는 달리 광주 출생설을 주장한 견해도 있다.[146]

이와 관련하여 광주 일대에 전해지는 설화에 의하면 북구 생룡동(현재의 건국동)에서 견훤이 태어났다고 한다.[147] 이 외에도 영산강 상류지역에 해당되는 담양군 대치면, 장성군 진원면, 광주시 삼소동 일대에도 견훤의 탄생과 관련된 설화들이 전해진다.[148]

한편 광주 출생설은 견훤이 이곳에서 후백제 건국의 기틀을 마련

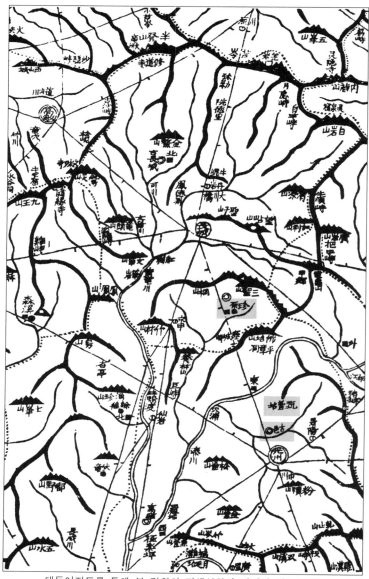

대동여지도를 통해 본 견훤의 탄생설화와 관련이 있는 지역

하면서 토착 호족세력의 딸과 혼인관계를 맺은 결혼정책의 반영으로 보기도 한다.[149) 이와는 달리 견훤의 광주 출생설을 그대로 인정하되 이를 재해석하여 견훤이 광주를 제2의 고향으로 자처하게 된 것으로 이해하는 경우도 있다.[150)

그러나 견훤의 광주 출생설화는 광주지역의 호족과 결합하는 과정을 반영하는 것으로 추정된다. 견훤은 광주에서 출생한 것이 아니라 상주 가은현에서 태어났다. 문경시 가은읍에는 견훤이 출생한 곳으로 알려진 갈전리 아차동의 금하굴과 관련하여 다음과 같은 전설이 전해지고 있다.

> B. 아차동의 한 부유한 가정에 규중처녀가 있었는데 밤이면 가만히 처녀방에 이목이 수려한 초립동이 나타나서 처녀와 정담을 하다가 동침까지 하고는 새벽이면 흔적 없이 사라지고 또 다시 밤이면 나타나고 하기를 무릇 수개월에 처녀는 잉태하여 배가 부르게 되니 하는 수 없이 처녀는 부모에게 사실을 실토하게 된다. 처녀의 말을 들은 부모는 깜짝 놀라, 딸에게 말하기를 그 사나이가 오거든 평상시와 같이 잠을 자다가 그 사나이 모르게 옷자락에 바늘로 실을 꿰어 매라고 일러 놓고 밤에 가만히 엿보았다. 밤이 되자 과연 말대로 이목이 수려한 초립동이가 나타나는지라 더욱 놀랍고도 이상하여 시종 동정만 살폈으나 역시 새벽이 되니 초립동은 흔적 없이 사라졌다. 실오리를 따라서 계속 찾아가 보니 굴(금하굴)로 들어간지라 그 굴속에 들어가 보니 커다란 지렁이 몸에 실이 감기어 있었다.
>
> 그 후로는 초립동이 나타나지 않고 10개월이 지난 후에 처녀는 옥동자를 출산하였으니 그가 후에 견훤이라고 알려졌다.[151)

금하굴의 견훤 탄생설화는 『삼국유사』에 인용한 고기(古記)의 내용과 일맥 상통한다. 한편 견훤이 탄생한 곳이 금하굴이 아니라 그 부근의 농암에 있는 농바위에서 태어났다는 전설도 전해지고 있

다.152)

『삼국사기』와 『삼국유사』의 견훤전에 의하면 견훤은 상주호족 아자개의 장자(長子)였다. 견훤의 출신 내력과 성장 과정은 아자개의 출신과 사회적 지위를 통해서 살펴볼 수 있다.

C-1. 견훤은 상주 가은현 사람이다. 본래의 성은 이씨였으나 후에 견으로 성씨를 삼았다. 아버지 아자개는 농사를 지으며 살아오다가 후에 가문을 일으키어 장군이 되었다. 이보다 앞서 견훤이 태어나 어린 아기였을 때 아버지가 들에서 일하면 어머니가 식사를 날라다 주었는데, 아이를 나무 수풀 밑에 놓아두면 호랑이가 와서 젖을 먹였다. 시골에서 이 말을 들은 사람들이 기이하게 여겼다.153)

2. 견훤은 상주 가은현 사람으로, 함통 8년 정해에 태어났다. 근본성은 이씨였는데 뒤에 견씨로 고쳤다. 아버지 아자개는 농사지어 생활했었는데, 광계(光啓) 연간에 사불성(沙弗城)에 웅거하여 스스로 장군이라 하였다. 아들이 넷이 있어 모두 세상에 이름이 알려졌는데, 그 중에 견훤은 남보다 뛰어나고 지략이 많았다.154)

아자개는 상주 가은현의 농민 출신으로 뒤에 자립하여 호족이 되었다. 아자개는 처음에는 가은현에서 살았지만 동남쪽에 위치한 상주로 옮겨 호족으로 성장하였다. 아자개가 사불성을 근거로 하여 장군을 자칭한 것은 광계연간(光啓年間 : 885~888년)이었으며, 견훤의 나이는 20세 전후에 해당된다. 이처럼 견훤은 그의 부친인 아자개를 통해 볼 때 부유한 농민층 혹은 촌주 출신이었다.155) 견훤은 사료 C-1과 같이 본래 성이 이씨(李氏)였으나 뒤에 견씨(甄氏)가 되었다.

아자개는 호족으로 성장한 후 자신의 장남인 견훤을 입경시켜 중앙정부와 연결을 꾀하였다.156) 견훤은 신라의 중앙군에 참여한 후 경주를 떠나 서남해의 방수군으로 파견되었다. 그러나 견훤이 신라의 중앙군으로 종군한 것은 아자개의 후계구도에서 밀려났기 때문으로 보는 견해도 있다. 즉, 견훤이 자신의 불우한 처지를 극복하기 위하여 중앙군에 입대하여 새로운 길을 선택하였다는 것이다.[157]『삼국유사』에 인용되어 있는 이비가기(李磾家記)에 의하면

> D. 이비가기(李磾家記)에 보면 이렇게 말했다. 진흥대왕 비(妃)인 사도(思刀)의 시호는 백융부인이다. 그 셋째 아들 구륜공(仇輪公)의 아들 파진간 선품(善品)의 아들 각간 작진(酌珍)이 왕교파리를 아내로 맞아 각간 원선(元善)을 낳으니 이가 바로 아자개이다. 아자개의 첫째부인은 상원부인이요, 둘째부인은 남원부인으로 아들 다섯과 딸 하나를 낳았으니 그 맏아들이 상부(尙父) 훤(萱)이요, 둘째아들이 장군 능애(能哀)요, 셋째 아들이 장군 용개(龍盖)요, 넷째 아들이 보개(寶盖)요, 다섯째 아들이 장군 소개(小盖)이며, 딸이 대주도금(大主刀金)이다.[158]

라고 하였듯이, 아자개는 2명의 부인, 다섯 명의 아들과 딸 한 명이 있었다. 아자개의 계승문제를 두고 그의 아들 사이에 벌어진 후계구도에서 견훤이 밀려나 새로운 길을 선택하였을 가능성이 없지 않다. 그러나 견훤이 중앙군에 참여한 까닭은 여러 가지 복합적인 이유가 중첩되었다.

견훤은 고향을 등지고 군에 입대하여 서남해의 방수군이 되었다. 견훤이 부임한 서남해의 방수처(防戍處)는 영산강 하류 일대,[159] 나주,[160] 순천,[161] 순천만 내지 섬진강 하구의 광양만,[162] 경남 서부의 진주[163] 등으로 보고 있다. 견훤은 중앙군에 입대한 후

> E. 군인이 되어 서울로 들어갔다가 서남의 해변으로 가서 변경을 지키는데 창을 베개삼아 적군을 지키니 그의 기상은 항상 사졸에 앞섰으며 그 공로로 비장이 되었다.[164]

라고 하였듯이, 서남의 해변으로 가서 변경을 지키게 되었다. 그는 창을 베개삼아 적군을 지키니 그의 기상은 항상 사졸(士卒)에 앞섰으며 그 공로로 비장(裨將)에 올랐다. 그 후 견훤은 신라가 진성여왕 때에 이르러 국정이 문란해지고 어지러워지자 병을 일으켜 무진주를 습격하여 후백제 건국의 기틀을 마련하였다.

2) 견훤의 거병과 후백제 건국

『삼국유사』 왕력편(王曆篇)에는 견훤이 임자년(892)에 처음으로 광주에 도읍을 정하였다고 기록되어 있다.[165] 견훤이 서남해의 방수군으로 파견된 후, 병력을 일으켜 건국의 기틀을 마련한 곳이 광주지역이다. 또한 광주지역의 호족세력은 후삼국의 전란 중에 다른 지역과는 달리 끝까지 견훤과 운명을 같이 하였다.

광주지역은 영산강 하류지역을 차지한 왕건의 군대와 그 영향력하에 있던 나주지역의 호족에 맞선 후백제의 보루였다. 견훤과 광주지역의 긴밀한 유대는 광주 북촌에서 견훤이 출생하였다는 설화가 생겨난 배경이 되었다. 그러나 견훤은 광주 출신이 아니라 상주 가은현에서 성장한 후 서남해지역으로 부임하여 광주와 인연을 맺게 되었다.

견훤은 신라의 정치기강이 문란해지고 사회혼란이 가중되면서 농민의 봉기가 이어질 때 무진주를 차지하였다. 견훤은 서남쪽 주현에서 반기를 든 지 불과 한달 만에

> F. 당나라 소종(昭宗) 경복(景福) 원년, 즉 신라 진성왕 재위 6년에 왕의 총애를 받던 신하들이 (왕의) 옆에 있으면서 정권을 마음대로 휘둘러 기강이 문란하고 해이해졌고, 그 위에 기근까지 겹쳐 백성이 떠돌아다니고 뭇 도적이 벌떼처럼 일어났다. 이에 견훤은 속으로 왕위를 엿보는 마음을 가져 무리를 불러모아 왕경의 서남쪽 주

현(州縣)을 치자 이르는 곳마다 메아리처럼 호응하였다. 한달 사이에 무리가 5천 명에 이르자 드디어 무진주를 습격하여 스스로 왕이 되었으나 아직 감히 공공연하게 왕을 칭하지 못하고, 신라서면도통 행전주자사겸어사중승상주국한남군개국공(新羅西面都統行全州刺史兼御史中丞上柱國漢南郡開國公)으로 자서(自署)하였다.[166]

라고 하였듯이, '5천의 무리'를 모을 수 있을 만큼 처음부터 주변의 큰 호응을 받았다. 그가 불러 모은 무리는 굶주린 농민과 도적떼도 있었지만, 서남 방면의 비장으로 직접 지휘한 군사도 포함되었다. 견훤은 서남해 방수군(防戍軍)의 비장으로 있으면서 남다른 용기를 보여 큰 인심을 얻었다.[167] 견훤은 체격과 용모가 뛰어나고 뜻과 기개가 보통 사람들보다 컸을 뿐만 아니라, 솔선수범 하는 자세로 군대에서 신망을 받았다.

견훤이 부임한 서남해의 방수군은 지휘관의 일부는 경주에서 파견되었지만, 대다수의 병사들은 인근의 주민들로 구성된 지방군이었다. 서남해지역도 다른 곳과 마찬가지로 신라 하대에 이르러 기근과 흉년 등으로 심한 고통을 받았다. 이들은 생활의 어려움에도 불구하고 가혹한 조세수취와 역역 징발에 시달렸다. 따라서 서남해지역의 주민들은 신라 왕실과 귀족들에 대해 불만과 비판적인 태도를 가졌기 때문에 견훤이 군대를 일으키자 적극적으로 호응하였다.

견훤은 군대를 모아 서남해 방면의 주현을 습격하여 세력을 확대한 후 무주(오늘날의 광주)에 이르러 도읍을 정하였다. 견훤은 이때 국왕을 칭하지 못하고 '신라서면도통(新羅西面都統)' 등을 자서(自署)하였다. 견훤이 무주를 점령하자

G. 완산적(完山賊) 견훤이 주(州)에 웅거하여 후백제를 자칭하니 무주 동남쪽의 군현이 다 이에 항속(降屬)하였다.[168]

문경시 성재산의 견훤산성 | 해발 356m의 성재산 정상에 띠를 두른 듯한 형태의 테뫼식 옛 성터가 있는데, 견훤산성 또는 천마산성으로 불린다.

라고 하였듯이, 그 동남쪽의 군현이 모두 항복하여 복속되었다. 견훤은 무주에서 자립하여 인근의 주민들로부터 적극적인 호응을 얻었다. 무주는 『삼국유사』의 고기(古記)에 의하면 견훤의 탄생과 관련이 있는 곳이며, 그가 자립하여 건국의 기틀을 마련한 지역이다. 따라서 무주는 견훤의 세력형성 초기에 주요한 기반이 되었다.

견훤은 전주로 천도한 900년 이전까지 전남지역의 호족들과 밀접한 관계를 맺었다. 전남지방에서 견훤과 관계를 맺은 호족세력은 무주성주 지훤, 승주장군 박영규, 인가별감 김총 등이 있었다. 견훤은 무주에 도읍을 정하여 정권을 수립하고 군사적·정치적 기반을 확대하면서 박영규, 김총 등의 호족과 연합하는 정책을 실시하였다.169) 그런데 이들은 모두 전남의 동남부지역 출신이라는 공통점이 있다.

그러나 견훤은 나주를 비롯한 서남해지역은 장악하지 못하였다.170) 따라서 사료 F에 보이는 "왕경의 서남쪽 주현(州縣)을 치자

322

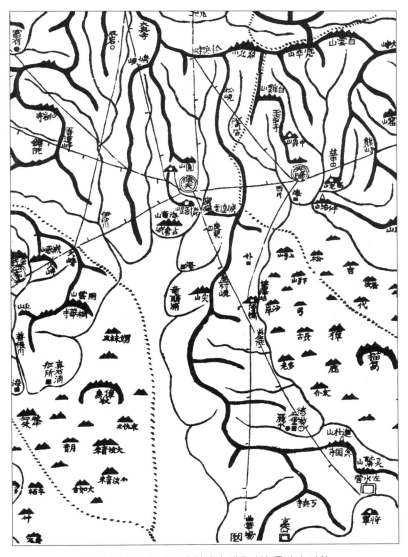

대동여지도를 통해본 순천만과 해룡산성 주변의 지형

이르는 곳마다 메아리처럼 호응하였다"는 기사를 견훤이 전남의 서남쪽에서 거병하여 무주를 차지한 것으로 해석하는 것은 문제가 있다. 사료 F에 보이는 '서남쪽의 주현'은 전남의 서남부를 지칭한 것이 아니고, 수도 경주에서 바라 본 서남부지역을 의미한다.

그리고 사료 G에 보이는 '무주 동남의 군현'은 대체로 구례·곡성·광양·순천·여수·보성·고흥 등의 전남 동부지역을 말한다. 전남 동부지역에 위치한 이들 군현은 견훤정권의 가장 핵심적인 세력기반이 되었다. 따라서 해적 소탕의 임무를 띠고 견훤이 파견된 곳은 순천만이나 광양만 부근으로 추정된다.171)

견훤은 출신지인 상주에서 멀리 떨어진 서남해 일대에서 거병하였기 때문에 토착세력인 호족들과의 결합이 절실하였다. 견훤은 여러 명의 왕비가 있었고, 자식이 십여 명에 이르렀다. 견훤이 여러 명의 왕비를 두었던 것은 호족과의 혼인정책에 따른 결과였다. 견훤은 처음에는 무주의 부호가(富豪家)와 혼인을 하였고, 전주로 천도한 후에는 전주일대의 호족세력과 혼인관계를 맺었다.172) 또한 견훤은 그의 자녀들도 지방의 유력한 호족들과 혼인시켰는데, 무주성주 지훤과 승주 대호족인 박영규가 견훤의 사위가 되었다. 견훤정권의 수립은 주로 호족세력과의 결합을 통해 이루어진 호족연합정책의 결과였다.173)

박영규는 순천의 해룡산성에 웅거하면서 해상세력으로 활동하였다. 해룡산성의 동북쪽에는 동천(東川), 서남쪽에는 이사천(伊沙川)이 각각 흐르고 있으며, 성의 남동쪽에서 두 하천이 합류한다. 하천의 합류지점부터 해룡산성까지는 평야가 자리잡고 있는데, 이곳은 과거에는 대부분 바다였다. 즉, 해룡산성이 자리잡고 있는 곳은 동천과 이사천이 합류하면서 바다와 만나는 천혜의 포구였다.174)

이처럼 포구에 위치한 해룡산성은 순천만 일대의 해상교통의 요충지였다. 박영규는 해룡산성을 거점으로 해상무역을 통하여 성장하였다. 그는 후백제 정권에 충성을 다했던 인물로 견훤의 사위가 되어

후백제 인가별감 김총의 묘 | 순천시 주암면 주암리 위치한다.

인근의 전남 동부지역에 큰 영향력을 행사하였다. 박영규는 순천만을 중심으로 보성에서 순천을 거쳐 여수까지 이어지는 해안지역을 장악한 해상세력이었다.

　김총은 견훤을 섬겨 관직이 인가별감에 이르렀다. 인가별감은 견훤의 의장(儀仗) 또는 호위군(護衛軍)의 지휘관으로 추정된다. 김총은 견훤의 큰 신뢰를 받았으며, 순천지역에서 중요한 활약을 하였다. 김총은 죽은 후에 순천부의 성황신이 되었고 그를 위해 성황사가 세워졌다.175) 그가 순천의 성황신이 된 것은 지방민의 전폭적인 추앙을 받았기 때문이었다.

　김총은 그의 묘가 위치한 순천시 주암면 주암리에서 태어난 것으로 전해진다. 김총은 오늘날의 주암호 인근의 화순군 남면과 동복면, 순천시 주암면, 곡성군 오곡면과 압록면·목사동면 등 섬진강 중류지역과 보성강 하류지역을 주요한 세력범위로 하였다. 그는 섬진강 중류지역을 차지하여 그 하류와 상류지역을 연결하는 중개무역과 강상수운을 통제한 것으로 추정된다. 김총은 억측하자면 섬진강과 보성강이 만나는 주암과 압록일대를 중심으로 성장한 것으로 생각된다.

이와 같이 견훤은 박영규와 김총 등의 호족세력들과 연합하여 전남 동부지역을 지배영역으로 확보하였다.176) 견훤은 두 사람 외에도 광주성주였던 지훤과 연합하기 위하여 혼인관계를 맺었다. 지훤이 견훤의 사위라는 사실 이외에 알려진 것이 없지만, 그가 견훤의 사위가 된 것은 호족세력이었기에 때문에 가능하였다.

견훤은 각지의 호족세력과 연대를 추진하면서 진표의 미륵신앙을 받아 들여 백제부흥운동의 사상적 토대로 삼았다. 백제 유민인 진표는 미륵보살의 대행자로서 계율을 통한 이상국가의 건설을 꿈꾸었다. 진표의 미륵신앙은 반신라적인 성향을 가지고 있었으며, 신라의 중심지역보다는 옛 백제지역과 같은 변방 주민들, 특히 불만 농민층에게 큰 호응을 받았다.177)

또한 견훤은 전남지역 여러 산문의 선승과도 유대관계를 맺었다. 그는 선종산문인 동리산문(桐裏山門)과 유대를 맺었는데, 이때 도선(道詵)과 연결이 되었다.178) 무주지역으로 내려와 순천호족과 결합하였던 사자산문(獅子山門)의 징효대사(澄曉大師) 절중(折中)과 관계를 맺기도 하였다.179) 그리고 견훤은 도선의 제자이며 동리산문에 속하였던 경보(慶甫)를 제자의 예를 갖추면서 맞아들여 국사(國師)로 삼았다.180)

그러나 견훤은 건국 초기부터 나주를 비롯한 전남 서남부지역은 지배하지 못하였다. 견훤이 해상세력 중심의 나주지역 호족을 장악하지 못한 것은 그들과 이해관계를 같이 하지 못한 점에서 원인을 찾고 있다. 즉, 견훤은 서남해 방수군 출신으로 해상세력을 규제하는 입장에 있었기 때문에 상당한 경제력과 군사력을 소유한 그들의 중요성을 이해하지 못했다는 것이다.181)

그러나 이러한 견해는 나주호족과 동일한 해상세력 출신인 박영규 등이 견훤과 끝까지 운명을 같이 하였다는 사실을 염두에 두면 설득력이 떨어진다. 따라서 나주의 호족세력이 견훤에 맞선 것은 전남지역에 있어서 전통적으로 나주 중심의 해상세력과 무주(광주) 중심의 내륙세력 사이에 지속되어 온 대립관계에서 이유를 찾을 수 있다.

나주세력과 광주에 기반을 둔 견훤의 대립은 독자적인 대외교섭과 교류관계를 지속하려는 해상세력과 중앙정권에 밀착하는 성향이 짙은 내륙세력 사이의 오랫동안에 걸친 갈등이 원인이 되었다. 또한 청해진의 해체 과정에서 유발된 청해진 해상세력과 무주 육상세력 사이의 대립이 이때까지 이어진 것으로 보기도 한다.[182] 이 때문에 서남해지역의 해상세력은 무주에 도읍을 정한 견훤에 맞서 저항하였다.

견훤의 서남해지역 진출은 영산강 수운(水運)의 중심에 위치하면서 거점역할을 하던 나주 공략부터 벽에 부딪혔다. 나주와 그 주변의 해상세력은 견훤에 맞서면서 해상활동을 통하여 경제적·군사적 기반을 마련하여 주민을 독자적으로 지배하였다. 서남해지역은 견훤이 정권을 세운 892년부터 왕건이 나주를 경략한 903년 이전까지는 토착호족의 지배를 받았다.[183] 그리고 왕건의 나주 점령 이후 서남해지역은 태봉의 지배를 받게 되었다.

3. 전주 천도와 서남해지역 진출

1) 전주 천도와 정치체제의 정비

견훤은 해적이나 기타 집단으로부터 순천만 일대를 방위하던 방수군의 비장 출신으로, 이곳에서 군대를 일으킨 후 무주지역을 장악하여 후백제를 세웠다. 그는 서남해 방수군의 비장으로 자신의 휘하 장병들을 비롯하여 해안지방의 호족과 주민들을 포섭하면서 세력기반을 구축하였다.

견훤이 서남해의 방수군을 모태로 하여 군대를 일으켜 무주를 점령한 것은 889년이었다. 그러나 견훤은 아직 공공연히 칭왕(稱王)하지 못하고, '신라서면도통(新羅西面都統)'을 자서(自署)하면서 신라의 지방관임을 자처하였다. 견훤의 칭왕은 무주를 점령하고 3년이 지난 892년에 이루어졌다. 그리고 정식적으로 후백제왕에 올라 정치체제를 정비한 것은 900년에 전주로 천도한 이후에 추진되었다. 견훤은 전주에 입성한 후 의자왕의 원한을 갚는다는 명분을 내세워 입도(立都)·칭왕(稱王)하였고, 이어 설관분직(設官分職) 하는 등 국가체제를 정비하였다.

한편 견훤정권과 익산지역의 밀접한 관계 때문에 후백제의 수도가 익산에 위치하였다고 보는 견해도 있다. 견훤은 무진주에서 서쪽으로 경략하던 중 익산에 들러 이곳 주민들의 민심을 얻기 위해『삼국사기』견훤전에 보이는 "백제개국금마산(百濟開國金馬山)" 운운한 적도 있었다.184) 그러나 익산에 후백제의 수도가 위치하였다고 주장하는 견해는 근거가 빈약하고 사실과도 잘 맞지 않다.185)

견훤정권은 전주로 천도하여 어느 정도 안정을 이룬 다음에 정치조직을 정비하였다. 견훤은 먼저 도읍에 필요한 여러 기능을 정비하였다. 예컨대 도성과 궁궐의 건축, 관부의 설치, 수비군의 조직·운영, 경찰·치안의 유지 등 제반 기능을 정비하였다.186) 또한 견훤은 후백제라는 국호를 제정하여 백제의 부흥운동을 대의명분으로 내세웠으며, 무진주 시절에 '신라서남도통(新羅西南都統)'을 자서하던 것에서 벗어나 후백제왕을 칭하였다. 그리고 정개(正開)라는 연호를 쓰는 등 칭제(稱帝)·건원(建元)하여 국가와 왕실의 권위를 대외적으로 드높였다.

견훤은 전주 천도 이후 국가체제를 정비하여 왕권강화를 도모하였고, 호족과 연합하여 지배영역의 확대를 꾀하였다. 그러나 견훤은 후백제의 국가체제 정비가 완료되고 왕권강화가 이루어지자 호족연합정치를 포기하고 전제왕권을 추구하였다.187) 견훤이 무진주에 머무르던 때에는 국가체제를 제대로 갖추지 못하였다. 견훤은 국가체제의 정비와 같은 행정적인 문제에는 관심을 크게 기울이지 못하고, 주로 지배영역을 확대하는 데 주력하였다.

견훤은 완산주로 천도를 단행하여 국가체제를 정비한 후 세력기반을 확대하기 위하여 신라 방향, 서남해 방향, 충청도 방향으로 진출하였다. 특히 서남해지역은 견훤의 원래 세력기반인 무주(광주)-승주(순천)-강주(진주)의 권역에 인접해 있을 뿐만 아니라 해로의 요충지에 해당하는 곳으로 중국, 일본과의 국제교류와 국내의 세력확대를 위해 반드시 확보할 필요가 있었다.[188]

그러나 나주를 비롯한 서남해지역은 견훤이 차지하지 못하였고, 이곳의 해상세력은 태봉과 관계를 맺으면서 후백제에 저항하였다. 서남해지역의 해상세력은 내륙에 위치한 무주지역 토착세력의 이익을 대변하는 견훤에 맞서 독자적인 생존을 모색하였다.

이와 같이 후백제는 전주 천도 이후 전남의 내륙지역과 동부지역 및 남해안 일대를 차지하였으며, 서남해지역은 해상세력이 견훤에 맞서면서 토착질서를 유지하였다. 후백제는 나주를 비롯한 서남해지역의 호족들이 저항을 꾀하자, 무주의 배후지역이 취약성을 보이게 되었다. 이 때문에 견훤은 전주로 수도를 옮기게 되었다. 또한 견훤은 내륙의 교통·군사적인 요충지로 옮겨 지배영역을 확대할 목적으로 전주 천도를 단행하였다.[189]

이 외에도 견훤이 천도한 이유는 전주지역에 주둔하고 있던 신라의 지방군을 장악하여 무력적 기반을 확대할 필요가 있었기 때문이다. 신라는 전주에 배치된 완산정을 핵심으로 공주와 광주에 배치된 십정과 만보당을 유기적으로 통솔하면서 옛 백제지역을 지배하였다. 전주에는 십정과 만보당 이외에 완산정(完山停)과 완산주서(完山州誓)가 더 배치되어, 공주와 광주에 비해 군사력이 2배나 되었다.

후삼국의 정립기에 견훤은 궁예에 비하여 상대적으로 강한 군사력을 보유하였다. 이는 견훤 자신이 후백제의 병력 규모가 북군(北軍)의 갑절에 이른다[190]고 말하고 있는 것에서 잘 드러난다. 또한 후백제는 공고한 군사적 기반을 보유하였고, 그 토대 위에서 효과적인 군사동원체계와 정비된 군사조직을 갖추었다. 이것은 견훤이 무진주와 완산주·웅천주·강주 등의 지방군 조직을 흡수하고 재편하여 군사적 기반으로 삼았기 때문에 가능하였다.[191] 이처럼 견훤은 전주를 장악하여 군사적 기반을 강화하면서 군사체제를 정비하였다.[192] 견훤은 전주로 천도하여 후백제왕이라 칭하면서

> H. 견훤이 서쪽으로 순행하여 완산주에 이르니 그 백성들이 환영하고 위로하였다. 견훤이 인심을 얻은 것을 기뻐하여 좌우에게 말하였다. "내가 삼국의 시초를 살펴보니, 마한이 먼저 일어나고 후에 혁거세가 발흥하였으므로 진한과 변한이 따라서 일어났다. 이에 백제가 금마산에서 개국하여 600여 년이 되어 총장(摠章) 연간에 당나라 고종이 신라의 요청을 들어 장군 소정방을 보내 배에 군사 13만을 싣고 바다를 건너 왔고, 신라의 김유신이 잃은 영토를 다시 찾기 위해 황산을 지나 사비에 이르러 당나라군과 합세하여 백제를 쳐 멸망시켰다. 내 이제 감히 완산에 도읍하여 의자왕의 묵은 분함을 씻지 않겠는가?"[193]

라고 하였듯이, 백제를 계승하고 의자왕의 원한을 갚겠다고 공언하였다. 견훤의 후백제 계승의식의 표방은 광주에서 건국의 토대를 마련 후 "전무공등주군사행전주자사(全武公等州軍事行全州刺史)"를 자서(自署)하면서 전주·무주·공주 등의 지역을 세력범위로 한 것에서도 엿보인다. 견훤은 전주를 중심으로 광주, 공주의 옛 백제지역을 세력범위로 하려는 의지를 갖고 있었다. 견훤은 전주로 천도를 단행한 후 백제부흥운동을 본격적으로 추진하였다.[194]

330

2) 서남해지역 진출과 해상세력의 저항

견훤이 나주지역을 본격적으로 공략하기 시작한 것은 전주로 천도한 이후였다. 견훤은 전주에 도읍을 정하고 정권의 안정을 꾀한 후 901년 8월에 나주지역을 공략하였다. 견훤은 나주의 공략에 앞서 대야성을 공략하였으나 함락시키는 데 실패하였다. 그 대신 견훤은 금성(현재 나주시)의 남쪽 부락을 약탈하고 돌아갔다.[195] 견훤이 대야성 공략에 실패하고 돌아오던 길에 금성 남쪽의 부락들을 약탈한 것은 서남해 공략이 좌절된 보복조치였다.[196]

서남해지역의 해상세력들은 견훤과 대립하면서 사태의 추세를 주시하였는데, 견훤이 약탈 행위를 자행하자 큰 위협을 느끼게 되었다. 그 후 궁예가 파견한 왕건이 수군을 거느리고 나주에 와서 금성을 비롯한 10여 군현을 공격하여 차지하였다.[197] 왕건은 금성에 병력을 상주시켜 군사적인 거점으로 삼음과 동시에 그 지명도 나주(羅州)라 개칭하였다. 왕건이 일시에 서남해지역의 10여 군현을 차지한 것은 호족세력의 협력과 호응 때문에 가능하였다.[198]

한편 서남해지역의 해상세력은 당시 해상무역에서 최대시장인 북중국의 산동반도 방면으로의 항로를 확보하기 위해서 궁예의 태봉에 귀부하였다. 이들이 태봉에서 멀리 떨어져 있으므로 중앙정부의 규제와 간섭이 비교적 적어 해상활동의 자유가 보장된 것도 태봉에 귀부한 이유가 되었다.[199]

그러나 태봉의 서남해지역 지배는 오래 가지 못하고 908년 무렵에 이르러 견훤이 차지하게 되었다.[200] 견훤은 왕건이 서남해지역을 차지하자 나주를 돌파하여 진출하는 직공책을 포기하고, 서해안을 따라서 우회 침투해 들어가는 새로운 전략을 구사하였다. 견훤은 나주를 통하지 않고 고창－영광－함평－무안－목포로 이어지는 서해안 코스를 따라 서남해지역으로 우회하는 방향을 택하였다.[201] 우회전략이 성공하여 후백제는 서남해지역을 장악하게 되었다.

그러나 왕건이 909년에 수군을 이끌고 서남해지역의 경략에 성공하여 후백제의 지배는 무너지고 말았다. 왕건은 먼저 궁예의 명을 받아 염해현(鹽海縣 : 무안군 해제면 임수리)에 이르러 견훤이 오월(吳越)에 보내는 배를 나포하여 돌아갔다. 왕건은 6월에 다시 정주(貞州)에서 전함을 정비하여 2,500명의 병사를 이끌고 와서 진도를 쳐서 빼앗고 전진하여 고이도[202]에 이르러 싸우지도 않고 항복을 받았다.[203] 왕건은 서남해의 도서와 연해지방을 장악한 후 영산강을 거슬러 올라가 나주세력과 합류하려고 하였다.

이에 맞서 견훤은 수군을 총동원하여 목포(현재의 나주시 영산포)에서 덕진포(영암군 덕진면)에 이르는 영산강 하구를 전함으로 막아놓고서 왕건과 나주세력의 합류를 저지하려 하였다. 그러나 왕건은 화공책을 이용하여 해상에서 견훤이 거느리는 군사를 크게 격파하였다.[204] 이 해전이야말로 두 나라의 운명을 좌우하는 대결전이었으나, 왕건의 용전으로 후백제의 전함은 대부분 불에 타고 견훤은 겨우 몸을 빼내 달아나게 되었다. 왕건은 후백제군을 격파한 후 나주에 주둔하면서 서남해의 제해권과 그 연안지방을 장악하였다.

고려가 건국하기 직전인 917년 무렵 후백제의 영역은 나주를 비롯한 서남해지역을 제외하고 대략 대천-논산-대전-옥천-영동-선산-김천-거창-함양-구례-순천을 연결하는 선이었다. 후백제의 영토가 초창기보다 줄어든 이유는 공주와 나주지역을 상실하였기 때문이다.[205] 이 때문에 양국은 주로 서남해의 제해권과 그 연안지역을 장악하기 위하여 치열한 쟁탈전을 벌였다.

4. 호족세력의 이탈과 후백제의 멸망

1) 고창전투의 패배와 호족세력의 이탈

고려의 건국 후 양국의 주전장(主戰場)은 소백산맥 이남에 위치한 낙동강 일대였다. 후백제는 소백산맥 이남에서 두 지역을 확보하려고 하였다. 먼저 후백제는 고사갈이성(高思葛伊城 : 문경)·상주(尙州)·조물성(曹物城 : 구미시   금오산성)·의성(義城)·진보성(眞寶城 : 청송군 진보면) 등 고려의 대신라 통로가 되는 경상 북부지역을 차지하려고 하였다. 또한 후백제는 강주(康州 : 진주)·대야성(大耶城 : 합천)·고울부(高鬱府 : 영천)·진례군(進禮郡 : 청도) 등 경주로 진출하는 통로 혹은 교두보가 되는 지역도 관심을 기울였다.206) 이곳에서의 전투 횟수는 나주지역이나 충청지역에 비해 월등히 많았고, 견훤이 직접 나서서 지휘하는 전력전의 양상을 띠었다.207)

견훤은 고려 정국의 혼미208)와 신라의 쇠약을 틈타 920년에 대야성을 함락시키고 진례성(進禮城 : 김해시 진례면)까지 진출하였다. 후백제는 고려를 강하게 압박하면서 전반적으로 우위를 차지하였다. 또한 후백제의 병력은 고려군의 2배가 되었다.209) 이를 반영하듯이 924년과 925년에 벌어진 조물성(曹物城) 전투, 927년의 공산동수(公山桐藪) 전투, 928년의 오어곡성(烏於谷城) 전투, 929년의 의성(義城) 전투와 순주성(順州城) 전투 등은 후백제군의 일방적인 승리로 끝났다. 후백제의 군사적인 우위는 929~930년 사이에 전개된 고창전투에서 후백제가 패배할 때까지 지속되었다.

후백제는 충청지역과 경상지역의 전황을 유리하게 이끌면서 건국 이후 숙원이었던 서남해지역을 마침내 929년에 차지하였다. 이는 왕건이 935년에 여러 장수에게

I. 나주계(羅州界)의 40여 군은 나의 번리(藩籬)가 되어 오래 풍화에 젖었으므로 일찍이 대상(大相) 견서(堅書)·권직(權直)·인일(仁壹) 등을 보내어 가서 진무(鎭撫)하도록 하였는데 근자(近者)에 백제에게 겁략당한 바 되어 6년간에 해로가 통하지 않으니 누가 나를 위하여 진무할 것인가?210)

라고 하였듯이, 후백제가 차지한 나주지역을 다시 회복하려는 노력을 통해서 알 수 있다. 후백제가 나주지역을 확보한 것은 사료 I에서 언급되었듯이 935년에서 6년이 소급된 929년에 이루어진 것이었다.211)

이로써 견훤은 나주를 포함한 서남해지역과 문경을 거쳐 고울부(영천)－경주로 통하는 진출로를 확보하였다. 또한 견훤은 강주와 대야성을 획득하고 북진하여 벽진군(성주)－부곡성(군위군 의흥면)－의성을 거쳐 순주(안동시 풍산면)까지 진출하여 경상 서부지역을 거의 장악하였다. 이때가 견훤정권의 최전성기로서 서해안의 대천에서부터 청양－공주－대전－보은－문경－예천－의성－군위－성주－고령－합천－진주로 이어지는 영역을 차지하였다.212)

그러나 고창전투에서 견훤이 고려군에게 패배함으로써 양국의 관계는 갑자기 역전되고 말았다. 이후 호족들의 향배도 걷잡을 수 없이 견훤정권에서 멀어져 갔다. 충청 북부지역에서는 그동안 후백제의 충실한 전초기지 역할을 하였던 매곡성(昧谷城 : 회인)의 장군 공직(龔直)이 932년에 고려에 귀부하였다. 견훤은 크게 분노하여

> J. 장흥(長興) 3년 견훤의 신하 공직(龔直)은 용감하고 지략이 있었는데 태조에게 항복하자 견훤이 공직의 두 아들과 한 딸을 거두어 다리의 힘줄을 불로 지져 끊었다.213)

라고 하였듯이, 공직의 아들과 딸을 잔혹하게 고문하여 앙갚음을 하였다. 공직의 투항은 후백제에 큰 타격을 주어 일모산성(一牟山城 : 문의)이 왕건에 의해 정벌을 당하였고, 이어 웅주 이북 30여 성이 934년에 고려에 항복하는 계기가 되었다.

한편 경상지역에서는 재암성(載巖城 : 청송)의 장군 선필(宣必), 고창군(古昌郡)의 성주 김선평(金宣平)이 930년 고려에 귀부하였다. 고려는 김선평(金宣平), 권행(權幸), 장길(張吉) 등을 대광(大匡) 혹은

334

대상(大相)의 벼슬을 주어 위무하였다. 이어서 영안(永安 : 안동), 하곡(河曲 : 안동 임하), 직명(直明 : 안동 일직), 송생(松生 : 청송) 등 30여 군현이 고려에 항복하였고, 그 해 2월에는 명주(冥州 : 강릉)에서 흥례부(興禮府 : 울산)에 이르는 동해안지역의 '주군부락(州郡部落)'이 모두 항복하니 그 숫자가 110여 성에 달하였다.[214] 이와 같이 후삼국의 판도는 고창전투에서 왕건이 견훤의 주력 부대를 대파하고 8,000여 명을 죽인 것을 계기로 고려가 절대적인 우위를 보이게 되었다.

견훤은 약화된 국세를 회복하기 위하여 고려에 적극적으로 맞서면서 왕자들을 도독으로 삼아 지방의 주요 지역에 파견하였다. 견훤은 양검을 강주도독으로, 용검을 무주도독으로 삼아 지방지배를 강화하였다. 또한 견훤은 고창전투의 패배를 만회하기 위하여 932년에 일길찬(一吉湌) 상귀(相貴)에게 수군을 주어 고려의 경내를 침입케 하였다. 상귀는 수군을 거느리고 예성강 어구에 침입하여

K. 가을 9월에 견훤이 일길찬 상귀를 보내 수병으로 고려 예성강에 들어가 3일을 머무르면서 염주(鹽州), 백주(白州), 정주(貞州) 3주의 선박 100척을 불태우고 저산도(猪山島)에서 기르는 말 300필을 잡아갔다.[215]

라고 하였듯이, 3일 동안 머무르면서 염(鹽)·백(白)·정(貞) 3주의 선박 100여 척을 불태우고 저산도(猪山島)의 목마(牧馬) 3백 필을 잡아왔다. 같은 해 10월에는 해군장군 상애(尚哀) 등이 고려의 대우도(大牛島)[216]를 공략하여 구원에 나선 고려의 대광(大匡) 만세(萬歲) 등을 수세에 처하게 하였다.[217] 후백제는 육전의 열세를 극복하기 위하여 수군을 동원하여 고려 경내를 급습하여 일정 정도의 전과를 올렸다. 이는 후백제의 수군이 건재하였음을 의미하며, 견훤이 서남해지역을 장악하여 해상세력들의 도움을 받았기 때문에 가능하였다.

2) 왕위계승분쟁과 후백제의 멸망

935년에 이르러 후백제가 차지하고 있던 서남해지역을 고려가 회복하면서 상황은 급변하게 되었다. 왕건은 후백제의 신검계와 금강계가 왕위계승분쟁에 몰두한 틈을 이용하여 유금필을 보내어 서남해지역을 회복하였다. 후백제의 왕위계승 분쟁이 표면화되기 시작한 것은 934년에 벌어진 운주(홍성) 전투에서

> L. 청태(淸泰) 원년 봄 정월에 견훤이 태조가 운주(運州)에 머물고 있다는 소식을 듣고 드디어 병사 5천 명을 선발하여 이르니 미처 진을 치기도 전에 장군 유금필이 굳센 기병 수천 명으로 돌격하여 3천 명을 목베거나 포로로 잡았다. 웅진 이북 30여 성이 소문만 듣고 스스로 항복하니 견훤의 휘하 술사 종훈, 의사 훈겸, 용감한 장수 상달과 최필 등이 태조에게 항복하였다.218)

라고 하였듯이, 3천여 명이 전사한 큰 패배를 당한 이후였다. 이 전투에서 후백제군은 대패를 당하여 웅진 이북의 30여 성이 고려의 수중에 들어갔고, 북방의 전진기지였던 공주를 잃고 말았다. 운주전투의 패배는 정권의 핵심을 장악하고 있던 금강계의 정치적 입지의 약화를 초래하였다. 신검계는 운주전투의 패배에 대한 책임을 금강계에 묻고자 하였다. 신검계는 견훤이 전주로 돌아온 다음 정변을 단행하여

> M. 견훤은 아내를 많이 취하여 아들 10여 사람이 있었는데 넷째 아들 금강이 키가 크고 지략이 많아 견훤이 특별히 사랑해 그에게 왕위를 전해 주려고 하자 그의 형 신검, 양검, 용검 등이 알고서 걱정과 번민을 하였다. 당시 양검은 강주도독, 용검은 무주도독으로 나가 있었고, 신검 만이 왕의 옆에 있었다. 이찬 능환이 사람을 강주, 무주에 보내 양검 등과 더불어 몰래 모의하였고, 청태(淸泰) 2년 봄

3월에 이르러 파진찬 신덕(新德)·영순(英順) 등이 신검에게 권하여 견훤을 금산사에 유폐시키고 사람을 보내 금강을 살해하였다.[219]

라고 하였듯이, 금강을 살해하고 견훤을 금산사에 유폐한 후 정치적 실권을 장악하였다. 신검이 견훤을 금산사에 유폐한 이유는 위의 사료 M에 의하면 소자(小子)를 편애하였기 때문이었다. 그러나 신검계와 금강계의 대립은 각각 광주와 전주에 세력기반을 둔 외척집단과 이와 결합된 호족세력 사이의 정치적 대립에서 기인하였다.[220] 신검형제와 금강은 서로 모계를 달리하는 이복형제간이며, 두 세력의 왕위쟁탈전도 두 외척집단 사이의 대립에서 비롯되었다.[221]

신검은 왕위에 오른 후 국내의 불만세력을 회유하고 포섭하기 위하여

N. 신검이 대왕을 자칭하면서, 국내에 대사면령을 내리었는데 그 교서는 다음과 같다. "여의(如意)가 특별히 총애를 입었으나 혜제가 임금이 될 수 있었고, 건성(建成)이 외람되이 세자의 위치를 차지하였으나 태종이 일어나 즉위하였으니, 천명은 바꿀 수 없고 임금자리는 돌아갈 곳이 있다. 삼가 생각하건대, 대왕의 신령스런 무예는 뭇사람을 훨씬 뛰어 넘었으며, 영특한 꾀는 옛날에 비추어도 우뚝하였다. 쇠퇴기에 태어나 세상을 다스림을 자임하고 삼한 땅을 순회하여 백제를 부흥하고 도탄을 제거하여 백성을 편안하게 살게 하였으므로 즐거워 북치고 춤추는 것이 바람과 번개처럼 나타났고, 멀리와 가까이에서 발 빠르게 달려와 이룬 업적이 거의 중흥에 이르렀다. 지혜롭고 사려가 깊었으나 문득 한번 실수하여 어린 아들을 편애하고 간신들이 권력을 조롱하고 대왕을 진(晉)나라 혜제(惠帝)의 어두움으로 인도하여 어진 아버지를 헌공(獻公)의 의혹에 빠지게 하여 왕위를 어리석은 아이에게 거의 줄 뻔하였는데 다행스러운 것은 하느님께서 진실한 마음을 내리시어

군자에게 허물을 고치게 하시고 맏아들인 나에게 명하여 이 한 나라를 다스리게 하셨다. 돌아다보건대, 나는 뛰어난 재목이 아니니 어찌 임금에 앉을 지혜가 있으리오마는 조심하고 조심하여 마치 얼음이 언 연못을 밟고 건너는 듯하다. 마땅히 특별한 은혜를 실시하여 유신지정(維新之政)을 펼쳐 보이고자 국내에 대사면령을 내린다. 청태 2년 10월 17일 새벽을 시점으로 하여 이미 발각된 일이나 아직 발각되지 않은 일, 그리고 이미 처분된 것이나 처분되지 않은 것이나 큰 죄 이하의 모든 죄는 다 용서하여 사면하니 맏은 자는 이대로 시행하라!"222)

라고 하였듯이, '유신정치(維新政治)'를 표방하고 반대파들을 대사(大赦)하는 등 정치개혁을 단행하였다. 또한 대외적으로는 후당(後唐)에 사신을 파견하여 왕위계승을 인정받음으로써 자신의 지위를 공고히 하려고 하였다.223) 그러나 견훤의 금산사 유폐와 신검의 즉위 과정에서 호족들의 이반은 심각한 수준에 이르렀다.

견훤은 935년 3월에 권좌에서 밀려나 신검에 의해 금산사에 유폐되었으나, 그 해 6월에 고려로 투항하였다. 견훤은 막내아들 능예(能乂), 딸 애복(哀福), 애첩 고비(姑比) 등을 데리고 나주에 이르러 고려에 귀부를 청하였다. 왕건은 유금필(庾黔弼)과 만세(萬歲) 등으로 하여금 군함 40척을 거느리고 바닷길로 가서 견훤을 맞이하게 하였다.224)

견훤이 개경으로 오자 왕건은 그를 상부(尙父)라고 부르며 우대하였으며, 품계는 백관의 위에 있게 하였다. 또한 왕건은 견훤에게 양주(楊州)를 식읍으로 주고, 금과 비단 그리고 노비 각 40인과 말 10필을 하사하고 후백제에서 온 신강(信康)을 아관(衙官)으로 삼아 보좌하도록 하는 등 극진하게 우대하였다.225) 왕건이 견훤을 각별히 우대한 것은 민심을 모으는 데 큰 도움이 되었고, 후백제의 내부 분열을 촉진하려는 목적 때문이었다.226)

금산사 전경

견훤이 고려로 넘어가자 그의 사위이며 순천지역에 기반을 두고 있던 박영규가 투항하는 등 후백제는 심각한 내분 상황이 초래되었다. 박영규는 사람을 보내어 왕건이 후백제를 치게 되면 내응하겠다는 의사를 표명하였다. 박영규가 고려로 투항한 것은

O. 견훤의 사위 장군 영규(英規)가 그의 부인에게 은밀히 말하였다. "대왕께서 부지런히 힘쓴 지 40여 년에 공들인 업적이 거의 이루어졌는데 하루아침에 집안 사람의 화로 인하여 설 땅을 잃고 고려에 투항하였다. 대저 정조 있는 여자는 두 남편을 섬기지 않고 충신은 두 임금을 섬기지 않는다고 하는데 만약 자기의 임금을 버리고 반역한 아들을 섬긴다면 무슨 얼굴로 천하의 의로운 사람들을 볼 수 있으리오? 하물며 고려의 왕공께서는 마음이 어질고 후하며 근면

하고 검소하여 민심을 얻었다고 듣고 있으니 이는 아마 하늘이 인도하여 도와주는 것으로서 반드시 삼한의 주인이 될 것이니 편지를 보내 우리 왕을 문안 위로하고 겸하여 왕공에게도 겸손하고 정중함을 보여 장래의 복을 어찌 도모하지 않으리오?"

그 아내가 말하기를 "그대의 말이 곧 내 뜻과 꼭 부합하오." 하였다. 이에 천복(天福) 원년 2월에 사람을 태조에게 보내 뜻을 고하기를 "만약 정의로운 깃발을 드신다면 청컨대 내응하여 왕의 군대를 맞이하겠습니다." 하니, 태조가 크게 기뻐하여 그 사신에게 후하게 물건을 주어 보내면서 겸하여 영규에게 사례하면서 말하였다. "만약 은혜를 입어 하나로 합쳐지고 도로의 막힘이 없다면, 먼저 장군을 찾아뵙고 인사드리고 그런 후에 집에 들러 부인을 배알하고 형처럼 섬기고 누나처럼 받들겠으며 반드시 끝내 두터이 보답하겠습니다. 하늘과 땅의 귀신이 모두 이 말을 들을 것입니다."227)

라고 하였듯이, 신검의 왕위 계승을 부정한 것이었다. 박영규는 '후백제'가 아니라 자신이 모셨던 국왕 '견훤'에 대한 의리와 불사이군(不事二君)을 지키기 위하여 고려에 귀부하였다. 그러나 박영규가 고려에 복속을 청한 것은 대외명분보다는 대세가 이미 고려로 기운 상황을 직시하여 자신의 활로를 모색하려는 측면이 더 강하였다.

박영규는 후백제의 패망을 목전에 두고 견훤에 대한 변치않는 충절을 내세워 고려에 복속하였다. 특히 박영규의 고려 복속은 사료 O와 같이 "고려의 왕공께서는 마음이 어질고 후하며 근면하고 검소하여 민심을 얻었다"고 하였듯이, 호족세력들을 적극적으로 포섭하고 우대한 왕건의 호족융합정책 결과이기도 하였다.

박영규의 투항은 전남 동부지역 호족들의 향배에 결정적인 영향을 끼쳤다. 후백제는 신검의 즉위 이전에 나주지역을 상실한 데 이어 전남 동부지역에서 큰 영향력을 발휘하던 박영규마저 고려로 귀부하자, 배후의 보루기지를 상실하고 말았다. 또한 신검정권은 서남해의 제해권을 잃고, 그 연안지방도 상실하게 되었다. 이로써 전남지역은 무주를 비롯한 내륙지방만이 신검정권의 지배하에 있었고, 그 나머지는 고려의 지배를 받게 되었다.

한편 강주(진주)지역의 호족들도 해상활동이 생활의 터전이 되었기 때문에 왕건이 서남해의 제해권을 장악하자 자연스럽게 고려에 복속하였다. 원래 강주지역은 견훤이 후백제를 건국하면서 자국의 영역으로 확보한 지역이었다. 그러나 강주지역을 다스리던 윤웅(閏雄)은 920년에 아들 일강(一康)을 인질로 보내면서 고려에 귀부하였다. 왕건은 일강에게 아찬(阿粲)의 품계를 주고 경(卿)의 지위에 있는 행훈(行訓)의 누이와 혼인하게 하였으며, 낭중(郎中) 춘양(春讓)을 강주에 파견하여 귀부를 위로하였다.[228]

그 후 강주지역은 연안 도서지방을 중심으로 고려에 반기를 들고 후백제와 관계를 맺었다. 이에 맞서 왕건은 927년 4월에 해군 장군 영창(英昌)과 능식(能式) 등으로 하여금 수군을 거느리고 가서 강주 소관이었던 전이산(轉伊山)·노포(老浦)·평서산(平西山 : 남해군 지역) 및 돌산(突山 : 여수시 돌산읍) 등 4향을 치게 하였다.[229] 이 공격으로 강주지역과 그 관할하의 연안 도서지방은 다시 고려의 지배를 받게 되었다.

그러나 곧이어 후백제의 반격이 이어졌다. 견훤은 928년에 군사를 강주로 보내어 원보(元甫)의 지위에 있던 진경(珍景)을 죽이고, 장군 유문(有文)의 항복을 받았다.[230] 견훤은 강주지역을 획득한 후 양검(良劍)을 강주도독으로 파견하여 지방통치를 강화하였다. 강주와 연안 도서의 지배권을 사이에 두고 양국이 첨예하게 대립한 것은 서남해의 제해권 장악과 대일교섭에 유리한 거점을 확보하려는 목적 때문이었다.

강주지역은 견훤이 고려로 투항하고, 순천지역의 대호족 박영규가 귀부할 무렵 다시 고려에 복속된 것으로 추정된다. 강주지역의 호족세력은 해상활동을 통하여 성장하였기 때문에 서남해의 제해권을 장악한 국가에 밀착될 수밖에 없었다. 고려가 나주지역과 순천지역을 장악하여 서남해의 제해권을 장악하자 강주세력은 고려로 기울게 되었다.

후백제는 지방의 호족뿐만 아니라 전주지역의 호족도 신검에게 등을 돌리면서 최후의 순간을 맞이하게 되었다. 왕건이 직접 대군을 거느리고 선산의 일리천에 진을 치자, 신검도 휘하 장졸을 거느리고 출정하였다. 고려는 견훤을 진두에 세워 난신적자를 토벌한다는 대의명분이 있었기 때문에 사기가 충천하였다. 그 반면에 후백제는 견훤의 출현으로 말미암아 큰 동요가 일어났다.

또한 양국의 전력도 고려가 훨씬 우세하였다. 후백제는 지방의 호족들이 이탈하여 후삼국의 성립 이후 줄곧 우위를 지켰던 군사력면에서도 열세에 처하게 되었다. 고려는 지방호족의 병력을 총동원하였을 뿐만 아니라 유금필이 지휘하는 흑수·달고·철륵 등 북방민족의 병사 9,500명을 참전시켜 총병력이 87,500명이나 되었다.

후백제는 군사적인 면에서 고려군의 적수가 되지 못하였고, 사기마저도 크게 저하되어 있었다. 왕건의 명령을 받은 대장군 공훤이 후백제의 중군을 공격한 뒤 3군이 일제히 나아가 맹렬하게 돌진하니 신검군은 대패하고 말았다. 이 싸움에서 고려는 후백제의 장군 흔강(昕康)을 비롯한 3,200명을 사로잡고, 5,700명을 목베는 대승을 거두었다.[231] 후백제의 장군들은 마지막 대회전에서 싸우지도 않고 신검의 중군이 붕괴되자 고려군에게 항복하고 말았다. 이는 고려군의 강력한 병세에 위압된 측면도 있지만, 신검정권에 대한 후백제의 호족과 장군들의 이반이 심하였기 때문이었다.

신검은 패전한 잔병을 수습하여 탄령(炭嶺)을 넘어 마성(馬城)에 주둔하였다. 그러나 신검은 더 이상 저항이 불가능함을 깨닫고 아우 양검·용검과 문무 관료들을 데리고 항복하였다. 신검은 지방 호족의 지지를 상실한 상태에서, 전주지역 호족세력의 후원마저 받지 못했기 때문에 힘없이 무릎을 꿇고 말았다.[232] 이로써 후백제는 889년에 건국된 지 2대 47년 만에 멸망하고 말았다.

5. 맺음말

후백제를 건국한 견훤의 출생에 대하여 『삼국사기』와 『삼국유사』는 모두 상주의 장군이었던 아자개(阿慈介)의 아들로 기록되어 있다. 그러나 『삼국유사』는 견훤의 상주 출생설과는 별도로 고기를 인용하여 광주 북촌에서 견훤이 태어났다는 다른 견해를 전하고 있다. 고기(古記)를 견훤의 광주 출생설이나 광주를 제2의 고향으로 자처하게 된 사실의 반영으로 보는 견해가 있다. 그러나 광주 출생설은 견훤이 이곳에서 후백제 건국의 기틀을 마련하면서 호족세력과 혼인관계를 맺거나 결합한 것을 반영하는 것으로 추정된다.

견훤은 상주를 떠나 신라의 중앙군에 참여한 후 서남해의 방수군으로 파견되었다. 견훤이 부임한 서남해의 방수처(防戍處)는 순천만 일대였다. 견훤은 순천만을 방위하는 방수군의 지휘관으로 있다가 889년에 무진주를 습격하여 후백제 건국의 기틀을 마련하였다. 그러나 견훤은 아직 공공연히 칭왕하지 못하고, '신라서면도통(新羅西面都統)'을 자서(自署)하면서 신라의 지방관임을 자처하였다.

그는 전주로 천도한 900년 이전까지 백제부흥운동을 내세우면서 전남 일대의 호족세력들과 연합하였다. 전남지역에서 견훤과 관련을 맺은 호족세력은 무주성주 지훤, 승주장군 박영규, 인가별감에 오른 김총 등이 있었다. 견훤은 각지의 호족들과 연대를 추진하면서 진표의 미륵신앙을 받아들여 백제부흥운동의 사상적 토대로 삼았다. 또한 견훤은 전남지역 여러 산문의 선승과도 연계를 갖고 밀접한 관계를 맺었다.

그러나 견훤은 건국 초기부터 나주를 비롯한 서남해지역은 지배하지 못하였다. 견훤은 서남해지역의 호족들이 저항을 꾀하여, 무주의 배후지역이 취약성을 보이자 전주로 천도하였다. 또한 전주 천도는 견훤이 그 자신의 세력 중심지를 내륙의 교통·군사적인 요충지로 옮겨 지배영역을 확대할 필요가 있었기 때문에 이루어졌다.

견훤은 전주로 천도한 후 무진주와 완산주·웅천주·강주 등의 지방군 조직을 흡수하고 재편하여 중요한 군사적 기반을 확충하였다. 그 토대 위에서 효과적인 군사동원체제와 정비된 군사조직을 갖추고, 영역의 확대를 도모하였다.

후백제와 고려 양국은 서남해의 제해권과 그 연안지역을 장악하기 위하여 치열한 쟁탈전을 벌였다. 그러나 다른 지역에서 고려는 후백제의 상대가 되지 못하였다. 후백제의 군사적인 우위는 930년에 고창전투에서 패배할 때까지 지속되었다. 후백제는 충청지역과 경상지역의 전황을 유리하게 이끌면서 건국 이후 숙원이었던 서남해지역을 929년에 차지하였다. 이때가 견훤정권의 최전성기로 그 영역은 서해안의 대천부터 청양-공주-대전-보은-문경-예천-의성-군위-성주-고령-합천-진주로 이어지는 영역과 나주를 포함한 서남해지역을 차지하였다.

양국 관계는 고창전투에서 견훤이 고려군에게 패배함으로써 갑자기 역전되고 말았다. 이후 호족들의 향배도 걷잡을 수 없이 견훤정권에서 멀어져 갔다. 특히 후백제가 934년의 운주(홍성) 전투에서 3천여 명이 전사한 큰 패배를 당하면서 되돌릴 수 없는 지경에 이르렀다. 운주전투의 패배는 정권의 핵심을 장악하고 있던 금강계의 정치적 입지의 약화를 초래하였다. 더구나 왕건이 신검계와 금강계가 왕위계승분쟁의 틈을 이용하여 935년에 유금필을 보내어 서남해지역을 장악하자 상황은 걷잡을 수 없게 되었다.

신검계와 금강계의 대립은 각각 광주와 전주에 세력기반을 둔 외척집단과 이와 결합된 호족세력 사이의 갈등에서 기인하였다. 또한 신검 일파가 정변을 일으킨 또 다른 이유는 노쇠한 견훤과 국운 약화를 초래한 금강계를 대신하여 후백제의 영광을 재현하려는 측면도 없지 않았다.

그러나 견훤의 금산사 유폐와 신검의 즉위 과정에서 호족들의 이반은 심각한 수준에 이르렀다. 후백제는 나주지역을 상실한 데 이어 전남 동부지역과 경남 서남부지역을 잃고 서남해의 제해권마저 상실하고 말았다. 또한 전주지역의 호족세력마저도 신검에게 등을 돌리면서 후백제는 최후의 순간을 맞이하였다.

왕건의 서남해지역 경략과 토착세력의 동향

1. 머리말

고대사회 전남지역의 중심무대는 영산강유역이었고, 이는 후삼국시대까지 그대로 연결되었다. 역사시대에 접어들어 서남해지역 토착사회의 연맹체 형성을 주도한 집단은 해남의 백포만에 위치한 신미국이었다. 신미국은 토착세력의 대외교섭을 통제하면서 3세기 후반에 전성기를 구가하였으나, 4세기 초반에 중국군현이 축출되면서 쇠퇴하고 말았다.[233]

신미국의 쇠퇴 이후 영산강유역 토착사회는 영암의 시종집단과 나주의 반남집단이 연이어 주도권을 장악하였으나, 6세기 중엽 백제가 방군성제를 실시하면서 그 직접적인 지배를 받게 되었다. 그리고 신라는 삼국을 통합한 후 전남지역에 무진주를 설치하고 치소(治所)를 광주에 두었다. 따라서 전남지역의 고대사회는 신미국과 시종·반남지역을 거쳐 광주로 중심지가 옮겨졌다. 그리고 후삼국시대가 되면서 상대적으로 낙후되어 있던 섬진강유역과 남해안지역의 토착세력도 점차 역사의 전면으로 나서기 시작하였다.

전남지역 고대사회의 주무대가 되었던 영산강유역은 하류지역과 상류지역이 여러 면에서 차이가 있었다. 당시의 영산강 중·하류지역은 오늘날의 지형과는 달리 영산 내해(榮山內海)[234]와 인접하여 해상활동이 활발하게 이루어졌다. 그러나 그 상류지역은 장성·화순·담양 등의 최상류까지 영산강 수로를 따라 선박의 통행이 가능하였지만, 생활기반은 내륙적 요소가 더 강하였다.

이러한 차이 때문에 영산강 중·하류지역과 상류지역 토착세력의 사이에는 대립관계가 조성되었다. 이것이 극명하게 드러난 것은 장보고의 죽음을 전후로 하여 전개된 해상세력과 내륙세력의 대립이었다.[235] 그리고 후삼국시대에 이르러서도 무주지역을 기반으로 삼은 견훤과 서남해지역으로 진출한 왕건의 대립으로 이어졌다.

이 글에서는 영산강유역 토착세력의 생활조건과 성장기반의 차이를 염두에 두고, 중·하류지역과 상류지역 사이의 전통적 대립관계가 후삼국시대에 어떻게 전개되었는가를 살펴보고자 한다. 이는 왕건의 서남해지역 경략의 목적, 경과 과정, 역사적 의의를 고찰할 수 있는 한 방편이 될 것이다.

2. 후삼국의 성립과 왕건의 서남해지역 경략

1) 신라의 쇠퇴와 해상세력의 발호

신라는 8세기 후반에 이르러 진골귀족들 사이에 치열한 왕위 계승분쟁이 전개되어 혜공왕이 780년에 살해된 이후 155년 동안 20명의 국왕이 즉위하는 등 혼란이 극심하였다. 신라 하대에 치열해진 왕위계승분쟁의 여파로 중앙집권력은 매우 위축되었다.

지방에서는 이러한 분위기에 편승하여 낙향한 귀족이나 토착세력들이 호족으로 성장하였다. 호족은 성주(城主) 혹은 장군(將軍)으로 불리었으며, 그들의 세력이 미치는 지방의 백성들을 직접지배하여 독자적인 군사력을 보유하였다.[236] 호족들은 출신에 따라 낙향귀족 출신, 군진세력 출신, 해상세력 출신, 촌주 출신의 4가지 계통으로 분류할 수 있다.[237] 이들 중에서 후삼국시대의 주인공으로 등장한 사람은 군진을 기반으로 하였던 견훤과 해상세력 출신이었던 왕건이었다.

8세기 후반에 이르러 신라의 전제왕권이 무너지고 중앙집권력이 약화되는 조짐을 보이자 곳곳의 해상세력들도 정부의 통제력을 벗어나 독자적인 움직임을 보이기 시작하였다. 신라는 진(鎭)을 설치하여 해상세력의 발호와 지방으로 권력이 분산되는 것을 막고, 연안에 출몰하는 해적을 방비하려고 하였다.

이를 위하여 신라는 대곡성(大谷城)에 패강진(792년), 완도에 청해진(828년), 남양만 지역에 당성진(唐城鎭, 829년), 강화도에 혈구진(穴口鎭, 844년), 황해도 장연군의 장산곶 근처에는 장구진(長口鎭, 844년)을 각각 설치하였다. 신라가 수륙교통의 요지이며, 내륙으로 진입할 수 있는 곳에 진을 설치한 것은 해방체제(海防體制)와 해양진출(海洋進出)이라는 이중의 목적을 달성하기 위해서였다.238) 진이 설치된 후 군소 해상세력들은 신라의 의도대로 제압되었고,239) 특히 청해진 장보고대사의 적극적인 노력으로 해적들의 발호가 줄어들게 되었다.

그러나 청해진을 지배한 장보고와 같이 해상세력의 성장은 중앙정부의 존립에 큰 위협이 되었다. 이 때문에 신라는 세력이 너무 커져 통제가 어려워진 청해진을 폐지하고, 그 지배를 받던 주민들을 벽골군(전북 김제시)으로 옮기기도 하였다.240) 장보고의 사후 청해진의 기반은 붕괴되고 조직이 해체되면서 그가 조절하고 있던 해양활동의 공간은 진공상태가 되었다.241)

장보고의 죽음으로 해상활동이 위축된 것은 사실이지만, 그 기반이 완전히 붕괴된 것은 아니었다. 장보고가 살해되면서 서남해지역의 해상세력은 청해진의 간섭을 벗어나 독자적인 발전을 꾀할 수 있는 계기를 마련하였다. 그 결과 중앙정부는 지방세력에 대한 통제력을 상실함으로써 해상의 군소세력들이 다시 재기하여 발호하게 되었다.242)

해상세력들은 신라의 중앙집권력이 약화되자 적극적인 해상활동과 대외무역을 통하여 성장을 거듭하였다. 후삼국의 성립을 전후로 하여 서해안 일대에서는 왕건의 가문이 예성강 연안지대를 무대로 해상무역에 종사하면서 성장하였다. 그리고 경기만 세력인 정주(貞州)의 유씨(柳氏)를 비롯하여, 현재 아산만에 위치한 혜성군(槥城郡)의 박술희 · 복지겸 등이 대두하였다.[243]

서남해 연안에서는 능창(能昌)이 신안 압해도를 중심으로 그 인근의 도서지방의 군소세력을 자신의 수중에 장악하면서 세력을 떨쳤다. 그리고 남해안에서는 강주(진주)를 거점으로 세력을 구축한 왕봉규(王逢規)가 독자적으로 중국에 사신을 파견하였으며, 금주(김해)의 이언모(李彦謨)도 중국과의 무역을 통하여 부를 축적하여 호족으로 성장하였다.[244] 그리고 견훤의 사위가 된 박영규는 해상활동의 요충지인 순천의 해룡산성에 웅거하면서 해상세력으로 활동하였다.[245]

이와 같이 신라 말에 이르러 중앙의 통제가 약화되자 해상세력들이 성장하였다. 이들은 견훤과 궁예가 후백제와 태봉을 건국하자 각각 양국의 세력권으로 편입되었다. 그러나 이들은 양국의 세력관계의 변화에 따라 반부(返附)를 거듭하면서 자활과 실리를 꾀하였다.

2) 왕건의 나주지역 진출과 몽탄해전

서남해지역에서 후백제와 태봉이 가장 첨예하게 대립한 곳은 영산내해의 주변지역이었다. 영산강유역은 일찍부터 고대문화의 통로로서 신라의 대당교통로였으며, 신라 말에는 해상세력들이 성장하고 발호하는 근거지였다.[246] 후삼국시대가 성립된 후 서남해지역으로 먼저 진출을 시도한 것은 인접한 광주에서 후백제를 건국한 견훤이었다. 견훤은 순천만을 방위하던 신라 방수군의 지휘관 출신으로 889년 무진주를 습격하여 후백제 건국의 기틀을 마련하였다.[247]

그 후 견훤은 900년에 전주로 천도하기 이전까지 백제부흥운동을 내세우면서 전남 일대의 호족들과 연합하였다. 견훤이 밀접한 관계를 맺은 호족들은 지훤, 박영규, 김총 등이었다. 또한 견훤은 각지의 호족들과 연대를 추진하면서 진표의 미륵신앙을 받아들여 백제부흥운동의 사상적 토대로 삼고,[248] 사자산문의 징효대사(澄曉大師) 절중(折中)[249]과 동리산문의 경보(慶甫)[250] 등 선승과 유대관계를 맺었다.

그러나 견훤은 나주를 비롯한 영산강 하류지역은 장악하지 못하였다. 견훤이 이곳을 지배하지 못한 이유는 서남해 방수군 출신으로 해상세력을 규제하는 입장에 있었기에 그들의 중요성을 이해하지 못하였기 때문이었다.[251] 또한 광주에 기반을 둔 견훤과 나주세력의 대립은 중앙정권에 밀착하는 성향이 짙은 내륙세력과 독자적인 대외교섭과 교류관계를 지속하려는 해상세력 사이의 오랫동안에 걸친 갈등이 근본적인 원인이 되었다.

견훤은 900년에 전주 천도를 단행하여 국가체제를 어느 정도 정비한 후 세력기반을 확대하기 위하여 서남해 방면의 공략에 나섰다. 서남해지역은 후백제의 세력기반인 무주(광주)의 권역에 인접해 있었고, 해로의 요충지에 해당하는 곳으로 중국·일본과의 국제교류와 국내의 세력확대를 위해 반드시 확보할 필요가 있었다.[252] 그러나 서남해지역의 해상세력들은 견훤에 맞서 강렬하게 저항하였다. 이들은 무주의 내륙 토착세력의 이익을 대변하는 견훤의 지배를 받아들이지 않고 독자적인 생존을 모색하였다.

견훤이 나주지역을 본격적으로 공략하기 시작한 것은 전주로 천도한 이후부터였다. 견훤은 정권의 안정을 꾀한 후 901년 8월에 나주지역을 공략하였다. 견훤은 나주지역에 앞서 합천 대야성을 공략하였으나 함락시키는 데 실패하였다. 그 대신 견훤은 금성(나주)의 남쪽 부락을 약탈하고 돌아갔다.[253] 견훤이 금성 남쪽의 부락들을 약탈한 것은 서남해지역 공략이 좌절되었던 것에 대한 보복 조치였다.[254] 이처럼 견훤의 서남해지역 진출은 영산강 수운의 중심적 위치에 있던 나주 공략부터 벽에 부딪혔다.[255]

서남해지역 토착세력의 후백제에 대한 저항은 의외로 강경하였다. 이들은 광주의 견훤에 맞서면서 해상활동을 통하여 경제적·군사적 기반을 마련하여 해안지역의 주민을 독자적으로 지배하였다. 이들은 견훤에 맞서면서 사태의 추세를 주시하고 있었는데, 901년에 이르러 견훤의 약탈 행위가 자행되자 큰 위협을 느끼게 되었다.

견훤이 나주 일대의 부락들을 약탈한 사건이 발생한 후 왕건이 바다를 통해 진출하자 호족들은 적극적으로 호응하였다. 왕건은 수군을 거느리고 903년에 서해를 거쳐

A. 천복 3년 계해 3월 수군을 거느리고 서해로부터 광주 경계에 이르러 금성군을 공격하여 빼앗고, 10여 군현을 습격하여 점령했다. 이어서 금성을 나주로 개칭하고 군대를 나누어 주둔시킨 후 돌아왔다.256)

라고 하였듯이, 서남해지역으로 진출하였다. 왕건은 금성에 병력을 상주시켜 군사적인 거점으로 삼음과 동시에 그 지명도 나주라 개칭하였다. 왕건이 나주 일대의 10여 군현을 일시에 취할 수 있었던 것은 토착세력의 적극적인 협력과 호응이 있었기 때문에 가능하였다.257) 이는 왕건이 견훤에게 보낸 국서와『신증동국여지승람』나주목조(羅州牧條)에 각각

B-1. 나부(羅府 : 羅州) 스스로 서(西)로부터 와서 이속(移屬)하였다.258)
　2. 군인(郡人)이 후고구려왕에게 귀부하였다.259)

라고 하였듯이, 나주의 주민들이 자발적으로 귀부한 사실을 통해서 알 수 있다. 견훤의 약탈과 압력에 불안을 느낀 서남해지역의 해상세력들이 궁예 정권에 내부(內附)하여 보호를 요청하였을 가능성도 없

지 않다. 또한 서남해지역의 해상세력은 당시 최대시장인 북중국의 산동반도 방면으로의 항로를 확보하기 위해서 태봉에 귀부하였다. 서남해지역은 태봉에서 멀리 떨어져 있으므로 중앙정부의 규제와 간섭이 비교적 적어 해상활동의 자유가 보장된 것도 귀부한 이유가 되었다.260) 이러한 호기를 잡은 궁예는 부하 장수인 왕건을 파견하여 서남해지역을 장악하였다.

이와 같이 서남해지역은 견훤이 정권을 세운 889년부터 왕건이 나주를 경략한 903년 이전까지는 토착세력의 지배를 받았다.261) 그리고 왕건의 나주 점령 이후 서남해지역은 태봉의 지배를 받게 되었다. 서남해의 해상세력은 견훤에게 귀부하지 않고 궁예 휘하의 왕건과 연결을 맺고 태봉에 복속하였다. 그러나 태봉의 서남해지역 지배는 오래 가지 못하였고, 908년 무렵에 이르러 견훤이 차지하게 되었다.262)

견훤은 나주를 돌파하여 진출하는 직공책을 포기하고, 고창―영광―함평―무안―목포로 이어지는 서해안 코스를 따라 서남해지역으로 우회하는 방향을 택하였다.263) 견훤의 우회전략은 성공하여 후백제는 서남해지방을 장악하게 되었다.

그러나 왕건이 909년에 수군을 이끌고 와서 다시 나주지역을 차지하였다. 왕건은 궁예의 명을 받아 먼저 염해현(鹽海縣 : 무안군 해제면 임수리)에 이르러 견훤이 오월(吳越)에 보내는 배를 나포하여 돌아갔다. 왕건은 6월에 정주(貞州)에서 전함을 정비하여 2,500명의 병사를 이끌고 진도를 쳐서 획득하였고, 고이도에 이르러서는 싸우지도 않고 항복을 받았다.264) 이로써 왕건은 서남해의 도서와 연안지방에 절대적인 영향력을 발휘하게 되었으며, 영산 내해를 거슬러 올라가 나주세력과 합류를 시도하였다.

이에 맞서 견훤은 수군을 총동원하여 목포(지금의 영산포)에서 덕진포에 이르는 해상을 전함으로 메꾸어 놓고서 왕건과 나주세력의 합류를 저지하였다. 그러나 왕건은 화공책을 이용하여

C. 다시 나주 포구에 이르렀을 때에는 견훤이 직접 군사를 거느리고 전함들을 늘여 놓아 목포에서 덕진포에 이르기까지 머리와 꼬리를 서로 물고 수륙 종횡으로 군사 형세가 심히 성하였다. 그것을 보고 우리 여러 장수들은 근심하는 빛이 있었다. 태조는 말하기를 "근심하지 말라. 전쟁에서 이기고 지는 것은 군대의 의지가 통일되어 있느냐 없느냐 하는 데 있는 것이지, 그 수가 많고 적은 데 있는 것은 아니다"라고 하면서 곧 진군하여 급히 공격하니 적선들이 조금 퇴각하였다. 이에 풍세를 타서 불을 놓으니 적들이 불에 타고 물에 빠져 죽는 자가 태반이었다. 여기서 적의 머리 5백여 급을 베었다. 견훤은 작은 배를 타고 도망하였다. 처음에 나주 관내 여러 군들이 우리와 떨어져 있고 적병이 길을 막아 서로 응원할 수가 없었기 때문에 자못 동요하였는데, 이때에 와서 견훤의 정예 부대를 격파하니 군사들의 마음이 모두 안정되었다. 이리 하여 삼한 전체 지역에서 궁예가 절반 이상을 차지하게 되었다.[265)]

파군천을 가로질러 놓은 파군교 전경

몽탄나루 전경 | 현재는 전체 길이 680m의 몽탄대교가 나루터를 가로질러 놓여 있다.

라고 하였듯이, 해상에서 견훤의 수군을 크게 격파하였다. 양군의 전투는 처음에는 후백제군이 절대적인 우세를 차지하였던 것으로 보인다. 후백제군은 견훤이 직접 군사를 거느리고 출진하였는데, 전함들이 목포(현재의 영산포)에서 영암의 덕진포까지 머리와 꼬리를 서로 물고 종횡으로 이어질 만큼 그 형세가 성하였다. 후백제군의 기세에 눌린 고려군은 크게 동요하여 근심하는 빛이 역력하였을 정도였다.

그러나 두 나라의 운명을 좌우하는 대결전은 왕건이 화공책을 이용하여 후백제의 전함을 대부분 불태우자 전세는 고려로 기울게 되었고, 견훤은 겨우 몸을 피해 달아나고 말았다. 이 전투는 현재의 나주시 동강면과 무안군 몽탄면 일대에서 벌어졌다. 현지에 전승되고 있는 설화에 의하면

    D. 고려태조 왕건이 후삼국을 통일하기 전이었다. 왕건은 후백제의 견훤과 일전을 하였는데 물밀듯이 밀려오는 견훤군의 인해전술을

도저히 당해낼 수가 없었다. 목숨을 걸고 부하들을 독려하며 싸웠으나 한번 기울어진 전세는 회복되지 않고 왕건군은 견훤군에게 포위당하고 말았다. 삼면은 견훤군이 진을 치고 있고 앞으로는 비웃기라도 하듯 영산강이 도도히 흐르고 있었다. 포위망을 뚫기 위해 사력을 다했으나 수적으로 몇 배나 우세한 견훤군은 오히려 포위망을 좁혀오고 있었다. 모든 것은 절망적인 상태였다. 날개를 달고 훨훨 날아가지 않고서는 이 위기를 도저히 극복할 수가 없었다.

왕건은 깊은 좌절의 늪에 빠졌다. 삼국을 통일해야겠다는 웅지가 한번도 최남단에서 꺾이고 이제는 견훤의 포로가 되어 수모를 당할 것을 생각하니 그저 자결이라도 하고 싶은 생각밖에 없었다.

죽고 죽이는 피비린내 나는 와중에서도 밤은 어김없이 찾아왔다. 잔뜩 찌푸린 하늘은 별 하나 찾아볼 수 없고 산과 들과 강은 먹물을 부어 놓은 듯 칠흑같은 어둠에 젖었다. 어둠이 깃들자 불꽃 튀기는 전장도 소강상태에 접어들었다. 왕건은 군막으로 들어오자 피로와 번뇌가 온몸을 쥐어짰다. 찰삭거리는 물결소리와 어둠을 뚫고 날아가는 물새 소리만 은은하게 들려왔다. 넋 잃은 듯 괴물처럼 버티고 있는 산봉우리를 응시하고 있을 때 휘하 막장이 군막으로 찾아와 "장군, 내일의 결전을 위해 자리에 드시지요." 라고 취침할 것을 권유했다.

"고맙소. 그러나 적진에 완전히 포위된 아군을 생각하면 어찌 잠이 오겠소 이것이 다 내가 부족한 탓이오."

"장군 그렇지 아니하옵니다. 싸움의 승패는 하늘에 달린 것이고, 내일의 결전을 위해 오늘밤은 충분히 쉬셔야 합니다. 파수병을 철저히 배치하였으니 적군의 움직임이 있으면 즉시 보고될 것입니다."

"고맙소. 장군도 쉬도록 하시오."

왕건은 부하의 호위가 너무 고마웠다. 그리고 그의 말이 일리가 있다고 생각했다. '그렇다 내일을 위해 오늘밤은 쉬자 하늘이 무너져도 솟아날 구멍이 있다하지 않았는가. 내일 새벽 맑은 머리로 작전을 세워보자.' 왕건은 투구를 벗고 갑옷을 입은 채 잠이 들고 말왔다.

사경이 되었다. 꿈에 백발을 휘날리는 노인 한 분이 왕건 앞에 나타나 "대업을 이루려는 장군이 일기도 모르고 주위 환경의 변천도 모르고 잠만 자고 있는가? 지금 영산강 물이 빠져있으니 군사를 이끌고 속히 강을 건너 무안 청룡리 두대산을 향하여 진군하다 파군천 하류에 이르러 진을 치고 있으면 견훤군이 뒤를 쫓을 것이다. 그러면 그곳에 군사를 매복시켰다가 견훤군을 치라. 이번 전쟁의 승패는 병사의 수효보다 인화에 있다. 화공법을 써서 적을 공략하라." 라고 말하고 사라졌다.

깜짝 놀라 일어나니 꿈이었다. 이상한 꿈인지라 군막문을 밀고 밖으로 나가 보니 넘치게 출렁거리던 강물은 완전히 빠져있고 여울물만 중심부로 흐르고 있었다. 왕건은 전군 비상소집을 하여 적이 알아차리지 못하도록 조용히 자기 뒤를 따르라고 명했다. 그리하여 왕건군은 한 많은 동강면 옥정리 몽송을 뒤로 두고 무안 청용리 두대산을 향하여 행군을 했다. 두대산에 이르니 어스름에 보이는 두대산은 몇 만석 군량미를 쌓아놓은 노적 같이 보였다. 왕건은 병졸들을 민가로 보내 있는 대로 마름을 징발하여 두대산 봉우리에 둘러치고 밀가루를 모아 파군천 상류에서 풀도록 하였다. 파군천을 사이에 두고 전 병력을 산등성이에 매복시켰다. 그리고 그들에게 솜과 기름을 나누어주고 적군이 지날 때 협공토록 했다.

한편 견훤군은 적군은 완전히 포위된 상태이고 앞으로는 영산강 물이 넘치도록 흐르니 독안에 든 쥐라고 생각했다. 날이 새면 포로로 생포하는 일만 남았다는 자만심에 파수꾼까지 자기 위치를 지키지 못하고 졸고 말았다. 동녘이 환하게 밝아올 때에야 잠이 깬 견훤은 깜짝 놀랐다. 옥정리 강가에 있어야 할 왕건군의 군막은 하나도 없고 적병은 눈을 씻고 찾아봐도 찾을 수가 없었다. 강을 보니 도도히 흐르던 강물은 바닥이 드러나 있었다.

"아뿔사! 내가 너무 방심했구나. 이 강은 물이 들고 빠진다는 것을 몰랐었구나!"

견훤은 전군 출동명령을 급히 하달하고 영산강을 건너 비호같이 왕건군의 행방을 찾아 나섰다. 파군천에 이르렀을 때 파군천 물이 하얀 쌀 뜬물로 흘렀고 눈을 들어 두대산을 바라보니 수만석의 군량미 노적봉이 산더미처럼 쌓여 있었다.

견훤은 깜짝 놀랐다. '그렇다면 왕건에게 대군의 원병이 왔다는 말인가,' 견훤은 겁을 잔뜩 먹고 전진을 주저하고 있을 때, 좌우 산 등성이에 매복하고 있던 왕건의 군사가 징치고 북을 치며 협공을 개시했다. 집더미 같은 바위덩이를 굴려 내리니 수없이 견훤군이 압사 당하고 여기저기서 활시위를 당겨 화공법으로 공략하니 삽시간에 견훤의 군대는 지리멸렬하여 크게 부서지고 싣고 오던 군막과 보급품도 고스란히 불에 타버렸다. 이 기습전에서 견훤은 겨우 생명을 부지하여 도망하였다고 전하여지고 있었다.

그 후 이 강을 현몽에 의해 여울을 건넜다하여 몽탄강이라 부르게 되었고 몽탄강 하류의 전승지를 파군천이라 하였으며, 이 내를 이은 다리를 파군교라 하였다. 지금 나주군 동강면 옥정리 몽송부락은 하몽탄이라 하고, 무안군 몽탄면 몽강리는 상몽탄이라고 부르고 있다.[266)]

라고 하였듯이, 수세에 몰린 왕건의 군대가 천우신조로 인하여 후백제군을 격파하고 승리한 것으로 전해지고 있다. 후백제군을 격파한 왕건은 나주에 주둔하면서 서남해의 제해권과 그 연안지방을 장악하였다.

왕건은 후백제의 수군을 격파한 데 이어 서남해의 도서지방을 주름잡고 있던 능창을 사로잡았다. 능창은 압해도를 근거지로 하여 왕건의 수군에 맞서고 있었는데

E. 태조는 드디어 광주 서남 지경 반남현 포구에 이르러 적의 경내에 첩보망을 늘어 놓았다. 그 때에 압해현 반란군의 수장 능창이 섬에서 일어났는데 수전을 잘하여 '수달'이라고 불리었다. 그는 망명한 자들을 끌어 모으고 갈초도에 있는 소수의 반란군들과도 서로 연

계를 맺어 태조가 오는 것을 기다려서 태조를 해치려고 하였다. 태조는 여러 장수들에게 말하였다. "능창이 벌써 우리가 오는 것을 알고 있으니 반드시 섬의 도적들과 함께 사변을 일으킬 것이다. 도적의 무리는 비록 적으나 만일 세력을 규합하여 우리의 앞뒤를 막는다면 승부를 알 수가 없다. 그렇기 때문에 물에 익숙한 자 십여 명으로 하여금 갑옷을 입고 창을 들고 가벼운 배를 타고 밤에 갈초도 나룻가로 가서 음모하려고 왕래하는 자들을 사로잡아 그 계획을 좌절시키도록 하는 것이 좋을 것이다." 여러 장수들이 모두 그 말을 따라서 과연 한 척의 작은 배를 잡으니 그것이 바로 능창이었다. 태조는 그를 잡아서 궁예에게 보냈더니 궁예가 크게 기뻐하고 능창의 얼굴에 침을 뱉으면서 말하기를, "해적들이 다 너를 추대하여 두령으로 하였지마는 지금은 나의 포로가 되었으니 어찌 나의 계책이 신기하지 않느냐"하고, 곧 여러 사람들에게 선포한 다음 그를 죽였다.267)

라고 하였듯이, 왕건은 능창을 생포하여 궁예에게 보내 죽음에 처하게 하였다. 능창은 압해도를 중심으로 하여 서남해의 도서지방에 포진한 군소 해상세력을 휘하에 두었다.268) 능창이 견훤과 연대하여 왕건에 맞섰던 것으로 보이지는 않지만, 왕건이 서해를 거쳐 영산 내해로 진입하여 나주로 가는 데 큰 위협이 되었다. 능창이 왕건의 수군에 맞선 이유는 서남해 해상활동의 기득권이 박탈되기 때문이었다.

능창은 왕건에게 생포된 후 수도에 있던 궁예에게 보내질 만큼 중요한 인물이었다. 능창은 수전에 능숙하고 서남해의 지리를 잘 알고 있었으며, 여러 섬에 포진한 해상세력들을 조직하여 왕건의 수군에 대항하였다. 이들은 비록 숫자는 적었지만 세력을 규합하여 왕건의 수군이 서남해에 진입할 때 앞뒤를 막는다면 승부를 알 수가 없을 만큼 위협적이었다.

그러나 능창은 여러 섬의 해상세력들과 긴밀한 연락을 하던 중에 영광 군남면의 갈초도 부근에서 왕건의 수하들에게 사로잡혀 비참한 최후를 맞이하고 말았다. 궁예는 왕건이 생포하여 보내 온 능창의 얼굴에 침을 뱉고 사형에 처하여 복수를 하였다. 왕건은 능창이 죽은 후 비로소 서해와 영산 내해를 거쳐 나주지역으로 자유롭게 왕래할 수 있게 되었다.

이로써 왕건은 서남해의 제해권과 영산강 하류지역을 완전하게 장악하였다. 왕건이 여러 난관을 극복하고 서남해지역을 장악한 것은 해상세력들의 적극적인 도움이 있었기 때문에 가능하였다. 견훤은 몽탄전투의 패배를 만회하려고 910년에 나주공격에 나섰는데

> F. 개평 4년 견훤이 금성이 궁예에게 투항한 것에 노하여 보병과 기
>   병 3천 명으로써 포위 공격하여 10여 일이 지나도록 포위를 풀지
>   않았다.[269]

라고 하였듯이, 금성(현재 나주)이 궁예에게 투항한 것을 공격 이유로 내세웠다. 견훤의 나주공격은 몽탄해전을 전후로 하여 나주세력이 왕건에게 자발적으로 투항한 것에 대한 보복조치였던 것이다. 견훤은 보병과 기병 3천 명을 동원하여 나주를 10여 일 동안 공격하였지만 별다른 성과를 올리지 못하였다. 왕건은 이 전투에서 후백제의 공세를 물리치고 나주지역을 사수하였다.

궁예는 다음 해인 911년에 다시 왕건을 보내어 군사를 거느리고 금성 등을 정벌하도록 하였다. 그러나 이때 왕건은 나주지역의 해상세력을 고려의 세력권으로 묶어 두기 위한 위무작전을 수행하였다. 왕건은 나주 점령에 만족하지 않고 후백제의 배후기지 역할을 하던 무주를 공략하였다. 그러나 후백제군은 견훤의 사위였던 광주성주 지훤(池萱)이

> G. 진성왕 6년 임자(당나라 소종 경복 원년)에 견훤이 무진주를 습격
>   하여 빼앗아 웅거하고 후백제왕이라 일컫다가 드디어 전주로 옮겼

다. 견훤 20년 신미(양나라 태조 건화 원년)에 후고구려왕 궁예가
태조를 정기대감으로 삼아서 수군을 거느리고 무진 지경을 공략하
여 차지하게 하였는데, 성주 지훤은 바로 견훤이 사위였으므로 견
훤과 서로 응하여 굳게 지키고 항복하지 않았다.[270]

1914년 일제가 작성한 전남 서남부지역 지도 | 현재의 지형과는 달리 榮山 內
海가 넓게 펼쳐져 있다.

라고 하였듯이, 잘 방어하여 고려군을 물리쳤다. 양국은 주로 영산강을 사이에 두고 치열한 공방전을 전개하였는데, 고려군은 영암·나주 등 남쪽에 자리잡았고, 후백제군은 영광·무안 등지를 무대로 북쪽에 포진하였다.

고려와 후백제는 영산강과 금성산을 자연적인 경계로 하여 나주시 남평읍 일대에서 대치하였다. 영산강 기슭에 위치한 복룡산은 후백제와 고려 양군이 대치한 접경지역이었다. 광산의 어룡쪽과 평동쪽이 각각 다른 설화와 전설271)을 간직하고 있는 것도 이와 무관하지 않다.

이와 같이 왕건은 수군을 이끌고 서남해지역으로 건너 와서 수차례에 걸쳐 후백제군을 격파하고 나주지역을 확보하였으며, 광주를 공략하기도 하였다. 후백제군도 왕건의 군대에 격렬하게 맞서면서 저항하였다. 후백제는 제해권을 상실한 이후 보병과 기병을 동원하여 왕건의 수군을 공격하였다.

그러나 909년 몽탄전투에서 대패를 당한 후백제의 수군이 완전히 궤멸된 것은 아니었다. 견훤은 912년 수군을 보내어 덕진포에서 왕건의 군대와 해전을 치렀다.272) 견훤은 영산 내해의 제해권을 상실한 후 전주와 군산 일대에서 수군을 동원하여 다시 서남해지역으로 진출을 도모하였다.

이에 맞서 왕건은 나주지역에 머물면서 후백제의 공격에 대비하였다. 『고려사』 태조 세가에는 왕건이 잠저(潛邸)에 있을 때 활약한 일들이 주로 나주에서 이루어진 것으로 기록되어 있다. 이 기록은 왕건의 무장으로서의 활약이 주로 나주지역에서 이루어졌고, 많은 시간을 이곳에서 보낸 것을 반영하고 있다. 왕건은 사실 10~15년간을 나주지역에 머물면서 후백제와 격전을 벌였다.273)

3. 고려·후백제의 대립 격화와 서남해지역의 추이

1) 고려의 건국과 나주도대행대의 설치

서남해지역의 공방전이 소강상태로 접어들자 궁예는 913년에 왕건을 파진찬으로 승진시켜 시중으로 임명274)한 후 수도로 돌아오도록 하였다.275) 그러나 수군에 관련된 일은 부장(部將)인 김언(金言) 등에게 맡겼으나, 정벌에 관한 업무는 반드시 왕건에게 품의하여 이를 실행하도록 하였다.276)

왕건은 아지태의 변고가 일어난 후 화가 자기에게 미칠 것을 두려워 하여 다시 외방 근무를 자청하였다. 궁예는 914년에 왕건의 요구를 받아들여 시중에서 해임하고 수군을 통솔하게 하였다. 왕건은 정주(貞州)에서 전함 70여 척을 수리하여 군사 2천 명을 싣고 나주에 이르렀다. 왕건이 수군을 이끌고 나주에 도착하자

> A. 백제 사람들과 해상의 좀도적들이 태조가 온 것을 알고 모두 두려워서 감히 준동하지 못하였다.277)

라고 하였듯이, 저항할 사람들이 없을 만큼 태봉의 서남해지역 지배는 확고하게 뿌리를 내리게 되었다. 왕건은 나주지역을 위무한 후에 태봉으로 돌아가서 궁예에게 해상활동의 경제적인 이익과 불의에 대처할 수 있는 군사적인 임기응변 대책을 보고하는 등 절대적인 신임을 받았다.

그러나 궁예는 점점 포악해지면서 인심을 잃고 죄 없는 수많은 사람들을 죽음에 처하였다. 궁예의 의심을 받고 가까스로 살아난 왕건은 전함 백여 척에 군사 3천을 싣고 다시 나주로 향하였다. 이 해는 남방에 기근이 들어 각지에 도적이 일어나고 위수(衛戍) 병졸들도 모두 나물에 콩을 반쯤 섞어 먹으면서 겨우 지냈다. 왕건은 정성을 다

하여 서남해 주민들을 구원하여 살 수 있도록 하였다.[278]

이와 같이 왕건은 903년부터 918년 등극 전까지 나주에 주로 머물면서 독자적인 세력을 규합하였다.[279] 왕건이 서남해안지역을 경략하면서 만나게 된 대표적인 호족세력은 나주 오씨(吳氏)와 영암 최씨(崔氏), 영광 전씨(田氏)이었다. 『고려사』에 전하는 왕건과 나주 오씨 장화왕후의 만남에 관한 전승은

> B. 장화왕후 오씨는 나주 사람이었다. 조부는 오부돈(吳富伅)이고, 부친은 다련군(多憐君)이니 대대로 이 주의 목포에서 살았다. 다련군은 사간(沙干) 연위(連位)의 딸 덕교에게 장가들어 후(后)를 낳았다. 일찍이 후의 꿈에 포구에서 용이 와서 뱃속으로 들어가므로 놀라 꿈을 깨고 이 꿈을 부모에게 이야기하니 부모도 기이하게 여겼다.
>
> 얼마 후에 태조가 수군 장군으로서 나주를 진수하였는데, 배를 목포에 정박시키고 시냇물 위를 바라보니 오색 구름이 떠 있었다. 가서 본즉 후가 빨래하고 있으므로 태조가 그를 불러서 이성 관계를 맺었는데, 그의 가문이 한미한 탓으로 임신시키지 않으려고 정액을 자리에 배설하였다.
>
> 왕후는 즉시 그것을 흡수하였으므로 드디어 임신이 되어 아들을 낳았는데 그가 혜종이다. 그런데 그의 얼굴에 자리 무늬가 있었기 때문에 세상에서는 혜종을 '주름살 임금'이라고 불렀다. 항상 잠을 잘 때에는 물을 부어 두었으며, 또 큰 병에 물을 담아 두고 팔을 씻으며 놀기를 즐겼다 하니 참으로 용의 아들이었다.
>
> 나이 일곱 살이 되자 태조는 그가 왕위를 계승할 덕성을 가졌음을 알고 있었으나, 어머니의 출신이 미천해서 왕위를 계승하지 못할 것을 염려하고 낡은 옷상자에 석류 빛 황포를 덮어 후에게 주었다. 왕후는 이것을 대광 박술희에게 보였더니, 박술희는 태조의 뜻을 알고 왕위 계승자로서 정할 것을 청하였다. 후가 죽으니 시호를 장화왕후라고 하였다.[280]

라고 하였듯이, 일부 내용이 각색되어 있지만 나주지역으로 진출한 왕건이 호족세력과 결합하는 과정을 보여주고 있다. 장화왕후 오씨 집안은 대대로 나주의 목포(영산포)에 살았는데, 해상무역을 통해 부를 축적한 해상세력이었다.

그러나 나주 오씨는 왕건이 측미(側微)한 집안이라 하여 임신을 원치 않았다는 데서 알 수 있듯이, 다른 지방의 호족에 비하여 그 세력 규모가 크지는 않은 듯하다. 오씨집안과 왕건은 동일한 해상세력이었기 때문에 쉽게 연결될 수 있었다. 왕건은 장화왕후 오씨를 완사천이라는 곳에서 만나 태자 무(武 : 고려 2대 혜종)를 낳았다. 왕건은 수군을 이용하여 서남해지역을 경략한 후 나주지역의 해상세력과 밀접한 관계를 맺으면서, 그의 정치적 비중을 높이는 동시에 군사 기반을 강화하였다. 나주의 오씨세력 외에도 왕건이 유대를 맺은 집단은 영암 최씨(崔氏)와 영광 전씨(田氏)가 있었다.

영암 최씨의 대표적인 인물은 최지몽(崔知夢)이었다. 최지몽은 어려서부터 여러 경서를 섭렵하였으며, 천문과 점복에도 정통하였다. 최지몽이 18세 때 왕건이 그의 이름을 듣고 불러 꿈 해몽을 하게 하였는데, 왕건이 왕위에 오를 것으로 해몽하였다. 그 후 왕건은 전쟁에 나갈 때는 최지몽을 좌우에 두고 곁에서 떠나지 못하게 하였다.[281]

최지몽은 태조부터 성종대까지 중앙정계에서 크게 활약하였다. 영암 최씨도 해상활동을 통하여 부를 축적한 후 유력한 호족으로 성장한 해상세력이었다. 영암은 덕진포라는 좋은 항구를 가지고 있어 대중국교섭에 유리하였고, 토착세력은 대외무역과 영산강유역 토착사회의 역내교역(域內交易)을 주도하면서 성장하였다. 영암 최씨가 왕건과 관계를 맺은 것은 나주 정벌에 적극적으로 협력하면서 이루어졌다.[282]

영광 전씨는 왕건의 서남해지역 경략에 협력하여 고려가 후삼국을 통일한 후 개국공신(開國功臣)이 된 종회(宗會)[283]가 대표적인 인물이다. 그는 궁예가 왕건에게 명하여 정주(貞州)에서 전함을 수리하여 2,500명의 병사를 거느리고 진도를 공격할 때 김언(金言)과 함께 부장으로 참전하였다. 종회는 영광 출신으로 왕건이 서남해지역을 공략할 때 많은 공을 세워 태조공신(太祖功臣) 운기장군(雲騎將軍)이 되었다. 이처럼 나주를 비롯한 서남해지역은 왕건이 고려를 건국할 수 있는 정치적·군사적 배경이 되었다.

왕건이 고려를 건국하기 직전인 917년 후백제의 영역은 나주를 비롯한 서남해안지역을 제외하고 대략 대천-논산-대전-옥천-영동-선산-김천-거창-함양-구례-순천을 잇는 선이었다. 후백제의 영토가 초창기보다 줄어든 이유는 공주와 나주지역을 상실하였기 때문이다.284) 이 때문에 양국은 주로 서남해의 제해권과 그 연안지역을 장악하기 위하여 치열한 쟁탈전을 벌였다.

이와 같은 상황은 왕건이 고려를 건국하면서 상당한 변화가 초래되었다. 918년 왕건이 궁예를 축출하고 왕위에 올랐지만 초기에는 그 권력이 상당히 불안하였다. 그리하여 궁예의 잔당들에 의한 반란이 연이어 일어났다. 고려는 건국 후 정국이 안정되지 못하고 지방의 호족들이 이탈하면서 929년에 벌어진 고창전투 이전에는 전반적으로 수세에 처하였다. 그러나 왕건은 후백제의 공격을 받아 다른 지역의 일부 영토를 상실하였지만, 서남해지역은 빼앗기지 않고 굳건히 지킬 수 있었다.

왕건은 고려를 건국한 직후 중앙정부와는 별개의 독립된 행정부서인 나주도대행대(羅州道大行臺)를 두었다. 나주도대행대에 대한 내용은『고려사』태조 세가에 유일한 기록이 보인다.

   C. 전시중(前侍中) 구진(具鎭)으로 나주도대행대 시중을 삼았다. 구
     진은 그가 오랫동안 전주(前主)에게 노고한 것을 이유로 들어 사양
     하고 가려하지 아니하므로 왕이 불쾌히 생각하여 유권열(劉權說)
     에게 일러 말하기를, "옛날에 내가 험조(險阻)를 역시(歷試)하였으

되 일찍이 노고하였다고 말하지 않은 것은 실로 (궁예의) 엄위(嚴威)를 두려워하였기 때문이다. 이제 구진이 굳이 사양하고 가지 아니하는 것이 옳은가?"고 한 바 유권열이 대답하여 말하기를 "상은 선을 권장하는 것이고 벌은 악을 징계하는 것입니다. 마땅히 엄형을 가하여 군하(群下)를 경계해야 합니다."라고 하였다. 왕이 이를 옳게 여겼으므로 구진이 두려워하여 사죄하고 드디어 출발하였다.285)

고려시대에 지방행정 단위로서 '도(道)'가 설치된 것은 성종 이후였기 때문에 위의 사료 C에 보이는 '나주도(羅州道)'는 행정단위는 아니었다. 위의 사료 C에 보이는 '도'는 관할 범위를 지칭하는 것으로 추정되며, 나주도는 고려의 군사적·정치적 거점이 설치되어 영산강 하류지역과 서남해지역을 담당하였다.

이 당시의 나주는 『고려사』에 적기된 '솔주사자서해저광주계공금성군발지격취십여군현(率舟師自西海抵光州界攻錦城郡拔之擊取十餘郡縣)',286) '나주계사십여군(羅州界四十餘郡)'287) 등의 사료를 통해 볼 때 오늘의 나주시 일원만을 의미하는 것은 아니었다. 특히 『고려사』지리지에 나주목의 영역이 '속군오 현십일 영지사부일 군사 현령관사(屬郡五縣十一領知事府一郡四縣令官四)'라고 하였듯이, 나주를 중심으로 한 영산강 중·하류지역을 포함한 것으로 보인다. 또한 나주는 비록 후대의 기록이지만 서거정(徐居正)의 벽오헌(碧梧軒) 중수기에 의하면

　　D. 나주는 전라도에서 가장 커서 땅이 넓고, 물산이 풍성하여 전라도
　　의 조세가 모이는 곳이다. 사방의 상인들이 몰려든다.288)

라고 하였듯이, 전라도의 중심 고을이었다. 그러나 견훤이 광주를 비롯한 내륙지역과 순천만 일대를 비롯한 섬진강유역을 장악하고 있었

기 때문에, 나주는 서남해지역의 거점에 해당되었다. 따라서 나주도
대행대는 나주방면을 관할하는 대행대이며, 주로 군사행정을 담당하
였지만 그 외에 민사행정 등도 처리하였다.

대행대는 그냥 '행대(行臺)'라고도 불렸는데, 중국에서는 고대로부
터 독특한 의미로 사용되었다. 행대는 처음에는 오직 민사행정만을
담당하였고 상설된 것도 아니었다. 후위(後魏) 때에 상설기관으로 변
모되면서 일정한 지역을 통괄하게 되었으며, 북제(北齊)·북주(北周)
에 이르러 민사행정까지 담당하게 되었다. 행대에는 중앙정부와는 다
른 별개의 행정관부가 설치되고 상서령(尙書令)과 복야(僕射) 등이
파견되어 병사·농사·행정 등 일체를 통괄하였다. 다만 이 행대는
중앙정부보다 기구의 규모나 관등의 등급이 약간 축소된 형태이었
다.[289]

고려의 경우 궁예정권 때에 시중을 역임한 구진을 나주도대행대의
시중을 삼은 것에서 볼 때, 그 역할이 중국의 행대에 못지 않게 중요
하였음을 알 수 있다. 구진은 나주도대행대의 시중을 역임하면서 그
휘하의 관료들을 통솔하여 병사·농사·행정 등 일체를 통괄하였다.

고려가 나주도대행대를 둔 이유는 바다를 거쳐야만 통할 수 있는
먼 곳에 위치한 서남해지역 통치를 위한 별도의 행정관부를 설치할
필요가 있었기 때문이다. 따라서 나주도대행대의 시중은 현지에서 국
왕의 재가없이 먼저 중요한 업무를 자체 처리하고 나중에 보고하는
형식을 취했을 가능성이 있다.

이처럼 나주도대행대는 고려가 원지(遠地)에 있는 서남해지역을
통치하기 위하여 설치한 특별 행정관서였다. 그 외에도 왕건이 나주
도대행대를 설치한 이유는 왕권 내지 왕실의 권위를 지지해 주는 세
력기반을 마련하고, 나주세력을 체계화하기 위한 것이었다.[290] 따라
서 나주도대행대는 고려정부와는 별개로 왕건의 사적 영유지였으며,
나주지역과 깊은 연관성이 있는 혜종이 왕위에 있을 때까지 존속하

였다.291)

　왕건이 서남해지역에 큰 관심을 기울인 이유는 풍부한 물산을 확보하는 것 이외에도 후백제의 배후를 위협하고 교란시키려는 목적이 있었다. 고려는 나주지역에 군단을 상주시켜 후백제의 병력 분산을 유도하고, 동으로는 후백제가 신라를 습격하려는 것을 견제하려고 하였다.

　또한 고려는 남해안의 강주(진주)도 큰 관심을 기울였다. 강주는 남해안을 이용하는 해상교통의 요충지였을 뿐만 아니라 대야성(합천)에 있는 견훤군을 배후에서 압박할 수 있는 지역이었다. 왕건은 나주도대행대를 설치하여 서남해지역을 확고히 장악한 데 이어, 920년에는 강주장군(康州將軍) 윤웅(閏雄)의 귀순을 받아들여 남해안지역 통치의 거점을 마련하였다. 윤웅은 그 아들 일강(一康)을 인질로 보내면서 고려에 귀부하였다. 왕건은 일강에게 아찬(阿粲)의 품계를 주고 경(卿)의 지위에 있는 행훈(行訓)의 누이와 혼인하게 하였으며, 낭중(郎中) 춘양(春讓)을 강주에 파견하여 귀부를 위로하였다.292)

　그러나 왕건의 영향력 하에 있던 강주지역은 얼마 안 있어 연안 도서지방이 고려에 반기를 들고 후백제와 관계를 맺는 등 반부가 심하였다. 강주를 사이에 두고 전개된 920년대 양국의 거듭된 공방전 끝에 견훤이 승리하여,293) 그 아들 양검을 강주도독으로 삼아 지방통치를 강화하였다. 이에 따라 고려의 남해안지역 진출은 종식되고, 나주를 비롯한 서남해지역 지배에 진력하였다. 고려가 강주지역을 다시 회복한 것은 935년에 후백제의 승주장군 박영규가 귀부한 이후에 가능하였다.

2) 왕건의 후삼국통일과 서남해 해상세력의 역할

　고려의 건국 후 양국의 주전장(主戰場)은 소백산맥 이남에 위치한 낙동강 일대였다. 이때 주로 공세를 취한 것은 후백제의 견훤이었다. 고려는 후백제의 상대가 되지 못하였고, 후백제의 병력은 고려군의 2배나 되었다.[294] 이를 반영하듯이 924년과 925년에 벌어진 조물성(曹物城) 전투, 927년의 공산동수(公山桐藪) 전투, 928년의 오어곡성(烏於谷城) 전투, 929년의 의성(義城) 전투와 순주성(順州城) 전투 등은 후백제군의 일방적인 승리로 끝났다.

후백제의 군사적인 우위는 고창전투에서 후백제가 패배할 때까지 지속되었다. 후백제는 충청지역과 경상지역의 전황을 유리하게 이끌면서 건국 이후 숙원이었던 서남해지역을 마침내 차지하였다. 이는 『고려사』 유금필전에

E. 18년에 태조가 여러 장군들에 아뢰기를, "나주계의 40여 군은 나의 번리가 되어 오래 풍화에 젖었으므로 일찍이 대상(大相) 견서(堅書)·권직(權直)·인일(仁壹) 등을 보내어 가서 진무하도록 하였는데 근자에 백제에게 겁략당한 바 되어 6년간에 해로가 통하지 않으니 누가 나를 위하여 진무할 것인가?"라고 하였다.

홍유, 박술희 등이 아뢰기를, "제가 비록 용맹하지는 못하나 장수의 한 사람으로 보충하여 주시기 바랍니다." 라고 하였다. 태조가 말하기를, "대체로 장수가 되려면 백성들의 마음을 얻는 것이 귀중하다."라고 하였다.

공훤, 대광 제궁 등이 아뢰기를, "금필이 책임자입니다."라고 하자 태조가 말하기를, "나 역시 벌써 그렇게 생각하였다. 그러나 근자에 신라의 길이 막혔을 때 유금필이 가서 그것을 열었는데 나는 그 수고를 생각하고 감히 다시 명령하지 못하고 있다."라고 하였다.

이때 유금필이 아뢰기를 "저의 나이는 이미 늙었으나 이것은 국가의 대사인데 감히 있는 힘을 다 바치지 않겠습니까." 라고 하였다. 태조가 기뻐서 눈물을 흘리며 말하기를, "그대가 만일 이 명령을 받는다면 이보다 더 기쁜 일이 어디 있겠는가?"라고 하였다.

드디어 유금필을 도통대장군(都統大將軍)으로 임명하고 예성강

까지 가서 송별하였으며, 어선(御船)을 주어서 보냈다. 왕은 3일간
그대로 체류하면서 유금필이 바다에 나갈 때까지 기다려서 환궁하
였다. 유금필이 나주에 가서 정벌하고 돌아올 때에도 태조는 또 예
성강까지 나가 맞이하고 위로하였다.295)

라고 하였듯이, 후백제가 차지한 나주지역을 6년만에 회복하였다는
사료를 통해서 알 수 있다. 고려가 나주지역을 상실한 것은 사료 E에
서 언급되었듯이 태조 18년부터 6년을 소급한 태조 12년(929) 무렵이
었다.296)

　　견훤은 나주를 포함한 서남해지역 외에도 문경을 거쳐 고울부(영
천)-경주로 통하는 진출로를 확보하였다. 또한 견훤은 강주와 대야
성을 획득하고 북진하여 벽진군(성주)-부곡성(군위군 의흥면)-의성
을 거쳐 순주(안동군 풍산면)까지 진출하여 경상 서부지역을 거의 장
악하였다. 이때가 후백제의 최전성기로서 그 영역은 서해안의 대천에
서부터　청양-공주-대전-보은-문경-예천-의성-군위-성주-
고령-합천-진주로 이어지는 영역을 차지하였다.297)

　　견훤은 926년에 신라의 수도인 금성을 함락하여 경애왕(景哀王)을
살해한 후, 김부(金傅)를 경순왕으로 세워놓고 철수하여 신라에 큰
영향력을 미치게 되었다. 또한 공산전투에서 왕건군을 대파하여 군사
적 우위를 확실하게 하였다.298) 후백제는 여기에 그치지 않고 고려군
을 소백산맥 밖으로 완전히 축출하려고 하였다.

　　양국 관계는 929~930년에 벌어진 고창전투에서 고려군이 승리하
면서 갑자기 역전되고 말았다. 견훤은 929년 12월에 고려의 군대가
주둔하고 있던 고창군(경북 안동)을 포위하였다. 이곳은 교통의 길목
에 위치하였을 뿐만 아니라 경상좌도 제일의 고을이었다. 고려가 이
전투에서 패배하게 되면 소백산맥 이남 지역을 후백제가 거의 장악
할 수 있었다. 이 때문에 양국은 해를 넘기며 치열한 공방전을 전개
하였다.

후백제군과 고려군은 석산(石山)과 그 북쪽인 병산(瓶山)에 각각 진을 치고 대치하였다. 그런데 이 전투에서 생각지 않았던 변수가 하나 발생하였다. 이곳의 호족인 고창군 성주 김선평(金宣平)과 권행(權幸)·장길(張吉)이 고려군을 지원하면서 양군의 전세는 고려측으로 기울게 되었다. 후백제는 이 전투에서 전사자가 8,000명에 이르렀을 정도로 심대한 타격을 받았다. 견훤의 참모였던 시랑(侍郎) 김악(金渥)마저 포위망을 뚫지 못한 채 고려군에 생포될 만큼 후백제는 참담한 패배를 당하였다.[299] 이 전투 이후 호족들은 걷잡을 수 없이 견훤정권에서 멀어져 왕건에게 기울게 되었다.

견훤은 약화된 국세를 회복하기 위하여 고려에 적극적으로 맞서면서 왕자들을 도독으로 삼아 주요 지역에 파견하였다. 견훤은 양검을 강주도독으로, 용검을 무주도독으로 삼아 지방지배를 강화하였다. 또한 견훤은 고창전투의 패배를 만회하기 위하여 932년에 일길찬(一吉湌) 상귀(相貴)에게 수군을 주어 고려를 침입케 하였다.[300] 같은 해 10월에는 해군장군 상애(尙哀) 등을 보내어 다시 고려의 대우도(大牛島)를 공략하도록 하였다.[301]

후백제는 육전의 열세를 극복하기 위하여 수군을 동원하여 고려 경내를 급습하여 일정 정도의 전과를 올렸다. 이는 후백제의 수군이 건재하였음을 의미하며, 견훤이 서남해지역을 장악하여 해상활동에 익숙한 호족들의 도움을 받았기 때문에 가능하였다.

그러나 935년에 이르러 후백제가 차지하고 있던 서남해지역을 고려가 회복하면서 상황은 급변하게 되었다. 왕건은 신검계와 금강계가 왕위계승분쟁에 몰두한 틈을 이용하여, 위의 사료 E와 같이 유금필을 보내어 서남해지역을 회복하였다. 견훤은 935년 3월에 권좌에서 밀려나 신검에 의해 금산사에 유폐되었으나, 탈출에 성공하여 그 해 6월에 고려에 투항하고 말았다.[302]

신검이 견훤을 금산사에 유폐하고 즉위하였으나, 호족들의 반발은 걷잡을 수 없었다. 견훤이 고려로 넘어간 데 이어 순천지역에 기반을 두고 있던 박영규마저 왕건에게 귀부하면서 후백제는 심각한 타격을 받았다.303) 한편 강주(진주)지역의 호족들도 해상활동이 생활의 터전이었기 때문에 왕건이 서남해의 제해권을 완전히 장악하자 자연스럽게 고려에 복속하였다.

　신검은 서남해의 제해권을 상실하고, 그 연해지방도 고려에 빼앗기고 말았다. 이로써 전남지역은 무주를 비롯한 내륙지방이 신검정권의 지배하에 있었고, 그 나머지 지역은 고려의 지배를 받게 되었다. 왕건은 후백제의 국력이 기울자 남정군(南征軍)을 일으켜 선산의 일리천으로 진군하였다. 고려는 지방 호족의 병력을 총동원하였을 뿐만 아니라 유금필이 지휘하는 흑수·달고·철륵 등 북방민족의 군대 9,500명도 참전시켜 총병력이 87,500명이나 되었다.

　또한 고려는 항복한 견훤을 진두에 세워 대의명분이 있었으며, 그 반면에 후백제군은 크게 동요하여 사기가 저하되었다. 이 때문에 양군의 본격적인 대회전에 앞서 후백제의 좌장군 효봉(孝奉), 덕술(德述), 애술(哀述), 명길(明吉) 등은 투구를 벗고 창을 던져 버리고 견훤이 타고 있는 말 앞에 와서 항복하였다.304) 이는 고려군의 강력한 병세(兵勢)에 위압된 측면도 있지만, 신검정권에 대한 후백제의 호족과 장군들의 이반이 심하였음을 보여주는 사례이다.

　그리고 양국의 전력도 고려가 후백제에 비하여 훨씬 우세하였다. 후백제는 지방의 호족들이 이탈하여 후삼국의 성립 이후 우위를 지켰던 군사력 면에서도 열세에 놓였다. 왕건은 대장군 공훤에게 명하여 3군을 이끌고 맹렬하게 돌진케 하니

　　F. 여름 6월에 견훤이 아뢰었다. "늙은 이 신하가 전하에게 몸을 바친 것은 전하의 위엄을 빌려 반역한 자식을 목베기를 바래서입니다. 엎드려 바라옵건대 대왕께서는 신령스러운 군사를 빌려주어 그 난신적자를 없애주신다면 신은 비록 죽어도 유감이 없을 것입니다."

태조가 이에 따랐다. 먼저 태자 무(武)와 장군 술희를 보내 보병과 기병 1만 명을 거느리고 천안부에 나가게 하고, 가을 9월에 태조가 삼군을 통솔하고 천안에 이르러 군사를 합쳐 일선(一善)에 진군하였다. 신검이 군사로 막으니 갑오일에 일리천(一利川)을 사이에 두고 맞서 진을 쳤는데 태조와 상부 견훤이 군사를 사열하고, 대상(大相) 견권(堅權), 술희(述希), 금산(金山), 장군 용길(龍吉), 기언(奇彦) 등으로 보병과 기병 3만 명을 인솔하여 좌익으로 진을 치게 하고, 대상 김철(金鐵), 홍유(洪儒), 수향(守鄕), 장군 왕순(王順), 준량(俊良) 등으로 하여금 보병과 기병 3만 명을 인솔하여 우익으로 진을 치게 하고, 대광(大匡) 순식(順式), 대상 긍준(兢俊), 왕겸(王謙), 왕예(王乂), 금필(黔弼), 장군 정순(貞順), 종희(宗熙) 등으로 하여금 철기(鐵騎) 2만과 보병 3천 및 흑수(黑水), 철리(鐵利) 여러 도의 날랜 기병 9,500명을 중군으로 삼고, 대장군 공훤(公萱), 장군 왕함윤(王含允)으로 하여금 군사 1만 5천 명을 인솔하여 선봉으로 삼아 북을 치며 진격하니 백제 장군 효봉(孝奉), 덕술(德述), 명길(明吉) 등이 군세가 대단하고 정비된 것을 보고는 갑옷을 버리고 진 앞으로 나와 항복하였다. 태조가 위로하고 백제 장수가 있는 곳을 물으니 효봉 등이 말하기를 "원수(元帥) 신검은 중군에 있습니다."고 하였다. 태조는 장군 공훤(公萱)에게 명하여 중군을 곧바로 치게 하여 전군이 일제히 진격하여 협공하니 백제 군대가 붕괴되어 도망했다. 신검 및 두 동생과 장군 부달(富達), 소달(小達), 능환(能奐) 등 40여 명이 항복해오자 태조는 항복을 받고 능환을 제외한 다른 모든 사람은 위로하고 아내와 자식을 데리고 서울에 와 살도록 허락하였다. 능환을 심문하기를 "처음 양검 등과 몰래 모의할 때 대왕을 가두고 그 아들을 세우자고 한 것은 너의 꾀이다. 신하된 의리상 이럴 수 있는가?"하니 능환이 머리를 숙이고 말을 하지 못하자 드디어 명하여 목을 베었다. 신검이 왕위를 차지한 것은 남의 협박에 의한 것으로 그의 본심이 아닐 것이라 여기고 또 목숨을 바쳐 처벌을 청했으므로 특별히 사형을 면제시켜 주었다.305)

라고 하였듯이, 신검의 중군이 붕괴되면서 후백제군은 대패하고 말았다. 이 싸움에서 고려군은 후백제의 장군 흔강(昕康)을 비롯한 3,200명을 사로잡고, 5,700명을 목베는 대승을 거두었다.

신검은 선산 일리천 전투에서 패전한 잔병을 수습하여 탄령(炭嶺)을 넘어 마성(馬城)에 주둔하였다. 그러나 신검은 더 이상 저항이 불가능함을 깨닫고 아우 양검·용검과 문무 관료들을 데리고 항복하였다. 이로써 왕건은 고려를 건국한 지 19년 만에 동정서벌 끝에 후삼국의 혼란을 수습하고 통일의 대업을 달성하였다.

4. 맺음말

신라의 하대에 이르러 전제왕권이 무너지고 중앙집권력이 약화되는 조짐을 보이자 곳곳의 해상세력들은 정부의 통제력을 벗어나 독자적인 움직임을 보이기 시작하였다. 신라는 해상세력의 발호를 억제하고 해적을 소탕하기 위하여 8세기 후반부터 청해진 등의 여러 진(鎭)을 차례로 설치하였다.

그러나 해상세력의 성장은 중앙정부의 지방통치에 큰 위협이 되었다. 신라는 세력이 커져 통제가 어려워진 청해진을 폐지하고, 그 지배를 받던 주민들을 벽골군으로 옮겼다. 그러나 해상세력들은 혜공왕이 살해되고 신라의 중앙집권력이 약화되자, 해상활동과 대외교섭을 적극적으로 추진하면서 다시 대두하기 시작하였다. 이들은 견훤과 궁예가 후백제와 태봉을 건국하자 각각 양국의 세력권으로 편입되었다.

서남해 연안에서 후백제와 태봉이 가장 첨예하게 대립한 곳은 영산강 하류지역이었다. 견훤은 건국 초기부터 나주지역으로 진출을 시도하였으나, 이곳의 해상세력들은 강경하게 저항하였다. 901년 견훤이 나주 일대의 부락들을 약탈한 사건이 발생한 후 왕건이 바다를 통해 진출하자 호족들은 적극적으로 호응하였다.

　태봉의 서남해지역 지배는 오래 가지 못하고, 908년 무렵에 이르러 후백제가 차지하였다. 그러나 왕건이 909년에 수군을 이끌고 서남해지역의 경략에 성공하여 태봉은 다시 나주지역을 회복하였다. 왕건이 이끄는 태봉의 수군은 서남해 도서와 연해지방을 점령하고 영산 내해를 거슬러 올라와 나주세력과 합류하였다.

　견훤은 수군을 총동원하여 맞섰으나, 몽탄해전에서 왕건의 화공책에 속수무책으로 당하여 대패하고 말았다. 왕건은 나주에 주둔하면서 서남해지역을 지배하였고, 이 과정에서 도서지방을 주름잡던 능창을 사로잡아 서남해의 제해권과 영산강 수로를 완전히 장악하였다. 왕건은 918년에 즉위하기 전까지 나주에 주로 머물면서 독자적인 세력을 규합하였는데, 그의 서남해지역 지배를 후원한 대표적인 세력은 나주 오씨, 영암 최씨, 영광 전씨였다. 나주를 비롯한 서남해지역은 왕건이 고려를 건국할 수 있는 정치적·군사적 배경이 되었다.

　고려는 건국 후 정국이 안정되지 못하고 지방의 호족들이 이탈하면서 929년에 벌어진 고창전투 이전까지 전반적으로 수세에 처하였다. 왕건은 후백제의 공격을 받아 일부 영토를 상실하였지만, 서남해지역은 빼앗기지 않고 굳건히 지켰다. 왕건은 고려를 건국한 후 중앙정부와는 별개의 독립된 행정관부로 나주도대행대(羅州道大行臺)를 두었다. 나주도대행대는 영산 내해의 주변지역을 관할하는 대행대이며 병사·농사·행정 등 일체를 통괄하였는데, 중앙정부보다 규모나 관등의 등급 등에서 축소된 형태였다. 나주도대행대는 고려가 원지에 있는 서남해지역을 통치하면서 왕실의 세력기반을 마련하고, 나주세력을 체계화하기 위하여 설치되었다.

　그런데 929년에 이르러 후백제가 나주지역을 공략하여 장악하였다. 후백제는 충청지역과 경상지역의 전황을 유리하게 이끌면서 건국 이후 숙원이었던 서남해지역을 마침내 차지하였다. 고려는 6년이 지난 후 왕위계승분쟁에 몰두하고 있던 후백제의 내분을 이용하여 유금필이 서남해지역을 다시 회복하였다.

그 후 신검에 의해 금산사에 유폐되었던 견훤이 투항하고, 그의 사위이며 순천지역의 대호족이었던 박영규가 귀부하면서 고려는 서남해의 제해권과 그 연안지방을 장악하였다. 왕건은 후백제의 국력이 기울자 10만에 이르는 대규모의 남정군을 일으켜 선산의 일리천에서 신검군을 격파하였다. 왕건은 고려를 건국한 지 19년 만에 후삼국의 혼란을 수습하고 통일의 대업을 달성하였다.

주 |

1) 장보고와 청해진에 관한 대표적인 글은 다음과 같다. 이영택, 「9세기 在唐 한국인에 대한 고찰」, 『한국해양대학논문집』 17, 1979 ; 노덕호, 「羅末 신라인의 해상무역에 관한 연구-장보고를 중심으로-」, 『사총』 27, 1983 ; 완도문화원 편, 『張保皐의 新硏究』, 완도문화원, 1985 ; E.O. 라이샤워, 조성을 역, 『중국 중세사회로의 여행』, 한울, 1991 / Edwin O, Reischauer, Ennin's Travels in T'ang China, New York : Ronald Press Co, 1955 ; 중앙대학교 동북아연구소·전라남도 편, 『청해진 장보고대사 해양경영사연구』, 중앙대학교 동북아연구소, 1992 ; 金文經·金成勳·金井昊 편, 『張保皐-해양경영사연구』, 이진, 1993 ; 金井昊, 『淸海鎭의 옛터 長佐里』, 향토문화진흥원 출판부, 1992 ; 손보기, 『장보고와 청해진』, 혜안, 1996 ; 김주성, 「장보고세력의 흥망과 그 배경」, 『한국상고사학보』 24, 1997 ; 金文經, 『張保皐硏究』, 연경문화사, 1997 ; 曺永祿, 『韓中文化交流와 南方海路』, 국학자료원, 1997 ; 姜祥澤, 「8~9세기 장보고 해상활동」, 『장보고연구』 1, 한국해양대학교부설장보고연구소, 1998 ; 임종관, 『장보고 해상활동의 재조명과 21세기 해양사상 고취방향』, 한국해양수산개발원, 1998 ; 김호성 외, 『장보고 그랜드디자인』, 집문당, 1999 ; 손보기·金文經·金成勳 엮음, 『장보고와 21세기』, 혜안, 1999 ; 尹明哲, 『장보고시대의 해양활동과 동아지중해』, 학연문화사, 2002.
2) 『三國史記』 권9, 新羅本紀9, 景德王 6년.
3) 『三國史記』 권9, 新羅本紀9, 景德王 7년.
4) 『三國史記』 권9, 新羅本紀9, 景德王 8년.
5) 『三國史記』 권9, 新羅本紀9, 景德王 17년.

6) 李基白, 『新羅政治社會史研究』, 일조각, 1974, 238~247쪽.

7) 『三國史記』 권9, 新羅本紀9, 景德王 15년.

8) 李基白, 앞의 책, 1974, 218쪽.

9) 『三國史記』 권9, 新羅本紀9, 景德王 16년.

10) 『三國史記』 권9, 新羅本紀9, 景德王 17년.

11) 『三國史記』 권9, 新羅本紀9, 景德王 18년.

12) 金英美, 「통일신라시대 아미타신앙의 역사적 성격」, 『한국사연구』 50·51합집, 1985, 74쪽.

13) 『三國史記』 권9, 新羅本紀9, 景德王 16년.

14) 李基白, 『韓國史新論』, 일조각, 1976, 96쪽.

15) 『三國史記』 권9, 新羅本紀9, 景德王 22년.

16) 『三國史記』 권9, 新羅本紀9, 景德王 23년.

17) 『三國史記』 권9, 新羅本紀9, 惠恭王 12년.

18) 『三國史記』 권9, 新羅本紀9, 惠恭王 4년.

19) 李基白, 앞의 책, 1974, 231쪽.

20) 『三國史記』 권9, 新羅本紀9, 惠恭王 4년.

21) 『三國史記』 권9, 新羅本紀9, 惠恭王 7년.

22) 『三國史記』 권9, 新羅本紀9, 惠恭王 11년.

23) 金壽泰, 「신라 중대 전제왕권과 진골귀족」, 서강대학교 박사학위논문, 1991, 159~161쪽.

24) 『三國史記』 권9, 新羅本紀9, 惠恭王 13년.

25) 『三國史記』 권9, 新羅本紀9, 惠恭王 11년.

26) 『三國史記』 권10, 新羅本紀10, 元聖王 즉위년.

27) 『三國史記』 권10, 新羅本紀10, 憲德王 14년.

28) 『三國史記』 권10, 新羅本紀10, 憲德王 17년.

29) 李基東, 「귀족사회의 분열과 왕위쟁탈전」, 『한국사11-신라의 쇠퇴와 후삼국』, 국사편찬위원회, 1996, 27쪽.

30) 李基東, 앞의 글, 1996, 28쪽.

31) 『三國史記』 권10, 新羅本紀10, 興德王 3년.

32) 『三國史記』 권9, 新羅本紀9, 景德王 16년.

33) 李基東, 앞의 글, 1996, 60쪽.

34) 『三國史記』 권10, 新羅本紀10, 元聖王 4년.

35) 『三國史記』 권10, 新羅本紀10, 憲德王 7년.

36) 『三國史記』 권10, 新羅本紀10, 憲德王 8년.

37) 『三國史記』 권10, 新羅本紀10, 憲德王 9년.

38) 『三國史記』 권10, 新羅本紀10, 憲德王 11년.

39) 『三國史記』 권10, 新羅本紀10, 憲德王 13년.

40) 『三國史記』 권10, 新羅本紀10, 興德王 3년.

41) 『三國史記』 권10, 新羅本紀10, 興德王 7년.

42) 『三國史記』 권10, 新羅本紀10, 興德王 8년.

43) 『三國史記』 권10, 新羅本紀10, 興德王 9년.

44) 『舊唐書』 권199上, 列傳 149上, 東夷 新羅.

45) 『日本後記』 권24, 弘仁 5年 冬十月 庚午.

46) 李基東, 「장보고와 그의 해상왕국」, 『장보고의 신연구』, 완도문화원, 1985.

47) 金光洙, 「張保皐의 政治史的 位置」, 『張保皐의 新研究』, 완도문화원, 1985, 63~65쪽.

48) 蒲生京子, 「新羅末期張保皐擡頭と叛亂」, 『朝鮮史研究會論文集』 16, 1979.

49) 『三國史記』 권44, 列傳4, 張保皐.

50) 『三國史記』 권44, 列傳4, 張保皐.

51) 『三國史記』 권11, 新羅本紀11, 文聖王 7년.

52) 『三國史記』 권11, 新羅本紀11, 文聖王 7년.

53) 『三國遺事』 권2, 奇異2, 神武大王 閻長 弓巴.

54) 杜牧, 『樊川文集』 권6, 「張保皐・鄭年傳」

55) 金文經, 『張保皐 研究』, 연경문화사, 1977, 19쪽.

56) 『續日本後紀』 권10, 仁明天皇, 承和 8年 2月.

57) 金光洙, 앞의 글, 1985, 62~63쪽.

58) 金文經, 앞의 책, 1977.

59) 『舊唐書』 권124, 李正己傳付師道傳.

60) 李東基, 앞의 책, 1985 ; 蒲生京子, 앞의 글, 1979.

61) 金成勳, 「장보고 해양 경영사 연구의 의의」, 『청해진 장보고대사 해양경영사 연구』, 중앙대학교 동북아연구소・전라남도, 1992, 23쪽.

62) 金成勳, 앞의 글, 1992, 25쪽.

63) 蒲生京子, 앞의 글, 1979, 50쪽.

64) 金光洙, 앞의 글, 1996, 187~188쪽.

65) 杜牧, 『樊川文集』 권6, 「張保皐・鄭年傳」.

66) 杜牧, 『樊川文集』 권6, 「張保皐・鄭年傳」.

67) 『三國史記』 권44, 列傳4, 張保皐.

68) 신형식・최근영・尹明哲 외, 『고구려산성과 해양방어체제』, 백산자료원, 2000.

69) 李基東, 앞의 글, 1985, 117쪽.

70) 金文經, 앞의 책, 1977, 75쪽.

71) 『高麗史』 권1, 世家1, 太祖 全文.

72) 李永擇, 「張保皐 海上勢力에 관한 考察」, 『한국해양대학논문집』, 1979, 83
쪽 ; 李基東, 앞의 글, 1985, 116~118쪽.

73) 이곳은 야산을 형성한 조그마한 섬으로 육지에서 약 200여m 떨어져 있는데
간조 때에는 육지와 연결되며 만조 때는 수심이 1.5m~2m 정도이고, 썰물
때는 걸어서 통행이 가능하였다. 장도는 해발 42m의 작은 산으로 이루어져
있는데, 섬 둘레 1,296m, 면적은 약 10정보의 작은 섬이다. 이 섬에는 외성과
내성의 토성 흔적이 있고, 남쪽 해변에서 약 10m 떨어진 곳에는 일정한 간
격을 둔 높이 30~40cm되는 목책의 밑 부분이 남아 있다. 이들 목책은 방사
성탄소연대 측정결과가 A.D. 768~996년 사이에 속하는 것으로 볼 때 장보
고의 거점으로 이곳에 군영이 있었음을 말해준다(국립문화재연구소, 『장도청
해진 유적발굴조사보고서 I』, 2001, 216쪽).

74) 金井昊, 「완도청해진의 자연과 인문」, 『청해진 장보고대사 해양경영사연구』,
중앙대학교 동북아연구소・전라남도, 1992, 45쪽.

75) 金成勳, 「미래사 시각에서 본 장보고 해양경경」, 『장보고와 청해진』, 혜안,
1996, 95쪽.

76) 金文經, 앞의 책, 1997, 99쪽.

77) 시박사는 무역세의 징수, 무역품 판매허가증의 교부, 番舶의 送迎 등을 담당
하였다. 시박사는 唐 開元年間(713~741)에 설치되었지만, 제도로서 실질적
인 정비는 남해무역이 크게 발전한 송나라 이후에 이루어졌다.

78) 權悳永, 『古代韓中外交史-遣唐使研究-』, 一潮閣, 1997, 275쪽.

79) 李成市 著・김창석 譯, 『동아시아의 왕권과 교역』, 청년사, 1999, 137쪽.

80) 權悳永, 앞의 책, 1997, 278쪽.

81) 金成勳, 앞의 글, 1992, 23쪽.

82) 金成勳, 앞의 글, 1992, 24쪽.

83) 李基東, 앞의 글, 1985, 108~109쪽.

84) 金成勳, 앞의 글, 1996, 95쪽.

85) 고대의 항로에 대해서는 다음의 글을 참조하기 바란다. 孫兌鉉・李永澤, 「遣
使運航時代에 관한 研究」, 『한국해양대학논문집』 16, 1981 ; 金在瑾, 「한국・
중국・일본 고대의 선박과 조선술」, 『진단학보』 68, 1989 ; 李錫祐, 『韓國近
海海象誌』, 집문당, 1992, 7~10쪽.

86) 무하마드 깐수, 『新羅・西域交流史』, 단국대학교 출판부, 1992, 489~507쪽.

87) Hugh R. Clark, 「8~10세기 한반도와 남중국 간의 무역과 국가관계」, 『장보고 해양경영사 연구』, 이진출판사, 1993, 269~284쪽.

88) 金文經, 「장보고 해상왕국의 사람들」, 『청해진 장보고대사 해양경영사연구』, 중앙대 동북아연구소·전라남도, 1992, 125쪽.

89) 727년 일본과 발해의 외교관계가 수립되고, 733년 신라와 당의 공동작전 수행으로 나당관계가 안정되면서 외교형식문제로 신라와 일본의 갈등은 표면화되었다. 일본은 신라 사신을 입경시켜 '蕃國' 사신으로 대접하려고 하였으나, 신라사신이 이에 강하게 반발하였기 때문이다.

90) 石井正敏, 「10世紀の國際變動と日宋貿易」, 『アジアからみた古代日本』, 角川書店, 1992, 347~348쪽.

91) 金恩淑, 「8세기의 신라와 일본의 관계」, 『국사관논총』 29, 국사편찬위원회, 1991, 128~130쪽.

92) 金恩淑, 「대외관계」, 『한국사 9-통일신라-』, 국사편찬위원회, 292~293쪽.

93) 浦生京子, 앞의 글, 1979, 60쪽.

94) 『續日本後記』 권9, 承和 7年 12月 癸卯 己巳.

95) 石上英一, 「古代國家と對外關係」, 『講座日本歷史』, 東京大學出版會, 1984, 260~261쪽.

96) 金文經, 앞의 글, 1992, 112쪽.

97) 金文經, 「赤山 法華院의 佛敎儀式」, 『史學志』 1, 단국대학교 사학회, 1967.

98) Edwin O, Reischauer, Ennin's Travels in T'ang China, New York : Ronald Press Co, , 1955.

99) 장보고의 세력범위를 『동문선』에 실린 「천관산기」와 『속일본기』에 실린 신라 집사성에서 보낸 첩문을 근거로 대략 남해안에서 전남의 섬진강유역 일대까지 미친 것으로 보는 견해가 있다. 그의 세력은 당시의 무주, 즉 오늘날의 전라남도가 직접적인 영향력 하에 있었다는 것이다(김주성, 앞의 글, 1997, 182쪽).

100) 盧泰敦, 「羅代의 門客」, 『한국사연구』 21·22합, 1978, 28~30쪽.

101) 『三國史記』 권10, 新羅本紀10, 元聖王 즉위년.

102) 『三國史記』 권10, 新羅本紀10, 元聖王 8년.

103) 『三國史記』 권10, 新羅本紀10, 元聖王 11년.

104) 木村誠, 「新羅の宰相制度」, 『人文學報』 118, 東京道立大, 1997, 25~33쪽.

105) 悌隆과 均貞일파 사이에 전개된 왕위 다툼에 대해서는 다음의 글을 참조하기 바란다(이기동, 앞의 글, 1996, 30~31쪽).

106) 『三國史記』 권10, 新羅本紀10, 僖康王 2년.

107) 『三國史記』 권10, 新羅本紀10, 僖康王 3년.

108) 『三國史記』 권44, 列傳 4, 金陽條.

119) 李仁哲, 『신라정치제도사연구』, 일지사, 1993, 397쪽.

110) 『三國史記』 권44, 列傳 4, 金陽條.

111) 李文基, 『新羅兵制史研究』, 일조각, 1997, 402쪽.

112) 李文基, 위의 책, 1997, 144쪽.

113) 末松保和, 『新羅史の諸問題』, 365쪽.

114) 李基白, 『신라정치사회사연구』, 일조각, 1974, 260쪽.

115) 李基東, 앞의 글, 1985.

116) 그리고 장보고가 기병단을 창설하고 조직화하는 데 필요한 戰馬는 완도 앞 다도해에 있던 진골귀족들의 목장에서 충당되었다. 장보고는 그의 선단이 들여 온 외국산 호화 사치품을 진골귀족의 말과 상호교환하였다(徐榮敎, 「張保皐의 騎兵과 西南海岸의 牧場」, 『震檀學報』 94, 2002, 20쪽).

117) 『三國史記』 권10, 新羅本紀10, 閔哀王 2년.

118) 徐侖希, 「청해진대사 장보고에 관한 연구」, 『震檀學報』 92, 2001, 20쪽.

119) 金周成, 「장보고세력의 흥망과 그 배경」, 『한국상고사학보』 24, 1997, 164~170쪽.

120) 權英五, 「신라하대 왕위계승분쟁과 민애왕」, 『한국고대사연구』 15, 2000, 290쪽.

121) 『三國史記』 권11, 新羅本紀11, 文聖王 7년.

122) 『三國史記』 권11, 新羅本紀11, 文聖王 8년.

123) 『三國史記』 권44, 列傳4, 張保皐.

124) 한국향토사연구전국협의회, 「고대, 고려시대의 영산강」, 『영산강유역사연구』, 1997, 137~138쪽.

125) 마르크 블로크 著·한정숙 譯, 『봉건사회Ⅰ』, 한길사, 1986, 70쪽.

126) 金光洙, 「장보고의 정치사적 위치」, 『장보고의 신연구』, 완도문화원, 1985, 8쪽.

127) 염장은 김양이 흥덕왕(826~836) 말년에 무주도독으로 재임하고 있을 때, 그와 긴밀한 연결관계를 맺은 것으로 생각된다. 염장은 무주의 治所인 현재의 광주 인근지역의 출신이기 때문에 해상세력이 아니라 내륙의 호족세력이었다(鄭淸柱, 『新羅末高麗初豪族研究』, 일조각, 1996, 146쪽).

128) 尹炳喜, 「新羅 下代 均貞系의 王位繼承과 金陽」, 『歷史學報』 96, 1982, 71쪽.

129) 蒲生京子, 앞의 글, 1979, 65쪽.

130) 金光洙, 앞의 글, 1985, 82쪽.

131) 『三國遺事』 권2, 神武大王 閻長 弓巴.

132) 『續日本後記』 권11, 仁明天皇 承和 9年 正月.

133) 당시 장보고의 일본 무역사절을 가르켜 회역사라고 불렀는데, 이들은 자주 하카다에 건너가 양국 사이의 교역은 물론 일본과 당과의 중개무역을 행하였다. 당시 당나라의 화물은 주로 청해진을 거쳐 일본에 공급되었고, 일본의 물건도 이곳을 거쳐 당에 유포되었다(李基東, 앞의 책, 1985, 108~109쪽).

134) 『續日本記』 권11 承和 9年 正月.

135) 『三國史記』 권11, 新羅本紀11, 文聖王 13年.

136) 尹明哲, 앞의 글, 2001, 308쪽.

137) 李基東, 「9~10세기, 황해를 무대로 한 韓中日 삼국의 해상활동」, 『한중문화교류와 남방해로』, 집문당, 1997, 121쪽.

138) 이에 대해서는 다음의 글을 참조하기를 바란다. 崔在錫, 「9세기 신라의 서부 일본진출」, 『韓國學報』 69, 1992.

139) 해남군 화원면과 산이면 일대에서 대규모의 청자 생산단지가 조사되었는데, 화원면의 청자단지의 조성 주체는 그 시기나 대규모성, 계통성으로 미루어 보아 완도 청해진을 중심으로 국제 해상무역을 장악한 장보고 집단에 의하여 조성된 것으로 보고 있다(강봉룡, 「해남 화원·산이면 일대 靑磁窯群의 계통과 조성 주체세력」, 『전남사학』 19, 2002, 567쪽).

140) 강봉룡, 「고대 한·중 횡단항로의 활성화와 흑산도의 번영」, 『흑산도 상라산성 연구』, 목포대학교 도서문화연구소·신안군, 2000, 141쪽.

141) 신라의 청자는 훗날 고려청자의 기원이 되었는데, 그 발생연대는 9세기 전반인 830~840년대이고, 장보고에 의해 월주요의 제작기술이 전해진 것이다(吉岡完祐, 「월주 갈래 청자의 형태분류를 통해 본 고려청자의 분석」, 『장보고와 청해진』, 혜안, 1996, 202쪽).

142) 朴漢卨, 「王建世系의 貿易活動에 대하여」, 『史叢』 10, 1985, 264쪽.

143) 『三國史記』 권11, 新羅本紀11, 眞聖女王 3年.

144) 『三國史記』 권11, 新羅本紀11, 眞聖女王 10年.

145) 『三國遺事』 권2, 紀異2, 後百濟 甄萱.

146) 金庠基, 「甄萱의 家鄉에 대하여」, 『李秉岐博士頌壽紀念論文集』, 1966 ; 朴敬子, 「甄萱의 勢力과 對王建關係」, 『淑大史論』 11·12合, 1982 ; 金井昊, 「史料 따라 가보는 後百濟紀行」, 『藝響』, 9·10·12월호, 1986 ; 邊東明, 「甄萱의 出身地 再論」, 『震檀學報』 90, 2000.

147) 생룡동은 견훤의 생가마을이라는 설이 있어 생룡이라는 명칭이 붙게 되었다. 생룡마을 뒤에서 죽취봉 쪽으로 가파른 구릉을 따라가면 토축과 일부 열을

지은 돌들이 폭 2~3m로 길게 뻗은 성터의 흔적이 드러나 있는데, 견훤대 또는 후백제성이라고 한다(광주광역시 북구, 『광주 북구 지리지』, 1999, 233쪽).

148) 한편 나주 완사천에 얽힌 설화나 광산구 용봉동의 왕자대 설화는 왕건과 관련되어 있다. 이러한 설화의 지역별 분포 차이는 후삼국시대에 있어서 나주와 광주를 중심으로 하여 양국이 대치한 것을 반영한 것으로 볼 수 있다. 후삼국시대에 전남지역의 경우 견훤은 광주를 주된 근거지로 하였으며, 왕건은 나주를 기반으로 하였다. 광주를 비롯한 영산강 상류지역 일대가 견훤을 지지했던 것에 반하여, 나주는 왕건을 지지하여 신흥국가인 고려를 탄생시키는 데 지대한 공헌을 하였다. 이 때문에 영산강 상류지역에는 견훤 설화가 많이 전승되고 있으며, 중류와 하류에는 왕건과 관련된 설화들이 주로 전한다(허경회·나승만, 「영산강 유역 설화에 나타난 주민의식의 비교연구」, 『목포어문학』 1, 1998).

149) 申虎澈, 앞의 책, 1993, 206~207쪽 ; 金壽泰, 「후백제 견훤정권의 성립과 농민」, 『백제연구』 29, 1999, 98쪽.

150) 견훤이 광주 출생설을 스스로 조작하여 유포시켰다는 견해에 대해서는 다음의 글을 참조하길 바란다. 文暻鉉, 『高麗太祖의 後三國統一硏究』, 형설출판사, 1987, 51쪽 ; 金甲童, 「후백제 영역의 변천과 멸망 원인」, 『후백제 견훤정권과 전주』, 전북전통문화연구소, 1999, 57쪽 ; 李喜寬, 「견훤의 후백제 건국 과정상의 몇 가지 문제」, 『후백제와 견훤』, 서경문화사, 2000, 36쪽.

151) 문경시, 『견훤의 출생과 유적』, 1996, 122쪽.

152) 문경시, 위의 책, 1996, 86쪽.

153) 『三國史記』 권50, 列傳10, 甄萱.

154) 『三國遺事』 권2, 紀異2, 後百濟 甄萱.

155) 申虎澈, 『後百濟甄萱政權硏究』, 일조각, 1993, 11쪽.

156) 申虎澈, 앞의 책, 1993, 13쪽.

157) 李喜寬, 앞의 글, 2000, 42~43쪽.

158) 『三國遺事』 권2, 紀異2, 後百濟 甄萱.

159) 申虎澈, 앞의 책, 1993, 28쪽.

160) 鄭淸柱, 『新羅末 高麗初 豪族硏究』, 일조각, 1996, 193쪽.

161) 李道學, 「진훤의 출생지와 그 초기 세력기반」, 『후백제 견훤정권과 전주』, 주류성, 2001, 71쪽.

162) 邊東明, 앞의 글, 2000, 41쪽.

163) 姜鳳龍, 「견훤의 세력기반 확대와 전주 정도」, 『후백제 견훤정권과 전주』, 주

류성, 2001, 37쪽.

164) 『三國史記』 권50, 列傳10, 甄萱.

165) 『三國遺事』 권1, 紀異2, 後百濟 甄萱.

166) 『三國遺事』 권2, 紀異2, 後百濟 甄萱.

167) 『三國史記』 권50, 列傳10, 甄萱.

168) 『三國史記』 권11, 新羅本紀11, 眞聖女王 3年.

169) 鄭淸柱, 「견훤의 豪族政策」, 『全南史學』 19, 2002, 80쪽.

170) 鄭淸柱, 앞의 책, 1996, 28쪽.

171) 邊東明, 앞의 글, 2000, 41쪽 ; 李道學, 앞의 글, 2001, 72쪽.

172) 申虎澈, 「후백제 견훤 왕의 역사적 평가와 그 의미」, 『후백제와 견훤』, 서경
문화사, 2000, 22쪽.

173) 申虎澈, 앞의 책, 1993, 104쪽.

174) 邊東明, 앞의 글, 2002, 102쪽.

175) 『新增東國輿地勝覽』 권40, 순천도호부, 인물.

176) 邊東明, 「고려시기 순천의 山神·城隍神」, 『歷史學報』 174, 2002.

177) 李基白, 「한국 풍수지리설의 기원」, 『한국사시민강좌』 14, 1994 ; 趙仁成, 「미
륵신앙과 신라사회」, 『진단학보』 82, 1996.

178) 金杜珍, 「羅末麗初 桐裏山門의 성립과 그 사상」, 『동방학지』 57, 1988, 43쪽.

179) 朴貞柱, 「신라말·고려초 獅子山門과 政治勢力」, 『眞檀學報』 77, 1984, 20~
22쪽.

180) 許興植, 『고려불교사연구』, 1986, 358쪽.

181) 鄭淸柱, 앞의 책, 1996, 193쪽.

182) 鄭淸柱, 앞의 책, 1996, 160쪽.

183) 鄭淸柱, 앞의 책, 1993, 149쪽.

184) 申虎澈, 앞의 책, 1993, 44쪽.

185) 申虎澈, 앞의 책, 1993, 45쪽.

186) 견훤의 왕성은 전주시 완산구 대성동 산 25번지에 위치한 동고산성으로 추
정하고 있다. 동고산성은 전주에서 동남쪽 남원으로 향하는 국도의 동편에
있는 해발 306m의 발계봉을 정점으로 하여 동·남·북벽은 산능선을 따라
축조되어 있고, 서북쪽은 전주 시내로 내려가는 계곡을 감싼 포곡식으로 되
어 있다(成正鏞, 「後百濟都城과 防禦體系」, 『후백제와 견훤』, 서경문화사,
2000, 74쪽). 동고산성은 건물지의 규모나 출토된 연화문 막새기와 형식이
왕궁지로서의 충분한 고고학적 증거가 된다고 한다. 후백제의 도성은 동고
산성~고토성까지 서북~동남 방향으로 길게 반원형으로 되어 있었으며, 산

성을 정점으로 5개의 구획된 공간이 있었다(전영래, 「후백제와 전주」, 『후백제 견훤정권과 전주』, 주류성, 2001).

187) 견훤이 호족연합정치를 포기하고 전제왕권을 추구한 시기는 900년대 후반으로 보는 견해(鄭淸柱, 앞의 글, 2002, 77쪽)와 918년 이후로 이해하는 견해가 있다(金壽泰, 「全州 遷都期 甄萱政權의 變化」, 『한국고대사연구』 15, 1999).

188) 姜鳳龍, 앞의 글, 2001, 111쪽.

189) 申虎澈, 앞의 책, 1993, 48~51쪽 ; 鄭淸柱, 앞의 책, 1996, 170쪽.

190) 『三國遺事』 권2, 後百濟 甄萱.

191) 李文基, 「견훤정권의 군사적 기반」, 『후백제와 견훤』, 서경문화사, 2000, 104~105쪽.

192) 金壽泰, 「전주 천도기 견훤정권의 변화」, 『후백제 견훤정권과 전주』, 주류성, 2001, 125~126쪽.

193) 『三國史記』 권50, 列傳10, 甄萱.

194) 金壽泰, 앞의 글, 2001, 127쪽.

195) 『三國史記』 권12, 新羅本紀12, 孝恭王 6年.

196) 姜鳳龍, 앞의 글, 2001, 99쪽.

197) 『高麗史』 권1, 世家1, 全文.

198) 鄭淸柱, 앞의 책, 1996, 151쪽.

199) 鄭淸柱, 앞의 책, 1993, 160~161쪽.

200) 鄭淸柱, 앞의 책, 1996, 152쪽.

201) 姜鳳龍, 앞의 글, 2001, 112쪽.

202) 전남 신안군 압해면에 딸린 섬이며, 무안군 망운면 남서쪽에서 0.5km 떨어진 거리에 있다.

203) 『高麗史』 권1, 世家1. 太祖 卽位年.

204) 『高麗史』 권1, 世家1. 太祖 卽位年.

205) 金甲童, 앞의 글, 2001, 198쪽.

206) 鄭淸柱, 앞의 글, 2002, 87쪽.

207) 申虎澈, 앞의 책, 1993, 83~85쪽.

208) 왕건이 고려를 건국하면서 양국의 관계는 상당한 변화가 초래되었다. 왕건이 즉위한 지 한 달이 채 못되어 馬軍將軍 桓宣吉이 철원에서 모반을 일으켰으나 실패하고 주살되었다. 또한 환선길과 친척관계에 있던 공주지역 출신인 馬軍大將軍 伊昕巖도 모반을 꾀하다가 발각되어 주살되었다. 이들의 모반은 反王建·親弓裔的인 성격이었으며(鄭淸柱, 「궁예와 호족세력」, 『全北史學』 10, 1986, 25쪽), 伊昕巖과 桓宣吉의 모반사건이 실패하고 나서 2개월 후에

公州・運州 등 10여 州縣이 후백제로 넘어 갔다. 두 모반사건이 실패로 끝나고 그 주모자들이 주살되자, 친궁예적인 공주세력이 후백제에 투항하였다. 또한 청주에서도 陳瑄・宣長 형제가 모반을 일으켰다가 주살되는 등 불안한 분위기가 조성되었다. 이에 왕건은 洪儒와 庚黔弼로 하여금 병사 1,500명을 거느리고 鎭州에 주둔하여 청주인의 모반에 대비하도록 하였다(『高麗史』 권92, 列傳5, 王順式傳附 堅金傳). 이처럼 충청지역의 정세는 매우 불안하여 지배권이 후백제와 고려 사이에서 자주 바뀌었고, 호족들도 양국 사이에서 귀부와 배반을 거듭하였다.

209) 『三國遺事』 권2, 紀異2, 後百濟 甄萱.

210) 『高麗史』 권92, 列傳1, 庚黔弼.

211) 金甲童, 앞의 글, 2001, 209쪽.

212) 金甲童, 앞의 글, 2001, 209쪽.

213) 『三國史記』 권50, 列傳10, 甄萱.

214) 『高麗史』 권1, 世家1, 太祖 13年.

215) 『三國史記』 권50, 列傳10, 甄萱.

216) 평안북도 용천군에 있는 섬.

217) 『高麗史』 권2, 世家2, 太祖 15年.

218) 『三國史記』 권50, 列傳10, 甄萱.

219) 『三國史記』 권50, 列傳10, 甄萱.

220) 한편 史書에 보이는 金剛, 神劍, 須彌康이 동일한 인물이며, 『三國史記』와 『高麗史』 등에 "신검이 금강을 죽이고 즉위하였다"는 기록은 잘못이며 『三國遺事』에 인용된 古記에 단순히 "금강이 즉위하였다"한 기록이 정확한 것으로 보는 견해도 있다(朴漢卨, 「後百濟 金剛에 대하여」, 『大邱史學』 7・8合, 1973, 18쪽).

221) 申虎澈, 앞의 책, 1993, 152쪽.

222) 『三國史記』 권50, 列傳10, 甄萱.

223) 申虎澈, 앞의 책, 1993, 166쪽.

224) 『高麗史』 권1, 世家1, 太祖 3年 正月.

225) 『高麗史』 권1, 世家1, 太祖 3年 正月.

226) 朴漢卨, 「고려의 건국과 호족」, 『한국사』 12, 국사편찬위원회, 1993, 37쪽.

227) 『三國史記』 권50, 列傳10, 甄萱.

228) 『高麗史』 권1, 世家1, 太祖 3年 正月.

229) 『高麗史』 권1, 世家1, 太祖 10年 夏 4月 壬戌.

230) 『高麗史節要』 권1, 太祖 11年 7月.

231) 『三國史記』 권50, 列傳10, 甄萱.

232) 김주성, 앞의 글, 2001, 184쪽.

233) 文安植, 「낙랑·대방의 축출과 전남지역 고대사회의 추이」, 『東國史學』 38, 2002, 7쪽.

234) 당시의 영산강 하류지역은 內海가 넓은 南海灣을 형성하였으며, 현재의 행정 구역상 나주, 영암, 무안, 함평, 목포 등 5개 시군에 걸쳐 있었다. 이를 榮山 內海로 표현하고자 한다.

235) 金光洙, 「장보고의 정치사적 위치」, 『장보고의 신연구』, 완도문화원, 1985, 8쪽.

236) 河炫綱, 「고려왕조의 성립과 호족연합정권」, 『한국사』 4, 1974, 45쪽.

237) 鄭淸柱, 『新羅末高麗初豪族研究』, 일조각, 1996, 217쪽.

238) 신형식·최근영·尹明哲外, 『고구려산성과 해양방어체제』, 백산자료원, 2000.

239) 李基東, 「장보고와 그의 해상왕국」, 『장보고의 신연구』, 완도문화원, 1985, 117쪽.

240) 『三國史記』 권11, 新羅本紀11, 文聖王 13年.

241) 尹明哲, 「후백제의 해양활동과 대외교류」, 『후백제 견훤정권과 전주』, 주류 성, 2001, 308쪽.

242) 李基東, 「9~10세기, 황해를 무대로 한 韓中日 삼국의 해상활동」, 『한중문화 교류와 남방해로』, 집문당, 1997, 121쪽.

243) 尹明哲, 앞의 글, 2001, 310쪽.

244) 朴漢卨, 「王建世系의 貿易活動에 대하여」, 『史叢』 10, 1985, 264쪽.

245) 邊東明, 「고려시기 순천의 山神·城隍神」, 『歷史學報』 174, 2002, 102쪽.

246) 尹明哲, 앞의 글, 2001, 311쪽.

247) 邊東明, 「甄萱의 出身地 再論」, 『震檀學報』 90, 2000, 41쪽 ; 李道學, 「진훤의 출생지와 그 초기 세력기반」, 『후백제 견훤정권과 전주』, 주류성, 2001, 71쪽.

248) 李基白, 「한국 풍수지리설의 기원」, 『한국사시민강좌』 14, 1994 ; 趙仁成, 「미 륵신앙과 신라사회」, 『진단학보』 82, 1996.

249) 朴貞柱, 「신라말·고려초 獅子山門과 政治勢力」, 『眞檀學報』 77, 1984, 20~22쪽.

250) 許興植, 『고려불교사연구』, 1986, 358쪽.

251) 鄭淸柱, 앞의 책, 1996, 193쪽.

252) 姜鳳龍, 「견훤의 세력기반 확대와 전주 정도」, 『후백제 견훤정권과 전주』, 주 류성, 2001, 111쪽.

253) 『三國史記』권12, 新羅本紀12, 孝恭王 6年.

254) 姜鳳龍, 앞의 글, 2001, 99쪽.

255) 姜鳳龍, 앞의 글, 2001, 98쪽.

256) 『高麗史』권1, 世家1, 太祖1, 全文.

257) 鄭淸柱, 앞의 책, 1996, 151쪽.

258) 『三國史記』권50, 列傳10, 甄萱.

259) 『新增東國輿地勝覽』권35, 羅州牧, 建置沿革條.

260) 鄭淸柱, 앞의 책, 1993, 160~161쪽.

261) 鄭淸柱, 앞의 책, 1993, 149쪽.

262) 鄭淸柱, 앞의 책, 1996, 152쪽.

263) 姜鳳龍, 앞의 글, 2001, 112쪽.

264) 『高麗史』권1, 世家1. 太祖 卽位年.

265) 『高麗史』권1, 世家1. 太祖 卽位年.

266) 무안군, 『무안군사』, 1994, 1078~1080쪽.

267) 『高麗史』권1, 世家1, 太祖 卽位年.

268) 能昌勢力에 대해서는 독자적인 해상세력(姜鳳龍, 앞의 글, 2001, 102쪽)과 친견훤적인 성향으로 보는 견해(申虎澈, 앞의 책, 1993, 32쪽)가 있다.

269) 『三國史記』권50, 列傳10, 甄萱條.

270) 『世宗實錄』권151, 地理志, 全羅道 長興都護部, 武珍郡.

271) 허경회·나승만, 「영산강 유역 설화에 나타난 주민의식의 비교연구」, 『목포어문학』1, 1998.

272) 『三國史記』권50, 列傳10, 甄萱條.

273) 文秀鎭, 「高麗建國期의 羅州勢力」, 『成大史林』4, 1987, 23쪽.

274) 『三國史記』권50, 列傳50, 弓裔傳.

275) 『高麗史』권1, 世家1, 太祖 全文.

276) 『高麗史』권1, 世家1, 太祖 全文.

277) 『高麗史』권1, 世家1, 太祖 全文.

278) 『高麗史』권1, 世家1, 太祖 全文.

279) 鄭淸柱, 앞의 책, 1996, 157쪽.

280) 『高麗史』권88, 列傳1, 后妃1, 莊和王后吳氏.

281) 『高麗史』권92, 列傳5, 崔知夢.

282) 鄭淸柱, 「신라말·고려초의 나주호족」, 『전북사학』14, 1991.

283) 『東文選』권118, 「故華藏寺住持王師定印大禪師追封靜覺國師碑銘」에 의하면 목종과 현종 대에 활약한 田拱之의 조상이 宗會라고 하였다.

284) 金甲童,「후백제 영역의 변천과 멸망 원인」,『후백제 견훤정권과 전주』, 전북
　　　전통문화연구소, 1999, 198쪽.

285)『高麗史』권1, 世家1, 太祖 元年 9月 癸巳.

286)『高麗史』권1, 世家 1, 太祖 全文.

287)『高麗史』권92, 列傳5, 庚黔弼傳.

288)『新增東國輿地勝覽』권35, 羅州牧, 宮室條.

289) 朴漢卨,「羅州道大行臺考」,『江原史學』1, 1985, 24쪽.

290) 鄭淸柱, 앞의 책, 1996, 163쪽.

291) 朴漢卨,「羅州道大行臺考」,『江原史學』1, 1985.

292)『高麗史』권1, 世家1, 太祖 3年 正月.

293) 왕건은 927년 4월에 해군 장군 英昌과 能式 등이 수군을 거느리고 가서 강
　　　주 소관이었던 轉伊山・老浦・平西山 및 突山 등 4鄕을 치게 하였다. 강주지
　　　역이 고려의 지배를 받게 되자, 견훤도 928년에 군사를 강주로 보내어 元甫
　　　의 지위에 있던 珍景을 죽이고, 장군 有文의 항복을 받아 다시 차지하였다.

294)『三國遺事』권2, 紀異2, 後百濟 甄萱.

295)『高麗史』권92, 列傳5, 庚黔弼傳.

296) 金甲童, 앞의 글, 2001, 209쪽.

297) 金甲童, 앞의 글, 2001, 209쪽.

298)『高麗史』권1, 世家1, 太祖 10年 9月.

299)『高麗史』권1, 世家1, 太祖 13年, 正月.

300)『三國史記』권50, 列傳10, 甄萱.

301)『三國史記』권50, 列傳10, 甄萱.

302)『高麗史』권1, 世家1, 太祖 3年 正月.

303)『三國史記』권50, 列傳10, 甄萱.

304)『高麗史』권1, 世家1, 太祖 19年.

305)『三國史記』권50, 列傳10, 甄萱.

제6장 결 론

철기문화의 수용과 마한사회의 발전

전남지역은 청동기시대에 해안가와 내륙의 강변을 중심으로 성읍국가들이 건국될 수 있는 토대가 마련되었다. 전남지역은 청동기시대에 영산강유역과 섬진강유역 및 서남해안을 중심으로 상당수의 성읍국가들이 위치하였다. 전남지역에서 우월한 세력이 주변의 미약한 집단을 통제하여 성읍국가로 발전하는 모습은 고인돌의 분포상태를 통해서 확인된다. 고인돌은 소규모의 산간 분지마다 분포되어 있는데, 소규모 고인돌군의 중심에는 대규모 군락이 자리잡았다.

전남지역에서 마한사회의 성립은 B.C. 2세기 무렵에 철기문화의 수용과 더불어 진전되었다. 전남지역은 철기문화가 전파되면서 사회의 면모가 일신되고 발전이 가속화되었다. 청동기문화는 마한 이전의 진국(辰國：衆國)과 연결되고, 마한은 철기문화를 바탕으로 형성되었다. 전남지역의 철기문화는 토착적인 청동기문화를 바탕으로 외부로부터 들어온 새로운 문화를 수용하면서 형성되었다. 그러나 철기를 공반한 이 문화가 기존의 세형동검문화 속에서 크게 확산되지 못하였다는 점은 그 세력의 한계를 말해 준다.

삼한 각지의 토착세력은 2세기 중엽 이후 군현이 약화되고 목지국(目支國) 진왕(辰王)의 영향력이 축소되면서 독자적인 발전이 가능하게 되었다. 철기의 자체적인 생산에 따라 사회적 부는 전대에 비하여 더욱 증가되었고, 빈부의 차이가 발생하면서 계층분화가 한층 심화되었다. 또한 철기생산이 현지에서 본격화되고 제작기술이 발전하면서 다른 부분까지 영향을 끼쳐 새로운 토기의 출현, 생산력의 증대와 같은 결과를 낳게 되었다. 그러나 영산강유역의 토착세력은 대내외적인 조건의 호전에도 불구하고 뚜렷할 만한 성장을 이루지 못하였다.

영산강유역의 토착사회가 국제무대에 알려질 정도로 성장한 것은 3세기 후반에 이르러 연맹체를 형성한 이후였다. 이때 영산강유역은 다른 지역에서 찾아볼 수 없는 대형 옹관묘가 조성되는 등 상당한 권력을 소유한 집단이 출현하였다. 영산강유역 일대에 산재한 20여 성읍국가의 연맹체형성을 주도한 집단은 해남 백포만에 위치한 신미국(新彌國)이었다. 신미국은 해로를 통해 서해안과 남해안을 거쳐 파급된 패총 및 옹관묘 문화를 바탕으로 형성되었다. 신미국은 철기문화의 확산과 더불어 군현의 재편, 백제의 성장과 같은 외적인 조건의 변화에 적응하면서 영산강유역 토착사회의 연맹체 형성을 주도하였다.

한반도의 서남해안은 조류의 흐름이 매우 빠르고 방향의 편차가 심하여, 물길에 익숙한 개별적 해상집단이 각 지역마다 해상권을 장악하였다. 이 바닷길의 중간지점에 위치한 해남반도는 문화이동의 통로였고, 그 중심 세력이었던 신미국은 지정학적 이점을 이용하여 성장하였다. 신미국은 만리장성 외곽 변방지역에 설치된 동이교위부까지 가서 소국들을 대표하여 대외교섭을 하였다.

신미국은 원거리 국제교역을 위한 조직화된 전문적인 교역체계가 운용되었다. 신미국이 교통수단이 발달하지 못한 때에 장거리 여행의 위험을 무릅쓰고 토산물을 가지고 간 이유는 조공(朝貢)과 하사(下賜)라는 형식을 통해 막대한 경제적 이익이 보장되었기 때문이다. 신미국은 동이교위부(東夷校尉府)와 조직적인 무역관계를 가질 정도의 확대된 정치체를 운영하면서 영산강유역 토착사회의 맹주역할을 하였다. 대외교역은 대내교역 조직과 밀접하게 연결되어 있었기 때문에, 신미국은 대외교역을 주도하면서 주변의 토착세력을 통제하였다.

신미국은 중개무역과 대외교섭을 주도하면서 연맹체형성을 주도하였지만, 연맹왕국을 형성하여 실질적인 통치자로 군림한 백제의 국왕과는 여러 면에서 큰 차이가 있었다. 또한 영산강유역의 옹관고분은 다른 지역의 대형고분이 다량의 철제무기와 마구를 부장하는 것과는 양상을 달리 한다. 옹관고분의 매장 형태도 가족묘나 공동묘이기 때문에 권력의 집중과 성장을 반영하는 것으로 볼 수 없다. 이는 신미국이 대외교섭을 위한 연맹체의 형성단계에 머물고, 연맹왕국 형성을 향한 더 이상의 진전이 없었기 때문에 발전 정도가 뒤쳐졌음을 반영한다.

신미국은 서남해지역 토착세력의 영도집단으로 연맹체 내부의 대외교섭을 주도하였고, 해로의 길목에 위치한 지리적 이점을 이용하여 중간기항지 역할을 하면서 번영을 구가하였다. 그러나 신미국은 진(晉)이 약화된 데 이어 4세기 초반에 이르러 군현이 축출되면서 토착세력의 대외교섭과 조공무역 등이 쇠퇴하자 몰락하고 말았다.

신미국이 약화된 후 서남해지역의 주도권을 장악한 집단은 해남 북일의 신월리 해상세력이었다. 이들은 강진과 해남, 완도 등의 서남해안 일대를 항해하는 선박들을 관찰하기에 좋은 신월리토성과 성마산성을 중심으로 활동하였다. 신미국이 군현과 가야·왜를 잇는 대외교섭을 주도하면서 성장하였다면, 신월리세력은 서남해 연안지역과 탐라를 잇는 해상활동을 통하여 번성하였다.

이들은 백제가 4세기 전반에 전북지역까지 석권하여 마한세력이 약화되자, 강진-해남-함평-영광-부안-김제를 잇는 해상교역 활동을 주도하면서 서남해지역의 해상권을 장악하였다. 신미국이 약화된 후 서남해지역에서 북일세력이 부상함과 동시에 영산강유역의 주도권을 장악한 집단은 영암의 시종세력이었다. 시종세력은 영산강유역 깊숙이 들어온 내해를 이용한 해상활동과 토착세력 사이의 역내교역을 주도하면서 번영을 구가하였다. 시종세력이 남긴 대표적인 유적으로는 성틀봉토성과 그 인근의 내동리고분군·옥야리고분군·신연리고분군 등을 들 수 있다.

그러나 시종세력이 영산강유역 토착사회를 망라하는 영역국가로 발전하지는 못하였다. 시종집단의 외곽에 위치한 주변의 토착사회도 독자적인 세력을 유지하였다. 이러한 상태에 있던 영산강유역 토착사회는 근초고왕의 경략을 당하면서 변모하게 되었다.

백제의 남진과 영산강유역 고대사회의 변화

영산강유역의 토착세력은 근초고왕의 경략을 당하여 독자적인 발전을 더 이상 지속하지 못하고 백제의 지배를 받게 되었다. 근초고왕의 마한 경략은 가야에 이어 전남 서남부지역의 교역거점을 제압하고, 중앙집권적 귀족국가 형성에 필요한 재지세력의 대외교섭 창구를 장악하는 데 주된 목적이 있었다.

백제는 대외교섭의 거점을 직접 관리하거나 친백제세력에게 위탁 관리하도록 하였고, 영산강유역의 공물은 반남세력을 통하여 징수하는 간접지배를 실시하였다. 이때부터 북일지역과 시종지역의 토착세력은 약화되고 그 대신 반남세력이 급부상하게 되었다. 반남의 수장층은 백제의 권위를 바탕으로 주변의 토착세력 위에 군림하면서 공물 등을 대리 수취하였다.

그러나 백제의 한성 함락과 웅진 천도 이후 계속되는 정국의 불안과 중앙집권력의 약화는 변방세력들이 이탈하는 계기가 되었다. 이것은 백제의 후왕(侯王)으로서 상보적(相補的) 관계에 있던 반남세력보다는 그 외곽집단에 의해 주도되었다. 또한 반남의 외곽지역을 중심으로 규슈계통의 왜계(倭系) 유물이 상당량 매납된 장고분이 축조된 것도 이와 무관하지 않다.

장고분에서 출토된 왜계 유물은 백제의 지배를 벗어나 자립을 추구하려는 반남의 외곽세력과 대화정권(大和政權)의 압박에 밀려 왜지(倭地)에서 고립을 탈피하고 국제무대로 진출하려는 규슈세력이 접촉한 결과였다. 따라서 장고분에서 출토된 왜계 유물은 왜인의 영산강유역에 대한 지배관계를 증명하는 물질자료적 성격보다는 해로를 따라 교류를 추진하면서 상호 영향을 미친 부산물에 불과하다.

한편 반남의 외곽지역에 주로 축조된 장고분과 비백제계석실분(非百濟系石室墳)의 규모나 출토 유물을 볼 때 이를 조성한 세력은 상당한 권력과 부를 소유한 집단이었다. 그러나 이들의 영향력은 반남의 주도권을 무너뜨릴 만큼 강력한 것은 아니었고, 백제가 점차 국력을 만회하면서 약화되었다. 동성왕은 정국의 안정을 도모하면서 무진주를 친정(親征)하여 전남지역 토착세력의 독자적인 대외활동을 차단하였다. 그는 변방세력에 대한 권위와 영향력의 확대를 도모하면서 전통적인 우호관계에 있던 반남의 수장층을 전면에 내세웠다. 반남고분군에서 출토된 금동관, 환두대도 등의 위신재는 백제가 하사한 것이다.

　그러나 이 체제는 오랫동안 지속되지 못하고 백제가 6세기 중엽 방군성제를 실시하여 전 영역에 걸친 직접지배를 도모하면서 약화되기 시작하였다. 백제는 반남 외곽의 중소 지방세력과 결합하면서 보다 세분화되고 강력한 지배를 실현하였다. 이것은 백제의 지방지배가 한 단계 더 발전한 것을 의미하며 재지(在地)의 전통적인 토착기반을 해체하고 지방사회를 재편하려는 의도와 부합된 것이었다.

　한편 반남의 인근에 위치한 구림의 상대포는 1970년대까지 중소형 선박의 통행이 가능하였고, 고대에는 영산강을 따라 바닷물이 들어온 내해에 위치하였다. 구림은 백제시대의 해상활동과 문화교류의 중심 지역이었으며, 수도 한성에서 출발하여 가야나 왜로 가는 사절이나 선박들이 항해에 적절한 날씨나 조류를 기다리는 중간기항지였다. 구림의 상대포는 수도 한성과 가야를 연결하는 중요한 포구였기 때문에 백제가 직접 관할하였다.

　이러한 구림지역의 지정학적 조건 때문에 근래에 이르러 왕인박사가 상대포에서 도왜하였다는 주장이 회자되고 있다. 왕인은 구림의 상대포에서 천자문과 논어 등의 전적을 가지고 왜국으로 건너가 일본의 학문과 고대문화의 발전에 공헌한 사람이다. 왕인은 순수한 백제사람은 아니었고, 중국계 이주민이었다. 왕인은 군현지역에 거주한 왕씨 가문 출신이며, 그의 조부인 왕구(王狗)가 백제로 이주하였다. 왕인은 왜의 초빙을 받아 한성을 떠난 후 백제가 관할하는 상대포에 도착하여 상당한 기간 동안 머물렀을 가능성이 있다. 그러나 왕인이 구림에서 태어난 것은 아니며, 왕인의 출생 설화와 관련 유적들은 도선국사의 것을 차용한 것이다.

왕인은 왜국으로 건너가서 문화를 발전시키는 데 크게 기여하였다. 왕인이 정착한 곳은 백제계 이주민이 많이 거주하던 대화국(大和國)의 고시군(高市郡)이었다. 왕인이 이곳에 정착한 시기는 백제의 대왜 교섭이 규슈 중심에서 기나이의 야마토정권으로 바뀔 무렵이었다. 그리고 왕인의 도왜는 일본의 요청을 받아서 백제 국왕이 보낸 것이 아니라, 자발적인 이주였을 가능성이 높다. 왕인의 도왜와 왜국 정착은 일정한 기간이 지나면 후임자와 교체되어 귀국한 후대의 박사들의 활약과는 차이가 있었다.

왕인은 백제에서 건너갈 때 야공(冶工)·직조공(織造工)·양주자(釀酒者) 등을 데려가 일본 고대의 산업발전에 기여하였다. 또한 그의 후예들 중에는 중앙정계의 실력자, 지방의 호족, 불교계의 대승정(大僧正), 문학자 및 탁월한 건축가 등이 배출되었다.

전남 동부지역 토착사회의 성장과 그 한계

전남지방은 지석묘가 가장 밀집된 지역으로 보성군 복내면 일대에서 최대의 밀집도를 보이며, 보성강 상·하류나 섬진강 주변으로 갈수록 희박해진다. 지석묘가 전남 동부지역에 밀집된 것은 유이민의 남진(南進)이 정지될 수밖에 없는 상황과 관련된다. 유이민이 정착하면서 토착사회는 그 영향을 받아 내부결속이 강화되고, 곧이어 초기국가의 성장을 가져왔다. 지석묘는 마한 성립 이전의 청동기사회에 토대를 둔 진국(辰國)의 토착적인 문화로 추정된다.

　전남의 각 지역에 새로운 철기 제작기술을 갖고 이주해 온 집단이 지석묘 문화를 흡수하여, 마한사회가 형성된 것은 B.C. 2세기 이후였다. 그러나 섬진강유역에서 조사된 청동기유적의 출토유물이 삼한시대까지 계승되기 때문에 토착세력에 의해 점이적으로 철기문화가 교체된 것으로 보기도 한다.

　B.C. 2세기가 되면 금강유역뿐만 아니라 영산강유역에도 청동방울과 세문경, 동과 등을 부장한 당대 최고위 사람들이 묻힌 무덤이 등장하게 된다. 그리고 B.C. 2세기 후반대로 시기가 내려오면 세형동검이 부장된 영산강유역의 적석목곽묘에서 출토된 청동 유물의 종류와 양은 금강유역을 앞서기도 한다. 이는 마한의 중심세력이 금강유역에 국한되지 않고 영산강유역으로도 확대되었음을 의미한다.

　그러나 전남 동부지역은 아직까지 세형동검, 세문경, 청동방울 등을 부장한 목관묘유적이 발견되지 않고 있다. 동부지역은 세형동검을 소유한 세력이 들어서지 못하고, 비파형동검을 부장한 지석묘의 피장자가 족장이나 그에 버금가는 신분을 유지하였다.

　한편 비파형동검은 보성강유역과 남해안지역에서 발견되었고, 세형동검은 영산강유역에서 출토되었다. 또한 서부지역은 실제 생활용품이 주로 출토되고, 동부지역은 석검, 동검, 옥 등의 부장유물이 비교적 풍부하게 출토되었다. 그리고 동부지역에서 출토되는 비파형동검을 포함한 청동기문화는 영산강유역과 차이가 있으며, 두 지역은 각기 상이한 문화를 가진 집단으로 변화 발전해 나갔다.

　전남지역의 토착사회는 B.C. 1세기에 이르러 철기문화가 확산되고 각지에 성읍국가들이 성장하면서 변화되기 시작하였다. 전남 동부지역에도 적지 않은 숫자의 성읍국가들이 출현하였다. 이와 같은 성장 추세는 한동안 지속되었고, 3세기 후반이 되면 서부지역은 영산강유역을 중심으로 고총고분을 조영하는 수장층이 출현하였다.

그러나 동부지역은 마한시대를 거치면서 고대국가 단계로 접어 든 영산강유역의 토착사회와는 달리 오랫동안 정체상태에 머물렀다. 동부지역의 토착사회가 고총고분을 조영한 단계로 진입하지 못한 이유는 지정학적 조건 때문으로 추정된다. 동부지역은 남해안지역, 섬진강 중·하류지역, 보성강유역으로 각각 분리되어 있기 때문에 지역적 통합을 이루기가 상대적으로 어려웠다. 또한 섬진강은 고산 준령과 계곡 사이를 흐르기 때문에 평야가 적어 인구가 희박하고, 유속이 빨라 좋은 항구의 형성에 불리하였다. 이 때문에 동부지역은 주변의 다른 지역을 압도하는 대규모의 국가가 출현하지 못하고, 소국들이 병렬적으로 존재하였다.

또한 동부지역의 토착사회는 신미국과 금관가야의 번영의 토대가 되었던 대외교섭상의 이점을 누리지도 못하였다. 특히 섬진강을 따라 뻗어 있는 도로는 좁고 험난한 세로(細路)가 수십 리에 걸쳐 있기 때문에 상류와 하류를 망라한 연맹체를 형성하고, 이를 통제할 수 있는 맹주세력이 성장하는 데 단점으로 작용하였다. 이 때문에 섬진강유역을 중심으로 한 동부지역의 고대사회는 영산강유역의 토착사회가 연맹체 단계에 이르렀음에도 불구하고, 오랫동안 지역적 통합을 이루지 못하고 정체된 상태에 머물렀다.

백제가 섬진강유역을 차지한 것은 영산강유역과 마찬가지로 369년(근초고왕 24)에 이르러 근초고왕의 경략을 통하여 실현되었다. 근초고왕의 남정은 이때까지 확보하지 못한 마한지역을 복속하는 데 목적이 있었다. 그리고 그 범위는 무주·진안·장수·남원·임실 등의 전북 동부지역과 전남지역이 포함되었다. 백제는 공주와 전주를 거쳐 임실의 슬치를 넘어 섬진강유역을 경략하고, 서진하여 서남부지역으로 진출하였다. 섬진강유역에서 전남 서남부지역으로 통하는 경로는 쉽게 연결된다. 이곳에는 호남정맥이 그다지 험준하지 않고, 그 중간에 양쪽지역을 직접 연결해 주는 통로가 발달되었다.

백제는 근초고왕과 근구수왕의 시대에 고구려의 남하를 저지하면서 전성기를 구가하였다. 그러나 광개토왕과 장수왕의 적극적인 남하정책에 밀려 백제는 수세에 처하게 되었다. 백제의 약세와 맞물려 대가야가 섬진강유역으로 진출하였다. 전남지역에서 출토 사례가 늘어나고 있는 대가야계 유물은 서부 경남지역과 밀접한 관계를 반영한다. 대가야는 백제의 한성이 함락되고 웅진으로 천도하는 등 수세에 처했을 때 섬진강 상류지역을 차지하였고, 그 하류지역에 속하는 전남 동부지역을 영향력하에 두었다.

백제는 동성왕이 즉위하면서 혼란에서 벗어나 국정이 안정됨에 따라 적극적인 지방통치를 추진하였다. 동성왕은 백제의 지배를 벗어나 가야의 통치를 받게 된 섬진강유역에 대한 지배력을 확보하여 나갔다. 백제의 섬진강 하류지역 진출 과정에 대해서는 문헌에 직접 전하는 사료가 남아 있지 않다. 다만 『일본서기』 계체기(繼體紀) 6년(512)에 기록된 상치리(上哆唎)·하치리(下哆唎)·사타(娑陀)·모루(牟婁)의 '임나 4현(任那四縣)' 할양 기사를 통하여 추정할 따름이다.

'임나 4현'은 섬진강 서쪽의 여수·구례·순천·광양 등의 지역이 해당된다. 백제는 섬진강유역을 거쳐 가야지역으로 진출하는 과정에서 '임나 4현'을 512년에 차지하였다. 이로써 백제는 서남해지역과 섬진강 하류지역을 장악하고 해로를 통하여 가야-왜로 이어지는 해상교역권 복원을 위한 교두보를 마련하였다.

백제는 섬진강 하류지역을 장악한 데 이어 섬진강 중·상류지역에 위치한 남원과 임실 일대를 513년에 차지하였다. 그리고 백제가 섬진강을 건너 그 동쪽에 위치한 하동지역을 장악하여 대가야의 대왜교섭 창구를 봉쇄한 것은 529년에 이르러 가능하였다. 그러나 백제는 전남 동부지역에 지방관을 파견하여 주민을 통치하는 직접지배를 실시하지 못하였다. 백제가 직접지배를 관철한 것은 방군성제(方郡城制)를 실시한 사비천도 이후이며, 이때는 토착세력의 수장층을 내세위 섬진강 하류지역을 간접지배 하였다.

나·제의 대립격화 전남지역의 동향

백제가 6세기 중엽 방군성제를 실시하여 직접지배를 도모하면서 전남지역 토착사회는 큰 변화를 맞게 되었다. 백제는 전남지역을 포함한 전국에 걸쳐 지방관을 파견하여 직접지배를 실시하였다. 백제의 지방지배는 한 단계 더 발전하게 되었으며, 재지세력의 전통적인 기반이 해체되고 토착사회는 재편되었다. 토착세력 수장층은 전통적인 세력기반이 약화된 채 중앙에서 파견된 지방관을 보좌하는 하급 실무관료로 전락하였다.

백제는 지방조직의 편제에서 전정호구(田丁戶口)의 다과(多寡)라고 하는 보다 객관적인 기준을 마련하였다.. 백제는 지방을 방군성제라는 하나의 체제 속에 일원화하였고, 각지에 지방관이 파견되어 중앙집권력이 한층 강화되었다. 백제는 반남의 수장층을 이용한 간접지배를 지양하고, 그 외곽의 중소세력과 결합하면서 전일적인 지방지배를 관철하였다.

사비시대에 솔급(率級)의 관등을 소유한 지방관에게 내려준 은제화형관식(銀製花形冠飾)이 나주 홍덕리와 복암리의 석실분에서 출토된 것은 이러한 사실을 입증해 준다. 백제가 각지의 중소(中小) 지방세력과 밀접한 관계를 맺게되어 백제식석실분과 산성이 전남지역 곳곳에 축조되었다.

방군성제 실시는 제도상의 변화에만 그치지 않고, 전남지역의 경우 변방사회를 재편하려는 의도와 부합되어 실질적인 변화가 이루어지는 계기가 되었다. 방군성제가 시행되면서 전남지역은 남방(南方)의 소속으로 편제되었다. 남방의 치소였던 구지하성은 전남의 서부지역과 동부지역 및 남해안지역에서 병력을 동원하기 편하고, 수도와 연결되는 교통의 요충지인 장성 진원면 진원산성에 위치하였다.

남방의 치소인 구지하성은 수도 부여에서 육로나 수로를 통하여 쉽게 연결되는 교통의 요충지에 위치하였다. 백제의 남방통치는 해상을 통하여 연결되던 상태에서 벗어나 육상교통이 활발하게 이루어지면서 가능하게 되었다. 그러나 전남지역의 군과 성 중에서 상당수가 바닷가나 도서지방에 위치하였다. 이는 백제가 육상교통을 통한 남방통치를 추진하면서도 해상교통을 여전히 중시하였기 때문이다

이때 백제의 전남지역 통치의 구심적인 역할을 하던 반남지역은 일개 현으로 강등되고 말았다. 백제는 전남의 곳곳에 군과 성을 설치하여 직접지배를 도모하였다. 그러나 백제가 중앙에서 지방관을 전남의 전지역에 모두 파견한 것은 아니었다. 백제는 군과 전략적인 요충지에 위치한 지역의 성 정도만 중앙에서 관리를 파견하였다. 따라서 전남지역의 토착세력은 재래의 지배관계를 유지하면서 기득권을 어느 정도 유지할 수 있었다.

한편 백제와 신라의 대립은 7세기로 접어들어 종국으로 치달으면서 주로 옛 가야지역에서 전개되었다. 이 때문에 전남지역은 전투가 벌어지는 전란의 직접적인 소용돌이에 휘말리지 않았다. 신라는 당나라와 힘을 합쳐 고구려와 백제를 제압하고 삼국을 통합하였다. 당은 백제의 옛 땅에 웅진도독부를 비롯하여 5도독부(都督府)를 설치하였다. 그러나 얼마 안되어 5도독부제를 개편하여 웅진도독부를 중심으로 하여 7주와 52현을 두었다. 전남지역에는 사반주·대방주·분차주가 설치되었지만 도상의 계획에 불과한 것이었고, 백제부흥운동이 일어나면서 철폐되고 말았다.

백제부흥군이 주로 활동한 곳은 전북과 충남을 중심으로 한 옛 백제의 중심지역이었다. 전남지역의 토착세력은 백제부흥운동에 적극적으로 동참하지 않았다. 전남지역은 6세기 중엽에 이르러 백제의 실질적인 영역으로 편입되었기 때문에 백제에 대한 귀속의식이 다른

지역에 비교하여 약하였다. 다만 일부 유민들이 남해안의 보성 조성 지역에서 바다를 건너 왜국으로 건너간 것으로 볼 때 신라의 지배에 순응한 것만은 아니었다.

신라는 통일을 달성한 후에 전국을 대상으로 하여 9주 5소경제를 실시하였다. 신라는 백제시대의 방군성제에 비하여 보다 철저한 주군현제를 실시하여 지방을 확고히 지배하였다. 신라는 말단의 현 단위까지 지방관을 파견하였을 뿐만 아니라 상수리제를 실시하여 지방세력을 감시하면서 중앙집권화와 전제왕권의 토대를 마련하였다. 신라는 지방세력의 발호를 차단하고 치안을 유지하기 위해서 전국의 요지에 10정을 상주시켰는데, 무진주에는 미다부리정이 설치되었다. 또한 9주의 치소에는 10정 외에 비금당, 사자금당, 만보당이 있었다. 비금당의 군관조직은 지방에 따라 달랐는데, 무진주에는 다른 지역에는 없는 기병부대인 영마병(領馬兵)이 주둔하였다. 이는 지방부대인 5주서가 무진주에 설치되지 않았기 때문에 이를 보완하기 위한 것이었다.

토착세력은 전통적인 재지기반이 약화된 채 지방에 파견된 관리를 보좌하는 촌주(村主)나 리(吏)의 역할을 하였다. 촌주는 지방관을 보좌하면서 촌락의 통치에 임하였다. 그리고 리는 지방관과 촌주의 중간에서 행정업무를 처리하거나 조세수취, 보관, 운반 등의 임무를 맡았다. 吏는 중앙정부에 의존하는 모습도 보이나 토착세력의 면모도 가졌다.

신라는 전남지역에 무진주를 설치하고 그 치소는 오늘날의 광주지방에 두었다. 전남지역의 중심지는 백포만→해남 북일·영암 시종→나주 반남→장성 진원을 거쳐 내륙의 광주지역으로 옮겨지게 되었다. 신라는 중앙집권력을 강화하는 시책을 강력하게 추진하면서 해상세력의 독자적인 교섭활동을 억제하였다. 신라는 대당교섭과 대외무역 등을 위하여 항로의 요충지에 위치한 압해도와 진도를 군으로 승격시켰지만, 전남지역 통치의 거점은 내륙에 위치한 무주로 정하였다.

신라는 통일 후 전제왕권을 형성하여 강력한 지방통치를 실시하면서 내륙의 무주세력을 전면에 내세워 그 외곽의 해상세력을 감시하고 견제하는 분할통치를 실시하였다. 신라는 무주의 내륙 토착세력과 결탁하여 서남해지역 해상세력의 발호를 억제하였다. 그리고 신라는 백제가 약화시킨 반남지역을 군으로 승급시켜 나주지역 토착세력의 현실적 영향력을 공인해 주기도 하였다.

신라가 전남지역을 지배한 후 중앙권력과 밀착된 무주 등의 내륙 토착세력은 번영을 구가하였고, 그 외곽의 대외무역 등을 통하여 기반을 유지하던 해상세력은 쇠퇴하게 되었다. 다만 서남해지역의 해상세력은 독자적인 대외교섭이나 무역활동 등이 봉쇄되었지만, 지리적인 여건에 편승하여 일정 정도의 토착기반은 유지하였다. 서남해의 해상세력은 신라의 지방에 대한 통제력이 약화되면 독자화를 추구할 수 있는 여력이 남아 있었다.

신라의 쇠퇴와 후삼국시대의 전개

통일 후 무열왕계의 전제왕권이 확립되어 경덕왕 때까지 유지되었으나, 귀족들이 세력을 확장하면서 흔들리기 시작하였다. 혜공왕 때에 이르면 귀족세력의 정치적 비중이 왕권보다 높아지게 되었다. 김지정(金志貞)의 반란이 일어나 혜공왕이 살해되면서 중대사회는 종식을 고하였으며, 김양상이 선덕왕으로 즉위하여 하대사회가 열리게 되었다.

그러나 정권의 중심부에서 밀려난 무열왕계의 저항도 만만치 않았다. 김헌창(金憲昌)과 그 아들 범문(梵文)이 중앙정부에 맞선 반란은 실패로 끝났지만, 이때부터 지방에 대한 통제력은 급격하게 약화되고 지방할거적 경향을 촉진하였다. 또한 중앙귀족과 지방세력의 농장 경영이 발달함에 따라 자영소농민은 광범위하게 몰락하였으며, 당이 안사(安史)의 대란을 겪은 뒤 크게 느슨해진 틈을 타서 중국의 해적선이 서해상에 창궐했다.

장보고(張保皐)가 흥덕왕을 뵙고 해적들의 만행을 지적하면서 청해진 설치의 필요성을 역설하여 관철시킨 것은 828년이었다. 장보고는 생활고를 해결하기 위해 당나라로 건너간 후 왕지흥(王智興)의 부대에 들어가 공을 세워 무령군의 군중소장(軍中小將)에 올랐다. 그러나 장보고는 당이 번진 토벌 후부터 병원(兵員)의 수를 감축하는 정책을 추진하였기 때문에 군문에서 벗어나게 되었다.

이후 장보고는 신라로 귀국한 828년 이전까지 당나라에 있던 신라인들을 조직화하면서 무역업에 종사하였다. 산동반도 일대와 황해를 함께 관장하던 이정기(李正己) 가문이 몰락하면서, 당과 신라 각지의 해상세력들은 황해 해상권을 둘러싸고 각축전을 벌였다. 장보고는 이정기 일가의 몰락으로 말미암아 공백상태가 된 황해의 무역권을 장악하였다. 장보고의 활동은 당의 연안항로와 나·당항로의 중계지였던 산동반도의 돌출부인 적산포(赤山浦)를 중심으로 이루어졌다.

장보고는 해적 소탕을 명분으로 내세워 한반도 서남해안과 중국 동남 연해안 각지의 군소 해상세력을 자신의 통제를 받도록 하였다. 신라의 연안을 습격하여 주민을 약탈하고 노비로 삼아 당으로 팔아넘긴 사람들은 황해 연안의 해상세력이었다. 장보고는 군소 해상세력의 독자적인 교역활동을 해적행위로 간주하면서 대외교섭과 무역권을 자신의 수중에 장악하였다.

장보고는 해로의 요충지이며 자신의 고향인 완도에 청해진을 설치하였다. 청해진은 중국의 여러 항구로 향하는 길목이었으며, 일본의 규슈와 연결되는 국제 해상교통의 심장부였다. 청해진은 당과 일본을 연결해주는 중개무역과 신라와 일본을 연결하는 직접무역을 담당하였다.

장보고는 격식을 갖춘 견당매물사(遣唐賣物使) 또는 회역사(廻易使) 등의 명칭으로 당과 일본에 교관선(交關船)을 보내는 등 국제적인 위상을 높였다. 장보고의 무역선단은 나·당·일 3국의 대외무역을 장악하였을 뿐만 아니라, 페르시아·인도·동남아시아와 중국 동남부를 연결되는 남양항로에도 진출하였다. 이로써 장보고는 나·당·일 3국간의 무역을 독점하여 명실공히 동아시아 무역패권을 장악하고 '상업제국'의 무역왕이 되었다. 여기에는 청해진을 중심으로 하는 한반도 서남해안 주민들의 오랜 세월에 걸친 해상활동과 삶의 지혜가 크게 기여하였다.

장보고는 청해진에 의탁한 김우징이 왕도로 진격해 들어가 신무왕으로 등극하는 데 일등공신이 되어 감의군사(感義軍使)에 봉해지고, 뒤를 이어 즉위한 문성왕에 의해 진해장군(鎭海將軍)에 임명되는 등 최고의 영예를 누렸다. 그러나 문성왕 때에 장보고의 딸을 차비(次妃)로 들이는 문제를 둘러싸고 갈등이 발생하였다. 장보고는 왕실과의 혼인을 통하여 골품제의 한계를 극복하고 국내 문제에 대하여 강력한 영향력을 행사하려고 하였지만, 무주지방 출신인 염장에 의하여 암살되어 좌절되고 말았다.

그는 불의에 피살되었지만 신라 말기에 이르러 각지에서 등장하는 호족세력의 선구적 존재였다. 또한 장보고와 그 막료들이 이룩한 청해진의 계층구조는 신라사회의 골품제의 한계에서 벗어나 새로운 사회를 준비하는 진보적인 것이었다. 장보고가 사망한 후 청해진은 해체되었지만, 한반도 서남해지역 해상세력에 의해 국제무역 중심지로서의 지위는 일정 정도 유지되었다.

신라의 하대에 이르러 전제왕권이 무너지고 중앙집권력이 약화되는 조짐을 보이자 곳곳의 지방세력들은 독자적인 움직임을 보이기 시작하였다. 그리하여 전국이 내란상태에 놓이게 되었고, 각지에서는 수많은 반란세력들이 일어났다. 사벌주의 원종과 애노, 죽주의 기훤,

북원의 양길, 철원의 궁예 등이 대표적인 반란세력으로, 모두 농민의 불만을 기반으로 하여 일어났다. 그리고 견훤도 이들과 같이 서남해 지역에서 군사를 일으켜 후백제 건국의 토대를 마련해 나갔다.

　견훤의 출생에 대하여『삼국사기』와『삼국유사』는 모두 상주의 장군이었던 아자개(阿慈介)의 아들로 기록하고 있다. 그러나『삼국유사』는 견훤의 상주 출생설과는 별도로 고기(古記)를 인용하여 광주 북촌에서 견훤이 태어났다는 다른 견해를 전하고 있다. 고기를 견훤의 광주 출생설이나 광주를 제2의 고향으로 자처하게 된 사실의 반영으로 보는 견해가 있다. 그러나 광주 출생설은 견훤이 이곳에서 후백제 건국의 기틀을 마련하면서 호족세력과 혼인관계를 맺거나 결합한 것을 반영하는 것으로 추정된다.

　견훤은 신라의 중앙군에 참여한 후 경주를 떠나 서남해의 방수군으로 파견되었다. 견훤이 부임한 서남해의 방수처(防戍處)는 순천만 일대였다. 견훤은 순천만을 방위하던 신라 방수군의 지휘관 출신으로 889년에 무진주를 습격하여 후백제 건국의 기틀을 마련하였다. 그러나 견훤은 아직 공공연히 칭왕(稱王)하지 못하고, '신라서면도통(新羅西面都統)'을 자서(自署)하면서 신라의 지방관을 자처하였다.

　견훤은 900년에 전주로 천도하기 이전까지 백제부흥을 내세워 전남 일대의 호족들과 연합하였다. 전남지방에서 견훤과 관계를 맺은 호족세력은 무주성주 지훤, 승주장군 박영규, 인가별감에 오른 김총이 있었다. 견훤은 각지의 호족들과 연대를 추진하면서 진표의 미륵신앙을 받아들여 백제부흥운동의 사상적 토대로 삼았다. 또한 견훤은 전남지역의 여러 산문, 선승과도 연계를 갖고 유대관계를 맺었다.

　그러나 견훤은 건국 초기부터 나주를 비롯한 서남해지역은 지배하지 못하였다. 견훤은 나주를 비롯한 서남해지역의 호족들이 저항을 꾀하여 무주의 배후지역이 취약성을 보이자 전주로 천도하였다. 또한 전주 천도는 견훤이 그 자신의 세력 중심지를 내륙의 교통·군사적인 요충지로 옮겨 지배영역을 확대할 필요가 있었기 때문에 이루어졌다. 견훤은 전주로 천도한 후 무진주와 완산주·웅천주·강주 등의 지방군 조직을 흡수하고 재편하여 중요한 군사적 기반을 확충하였다. 그 토대 위에서 효과적인 군사동원체계와 정비된 군사조직을 갖추고, 영역의 확대를 도모하였다.

후백제와 고려 양국은 서남해의 제해권과 그 연안지역을 장악하기 위하여 치열한 쟁탈전을 벌였다. 그러나 다른 지역에서 고려는 후백제의 상대가 되지 못하였다. 후백제의 군사적인 우위는 930년에 고창전투에서 패배할 때까지 지속되었다. 후백제는 충청지역과 경상지역의 전황을 유리하게 이끌면서 건국 이후 숙원이었던 서남해지역을 929년에 차지하였다. 이때가 견훤정권의 최전성기로서 그 영역은 서해안의 대천부터 청양－공주－대전－보은－문경－예천－의성－군위－성주－고령－합천－진주로 이어지는 영역과 나주를 포함한 서남해지역을 차지하였다.

이 상황은 고창전투에서 견훤군이 고려군에게 패배함으로써 갑자기 역전되고 말았다. 이후 호족들의 향배도 걷잡을 수 없이 견훤정권에서 멀어져 갔다. 후백제는 934년의 운주(홍성) 전투에서 3천여 명이 전사한 큰 패배를 당하면서 되돌릴 수 없는 지경에 이르렀다. 운주전투의 패배는 정권의 핵심을 장악하고 있던 금강계의 정치적 입지의 약화를 초래하였다. 더구나 왕건이 신검계와 금강계가 왕위계승분쟁의 틈을 이용하여 935년에 유금필을 보내어 서남해지역을 장악하면서 상황은 걷잡을 수 없게 되었다.

신검계와 금강계의 대립은 각각 광주와 전주에 세력기반을 둔 외척집단과 이와 결합된 호족세력 사이의 갈등에서 기인하였다. 또한 신검 일파가 정변을 일으킨 이유는 노쇠한 견훤과 국운 약화를 초래한 금강계를 대신하여 후백제의 영광을 재현하려는 측면도 없지 않았다. 그러나 견훤의 금산사 유폐와 신검의 즉위 과정에서 호족들의 이반은 심각한 수준에 이르렀다. 후백제는 나주지역을 상실한 데 이어 전남 동부지역과 경남 서남부지역을 잃고 서남해의 제해권도 상실하고 말았다. 또한 전주지역의 호족세력마저도 신검에게 등을 돌리면서 후백제는 최후의 순간을 맞이하였다.

한편 서남해 연안에서 후백제와 태봉이 가장 첨예하게 대립한 곳은 영산강 하류지역이었다. 견훤은 건국 초기부터 서남해지역으로 진출을 시도하였으나, 이곳의 해상세력들은 강경하게 저항하였다. 901년 견훤이 나주 일대의 부락들을 약탈한 사건이 발생한 후 왕건이 바다를 통해 진출하자 호족들은 적극적으로 호응하였다.

그러나 태봉의 서남해지역 지배는 오래 가지 못하고, 908년 무렵에 이르러 후백제가 차지하였다. 그러나 왕건이 909년에 수군을 이끌고 서남해지역의 경략에 성공하여 태봉은 다시 나주지역을 회복하였다. 왕건이 이끄는 태봉의 수군은 서남해 도서와 연해지방을 점령하고 영산 내해를 거슬러 올라와 나주세력과 합류하였다.

견훤은 수군을 총동원하여 맞섰으나, 몽탄해전에서 왕건의 화공책에 당하여 대패하고 말았다. 왕건은 나주에 주둔하면서 서남해지역을 지배하였고, 이 과정에서 도서지방을 주름잡던 능창을 사로잡아 서남해의 제해권과 영산강 수로를 완전히 장악하였다. 왕건은 918년에 즉위하기 전까지 나주에 주로 머물면서 독자적인 세력을 규합하였는데, 그의 서남해지역 지배를 후원한 대표적인 세력은 나주 오씨, 영암 최씨, 영광 전씨였다.

나주를 비롯한 서남해지역은 왕건이 고려를 건국할 수 있는 정치적·군사적 배경이 되었다. 왕건은 고려를 건국한 후 중앙정부와는 별개의 독립된 행정관부로 나주도대행대(羅州道大行臺)를 두었다. 나주도대행대는 영산 내해의 주변지역을 관할하는 대행대이며 병사·농사·행정 등 일체를 통괄하였는데, 중앙정부보다 규모나 관등의 등급 등에서 축소된 형태였다. 나주도대행대는 고려가 원지(遠地)

에 있는 서남해지역을 통치하면서 왕실의 세력기반을 마련하고, 나주 세력을 체계화하기 위하여 설치되었다.

그런데 929년에 이르러 후백제가 나주지역을 공략하여 서남해지역을 장악하였다. 후백제는 충청지역과 경상지역의 전황을 유리하게 이 끌면서 건국 이후 숙원이었던 서남해지역을 마침내 차지하였다. 고려는 6년이 지난 후 왕위계승분쟁에 몰두하고 있던 후백제의 내분을 이용하여 유금필이 서남해지역을 다시 회복하였다.

그 후 신검에 의해 금산사에 유폐되었던 견훤이 투항하고, 그의 사위이며 순천지역의 대호족이었던 박영규가 귀부하면서 서남해의 제해권과 그 연안지방은 고려의 수중으로 넘어갔다. 왕건은 후백제의 국력이 기울자 10만에 이르는 대규모의 남정군(南征軍)을 일으켜 선산의 일리천에서 신검군을 격파하였다. 왕건은 고려를 건국한 지 19년 만에 후삼국의 혼란을 수습하고 통일의 대업을 달성하였다.

참고문헌 |

1. 기본사료

『三國史記』	『三國遺事』	『三國史節要』
『高麗史』	『新增東國輿地勝覽』	『增補文獻備考』
『東國輿地勝覽』	『東國通鑑』	『擇里志』
『大東地志』	『海東繹史』	『史記』
『漢書』	『後漢書』	『三國志』
『晉書』	『宋書』	『梁書』
『周書』	『隋書』	『北史』
『舊唐書』	『新唐書』	『通典』
『冊府元龜』	『樊川文集』	『日本書紀』
『古事記』	『續日本紀』	

2. 著書

강인구,『三國時代墳丘墓研究』, 일지사, 1984.

공석구,『高句麗 領域擴張史研究』, 서경문화사, 1998.

곽장근,『호남 동부지역 석관묘 연구』, 서경문화사, 1999.

광주광역시 북구,『광주 북구 지리지』, 1999.

권덕영,『古代韓中外交史-遺唐使研究-』, 一潮閣, 1997.

권오중,『樂浪郡研究』, 일조각, 1992.

김경수,『영산강삼백오십리』, 향지사, 1995.

김문경,『張保皐 研究』, 연경문화사, 1977.

김문경 · 김성훈 · 김정호 편,『張保皐-해양경영사연구』, 이진, 1993.

김정호,『淸海鎭의 옛터 長佐里』, 향토문화진흥원 출판부, 1992.

김정호,『걸어서 가던 한양 옛길』, 향지사, 1999.

김창수,『博士王仁』, 영암군, 1993.

김태식,『가야연맹사』, 일조각, 1993.

김호성 외,『장보고 그랜드디자인』, 집문당, 1999.

노중국,『백제정치사연구』, 일조각, 1988.

마르크 블로크 著·한정숙 譯,『봉건사회 I』, 한길사, 1986.

무하마드 깐수,『新羅·西域交流史』, 단국대학교 출판부, 1992.

문경시,『견훤의 출생과 유적』, 1996.

문안식,『백제의 영역확장과 지방통치』, 신서원, 2002.

문안식,『한국고대사와 말갈』, 혜안, 2003.

백남운,『朝鮮社會經濟史』, 1933.

성춘경,『전남 불교미술 연구』, 학연문화사, 1999.

손보기 엮음,『장보고와 청해진』, 혜안, 1996

손보기·金文經·金成勳 엮음,『장보고와 21세기』, 혜안, 1999.

신호철,『後百濟甄萱政權研究』, 일조각, 1999.

완도문화원 편,『張保皐의 新研究』, 완도문화원, 1985.

왕인문화연구소,『영암왕인유적의 현황』, 1986.

윤명철,『장보고시대의 해양활동과 동아지중해』, 학연문화사, 2002.

이기동,『신라골품제도와 화랑도』, 일조각, 1984.

이기동,『백제사연구』, 일조각, 1996.

이기동,『신라사회사연구』, 일조각, 1997.

이기백,『신라정치사회사연구』, 일조각, 1974.

이기백,『韓國史新論』, 일조각, 1976.

이기백·이기동 共著,『한국사강좌 I-고대편』, 일조각, 1982.

이도학,『백제고대국가연구』, 일지사, 1995.

이문기,『新羅兵制史研究』, 일조각, 1997.

이병도,『韓國古代史研究』, 박영사, 1976.

이병도,『國譯 三國史記』, 을유문화사, 1977.

이인철,『신라정치제도사연구』, 일지사, 1993.

이종욱,『고조선사연구』, 일조각, 1993.

이현혜,『삼한사회 형성과정 연구』, 일조각, 1984.

이현혜,『한국고대의 생산과 교역』, 일조각, 1998.

정청주,『新羅末 高麗初 豪族研究』, 일조각, 1996.

조영록,『韓中文化交流와 南方海路』, 국학자료원, 1997.

천관우,『古朝鮮史・三韓史研究』, 일조각, 1989.

천관우,『가야사연구』, 일조각, 1991.

한국향토사연구전국협의회,『섬진강유역사연구』, 1997.

한국향토사연구전국협의회,『영산강유역사연구』, 1997.

홍상규,『왕인』, 웅진문화사, 1991.

今西龍,『百濟史研究』, 近澤書店, 1934.

今西龍,『百濟史研究』, 圖書刊行會, 1971.

末松保和,『新羅史の諸問題』, 1954.

末松保和,『任那興亡史』, 吉川弘文館, 1961.

山尾幸久,『古代の日朝關係』, 塙書房, 1989.

三品彰英,『日本書紀朝鮮關係記事考證』上, 吉川弘文館, 1962.

李成市 著・김창석 譯,『동아시아의 왕권과 교역』, 청년사, 1999.

酒井改藏,『日本書紀の朝鮮地名』, 親和, 1970.

E. O. 라이샤워 著・조성을 역,『중국 중세사회로의 여행』, 한울, 1991.

3. 報告書

고용규,「장성군의 관방유적」,『장성군의 문화유적』, 장성군・조선대학교 박
　　　물관, 1999.

국립광주박물관,『羅州潘南古墳群』, 1988.

국립광주박물관,『해남 방산리 장고봉고분 시굴조사보고서』, 2001.

국립문화재연구소,『장도청해진』유적발굴조사보고서Ⅰ, 2001.

전남대학교 박물관,『복암리고분군』, 1999.

김제문화원,『벽골의 문화유산』, 2000.

목포대학교 박물관,『영암옥야리고분』, 1991.

목포대학교 박물관,『해남 군곡리패총』Ⅲ, 1989.

박중환,『광주 명화동고분』, 광주박물관, 1996.

성낙준・신상효,『영암 와우리 옹관묘』, 국립광주박물관, 1989.

이건무・서성훈,『함평 초포리유적』, 국립광주박물관, 1988.

이영문,『長城 鈴泉里 橫穴式 石室墳』, 全南大學校博物館, 1990.

이영문・이정호・이영철,『務安 良將里 遺蹟』, 木浦大 博物館, 1999.

이영문・정기진,『여수시 오림동 지석묘』, 전남대학교 박물관, 1992.

이영문・조근우・정기진,「光州 日谷洞 遺蹟」, 木浦大 博物館・光州市立民

俗博物館, 1996.

임영진 外,『장성 학성리 고분군』, 전남대학교 박물관·장성군, 1995.

임영진·조진선,『전남지역 고분 측량보고서』, 전라남도, 2000.

임영진·조진선·서현주,「寶城 金坪 遺蹟」, 全南大學校博物館·寶城郡, 1998.

임영진·최인선·황호균·조진선,『長城 鶴星里 古墳群』, 全南大學校博物館·長城郡, 1995.

임종관,『장보고 해상활동의 재조명과 21세기 해양사상 고취방향』, 한국해양 수산개발원 , 1998.

전남대학교박물관,『주암댐 수몰지역 문화유적 발굴조사보고서』Ⅵ, 1989.

정영호,『백제왕인박사사적연구』, 한국교원대학교 박물관·영암군, 1995.

조선총독부,「航行區域」,『治水及水利踏査書』, 1920.

지건길·조현종,『돌산송도』Ⅰ·Ⅱ, 1989·90.

최성락·박철원,「구례군의 선사유적·고분」,『구례군의 문화유적』, 1994.

최성락·이정호,「함평군의 선사유적·고분」,『함평군의 문화유적』, 1993.

최성락·이해준,「해남지방의 문화적 배경」,『해남군의 문화유적』, 1986.

최성락·한성욱,『長興忠烈里遺蹟』, 목포대학교 박물관, 1990.

有光敎一,『昭和11年度 古蹟調査報告』, 朝鮮古蹟研究會, 1940.

4. 硏究論文

강봉룡,「5~6세기 영산강유역 '옹관고분사회'의 해체」,『백제의 지방 통치』, 학연문화사, 1998.

강봉룡,「3~5세기 영산강유역 '옹관고분사회'와 그 성격」,『역사교육』 69, 1999.

강봉룡,「고대 한·중 횡단항로의 활성화와 흑산도의 번영」,『흑산도 상라산성 연구』, 목포대학교 도서문화연구소·신안군, 2000.

강봉룡,「견훤의 세력기반 확대와 전주 정도」,『후백제 견훤정권과 전주』, 주류성, 2001.

강봉룡,「해남 화원·산이면 일대 靑磁窯群의 계통과 조성 주체세력」,『전남 사학』 19, 2002.

강상택,「8~9세기 장보고 해상활동」,『장보고연구』 1, 1998.

공석구,「홍덕리 벽화고분의 주인공과 그 성격」,『백제연구』 21, 충남대학교

　　　　백제연구소, 1990.

구자봉, 「三葉環頭大刀의 一考察」, 영남대학교 석사학위논문, 1987.

권영오, 「신라하대 왕위계승분쟁과 민애왕」, 『한국고대사연구』 15, 2000.

권오영, 「初期百濟의 成長過程에 관한 一考察」, 『한국사론』 15, 1986.

권주현, 「'古自國'의 歷史的 展開와 그 文化」, 『가야 각국사의 재구성』, 혜안,
　　　　2000.

김갑동, 「후백제 영역의 변천과 멸망 원인」, 『후백제 견훤정권과 전주』, 전북
　　　　전통문화연구소, 1999.

김경수, 「영산강유역의수운」, 『영산강유역사연구』, 한국향토사연구전국협의회.

김경칠, 「고고학적 자료를 통해 본 왕인집단의 성격」, 『호남향사회보』창간호,
　　　　호남향사회, 1990.

김광수, 「장보고의 정치사적 위치」, 『장보고의 신연구』, 완도문화원, 1985.

김기섭, 「近肖古王代 남해안진출설에 대한 재검토」, 『백제문화』 24, 1995.

김기웅, 「일본고분에 보이는 백제적 요소-반남고분과 관련하여」, 『나주반남고
　　　　분군종합조사보고서』, 1988.

김낙중, 「5~6세기 영산강유역 정치체의 성격」, 『백제연구』 32, 2000.

김두진, 「羅末麗初 桐裏山門의 성립과 그 사상」, 『동방학지』 57, 1988.

김문경, 「赤山 法華院의 佛敎儀式」, 『史學志』 1, 단국대학교 사학회, 1967.

김문경, 「장보고 해상왕국의 사람들」, 『청해진 장보고대사 해양경영사 연구』,
　　　　중앙대학교 동북아연구소・전라남도, 1992.

김병인, 「王仁의 '지역 영웅화' 과정에 대한 문헌사적 검토」, 『한국사연구』
　　　　115, 2000.

김상기, 「甄萱의 家鄕에 대하여」, 『李秉岐博士頌壽紀念論文集』, 1966.

김성훈, 「장보고 해양 경영사 연구의 의의」, 『청해진 장보고대사 해양경영사
　　　　연구』, 중앙대학교 동북아연구소・전라남도, 1992.

김수태, 「신라 중대 전제왕권과 진골귀족」, 서강대학교 박사학위논문, 1991.

김수태, 「3세기 중・후반 백제의 발전과 馬韓」, 『마한사연구』(백제연구논총
　　　　6), 충남대학교 백제연구소, 1998.

김수태, 「全州 遷都期 甄萱政權의 變化」, 『한국고대사연구』 15, 1999.

김수태, 「후백제 견훤정권의 성립과 농민」, 『백제연구』 31, 1999.

김수태, 「전주 천도기 견훤정권의 변화」, 『후백제 견훤정권과 전주』, 주류성,
　　　　2001.

김영미, 「통일신라시대 아미타신앙의 역사적 성격」, 『한국사연구』 50・51합집,

1985.

김영심, 「백제 지방통치체제 연구」, 서울대학교 박사학위논문, 1997.

김영태, 「백제의 對日本 文字·佛經 初傳과 그 始期」, 『如山柳炳德博士華甲紀念 韓國哲學宗敎思想史』, 1990.

김은숙, 「8세기의 신라와 일본의 관계」, 『국사관논총』 29, 국사편찬위원회, 1991.

김은숙, 「대외관계」, 『한국사 9 -통일신라-』, 국사편찬위원회.

김정호, 「史料 따라 가보는 後百濟紀行」, 『藝響』, 9·10·12월호, 1986.

김정호, 「완도청해진의 자연과 인문」, 『청해진 장보고대사 해양경영사연구』, 중앙대 동북아연구소·전라남도, 1992.

김주성, 「新羅下代의 地方官司와 村主」, 『한국사연구』 41, 1983.

김주성, 「백제 지방통치조직의 변화와 지방사회의 재편」, 『국사관논총』 35, 1993.

김주성, 「사비천도와 지배체제의 재편」, 『한국사』 6, 국사편찬위원회, 1995.

김주성, 「영산강유역 대형옹관묘 사회의 성장에 대한 시론」, 『백제연구』 27, 1997.

김주성, 「장보고세력의 흥망과 그 배경」, 『한국상고사학보』 24 , 1997.

김 준, 「농촌마을의 조직과 공간구조의 변동-구림마을 중심으로」, 『호남문화연구』 28, 호남문화연구소, 2001.

김철준, 「영암왕인유적설에 대한 비판-왕인유적지 사적 지정에 대한 문화재위원회 제출 소견문」, 1985.

김태식, 「廣開土王陵碑文의 任那加羅와 '安羅人戍兵'」, 『한국고대사논총』 6, 1994.

김태식, 「가야연맹의 발전」, 『한국사』 7, 국사편찬위원회, 1997.

노덕호, 「羅末 신라인의 해상무역에 관한 연구-장보고를 중심으로-」, 『사총』 27, 1983.

노중국, 「한성시대 백제의 지방통치체제」, 『변태섭박사화갑기념사학논총』, 1985.

노중국, 「마한의 성립과 변천」, 『마한·백제문화』 10, 1988.

노중국, 「목지국에 대한 일고찰」, 『백제논총』 2, 1990.

노중국, 「지방·군사제도」, 『한국사』 6, 국사편찬위원회, 1995.

노태돈, 「羅代의 門客」, 『한국사연구』 21·22합, 1978.

노태돈, 「초기 고대국가의 국가구조와 정치운영-부체제론을 중심으로-」,

『한국고대사연구』17, 2000.

문안식, 「百濟 聯盟王國 形成期의 對中國郡縣關係 硏究」, 동국대학교 석사
학위논문, 1995.

문안식, 「百濟의 領域擴張과 邊方勢力의 推移」, 동국대학교 박사학위논문,
2000.

문안식, 「樂浪·帶方의 逐出과 全南地域 古代社會의 推移」, 『東國史學』38,
2002.

문안식, 「영산강유역 토착사회의 성장과 연맹체 형성」, 『史學硏究』68, 2002.

문안식, 「백제의 방군성제의 실시와 전남지역 토착사회의 변화」, 『전남사학』
19, 2002.

문안식, 「장보고의 청해진 설치와 해상왕국 건설」, 『동국사학』39, 2003.

문안식, 「백제의 마한 복속과 지방지배 방식의 변화」, 『한국사연구』120, 2003.

문안식, 「王仁의 渡倭와 상대포의 해양교류사적 위상」, 『한국고대사연구』32,
2003.

박경자, 「甄萱의 勢力과 對王建關係」, 『淑大史論』11·12合, 1982.

박광순, 「'땅끝', 上野, 그리고 枚方」, 『성기동』창간호, 1986.

박보현, 「금동관으로 본 나주 신촌리9호분 을관의 연대문제」제30회 백제연구
공개강좌, 충남대학교 백제연구소, 1997.

박순발, 「4~6세기 영산강유역의 동향」, 『백제사상의 전쟁』, 충남대학교 백제
연구소, 1998.

박정주, 「신라말·고려초 獅子山門과 政治勢力」, 『震檀學報』77, 1984.

박종기, 「고려시대 촌락의 기능과 구조」, 『진단학보』64, 1987.

박찬규, 「백제의 마한정복과정 연구」, 단국대학교 박사학위논문, 1995.

박천수, 「대가야의 고대국가 형성」, 『碩晤尹容鎭教授停年退任紀念論叢』,
1996.

박천수, 「고고학 자료를 통해 본 대가야」, 『고고학을 통해본 가야』, 제23회 한
국고고학전국대회 발표요지, 1999.

박한설, 「後百濟 金剛에 대하여」, 『大邱史學』7·8合, 1973.

박한설, 「羅州道大行臺考」, 『江原史學』1, 1985.

박한설, 「王建世系의 貿易活動에 대하여」, 『史叢』10, 1985.

박한설, 「고려의 건국과 호족」, 『한국사』12, 국사편찬위원회, 1993.

변동명, 「甄萱의 出身地 再論」, 『震檀學報』90, 2000.

변동명, 「고려시기 순천의 山神·城隍神」, 『歷史學報』174, 2002.

서류희, 「청해진대사 장보고에 관한 연구」, 『震檀學報』 92 , 2001.

서영교, 「張保皐의 騎兵과 西南海岸의 牧場」, 『震檀學報』 94, 2002.

성낙준, 「영산강유역의 옹관묘 연구」, 『百濟文化』 15, 1983.

성낙준, 「원삼국시대」, 『전라남도지』 2, 1993.

성낙준, 「해남 부길리 甕棺遺構」, 『호남고고학보』 1, 1993.

성낙준, 「백제의 지방통치와 전남지방 고분의 상관성」, 『백제의 중앙과 지방』, 충남대 백제문화연구소, 1997.

성정용, 「홍성 신금성지 출토 백제토기에 대한 고찰」, 『한국상고사학보』 15, 1994.

성정용, 「中西部 馬韓地域의 百濟領域化過程 硏究」, 서울대학교 박사학위 논문, 2000.

성정용, 「後百濟都城과 防禦體系」, 『후백제와 견훤』, 서경문화사, 2000.

송태갑, 「해남반도의 고대사회와 대외관계」, 목포대학교 석사학위논문, 1999.

신채호, 「前後三韓考」, 『朝鮮史硏究草』, 1925.

신호철, 「후백제 견훤 왕의 역사적 평가와 그 의미」, 『후백제와 견훤』, 서경문화사, 2000.

안승주, 「백제 옹관묘에 관한 연구」, 『百濟文化』 15, 1983.

안춘배, 「한국의 옹관묘에 관한 연구」, 『부산여대 논문집』 18, 1985.

양기석, 「백제의 해외진출」, 『계간경향』 87년 여름호, 1987.

연민수, 「六世紀 前半 가야제국을 둘러싼 백제·신라의 동향」, 『신라문화』 7, 동국대 신라문화연구소, 1990.

연민수, 「일본사상에 있어서 九州의 위치」, 『동국사학』 30, 1996.

유병하, 「부안 죽막동유적에서 진행된 삼국시대의 海神祭祀」, 『부안죽막동 제사유적연구』, 국립전주박물관, 1998.

유원재, 「晉書의 馬韓과 百濟」, 『한국상고사학보』 17, 1994.

유원재, 「백제의 마한 정복과 지배방법」, 『백제의 건국과 한성시대』, 백제문화개발연구원, 1996.

유원재, 「『梁書』「百濟傳」의 담로」, 『백제의 지방통치』, 학연문화사, 1998.

윤명철, 「서해안일대의 환경에 대한 검토」, 『부안 죽막동 제사유적 연구』, 국립전주박물관, 1998.

윤명철, 「후백제의 해양활동과 대외교류」, 『후백제 견훤정권과 전주』, 주류성, 2001.

윤무병, 「初期百濟史와 考古學」, 『百濟研究』 17, 1986.

윤무병, 「김제벽골제 발굴보고」, 『백제고고학연구』, 학연문화사, 1992.

윤병희, 「新羅 下代 均貞系의 王位繼承과 金陽」, 『歷史學報』 96, 1982.

윤용구, 「樂浪前期 郡縣支配勢力의 種族系統과 性格」, 『歷史學報』, 1990.

윤용구, 「삼한과 낙랑의 교섭」, 『한국고대사연구』 32, 2003.

이건무, 「부여 합송리유적 출토 일괄유물」, 『考古學誌』 2, 한국고고미술연구소, 1990.

이건무, 「당진 소소리유적 출토 일괄유물」, 『考古學誌』 3, 한국고고미술연구소, 1991.

이근우, 「웅진시대 백제의 남방경역에 대하여」, 『백제연구』 27, 1997.

이기길, 「한국 전남 순천 죽내리 구석기유적」, 『湖南考古學報』 8, 湖南考古學會, 1988.

이기동, 「신라 하대의 패강진」, 『韓國學報』 4, 1977.

이기동, 「백제 왕실 交代論에 대하여」, 『백제연구』 12, 1981.

이기동, 「장보고와 그의 해상왕국」, 『장보고의 신연구』, 1985.

이기동, 「마한영역에서의 백제의 성장」, 『마한·백제문화』 10, 1987.

이기동, 「百濟國의 成長과 馬韓倂合」, 『百濟論叢』 2, 1990.

이기동, 「百濟의 勃興과 對倭國關係의 成立」, 『古代韓日文化交流研究』, 정신문화연구원, 1990.

이기동, 「마한사의 상한과 하한」, 『마한백제문화와 미륵사상』, 원광대학교 출판부, 1994.

이기동, 「귀족사회의 분열과 왕위쟁탈전」, 『한국사11-신라의 쇠퇴와 후삼국』, 국사편찬위원회, 1996.

이기동, 「백제사회의 지역공동체와 국가권력」, 『백제연구』 26, 1996.

이기동, 「9~10세기, 황해를 무대로 한 韓中日 삼국의 해상활동」, 『한중문화교류와 남방해로』, 집문당, 1997.

이기백, 「고구려의 國家形成問題」, 『韓國古代의 國家와 社會』, 역사학회편, 1985.

이기백, 「한국 풍수지리설의 기원」, 『한국사시민강좌』 14, 1994.

이남규, 「남한 초기철기문화의 일고찰」, 『한국고고학보』 13, 1992.

이남석, 「고분 출토 冠飾의 정치사적 의미」, 『百濟 石室墳 研究』, 학연문화사, 1995.

이도학, 「진훤의 출생지와 그 초기 세력기반」, 『후백제 견훤정권과 전주』, 주류성, 2001.

이문기, 「견훤정권의 군사적 기반」, 『후백제와 견훤』, 서경문화사, 2000.

이병도, 「三韓問題의 新考察」, 『震檀學報』 6, 1936.

이병도, 「백제 학술 및 기술의 일본전파」, 『백제연구』 2, 충남대학교 백제연구소, 1971.

이병도, 「'蓋國'과 '辰國'問題」, 『韓國古代史研究』, 1976.

이병도, 「近肖古王拓境考」, 『韓國古代史研究』, 박영사, 1976.

이영문, 「전남지방 백제고분연구」, 『향토문화유적조사』 4, 1984.

이영문, 「여천시 지석묘 발굴조사」, 제13회 한국고고학전국대회발표요지, 1989.

이영문, 「전남지방 지석묘사회의 구조와 영역권문제」, 『한국 선사고고학의 제문제』, 한국고대학회 제4회 학술발표요지, 1993.

이영문, 「전남지방 지석묘 사회의 연구」, 한국교원대 박사학위논문, 1993.

이영택, 「張保皐 海上勢力에 관한 考察」, 『한국해양대학논문집』, 1979.

이영택, 「9세기 在唐 한국인에 대한 고찰」, 『한국해양대학논문집』 17, 1979.

이정호, 「영산강유역 옹관고분의 분류와 변천과정」, 『한국상고사학보』 22, 1996.

이종욱, 「百濟의 國家形成」, 『大邱史學』 11, 1976.

이종욱, 「신라장적을 통하여 본 통일신라시대의 촌락지배체제」, 『역사학보』 86, 1980.

이청규, 「세형동검의 형식분류 및 그 변천과정에 대하여」, 『한국고고학보』 13, 1982.

이청규, 「영산강 유역의 청동기」, 『전남문화재』 3, 전라남도, 1990.

이청규, 「성립단계의 마한의 모습」, 『삼한의 역사와 문화』, 자유지성사, 1997.

이현혜, 「3세기 馬韓과 伯濟國」, 『백제의 중앙과 지방』(백제연구논총 5), 충남대학교 백제연구소, 1997.

이현혜, 「馬韓地域 諸小國의 形成」, 『삼한의 역사와 문화』, 자유지성사, 1997.

이현혜, 「삼한의 정치와 사회」, 『한국사』 4, 국사편찬위원회, 1997.

이현혜, 「4~5세기 영산강유역 토착세력의 성격」, 『역사학보』 166, 2000.

이희관, 「견훤의 후백제 건국과정상의 몇 가지 문제」, 『후백제와 견훤』, 서경문화사, 2000.

이희진, 「백제세력의 가야진출과 가야의 대응」, 『軍史』 33, 1996.

임영진 외, 「광주 누문동 통일신라 건물지 수습조사 보고」, 『호남고고학보』 2, 1995.

임영진, 「원삼국시대의 주거생활」, 『全羅南道誌』2, 1993.

임영진, 「馬韓의 形成과 變遷에 대한 考古學的 考察」, 『三韓의 社會와 文化』, 신서원, 1995.

임영진, 「咸平 禮德里 萬家村古墳과 榮山江流域 古墳의 周溝」 第39回 全國歷史學大會發表要旨, 1996.

임영진, 「전남지역 석실봉토분의 백제계통론 재고」, 『호남고고학보』6, 1997.

임영진, 「전남지역 석실분의 立地와 石室構造」, 『제5회 호남고고학회 학술대회 발표요지』, 1997.

임영진, 「호남지역 석실분과 백제의 관계」, 『호남고고학의 제문제』21회 한국고고학 전국대회, 1997.

임영진, 「죽막동 토기와 영산강유역 토기의 비교고찰」, 『부안 죽막동 제사유적 연구』, 국립전주박물관, 1998.

임영진, 「백제의 성장과 마한세력, 그리고 倭」, 『古代の河內と百濟』, 枚方歷史フォーラム實行委員會, 2002.

임효택, 「副葬鐵鋌考」, 『동의사학』2, 1985.

장보웅, 「영산강유역의 자연지리적 환경」, 『영산강유역사연구』, 한국향토사연구전국협의회, 1997.

전영래, 「완주 상림리 출토 中國式銅劍」, 『전북유적조사보고』5, 1976.

전영래, 「한국 청동기문화의 계보와 편년」, 『전북유적조사보고』7, 1977.

전영래, 「백제 남방경역의 변천」, 『천관우선생 환력기념한국사학논총』, 1985.

전영래, 「百濟地方制度와 城郭」, 『백제연구』19, 1988.

전영래, 「百濟滅亡と冬老古城および兆陽城の調査」, 『九州考古學』第71, 1996.

전영래, 「후백제와 전주」, 『후백제 견훤정권과 전주』, 주류성, 2001.

정승원, 「紫微山城考」, 『전남문화』4, 1991.

정청주, 「궁예와 호족세력」, 『全北史學』10, 1986.

정청주, 「신라말·고려초의 나주호족」, 『전북사학』14, 1991.

정청주, 「견훤의 豪族政策」, 『全南史學』19, 2002.

조근우, 「전남지방의 석실분 연구」, 『한국상고사학보』21, 한국상고사학회, 1996.

조유전, 「전남 화순 靑銅遺物一括出土遺蹟」, 『尹武炳博士華甲紀念論聰』, 1984.

조인성, 「미륵신앙과 신라사회」, 『진단학보』82, 1996.

조현종, 「청동기시대의 농경」, 『全羅南道誌』, 1993.

주보돈, 「신라 중고기의 郡司와 村司」, 『한국고대사연구』 1, 1988.

주보돈, 「6世紀 新羅地方統治體制의 整備過程」, 『韓國古代社會의 地方支配』, 한국고대사연구 11, 신서원, 1997.

주보돈, 「백제의 영산강유역 지배방식과 前方後圓墳 피장자의 성격」, 『한국의 전방후원분』, 충남대학교 백제연구소, 1999.

지건길, 「南海岸地方 漢代貨幣」, 『창산김정기박사화갑기념논총』, 1990.

지건길, 「장수 남양리 출토 청동기·철기 일괄유물」, 『考古學誌』 2, 한국고고미술연구소, 1990.

지건길, 「湖南地方 支石墓의 特徵과 그 文化」, 『三韓의 歷史와 文化』, 자유지성사, 1997.

차용걸, 「백제의 祭天祀地와 정치체제의 변화」, 『한국학보』 11, 1978.

천관우, 「三韓의 國家形成(上)」, 『韓國學報』 2, 1976.

천관우, 「復元加耶史(中)」, 『文學과 知性』 8-3, 1977.

천관우, 「復元加耶史」, 『文學과 知性』 28·29·31, 1977·1978.

천관우, 「마한제국의 위치시론」, 『동양학』 9, 단국대학교, 1979.

최몽룡, 「漢城時代 百濟의 都邑地와 領域」, 『진단학보』 60, 1985.

최몽룡, 「馬韓·目支國 硏究의 諸問題」, 『三韓의 歷史와 文化』 자유지성사, 1997.

최몽룡, 「철기문화」, 『한국사』 3, 국사편찬위원회, 1997.

최병현, 「신라고분의 연구」 숭전대 박사학위논문, 1990.

최재석, 「9세기 신라의 서부일본진출」, 『韓國學報』 69, 1992.

최종택, 「황주출토백제토기류」, 『한국상고사학보』 4, 1990.

하현강, 「고려왕조의 성립과 호족연합정권」, 『한국사』 4, 1974.

한영희 외, 「부안 죽막동 제사유적 발굴조사 진전보고」, 『고고학지』 4, 1992.

허경회·나승만, 「영산강 유역 설화에 나타난 주민의식의 비교연구」, 『목포어문학』 1, 1998.

황기덕, 「두만강유역 철기시대의 개시에 대하여」, 『고고민속』 63-4, 1963.

岡內三眞, 「前方後圓墳의モデル」, 『韓國의前方後圓墳』, 雄山閣出版, 1996.

鎌田重雄, 「郡國의上計」, 『秦漢政治制度의研究』, 1962.

吉岡完祐, 「월주 갈래 청자의 형태분류를 통해 본 고려청자의 분석」, 『장보고와 청해진』, 혜안, 1996.

吉井秀夫, 「백제 지방통치에 대한 제문제」, 『백제의 중앙과 지방』(백제연구논총 5), 1996.

424

大木衛,「日本古代文化に貢獻した韓國文化の軌跡」,『日本研究』3, 1992.

大竹弘之,「韓國全羅南道の圓筒形土器」, 朝鮮學會 第51回 大會要綱, 2000.

稻葉君山,「樂浪王氏の由來」,『朝鮮史學』1-1, 1926.

東潮,「慕韓과 秦韓」,『碩晤尹容鎭敎授停年退任紀念論叢』, 1996.

木村誠,「新羅時代の郷」,『歷史評論』403호, 1983.

木村誠,「新羅の宰相制度」,『人文學報』118, 東京道立大, 1997.

武田幸男,「魏志東夷傳における馬韓」,『文山金三龍博士古稀紀念論叢』, 1994.

北條芳隆,「前方後圓墳의 전개와 그 다양성」,『한국의 전방후원분』, 충남대학교 백제연구소, 1999.

山尾幸久,「일본 고대왕권의 형성과 조선」,『고대한일관계사의 이해』, 이론과 실천, 1994.

山座圓次郎,「朝鮮國全羅道巡廻復命書」,『通商彙纂』第22號, 1895.

三上次男,「樂浪郡の社會支配 構造」,『朝鮮學報』30, 1964.

西谷正,『加倻諸國의 鐵』綜合토론문, 인제대학교 가야문화연구소, 21, 1995.

石上英一,「古代國家と對外關係」,『講座日本歷史』東京大學出版會, 1984.

石井正敏,「10世紀の國際變動と日宋貿易」,『アジアからみた古代日本』, 角川書店, 1992.

小栗明彦,「光州月桂洞1號墳出土埴輪の評價」,『考古學 研究』137, 古代學研究會, 1997.

小田富士雄,「百濟古墳の系譜」,『文山金三龍博士古稀紀念 馬韓百濟文化와 彌勒思想』, 원광대학교 출판부, 1994.

柳澤一男,「全南の榮山江型横穴式石室と九州型の横穴式石室の前方後圓墳」, 第51回 朝鮮學會發表要旨, 2000.

田中俊明,「웅진시대 백제의 영역재편과 왕·후제」,『백제의 중앙과 지방』, 충남대학교 백제연구소, 1997.

井上光貞,「王仁の後裔氏族とその佛教」,『史學雜誌』54-9, 1944.

池內宏,「公孫氏の帶方郡設置と曹魏の樂浪·帶方2郡」,『滿鮮史研究』上世第一篇, 1951.

太田博之,「韓國出土の圓筒形土器と埴輪型土製品」,『韓國の前方後圓』, 雄山閣, 1996.

土生田純之,「朝鮮半島の前方後圓墳」,『人文科學年報』26, 專修大學 人文科學研究所, 1996.

蒲生京子,「新羅末期張保皐擡頭と叛亂」,『朝鮮史研究會論文集』16, 1979.

찾아보기 |

【ㄱ】

430

【ㅇ】

지은이 **문안식**

1967년 전남 화순 출생
조선대학교 사학과 졸업
동국대학교 대학원 사학과 석사 · 박사
조선대학교 사학과 겸임교수
현재 전라남도 화순군 문화재 전문위원

논저
『백제의 영역확장과 지방통치』(2002)
『한국고대사와 말갈』(2003)
「백제의 마한복속과 지방지배 방식의 변화」(『한국사연구』 120, 한국사연구회) 외 다수

지은이 **이대석**

1972년 전남 신안 출생
조선대학교 사학과 졸업
목포대학교 대학원 문화인류학과 석사과정 수료
현재 전남 함평 나산중학교 교사(국사담당)

한국고대의 지방사회
영산강유역의 역사와 문화를 중심으로

문안식 · 이대석 지음

초판 1쇄 인쇄 · 2004년 3월 3일
초판 1쇄 발행 · 2004년 3월 6일
발행처 · 도서출판 혜안
발행인 · 오일주
등록번호 · 제22-471호
등록일자 · 1993년 7월 30일
㉾ 121-836 서울시 마포구 서교동 326-26번지 102호
전화 3141-3711~12 | 팩시밀리 3141-3710
이메일 hyeanpub@hanmail.net

값 24,000 원
ISBN 89-8494-209-X 93910